高等学校经管类精品教材

酒店市场营销

主　编　李祖武

副主编　吴风波

编写人员（以姓氏笔画为序）

　　　汪　锋　汪雯君　李祖武

　　　吴风波　姚　晨　曹超轶

　　　傅玉敏

中国科学技术大学出版社

内容简介

本书以市场营销原理在酒店经营中的应用为切入点,以吸引学生的阅读兴趣和有利于教师教学为原则选择和组织教材内容。具体内容包括:认知酒店市场营销、酒店客户分析、酒店营销环境分析、酒店市场调研与分析、酒店目标市场决策、酒店营销组合策略以及营销新发展等。本书在编写中力求做到知识点全面、技能点实用,切实提高学生的营销理论素养和营销实战能力。

本书适合高校酒店管理、旅游管理专业使用,也可供相关从业人员参考。

图书在版编目(CIP)数据

酒店市场营销/李祖武主编.—合肥:中国科学技术大学出版社,2018.8(2020.9重印)

ISBN 978-7-312-04433-5

Ⅰ.酒… Ⅱ.李… Ⅲ.饭店—市场营销学—高等学校—教材 Ⅳ.F719.2

中国版本图书馆 CIP 数据核字(2018)第 115656 号

出版	中国科学技术大学出版社 安徽省合肥市金寨路96号,230026 http://press.ustc.edu.cn https://zgkxjsdxcbs.tmall.com
印刷	合肥市宏基印刷有限公司
发行	中国科学技术大学出版社
经销	全国新华书店
开本	710 mm×1000 mm 1/16
印张	22.5
字数	441 千
版次	2018 年 8 月第 1 版
印次	2020 年 9 月第 2 次印刷
定价	46.00 元

前　言

伴随着房地产行业的发展,我国的酒店行业进入了一个迅速扩张的时期,酒店行业的市场竞争也日趋激烈。为了在激烈的市场竞争中获得更好的生存和发展机会,酒店日益重视市场营销工作,对营销人才的需求也日趋强烈,与之相对应,酒店市场营销课程在酒店管理专业中的地位也明显提升。如何提高酒店从业人员的营销意识和营销能力,也成为酒店管理专业人才培养的重要任务。其中,有没有适合酒店管理专业的酒店市场营销教材是关键。因此,编写酒店市场营销教材成为安徽工商职业学院酒店管理品牌专业建设的任务之一。

为了编写出学生爱学、爱看,教师爱教、好教的高水平教材,本书以市场营销原理在酒店经营中的应用为切入点,以吸引学生的阅读兴趣和有利于教师教学为原则选择和组织教材内容。本书主编及编写团队有着多年的市场营销教学经验,近年来,他们在酒店管理专业的建设与授课中,积累了酒店营销的教学经验和实践经验,对市场营销和酒店营销的有机结合具有不可多得的优势,这也是本书的独有特色。

（1）案例教学法。为便于教师教学和学生学习,在讲授每一个知识点之前均导入了相关的知识案例。全书共导入案例近90个,有意识地引导教师采用案例教学法。导入案例的另一个重要作用就是提高了本书的可读性,有利于培养学生的自学能力和阅读兴趣。

（2）注重营销理论和酒店营销实践的有效结合。通过设置课堂讨论以及课后的技能训练任务模块,锻炼、检测学生的知识应用能力和提升学生的基础营销技能,引导学生从酒店的视角关注酒店的营销工作,全面培养和强化学生的营销意识和角色意识。

（3）对教师教学、学生学习有较强的指导性。第一,每一章均设计有明确的知识目标和技能目标,既为学生学习提供了清晰的目标指引,也为教师明确了教学目标和考核目标;第二,为提高学生学习效果,每章设置了学习建议,帮助学生掌握相应的学习方法。

参加本书编写的有安徽工业经济职业技术学院傅玉敏,安徽商贸职业技术学院曹超轶,合肥财经职业学院姚晨,黄山职业技术学院汪雯君,安徽工商职业学院李祖武、吴风波、汪锋。其中,第一章由李祖武编写,第二章由汪雯君编写,第三章由汪锋编写,第四章和第十章由吴风波编写,第五章和第七章由傅玉敏编写,第六章和第八章由曹超轶编写,第九章由姚晨编写。本书由李祖武担任主编,李祖武、吴风波负责统稿工作。

  本书在编写与出版过程中,得到了安徽工商职业学院旅游学院和管理学院的大力支持,也得到了中国科学技术大学出版社的支持和帮助,同时还得到了金陵酒店管理集团、洲际酒店管理集团等有关专家的具体指导和提供资料,在此一并表示衷心的谢意。

  受限于编者及团队自身的水平,本书在编写过程中存在一些不足和缺陷,希望大家不吝赐教。

编　者

目　　录

前言 ……………………………………………………………………（ i ）

第一章　酒店市场营销初体验 ……………………………………（ 1 ）
　　第一节　正确认识酒店市场营销——酒店市场营销的是是非非 ……（ 3 ）
　　第二节　酒店市场营销管理——投其所好,利在其中 ………………（ 13 ）
　　第三节　酒店市场营销观念——君子爱财,取之有道 ………………（ 22 ）

第二章　酒店市场分析 ……………………………………………（ 37 ）
　　第一节　市场与酒店市场——你在为谁服务? ………………………（ 39 ）
　　第二节　消费者市场分析——如何为个体客户服务? ………………（ 44 ）
　　第三节　组织市场分析——如何获取大客户? ………………………（ 57 ）

第三章　酒店市场营销环境分析 …………………………………（ 69 ）
　　第一节　酒店营销环境——物竞天择,适者生存 ……………………（ 71 ）
　　第二节　酒店微观环境分析 ……………………………………………（ 76 ）
　　第三节　酒店宏观环境分析 ……………………………………………（ 89 ）
　　第四节　SWOT分析 ……………………………………………………（ 98 ）

第四章　酒店市场调查 ……………………………………………（111）
　　第一节　市场调查与营销——市场营销的起点 ………………………（113）
　　第二节　调查问卷设计与分析——望闻问切 …………………………（125）
　　第三节　市场调查组织与实施——有效调查的保障 …………………（143）

第五章　酒店目标市场战略(STP分析) …………………………（155）
　　第一节　酒店市场细分——众里寻他千百度 …………………………（157）
　　第二节　酒店目标市场选择——我的地盘我做主 ……………………（164）
　　第三节　酒店市场定位——我就是我,不一样颜色的烟火 …………（174）

第六章　酒店产品策略 ……………………………………………（187）
　　第一节　酒店产品与产品组合——产品有层次,组合来销售 ………（189）
　　第二节　酒店产品市场寿命周期策略——为酒店产品把把脉 ………（198）
　　第三节　酒店新产品开发——学会创新,永不凋零 …………………（204）
　　第四节　酒店品牌与商标——美名远扬,品牌护航 …………………（212）

第七章 酒店定价与价格调整 (223)
- 第一节 影响酒店定价的主要因素分析——价格,我们知道多少? (225)
- 第二节 酒店定价方法——确定基本价格 (233)
- 第三节 酒店定价策略——确定最优价格 (239)
- 第四节 酒店价格调整——动态调整价格 (243)

第八章 酒店分销渠道 (253)
- 第一节 认识酒店分销渠道——跨越时空把酒店产品带给你 (255)
- 第二节 酒店营销中介机构——他山之石,巧借东风 (260)
- 第三节 酒店分销渠道选择与管理——良禽择木而栖 (268)

第九章 酒店促销 (279)
- 第一节 促销与促销组合——面向市场的有效沟通 (281)
- 第二节 酒店人员促销——面对面的直接沟通 (288)
- 第三节 酒店广告促销——广泛沟通 (297)
- 第四节 酒店公共关系促销——做得好,说得更好 (303)
- 第五节 酒店营业推广——立竿见影 (310)

第十章 酒店市场营销新发展 (319)
- 第一节 营销理念新发展——变化永远是营销的主题 (321)
- 第二节 营销传播手段新发展——对传统媒体的超越 (333)
- 第三节 分销渠道新发展——分销渠道模式发展 (339)

参考文献 (353)

第一章
酒店市场营销初体验

知识目标

了解市场营销学产生的历史条件；正确认识市场营销的实质、范围；深刻理解市场营销对现代酒店的作用以及树立正确的营销观念对酒店生存和发展的重要意义。

技能目标

能够描述市场营销与销售、推销和促销的差异；能将各种市场需求状态与相应的营销任务建立联系；能运用营销观念原理对酒店营销活动进行分析和评价。

学习建议

收集你周围的人对市场营销的认识和理解；学会从酒店服务提供者的角度来认识和体验市场营销；尝试着运用所学的酒店市场营销知识对现实中企业和酒店经营活动进行分析、评价和思考。

关键术语

市场营销学、市场营销、酒店市场营销、需求、酒店营销管理、酒店营销观念、顾客让渡价值、顾客满意

第一节　正确认识酒店市场营销
——酒店市场营销的是是非非

导入案例　"香飘飘"的前世今生①

香飘飘品牌创始人蒋建琪系草根出身,创办香飘飘品牌之前他走过街、串过巷、卖过冰棍,2004年机缘巧合下研发出香飘飘奶茶,并一路过关斩将成为中国的"杯装奶茶之父",占领全国近60%的杯装奶茶市场。

1964年底,蒋建琪出生于浙江湖州南浔。这里是中国近现代史上富庶的江南古镇,从明朝万历年间开始,当地就有不少商贾巨富,经商氛围浓郁。蒋建琪自小听的就是生意经,因此大专毕业后被分配到铁路局上班的他备感不适。

隔三差五,蒋建琪便跑回南浔老家给弟弟在当地搞的小食品厂帮忙。这个厂主营糕点,产品出炉后他和弟弟便捧着货到镇上挨家挨户推销,一个春节下来两人挣了一万多块钱,这让蒋建琪坚定地辞去了"铁饭碗"。

1986年,蒋建琪另起炉灶开了自己的食品厂,主营棒棒冰。当时《射雕英雄传》热播,蒋建琪应景为公司取名"老顽童",即香飘飘品牌的前身。

棒棒冰是典型的淡旺季产品,一到寒冷季节销量便骤降,公司迫切需要开发新的产品,但开发什么,他也不知道。不过,蒋建琪唯一确定的是,一定要开发喝的东西,因为在他的认知里,喝的东西比吃的销量大。

时至2004年,蒋建琪在街上闲逛时看到不少人在街头奶茶店门口排队。大感不解的蒋建琪也去买了一杯,一杯奶茶下肚,蒋建琪突发奇想,为什么不把街头的奶茶店进行方便化、品牌化?于是他立刻回去带队研究奶茶。

产品开发出来,蒋建琪并没有急着在全国市场投放,而是在温州、福州、无锡、苏州四个城市,每个城市选取一座大学、一个中学、一个标准超市、一个卖场进行试销。公司内部人员专门追踪学校和超市每天的销售情况,每个月制成图表。

半年测试下来,蒋建琪认为这是很有潜力的商品。

2005年,名为"香飘飘"的奶茶在全国糖酒会上正式问世。此前经销商们从未见过杯装奶茶,而蒋健琪采取代销制。之后,香飘飘奶茶才慢慢实行经销制。

---

① 王亚奇.香飘飘冲刺IPO:一杯奶茶如何年营收24亿元?[EB/OL].[2017-04-28].http://www.iheima.com/zixun/2017/0428/162886.shtml.

消费品牌在中国从来不缺后来者。糖酒会之后,浙江大好大集团很快推出了自有奶茶品牌"香约",喜之郎集团推出了"喜之郎CC"奶茶,以及后来一度与香飘飘两分天下的"优乐美"奶茶和联合利华推出的"立顿"奶茶。同时市场中还存在部分规模较小的市场参与者,其知名度较上述四家品牌低,以低成本、低售价为竞争手段占领部分市场。

不过,在一场场持久战之后,市场格局逐渐明朗。2014年至2016年香飘飘在杯装奶茶市场的占有率分别为57.00%、56.40%以及59.50%,位居杯装奶茶细分市场第一,且市场占有率呈逐年上升趋势。

香飘飘的发展历史,与市场营销在中国的发展历史几乎相吻合,也充分体现了一个企业从创业、成长到壮大的全过程。我们可以通过一个品牌的成长历史了解市场营销的发展历史以及市场营销在中国的发展历史。接下来让我们一起开启市场营销体验之旅吧。

相关知识

一、市场营销学的历史与酒店营销

市场营销学的历史就是一部生产力水平提高发展史,西方国家自第一次工业革命之后带来的技术创新使产品的供应能力大幅度提升,产品市场供不应求状况被打破,买卖双方在商品交换中的地位开始发生微妙的变化,市场供求矛盾日益尖锐。由此引发学者和企业经营者研究销售策略与技巧,关注需求变化与发展,考虑企业战略发展,在理论和实践的相互推动下,逐步形成了科学的市场营销学理论体系。市场营销学最早出现在美国,后来传播到西欧和日本等国家和地区。

(一)西方市场营销学的产生和发展

西方市场营销学的发展历史,大体可以划分为四个阶段:

(1)初创阶段:19世纪末至20世纪30年代。

在这期间,经过工业革命的资本主义国家的劳动生产率提高,生产迅速发展,经济增长很快。原来以求大于供为特征的卖方市场发生了变化,出现了市场商品的增长速度超过了对商品需求增长速度的状况。敏感的、具有远见卓识的企业家开始进行市场分析、市场研究及采用经销方式为顾客服务等营销措施。美国哈佛大学赫杰特齐教授编写的第一本以"市场营销学"命名的教科书于1912年出版。它的问世是市场营销学诞生的标志。早期市场营销理论的研究是肤浅的,其内容仅限于推销与广而告之的方法,这时的市场营销学没有引起企业家的重视和产生广泛的社会影响。

(2) 形成阶段:1931年至第二次世界大战爆发。

在这一时期,市场营销的研究范围在扩大,它对社会的影响也逐渐扩展。1937年"全美市场营销协会"(AMA)成立。这个协会的成立,成为市场营销学发展史上一个重要的里程碑,它标志着市场营销学已经跨出了大学讲坛,引起了整个社会的兴趣和关注,成为一门实用的经济科学。

(3) 发展阶段:第二次世界大战结束至20世纪60年代。

第二次世界大战后,生产迅速发展,市场需求剧增,再加上科学技术的进步,资本主义生产有了较大的增长,市场一时出现了繁荣的景象。企业间的市场竞争也更加激烈。这种趋势必然推进市场营销学的研究进程。在这一阶段,市场营销学研究的一个突出特点是人们将营销理论和企业管理的实践密切地结合起来,提出了以消费者为中心的新的市场营销理念。

(4) 成熟阶段:20世纪70年代至今。

市场营销的研究进入了一个新的发展阶段。随着现代科学的进步,不同的学科日益相互渗透,市场营销学已经与社会学、经济学、统计学、心理学等学科紧密结合,成为一门很接近实际的应用科学。同时,它的研究内容也更为广泛,并且向纵深发展,更重要的是,自20世纪70年代开始,随着研究内容的深入,市场营销理论更加完善,提出了许多新观点和思想。如"战略营销"的思想、"全球营销"的概念、以及1986年以后提出和重点强调的"大市场营销""网络营销""关系营销"和"服务营销"等概念。

(二) 中国市场营销学的产生与发展

与西方市场营销学的产生和发展相比,中国市场营销学的历史则晚了相当长的时间。

1. 市场营销学引进启蒙阶段(1978~1983年)

1978年,中国共产党十一届三中全会做出了把全党工作的重点转移到经济建设上来和实行改革开放的重大战略决策,主张引进学习国外先进的技术和管理经验,学术界才真正开始大量地将西方营销理论引入中国,具体表现在以下三个方面:

(1) 聘请营销专家来华讲学。从1979年起,部分大专院校和国家部委多次聘请外国专家来华讲授市场营销学,同时开始举办市场营销学培训班和市场营销学师资培训班,为一些综合类大学和财经类院校培育了第一批师资力量,为院校开设市场营销学课程创造了条件。

(2) 引进并编写市场学教材。除高校图书馆从国外购买和交流的外文原版教科书外,还翻印和翻译了多种多样的市场学教材。市场学教材的编译出版以及本土教材的编写,在中国市场营销学的启蒙教育中发挥了重要作用。

(3) 开设市场学课程。1979年起，暨南大学、哈尔滨工业大学率先开设市场学课程，中国人民大学、湖北财经学院、广西商业高等专科学校、云南财经学院等院校，也于1980年、1981年先后开设市场学课程或讲座，商业部所属院校也陆续开设市场学课程。

2. 市场营销学在中国的广泛传播阶段（1984~1994年）

1984年1月，全国高等院校市场学研究会的成立是一个重要标志，它为市场营销学学习与应用的推广建立了一个重要的平台，并为中国营销的发展打开了新的一页。这一阶段，中国市场正处于转型的关键时期，市场营销理论、策略和方法逐渐得到推广和应用，也见到了效益，学术界和企业界开始广泛认知和认可。这一阶段无论是理论研究，还是实践探索，市场营销学在中国都得到了迅猛发展。

3. 市场营销学在中国的应用深化阶段（1995~2007年）

20世纪90年代初的泡沫经济导致盲目投资和市场饱和，1995年开始的新一轮宏观调控使得企业间的竞争加剧，这一经济现象为市场营销的广泛采用和研究发展提供了现实的土壤。同时，1995年沃尔玛、家乐福、麦德龙等外资零售企业大举进入中国市场，客观上推进了中国企业营销意识的增强和营销能力的提升。2001年中国加入WTO，更加推进了中国营销的国际化和深化，中国营销必须要赶上国际潮流，要与世界接轨。营销实践的迫切要求呼唤着营销理论研究的全面深入开展。

4. 市场营销学在中国的创新拓展阶段（2008年至今）

创新拓展阶段以北京奥运会为契机，推进中国营销甚至整个中国经济新一轮的创新运动，其主要特征是全球化与本土化相结合的更全面彻底的营销理念和模式的创新。全球信息技术的飞速发展，人们的消费观念、生活方式将会发生巨大变化，甚至可能发生根本改变，传统的营销思维、营销方式和营销工具都将发生改变，甚至将被完全颠覆，网络营销、电子商务已经对传统营销形成了致命的冲击。环境的巨变需要市场营销学的研究和实践进行革命性的改变。

课堂讨论

比较分析买卖双方在卖方市场和买方市场上的地位差异。

知识补充：营销者和预期顾客

在市场的交换双方中，如果一方比另一方更主动、更积极地寻求交换，我们就把前者称为营销者，后者称为预期顾客。

营销者可以是卖主,也可以是买主。

当买卖双方都积极寻求交换时,则交换双方都是营销者。这种情况被称为双边营销。

在一般意义上,营销者是指面对竞争者,服务于市场的企业。

(三) 中国酒店营销发展史

与西方市场营销学产生的历史相似,中国酒店营销也是开始于改革开放时期,大体经历了以下四个阶段:

(1) 数量中心阶段:20世纪80年代,中国关闭了30多年的国门骤然打开。海外游客蜂拥而至,而当时的接待能力明显不足。很多酒店把办公室改成客房,用来接待客人。那时的酒店,一个城市也只有那么几家。酒香不怕巷子深的时代,就是我们所说的数量中心阶段。

(2) 产品质量阶段:看到投资建酒店有利可图,于是大家争先恐后地建造酒店。一批批酒店拔地而起,原先是排队去酒店,酒店的服务质量和菜品好坏都不重要,也没人敢挑选。随着酒店越建越多,人们开始有所选择,酒店之间也开始产生竞争。当时很多的经营者都已经意识到了"要以质量求生存",酒店营销进入产品质量阶段。

(3) 企业形象阶段:随着人们生活水平的不断提高,人们对酒店的选择也有了观念上的转变。人们去酒店消费,不仅仅是为了请客或消除饥饿,而是去享受。酒店经营者这时已经注意到硬件大战已经不是制胜法宝,他们开始注意企业形象塑造,打造自己的酒店品牌,等等。"顾客永远是上帝"的名言由此产生。

(4) 定位阶段:现如今的酒店竞争可谓激烈,酒店经营者不仅要关注有形的产品、无形的服务,还要想出更多的措施,实行差异化营销、错位营销、创新营销,以使自己的酒店立于不败之地,酒店开始进入营销定位阶段。这一阶段酒店经营者必须通过制订各种营销策略给酒店进行定位,以获取营销上的成功。

酒店经过的四个营销阶段足以说明酒店必须要与时俱进,适应时代的发展,市场营销学在如今的酒店管理中的地位已上升到比历史上任何阶段都重要的地位。市场营销学不再是一门简单的学科,而是高层次的现代酒店经营管理者的必修课程,酒店营销水平的高低直接决定着酒店的经济效益和竞争力强弱,正确掌握酒店营销学,对酒店的生存与发展将起着决定性的作用。

导入案例　　把复印机卖给谁①

在纽约第五大道有一家复印机制造公司,他们需要招聘一名优秀的销售员。

---

① 这可比"把梳子卖给和尚"厉害多了! [EB/OL].[2016-05-17].http://www.360doc.com/content/16/0517/09/18854678_559803673.shtml.

老板从数十位应征者中初选出三位进行考核,其中包括来自费城的年轻姑娘安妮。

老板给他们一天的时间,让他们在这一天里尽情地展现自己的能力!可是,什么事情才最能体现自己的能力呢?走出公司后,几位推销员商量起来。一位说:"把产品卖给不需要的人!这最能体现我们的能力了,我决定去找一位农夫,向他推销复印机!"

"这个主意太棒了!那我就去找一位渔民,把我的复印机卖给他!"另一位应征者也兴奋地说。出发前,他们叫安妮一起去,安妮考虑了一下说:"我觉得那些事情太难了,我还是选择容易点的事情做吧!"接着,她往另一个方向走去……

第二天一早,老板在办公室里见到这三位应征者,说:"你们都做了什么最能体现能力的事?"

"我花了一天时间,终于把复印机卖给了一位农夫!"第一位应征者得意地说,"要知道,农夫根本不需要复印机,但我却让他买了一台!"

老板点点头,没说什么。

"我用了两个小时跑到郊外的哈得孙河边,又花了一个小时找到一位渔民,接着我又足足花了四个小时,费尽口舌,终于在太阳即将落山时说服他买下了一台复印机!"另一位应征者同样得意洋洋地说,"事实上,他根本就用不着复印机,但是他买下了!"

老板仍是点点头,接着他扭头问安妮:"那么你呢?小姑娘,你把产品卖给了什么人,是一位系着围裙的家庭主妇?还是一位正在遛狗的夫人?"

"不!我把产品卖给了三位电器经营商!"安妮从包里掏出几份文件来递给老板说,"我在半天时间里拜访了三家经营商,并且签回了三张订单,总共是600台复印机!"

老板喜出望外地拿起订单看了看,然后他宣布录用安妮。这时,另外两名应征者提出了抗议,他们觉得卖给电器经营商丝毫没什么可奇怪的,他们本来就需要这些产品。

"我想你们对于能力的概念有些误解。能力不是指用时间去完成一件最不可思议的事,而是用最短的时间完成最容易的事!你们认为花一天的时间把一台复印机卖给农夫或渔民,和用半天的时间把600台复印机卖给三位经营商比起来,谁更有能力,谁对公司的贡献更大?"

老板接着严肃地说:"让农夫和渔民买下复印机,我甚至怀疑你们是胡乱吹嘘了许多复印机的功能!我必须要提醒你们,这是一个销售最大的禁忌!"

说完这番话后,老板告诉他们在录用人选上,他不会改变自己的主意!

在日后的工作中,安妮一直秉承一条原则:把所有的精力都用来做最容易成功的事情,不去做那些听上去很玄乎,但对公司却没什么帮助的事情。多年后,安妮创下了年销售200万台复印机的世界纪录,至今无人能破。

2001年,安妮不仅被美国《财富》杂志评为"20世纪全球最伟大的百位推销员之一(也是其中唯一的一位女性)"，而且还被推选为这家复印机制造公司的首席执行官，一任就是10年。

她就是已退休的曾任全球最大的复印机制造商——美国施乐公司总裁安妮·穆尔卡希。

谈到市场营销，每个人都会有自己的认识和理解，包括从事市场营销工作多年的营销人员，或者认为市场营销就是通过忽悠、欺骗来达到销售的目的，或者认为市场营销就是做广告、就是销售、就是促销、就是推销。曾经在营销课堂上最流行的"如何把梳子卖给和尚""如何把冰箱卖给爱斯基摩人"等案例，使人们误认为市场营销可以让自己无所不能，能够卖掉任何产品，包括人们根本不需要的产品。

今天的市场营销不能再按照传统的思维方式理解为劝说和推销，而应该是满足顾客需求。如果营销人员能够很好地理解消费者的需要，开发出具有较高价值的产品，并能有效地定价、分销和促销，那么他就很容易销售这些产品。要想真正地发挥市场营销的作用，营销人员首先就要正确地认识和把握市场营销的实质和范围。

相关知识

二、市场营销与酒店市场营销

（一）marketing 的含义

市场营销与市场营销学译自英文中的 marketing 一词，marketing 在英语里有两层含义：作为名词，是指一门学科的名称，我们将其翻译成"市场营销学"，不同国家和地区的翻译有一定的区别；作为动词，是指企业的经营活动，多翻译为"市场营销"，这是一个在我国为大众所接受的名称。

（二）市场营销的含义

与对其他事物的认知规律一样，我们对市场营销概念的理解也经历了一个由模糊到清晰、由片面到完整的发展过程。1960年，美国市场营销协会将"市场营销"定义为：市场营销是引导货物或劳务从生产者流向消费者或用户所进行的一切企业活动。该定义认为市场营销是一个活动过程，活动的起点为生产过程结束，终点为消费者或用户购买了产品，主要的活动包括定价、包装、品牌与商标、分销渠道、仓储与运输、广告、推销等。

1985年，美国市场营销协会又对"市场营销"赋予了新的定义：市场营销是个人（或组织）对思想、货物和劳务的构想、定价、促销和分销的计划和执行过程,以创造达到个人或组织目标的交换。该定义同样认为市场营销是一个活动过程,但过程的起点和终点发生了变化。它主要包括以下活动:

(1) 市场营销活动的出发点是满足消费者的需要和欲望,因此必须调查、了解、研究和掌握消费者的需求。

(2) 满足人们需求和欲望的是产品和服务,因此企业就需要利用所掌握的市场需求信息指导企业的经营活动,努力使产品和服务适应市场需求,实现有效销售。

(3) 将企业提供的产品和服务信息以适当的方式和渠道传递给消费者,引导、刺激和促进消费者购买。

(4) 设计和建立有效的分销渠道,促使产品快速、安全、经济地传递给消费者。

(5) 关注消费者从购买产品到使用产品过程中的需求,有针对性地提供有效服务,注意收集消费者对产品和服务的意见、建议和新的要求,对产品改进、市场改进、营销组合改进提供有效指导,确保企业生产和经营健康持续发展。

综上所述,市场营销又称整体营销,它是一个综合性的活动,而不是某一项单一的活动。市场营销活动应从了解市场需求开始(市场调研),包括产前、产中和产后活动,售前、售中和售后活动,再依据消费者意见对产品和服务进行改进,是一个连续循环提升的活动过程。因此,市场营销活动应不断提高消费者的满意度,留住现有顾客,吸引新顾客,谋求企业利润,从而实现企业长远发展。

课堂讨论

比较分析新旧市场营销概念的差异,对销售、促销、推销和市场营销的关系进行讨论分析。

(三) 酒店市场营销

酒店市场营销是市场营销原理在酒店行业中的具体应用,是酒店在激烈竞争和不断变化的市场环境中,识别、分析、评价、选择和利用市场机会,围绕消费者需求和酒店经营目标,设计、组合、创造适当的酒店产品,以满足目标市场的需要,最终使酒店实现预设经营目标的一系列经营活动和过程。

随着旅游业的持续发展,中国酒店行业得到了快速发展。在全国各大中型城市,各类星级酒店如雨后春笋般不断涌现,行业竞争也不可避免地越来越激烈,而在竞争中,市场营销成为了酒店管理的重中之重。

酒店市场营销因顾客需求、营销环境、产品等独特性与其他行业、企业的市场营销存在着明显的差异,需要针对酒店市场营销自身的特点制订相应的营销策略。

课堂讨论

收集酒店概念资料,简要描述酒店的含义、酒店的类别和酒店的产品特点。

导入案例 《我是谁》[①]

我是谁
是什么样的人
也许你从来没有想过
我是谁
是什么样的人
我是离开最晚的那一个
我是开工最早的那一个
我是想到自己最少的那一个
我是坚守到最后的那一个
我是行动最快的那一个
我是牵挂大家最多的那一个
我是中国共产党
始终和你在一起

公益广告《我是谁》是2016年由中央电视台为献礼七一建党节特别推出的。该片一改宏大主题叙事角度,用镜头呈现党的精神,通过讲故事拉近情感共鸣,凸显党对人民的初心始终未变。

片子将镜头对准身边普通的人和事,他们是离开教室最晚的大学生、为了城市整洁开工最早的环卫工人、手术台前救死扶伤的医生、坚守岗位到最后的交警、乐于助人的邻家男孩、牵挂大家最多的村干部,用温暖朴实的镜头语言传递出"我是中国共产党,我是冲在最前面的人"的创意理念。

谈到市场营销,人们自然联想到市场营销是以营利为目的从事生产经营活动的企业应该关注的,这显然是对市场营销的应用存在认识上的误区。上述关于中国共产党的公益广告显示了市场营销已被应用于更为广泛的领域,即由营利性组织扩展到非营利性组织、由组织扩展到个人,以至于发展到我们生活、工作和学习的方方面面。

三、市场营销学的应用

现代社会,无论消费者身在何处都会被置身于营销的氛围之中,例如,在家里、

[①] 我是谁[EB/OL].[2016-06-27].http://gongyi.cctv.com/2016/06/27/VIDEfcpKGG6GBMIYBTal Wyvth 160627.shtml.

在学校、在工作单位,营销无处不在,甚至成为人们生活的一个重要组成部分。

市场营销理论最早应用于生产领域:先是日用品公司,如小包装消费品公司;继而被引入耐用消费品公司;接着被引进工业设备公司;之后被引入重工业公司,诸如钢铁、化工公司。后来,市场营销理论又从生产领域被引入服务业领域:先是被引入航空公司、银行、酒店;继而被引入保险、证券金融公司;之后又被专业团体,诸如律师、会计师、医生和建筑师所运用。上述组织的共同特点是营销活动都是以营利为目的,所有组织均为营利性组织。

20世纪70年代后期,在发达国家的非营利组织发展进程中,随着各国和地区社会经济的进步及非营利性组织的发展,一部分非营利性组织认为,为实现其宗旨和目标需要应用营销理论。而且,非营利性组织当时已经开展了一些尝试性的营销活动。非营利性组织通过直接的邮寄和"销售"来筹集资金,通过宣传公共服务的公告和采用传统的广告等形式刺激更多的群体"消费"非营利性组织的服务。在其宗旨的指导下,非营利性组织采用此策略以唤醒人们的认同意识,以增加政府与社会对非营利性组织发展的支持。

营销理念已经成为非营利性组织成功的主要要素和基本因素。非营利性组织认为他们所做的每一件事,特别是他们重要的宗旨,都受到其他人(即营销目标市场)行为的影响。不论是倡导环境保护,还是开展扶贫济困;不论是维护和平,还是保护多元文化、弱势群体;不论政府扶助,还是志愿者奉献,这些领域都涉及营销。

清华大学90周年校庆时,曾邀请200多名中学校长出席庆典,其目的之一就是对生源进行营销。北京申办奥运的成功,更是成功地营销了"新北京、新奥运";"一带一路"倡议则充分体现了市场营销在一个国家发展中的具体运用。总之,在我国,非营利性部门和公共服务部门的营销活动也在不断增加,同时市场营销原理也正在被更多的人所接受并广泛应用于求职面试、升职加薪等工作、学习和生活领域。

第二节　酒店市场营销管理

——投其所好，利在其中

导入案例　新型捕鼠器缘何没市场？[①]

美国一家制造捕鼠器的公司，为了试制一种适应老鼠生活习性的捕鼠器，组织力量花了若干年时间研究老鼠的吃、活动和休息等各方面的特征，终于制造出了受老鼠"欢迎"的一种新型捕鼠器。新产品完成后，屡经试验，捕鼠效果确实不错，捕鼠率为100%。与老式捕鼠器相比，新型捕鼠器还有以下优点：美观大方，造型优美；捕鼠器顶端有按钮，捕到老鼠后只要一按按钮，死鼠就会掉落；可终日置于室内，不必夜间投器，白天收拾，绝对安全，也不会伤害儿童；可重复使用，一个新型捕鼠器可抵好几个老式捕鼠器。

新型捕鼠器上市伊始深受消费者的青睐，但好景不长，市场迅速萎缩了。是何原因致使这么好的东西没有达到预计的销售业绩呢？后来查明，其致命原因是：

第一，购买该新型捕鼠器的买主一般是家庭中的男性。他们每天就寝前安装好捕鼠器，次日起床后因急于上班，便把清理捕鼠器的任务留给了家庭主妇。主妇们见到死鼠就害怕、恶心，同时又担心捕鼠器不安全，会伤害到人。结果许多家庭主妇只好将死鼠连同捕鼠器一块丢弃，由此主妇们感到代价太大，不希望自己的丈夫再买这种捕鼠器。

第二，由于该捕鼠器造型美观，价格自然较高，所以中、低收入的家庭购买一个便重复多次使用，况且家中老鼠在被捕捉几只后就会"休息"一段时间，重复购买率因而减少，销量自然下降。高收入的家庭，虽然可以多买几个，但是使用后处理死鼠很伤脑筋。老式捕鼠器捉到一只老鼠后，可以与老鼠一起扔进垃圾箱，而新型捕鼠器扔掉有些舍不得，留下来又该放在哪儿呢？另外，捕鼠器的存在又容易使人们产生与老鼠有关的可怕念头。

是需要一个捕鼠器还是需要一个解决因老鼠所导致的烦恼问题的有效办法？这是决定该新型捕鼠器是被市场接受还是被放弃的关键。案例中企业的问题在于，只是向市场提供了一个名叫捕鼠器的一个具体的产品，而没去思考消费者面对

[①] 世界绝密经典营销案例149篇[EB/OL].[2013-09-14].http://www.360doc.com/content/13/0914/11/13645212_314369418.shtml

老鼠时的感受和困扰,不能彻底为消费者解决恐惧问题。问题依然,花费不减,消费者如何抉择就不言而喻了。

消费者的需求永远是一个随时移动的目标,他们今天对你的期望永远高于昨天,当你达到这个目标时,他们又有了新的变化。除非你不断求好,否则他们就会离你而去。

菲利普·科特勒曾这样描述营销:"营销就是在满足顾客需要的同时,创造利润。"通俗的理解就是"投其所好,利在其中"。

相关知识

一、需要、欲望与需求

需要、欲望与需求是企业市场营销三个最基本的概念,它们共同构成企业营销活动的基础,三者既相互联系,又相互区别。

需要是指人们某种不足或短缺的感觉。它是促使人们产生购买行为的原始动机,是市场营销活动的源泉。人类的需要是丰富而复杂的,主要包括:生存需要,如食品、服装、房屋、温暖、药品、安全等;社会需要,如归属感、影响力、情感、社交等;个人需要,如知识、自尊、自我实现等。这些需要不是由企业营销活动创造出来的,而是客观存在于人类本身的生理组织和社会地位状况之中。按照美国心理学家马斯洛的"需要层次论",人类的需要可以划分为生理需要、安全需要、社交需要、自尊需要与自我成就需要五个层次。当某一需要得不到满足时,人们会感到怅然若失或闷闷不乐。其需要愈重要,这些感觉就愈强烈,要求弥补和被满足的动机也愈紧迫。为了满足某种需要,人们首先寻求能满足自身需要的物品,如果不能,便会压抑需要。企业市场营销的基本任务就是开发和生产能满足人类需要的产品。

欲望是指建立在不同的社会经济、文化和个性等基础之上的需要。需要对人类整体而言,具有共性,如饿思食,寒思衣。欲望对消费者个体而言,具有特性。个人的需要因其所处的社会经济文化和性格等不同而异,这种有差异的需要就是欲望。不同的欲望通过不同的物品和方式得到满足,如美国人饥饿时需要汉堡包、油炸土豆条和可口可乐,而中国人希望得到米饭和菜肴。人们的欲望随社会进步而不断增加。社会愈发达,人们的欲望愈丰富多彩。企业营销活动不能制造需要,但可以通过开发合适的产品和有效的促销活动,激发人们的好奇心、兴趣和欲望,将企业产品和人们的需要结合起来。欲望和需要是有差别的,但生产者常常将二者相混淆。例如,人们买牙膏,从表面上看是对牙膏的欲望,但实质是有洁齿、防龋、止血的需要。如果某一生产者生产出一种新型牙膏,售价更低,洁齿、防龋、止血的功能更强,消费者将有购买新型牙膏的欲望,但实际需要仍然相同。生产者常常只是关注消费者表现出来的对产品的欲望,而忽略了掩盖在欲望下面的实质性需要。

需求是以购买能力为基础的欲望。小轿车作为一种便捷的交通工具,人人都需要。但对没有购买能力的人来说,小轿车的需要只是一种欲望,只有对具有足够支付能力的人来说才是需求。在市场经济条件下,人类需求表现为市场需求,因此,并非所有的人类需要都能转化为人类需求,也并非所有的人类欲望都能得到实现,购买能力是问题的关键。人类欲望无限,而购买能力有限。当价格一定时,消费者选择购买具有最大满足效用的产品,购买效益的高低决定着市场需求的实现程度,市场需求是企业营销活动的中心。市场需求处在经常变化之中。消费者收入和产品价格是影响市场需求变化的两个最基本因素。一般而言,需求同收入呈正方向变化,同价格呈反方向变化。价格一定,当消费者收入增加时,购买力增加,市场需求数量增加,选择性加强,反之亦然。收入一定,价格上升,市场需求下降,价格下降则市场需求增加。

需要、欲望、需求三者关系如图1.1所示。

图1.1　需要、欲望、需求的关系

课堂讨论

假设大家经过一周紧张的工作和学习之后,准备选择一种娱乐方式放松一下,如听音乐会、听相声、看电影、追剧、打扑克、打麻将、玩游戏等。你的老板选择了花800元去大剧院听一场音乐会,你选择了花80元去附近的电影院看一场最新的好莱坞大片,而你的妈妈则选择在家看免费的电视剧。

请用需要、欲望、需求原理对上述情况进行分析。

知识补充:营销近视症

营销近视症是著名的市场营销专家、美国哈佛大学管理学院西奥多·莱维特教授在1960年提出的一个理论。营销近视症是指不适当地把主要精力放在产品上或技术上,而不是放在市场需要上,其结果导致企业丧失市场,失去竞争力。这是因为产品只不过是满足市场消费需要的一种媒介,一旦有更能充分满足消费需要的新产品出现,现有的产品就会被淘汰。同时消费者的需求是多种多样的,并且在不断变化,并不是所有的消费者都偏好某一种产品或价高质优的产品。市场的饱和并不会导致企业的萎缩,造成企业萎缩的真正原因是营销者目光短浅,不能根据消费者的需求变化而改变营销策略。

导入案例　故宫博物院黄金周不"营销"

——故宫博物院"十一"黄金周参观建议[①]

2016年"十一"黄金周将近,故宫博物院为保证观众的参观氛围与文化体验,提出以下参观建议,希望大家错峰参观、安全出行。

一、在"十一"黄金周的七天中,观众往往集中在10月1日至10月4日,之后参观人数会明显下降,希望大家错开高峰日,合理安排出行计划。

二、每天故宫博物院的参观人数变化呈现一定的规律,建议观众避开每天10:00至13:00的高峰时段,参观更加舒适。

三、故宫博物院参观每日限流8万人次,现场售票窗口将视具体情况适时停止售票,请旅行社和观众尽量选择网上预约购票,避免现场排队买票的辛苦,安检时可走专门的预约通道优先进入。门票预订网址:http://gugong.228.com.cn,客服电话:400-622-8228。

四、故宫博物院官方网站(www.dpm.org.cn)上有详细的开放时间、展览资讯、建议参观路线等信息,观众可根据需要提前做好准备。

五、故宫博物院已经实行全面"禁烟",打火机等禁止带入院内,建议观众不要携带易燃易爆等危险品,以免安检时带来麻烦。

六、为避免受到非法"一日游"揽客人员、黑导游、无照游商等违法人员的坑蒙拐骗,希望广大观众提高警惕,不要上当受骗。

七、请您文明参观,不乱丢垃圾、不攀爬山石、不乱刻乱画、不翻越护栏,共同维护整洁有序的参观环境,与我们一起保护文化遗产。

八、故宫博物院观众投诉电话:85007027,设有专人值班受理。医疗救护站联系电话:85007120。

黄金周对很多企业来说是一个赚钱发财的绝好时机,总是希望顾客越多越好。故宫博物院在"十一"黄金周期间采取每日限流8万人次,同时建议游客错峰出游的做法则显得有点另类,不可理解,实际上却恰恰显示了故宫博物院对市场营销的准确理解和认识,对黄金周期间需求趋势的准确预判,以及提前制订出最有效的应对措施。在尽可能满足游客更好地享受故宫的文化体验的同时,也避免因过量的游客对服务设施形成过大的压力以及伴随着的安全隐患。如何有效减低需求也是

---

① 故宫博物院"十一"黄金周参观建议[EB/OL].[2016-09-30].http://blog.sina.com.cn/s/blog.62aad664012xbmf.html.

企业营销活动中的一项重要任务。

> **相关知识**

二、市场需求状态及营销任务

企业在开展市场营销活动过程中,会面对各种各样的市场需求,其主要任务就是了解各种需求的差异性并寻找相适应的营销对策,最终达到满足需求,实现企业营销目标的状态。

根据需求水平、时间和性质的不同,可归纳出8种需求状态(见表2.1)。在不同的需求状态下,市场营销管理的任务有所不同,需要通过不同的市场营销策略来解决。

表2.1 需求状态与营销任务和策略

需求状态	表现	营销任务	营销策略
负需求	因厌恶、恐惧而回避某种产品或服务	转变需求	转换性营销
无需求	产品或服务与自己无关	创造需求	刺激性营销
潜在需求	无满足需求的相关产品或服务	发现需求	开发营销
下降需求	本企业产品或服务销量呈下降趋势	再生需求	恢复性营销
不规则需求	对产品或服务的需求与供应不同步	配合需求	同步性营销
充分需求	产品或服务销售量处于理想的状态	保持需求	维持性营销
过度需求	对产品或服务的需求超过了企业的能力	减少需求	减低性营销
有害需求	需求的满足会损害顾客、社会利益	消除需求	反向营销

(1)负需求。又称否定需求,是指顾客因误解或不满而导致对酒店以及酒店产品的拒绝,甚至愿意花费代价远离酒店及酒店的产品。主要原因是酒店在产品和服务方面出现了重大失误或者没有处理好客人的某个关键需求,导致客人对酒店形成彻底的否定,从而直接影响酒店的经营效果,如果没有采取有效的措施,就会出现客源的迅速下降的情况。针对负需求的主要营销任务就是控制顾客对酒店负面印象的进一步恶化,同时重塑酒店形象,恢复顾客对酒店的信心。主要应用领域:企业的危机公关。

(2)无需求。是企业和营销人员面对的最多、最普遍的需求状态和最主要的任务。无需求状况是指对酒店或酒店的产品不了解、不熟悉或者认为酒店和酒店的产品自己不需要、与自己无关等而导致不购买酒店产品的现象,如新酒店开业、在新的地区开设酒店、酒店推出新的服务项目。那么,如何吸引顾客关注酒店?如何引导顾客接触酒店产品?这就需要采取刺激性营销策略。主要应用领域:酒店新开业、酒店新品上市、酒店新市场拓展等。

(3) 潜在需求。是指顾客对现实市场上还不存在的某种产品或服务的强烈需求或现在对某种产品的需求还不旺盛,但已显示出发展潜力。前者往往表现为对某种产品或服务的理想和期望,比如对低价享受高档酒店服务的需求;后者则表现为随着时间的推移会产生新的消费力量,比如老年人口的增加将会引发养老需求的爆发。酒店可以开发相应的产品或服务来满足潜在需求以实现新的增长点,这就是开发性营销。应用领域:新产品、新市场开发。

(4) 下降需求。又称退却需求,是指顾客对酒店、酒店产品和服务的需求和兴趣从高潮走向衰退。主要表现为强有力竞争者的进入、大批量竞争者的涌入,比如附近将有更有竞争力的新酒店开业,当然也包括企业营销的失误以及需求的巨变所引发的需求下降。面对这种情况,酒店管理者首先必须了解导致客源减少、需求下降的主要原因,其次调整和完善酒店的产品和服务,再次寻找有效的宣传和沟通的手段,设法使已衰退的需求重新兴起,恢复到正常状态。应用领域:由盛及衰、东山再起的企业。

(5) 不规则需求。该需求主要表现为需求产生的时间的不确定性以及需求量在不同的时间差异巨大,导致与产品和服务的供应产生不协调矛盾。酒店有明显的淡旺季,经常会出现旺季高峰时顾客过分拥挤,而淡季时各种服务设施大量闲置。由于改变需求的时间或改变需求的强度对酒店来说难度极大,所以面对不规则需求,酒店更多地只能根据需求变化规律,从产品和服务的供应时间上加以调整,以适应客人不规则的需要,更好地满足客人的需要,从而做到旺季更旺,淡季不淡,实现供应与需求的同步与匹配。应用领域:有需求量调节或服务时间更优的企业。

(6) 充分需求。充分需求表明对酒店当前的需求在数量上同预期需求已达到一致,设施、设备和人员都得到充分利用,供求关系适当,处于最佳经营状态。在这种状态下,酒店营销管理的任务就是维持性营销。酒店管理者一方面要采取各种措施稳住客源,维持这种需求状态,另一方面,还要密切关注顾客需求偏好的变动以及新的竞争对手的出现,使酒店产品始终能迎合顾客需求,确保优势地位,不让其他竞争者介入。应用领域:居安思危、保持优势状态的企业。

(7) 过度需求。过度需求是指需求量超过了酒店的接待能力,酒店又无法通过增加产品和服务来满足过量的需求,如客房出租率连续过高,餐饮包厢订餐持续爆满,都会导致酒店出现设备紧张,设施设备得不到应有的保养,工作人员疲惫不堪,产品和服务质量下降等情况。这是一种破坏性经营,所带来的后果是顾客满意度下降,酒店声誉遭到破坏,对未来发展造成不良影响。因此,在过度需求状态下,酒店营销管理的任务是减低性营销,即采取一些办法来压缩市场需求,如提高价格、减少促销等。应用领域:过度的供不应求的企业。

(8) 有害需求。有害需求状态指依据国家法律法规、社会道德以及酒店形象的要求,都不能被满足的需求,这种需求会对社会造成不良影响,如酒店客人的色情、赌博、吸毒需求等。在这种情况下,酒店要采取反向营销,严格遵守法律法规和社会道德,反对并及时制止这种需求。应用领域:社会公益和消费者权益保护。

课堂讨论

菲律宾马尼拉一度假村——云顶世界在2017年6月2日凌晨1时30分左右发生了一起袭击事件,导致了该度假村有一栋建筑物的二楼起火。据媒体报道,这栋建筑内有多名枪手,并且传出枪击和爆炸声。据当地红十字会称,至少造成25人受伤。

请讨论以下问题:
(1) 该事件会引发消费者对云顶世界度假村什么样的需求?
(2) 这种需求会对酒店以后的经营产生什么影响?
(3) 你认为对酒店应采取什么样的应对措施?

  知识补充:无烟餐厅标准

(1) 在显著位置应设置无烟指示标志,客人就餐前给予提醒或引导。
(2) 无烟餐厅应全面禁烟,对设立吸烟区的餐厅应设立单独分隔的、有通风装置的吸烟区。
(3) 无烟区内不得摆放烟灰缸等烟具。
(4) 不向就餐客人推销烟草制品。
(5) 餐厅内不得有烟草广告及相关促销产品。

导入案例 精明强干的王经理错在哪?[①]

王女士是就职于某五星级饭店潮州餐厅的经理,几年来,餐厅经营业绩非凡,回头客不断。近来,由于受内外环境的影响,餐厅营业额开始每况愈下,王经理承受着巨大的压力。

压力之下,王经理在新厨师长的配合下带领员工们开始了各种促销活动,如推销龙虾、宣传海鲜食品节等。王经理及其助手还在每天的班前例会上,不厌其烦地向员工讲述昨天的营业状况,分析当日预算收入及利润的差额;她还要员工参加提高推销技能的各种培训,以期提高客人的平均消费。一时间,餐厅的员工们被笼罩在一种浓重的经营氛围之中。

---

① 酒店餐饮营销案例[EB/OL].[2011-12-02].http://www.canyin168.com/glyy/yxch/yxgl/201112/37046.html.

不尽如人意的是,尽管王经理倾力促销,但营业收入仍无法达到目标。王经理考虑再三,出台了一套销售奖励政策,其主要内容如下:员工若销售出高档食品,如龙虾、鱼翅、鲍鱼等,可以得到菜肴售价3%的奖励提成;员工若销售出高档酒水,如白兰地、香槟、茅台等也可获得相同比例的提成。此政策经餐饮部讨论和饭店经营者认可后,开始在餐厅实行。可以说,这个政策的实施,极大地调动了员工的推销积极性,员工们满怀热情地将以往向客人提建议的交谈口气调整为竭力推销的口气。几天以后,客人平均消费指数有了明显的提高,总收入也开始有了令人欣喜的变化。

但好景不长,两个月后,餐厅开始门庭冷落,许多过去常来光顾餐厅的老顾客也不见踪影了,餐饮部总监看着平均消费不断提高,就餐人数不断下降的经营报告,终于意识到了问题的严重性。

不久,王经理被调离潮州餐厅。

王经理不可谓不努力、不可谓没有思想、不可谓没有能力,但没能从根本上解决餐厅营业额的持续和稳定问题,其原因是对餐厅营业额下降的原因缺乏细致准确的分析,只是简单地采取强刺激、高压促销的形式实现了短期销量的提升,换来的结果是客人的大量流失。营销管理一方面要求经营者树立正确的经营观念,另一方面要求按照科学的营销管理过程要求实现营销目标。王经理应该在冷静客观地在分析餐厅营业额下降原因的前提下,与上级主管、厨师长一起商讨开发新客户、扩大就餐人数、增加餐厅特色菜品、开发新的服务项目等手段来实现营业额的提升。

相关知识

三、酒店营销管理过程

酒店是在复杂、不断变化的营销环境中从事营销活动的。为了有效地适应营销环境的变化,把握和利用市场机会,酒店必须熟练掌握市场营销管理的过程和程序。

酒店市场营销管理过程,就是识别、分析、选择与发掘市场机会,以实现酒店的任务和目标,达到酒店与最佳市场机会相适应的过程。这一过程包括分析酒店市场营销环境、选择酒店目标市场、制订酒店市场营销组合、管理酒店市场营销活动四个步骤。

(一)分析酒店市场营销环境

酒店市场营销管理过程的第一步是对酒店营销环境进行分析。酒店市场营销环境包括宏观环境和微观环境。宏观环境是指对酒店产生较大影响的因素,包括人口与经济、政治与法律、自然与科技以及社会文化等因素。微观环境指直接影响酒店经营、管理和服务的因素,包括酒店产品的供应商、销售渠道、顾客、竞争对手、公众以及酒店自身等因素。通过对营销环境分析,酒店可以做到四个清楚:一是清楚酒店所在地的社会团体、政治组织、工业商业、风景名胜、交通运输、节日、气候等有关背景资料;二是清楚竞争者的设施设备、经营类别、格调、价格等详细情况;三是清楚顾客情况,建立顾客档案;四是清楚本酒店的客房出租率、营业收入、平均房价等经营情况。

(二)选择酒店目标市场

消费者的需求千差万别,任何一家酒店都无法做到满足所有消费者的所有需求,因此,只能选择其中的一部分群体作为自己的目标市场,开发能满足这部分人需求的产品。在发现酒店市场机会和明确酒店应向市场提供的产品和服务之后,酒店应进一步了解顾客的需求、愿望及其所在的地区,了解他们的购买方式和行为等,继而分析市场规模和结构,选择最适合酒店发展的目标市场。

(三)制订酒店市场营销组合策略

市场营销组合策略就是为了满足目标市场需求,酒店对自己可控的市场营销因素进行优化组合,以完成酒店经营目标,包括产品、价格、渠道和促销等。酒店必须在准确地分析、判断所处的特定的市场营销环境、酒店资源及目标市场需求特点的基础上,才能制订出最佳的营销组合策略。

(四)管理酒店市场营销活动

酒店营销管理的最后一个程序是对市场营销活动的管理。对酒店市场营销活动来说,主要需要四个管理系统的支持,即酒店市场营销信息系统、酒店市场营销计划系统、酒店市场营销组织系统、酒店市场营销控制系统。

课堂讨论

有个人在荆州做官时,山上的老虎常出来吃人和家畜。老百姓要求县官除去老虎。于是这个县官下了一道驱逐老虎的命令,并叫人刻在很高的岩石上,凑巧那只老虎因故离开了荆州,他就得意地认为他的命令生效了。

不久,他被调至另一个地方做官。这个地方老百姓非常刚强,很不容易治理。他认为刻在荆州岩石上的命令既然能够制服凶恶的老虎,就也能镇住能识文断字的老百姓,于是便托人去荆州临摹石刻。

结果,他不但没有治理好这个地方,反而因为治理不当而丢官罢职。

请问:这个故事对酒店营销活动有何启示?

> **知识补充：4P组合**

20世纪60年代由杰罗姆·麦克锡提出的一个关于市场营销学的概念，4P解释为：产品、价格、通路和促销。

产品（product）指企业提供其目标市场的货物或劳务，其中包括产品质量、样式、规格、包装、服务等。

价格（price）指顾客购买产品时的价格，包括折扣、支付期限等。

通路（place）指产品进入市场或达到目标市场的种种活动，包括渠道、区域、场所、运输等。

促销（promotion）指企业宣传介绍其产品和说服顾客购买其产品所进行的种种活动，其中包括广告、宣传公关、人员推销、推销活动等。

第三节　酒店市场营销观念

——君子爱财，取之有道

导入案例　爱心赢得信任　服务创造价值[①]

在一个炎热的午后，有位穿着汗衫、满身汗味的老农，伸手推开厚重的汽车销售中心玻璃门，他一进入，迎面立刻走来一位笑容可掬的服务员，很客气地询问老农："大爷，我能为您做点什么吗？"

老农有点腼腆地说："不用，只是外面天气热，我刚好路过这里，想进来吹吹冷气，马上就走了。"

服务员听完后亲切地说："就是啊，今天的确很热，气象局说有32℃呢，您一定热坏了，我帮您倒杯水吧。"接着便请老农坐在柔软豪华的沙发上休息。

"可是，我们种田人衣服不太干净，怕会弄脏你们的沙发。"

服务员边倒水边笑着说："有什么关系，沙发就是给客人坐的，否则，公司买它干什么？"

喝完冰凉的茶水，老农闲着没事便走向展示区内的新货车，东瞧瞧西看看。

这时，那位服务员又走了过来："这款车很有力哦，要不要我帮你介绍一下？"

[①] 广通.经典营销故事全集[M].北京：地震出版社，2005.

"不要！不要！"老农连忙说，"你不要误会，我可没有钱买，种田人也用不到这种车。"

"不买没关系，以后有机会您还是可以帮我们宣传啊。"然后服务员便详细耐心地将货车的性能逐一解说给老农听。

听完后，老农突然从口袋中拿出一张皱巴巴的白纸，交给这位服务员，并说："这些是我们要订的车型和数量，请你帮我办理一下。"

服务员有点诧异地接过来一看，这位老农一次要订8台货车，连忙紧张地说："大爷，您一下订这么多车，我们经理不在，我必须找他回来和您谈，同时也要安排您试车……"

老农这时语气平稳地说："你不用找你们经理了，我本来是种田的，由于和别人投资了货运生意，需要买一批货车，但我对车子外行，买车简单，最担心的是车子的售后服务及维修，因此我儿子教我用这个笨方法来试探每一家汽车公司。这几天我走访了好几家，每当我穿着同样的汗衫，走进汽车销售公司，同时表明我没有钱买车时，常常会受到冷落，这让我有点难过……而只有你们公司，知道我不是你们的客户，还那么热心地接待我，为我服务，对于一个不是你们客户的人尚且如此，更何况是成为你们的客户……"

企业为了帮助销售人员获取订单、提高销量，往往不惜代价地进行各种销售技能的培训来征服顾客，但却忽视了对销售人员内在修养、经营观念的引导和熏陶。企业的生存之道往往就体现在销售人员乃至于每个人的日常行为之中。对于酒店来说，能否在酒店上上下下树立一致的"需求中心、顾客至上"的观念，内化于心，长期奉行并落实到员工的日常工作之中，是酒店可持续经营的根本。

案例中服务员的成功，没有刻意的推销，也没有华丽的辞藻，只有一颗爱心，一颗为别人着想的善良爱心，这是人世间占据顾客内心的最强大的武器。

相关知识

一、营销观念：酒店生存之道

营销观念又称为市场营销管理理念，是指企业从事市场营销活动及管理过程的指导思想、根本看法或根本态度，也就是企业在开展市场营销活动的过程中，在处理企业、顾客和社会三方利益方面所持的态度和指导思想。它在企业营销活动中起支配和指导作用，故称"企业思维方式"，或"企业哲学"，也可称作"市场营销管理哲学"。

营销观念作为一种指导思想和经营观念，是企业一切经营活动的出发点。它支配着企业营销实践的各个方面。企业营销观念的正确与否，是否符合市场环境的客观实际,直接影响企业营销活动的效率和效果,进而决定企业在市场竞争中的兴衰存亡。因此,奉行正确的营销观念,是企业组织市场营销实践的核心和关键所在。

认识和理解营销观念,要把握住它的三个特征:

(1)营销观念的历史特征。营销观念来源于长期的营销实践,一种营销观念在其形成过程中,有其历史的必然性。在20世纪20年代以前,由于社会生产力水平的限制,产品的供给不能完全满足社会的需求,社会经济生活处在卖方市场的境况下,企业只需要大规模地生产产品,降低成本,就能获取满意的利润。在这种情况下,只能形成"以企业利润为中心"的营销观念。自20世纪20年代以来,尤其是"二战"以来,由于科学技术的迅猛发展,社会生产条件有了极大的改变,社会提供产品的能力较过去增大了无数倍,产品极大地丰富,企业之间的竞争日趋激烈,社会经济生活完全处于买方市场的境况下,许多企业逐渐认识到,顾客的需求乃是企业的利润之源泉。因此,研究、发现顾客的需求,然后设法去满足这个需求,企业才能获得生存与发展,否则它将在残酷的竞争中被淘汰。于是一种崭新的"以顾客需求为中心"的营销观念产生了。一种营销观念的形成既然有其历史的必然性,这就意味着它是不以人的意志为转移的。

(2)营销观念的时代特征。在某个时代只能产生某类营销观念,某类营销观念一定会出现在某个时代。在当今的世界经济一体化与中国社会正在向市场经济迈进的时代,社会经济运行的各项因素必然构建出"以顾客需求为中心"的营销观念,"以顾客需求为中心"的营销观念是现时代营销者应把握的根本营销观念。

(3)营销观念的共存性。在现代社会,企业的经营者应该把握"以顾客需求为中心"的营销观念,这是历史的必然。但这并不等于所有企业都真的将此营销观念树立起来了。这里有两方面的原因:第一是客观原因,如中国幅员辽阔,地理、人文条件差异很大,尤其是经济发展有着很大的不平衡性,在某些地区,市场发育程度很低,产品仍然供不应求,因而有的企业仍然用"以企业利润为中心"的营销观念来指导营销;第二是主观原因,如处在某些垄断行业中的一些企业,还有一些在完全卖方市场上的企业,仍然沿袭"以企业利润为中心"的营销观念来进行营销,特别是某些国有企业更为典型。在同一时间与空间的平面上,两类不同的营销观念并存着。

课堂讨论

以顾客为中心的市场营销观念对现代企业生存发展起着决定性的指导作用,但在实际推广过程中也会出现一些障碍和困难,请对这些障碍和困难进行分析并提出相应的对策。

知识补充：黑店观念

黑店观念是由华南理工大学工商管理学院龚振教授提出的一种观念。

黑店观念是指企业在经营活动中无视国家法律、社会公德以及顾客和社会利益，甚至无视他人生命和财产安全，把经营假冒伪劣产品和采用强迫、欺诈、色情、回扣等销售手段作为一切经营活动的中心，以此牟取暴利这样一种经营指导思想。

黑店观念的特点：

(1) 害人利己，即危害顾客、危害被假冒的产品和企业。

(2) 见缝就钻，钻法律、钻顾客、钻社会空子。

(3) 短期行为，干一天是一天，捞一把是一把，打一枪换一个地方。

导入案例　美国高盛的永胜之道[①]

高盛集团是全球领先的投资银行、证券和资产管理公司，为全球各地的公司、金融机构、政府和高端个人客户提供种类广泛的金融产品和服务，总公司位于纽约，并在世界各大金融中心成立了分支机构。

华尔街有一句谚语——短胜不如长胜，长胜不如永胜，高盛集团就是深谙永胜之道的老牌公司。高盛集团自1869年成立以来，已有近150年的发展历史，而其得以"永胜"的法宝，就是建设强大的后台，形成人人合规的企业文化。

总结起来，高盛集团一共有14条业务原则，但排名在最前的两条永远不变，第一条是"客户利益优先"，第二条是"声誉才是我们最重要的资产"。高盛认为，员工、资本和声誉都很宝贵，但在这其中，声誉的损失是最难以挽回的。因此，高盛不遗余力，从字面到精神均遵守所有相关法律、法规、准则和行业道德规范，高盛的持续成功取决于坚定不移地坚持这一标准。

高盛集团的14条业务原则：

(1) 客户利益永远至上。我们的经验表明，只要对客户尽心服务，成功就会随之而来。

(2) 我们最重要的三大财富是员工、资本和声誉。如三者之中任何一项遭到损害，最难重建的是声誉。我们不仅致力于从字面上，更从实质上完全遵循约束我们的法律、规章和职业道德准则。持续的成功有赖于坚定地遵守这一原则。

(3) 我们的目标是为股东带来优越的回报，而营利则是我们实现优越回报、充实资本、延揽和保留最优秀人才的关键。员工大量持股可以使员工与股东的利益协调一致。

---

① 美国高盛百年不衰的14条法则[EB/OL].[2018-01-05].http://www.sohu.com/a/216754725_481737.

（4）我们为自己的专业素质感到自豪。对于所从事的一切工作,我们都凭着最坚定的决心去追求卓越。尽管我们的业务活动量大而且覆盖面广,但如果我们必须在质与量之间做取舍的话,我们宁愿选择做最优秀的公司,而非最庞大的公司。

（5）我们的一切工作都强调创意和想象力。虽然我们承认传统的办法也许仍然是最恰当的选择,但我们总是锲而不舍地为客户策划更有效的方案。许多由我们首创的做法和技术后来成为了业界的标准,我们为此感到自豪。

（6）我们不遗余力地为每个工作岗位物色和招聘最优秀的人才。虽然我们的业务额以10亿美元为单位,但我们对人才的选拔却是以个人为单位,精心地逐一挑选。我们明白在服务行业里,缺乏最拔尖的人才就难以成为最拔尖的公司。

（7）我们为员工提供的职业发展进程比大多数其他公司都要快。晋升的条件取决于能力和业绩,而我们最优秀的员工潜力无限,能担当的职责也没有定式。为了获得成功,我们的员工必须能够反映我们所经营的地区内社会及文化的多元性。这意味着公司必须吸引、保留和激励有着不同背景和观点的员工。我们认为多元化不是一种选择,而是一条必行之路。

（8）我们一贯强调团队精神。在不断鼓励个人创意的同时,我们认为团队合作往往能带来最理想的效果。我们不会容忍那些置个人利益于公司和客户利益之上的人。

（9）我们的员工对公司的奉献以及对工作付出的努力和热忱超越了大多数其他机构。我们认为这是我们成功的一个重要因素。

（10）我们视公司的规模为一种资产,并对其加以维护。我们希望公司的规模大到足以经办客户想得到的最大项目,同时又能小到足以保持服务热情、关系紧密与团结精神,这些都是我们极为珍视,又对公司成功至关重要的因素。

（11）我们尽力不断预测快速变化的客户需求,并致力于开发新的服务去满足这些需求。我们深知金融业环境的瞬息万变,也谙熟满招损、谦受益的道理。

（12）我们经常接触机密信息,这是我们正常客户关系的一部分。违反保密原则或是不正当、轻率地使用机密信息都是不可原谅的。

（13）我们的行业竞争激烈,故此我们积极进取地寻求扩展与客户的关系。但我们坚决秉承公平竞争的原则,绝不会诋毁竞争对手。

（14）正直及诚信是我们业务的根本。我们期望我们的员工无论在工作上还是在私人生活上都要保持高度的道德水准。

"短胜不如长胜,长胜不如永胜"是所有企业的永恒追求,但如何实现企业长久可持续发展?短命企业的问题出现在哪里?长寿企业的秘诀又在哪里?相信通过学习体会营销观念,我们会从中找到答案。

相 关 知 识

二、酒店营销观念历史演变

任何企业的经营活动都有一定的指导思想,酒店营销活动也是如此。酒店营销活动的指导思想,即酒店营销观念经历了一个不断发展和演化的进程。

(一)生产观念阶段

从整个世界酒店行业发展进程来看,生产观念在第二次世界大战之前十分流行,直至20世纪50年代,生产观念仍占统治地位。长时间以来,酒店接待能力都很小,而20世纪50年代世界旅游业突然兴起,各国为适应旅游高潮,大力开办国际型大酒店。此时依然属于卖方市场,饭店经营者只顾创办酒店设施,加大接待能力,不分析市场供求关系,整个市场仍处于生产观念阶段。在我国,改革开放前,酒店业一直处于供不应求的卖方市场局面,直至20世纪80年代以后,国门突然打开,海外游客蜂拥而至,但我国的接待能力很有限,仍处于卖方市场,只是扩建酒店,提高接待能力,酒店还是以生产观念为指导。

在生产观念阶段,酒店以生产观念作为经营指导思想。酒店的一切经营活动都是围绕生产这一中心环节进行的。在这类观念的指导下,酒店经营者主要关注的是如何生产和提供更多的产品来获得利润,如何降低生产成本,如何不断采用新技术来提高酒店员工的工作效率等问题。这一阶段奉行的是"我生产是什么,就卖什么"的思想。

生产观念阶段由于过分夸大生产而忽视顾客需求的变化,忽视市场行情的变化,从而严重地阻碍了酒店的长远经营和发展。

(二)产品观念阶段

这一阶段的经营思想与生产观念阶段的经营思想并行。如果说生产观念阶段经营者重视"以量取胜"的话,那么产品观念阶段则是强调"以质取胜"。这类观念使经营者以自己优良的、有特点的产品获得市场,比生产观念阶段有所发展和进步。然而,若是只重视自己产品的品质良好,看不到市场需求的动态变化,不进行新产品的开发,终究会使自己陷于困境。

(三)销售观念阶段

随着社会经济、旅游业的不断发展,酒店行业也因此得到高速发展,并面临着竞争日益剧烈的局面。市场状况开始由原来的卖方市场向买方市场转化。旅游者可自由支配的收入及闲暇时间有了很大的增加,对酒店产品的需求也发生了较大的改变,旅游者开始有了选择酒店的机会。环境的变化,迫使酒店经营者不能坐守酒店,等待顾客上门,而是采取积极主动的推销手段来招徕客人。酒店经营正是在这种环境下由生产观念阶段进入了销售观念阶段。

在销售观念阶段,酒店经营者奉行"我卖什么,你就买什么"的经营思想。在这种观念的指导下,酒店会致力于组织销售队伍,使用各种强有力的推销手段,进行饭店产品的销售。例如,很多酒店开始重视预订工作,主动与旅行社等中间商联系,争取客源;也有些酒店派销售人员到机场等待迎接客人;有些酒店则利用大众媒体,如利用报纸、电视等进行广告宣传。

销售观念阶段经营者重视酒店的销售工作,这比生产观念进步。由于客人常常对酒店产品缺乏了解,特别是在酒店供大于求的时候,酒店除了向客人提供数量更多、质量更好的服务外,还必须组织员工主动推销酒店产品。这种观念对酒店产品的销售和酒店经营起到了很大的作用,并已成为酒店行业竞争的一种手段。但销售观念阶段经营者常常忽视市场分析,忽视顾客的需求是在不断变化的,使其推销目标带有一定的盲目性。因此,销售观念还不能保证酒店在越来越复杂且剧烈的市场竞争中长时间生存下去。

(四)市场营销观念阶段

在市场营销观念阶段,经营者强调从市场需求出发,按照目标市场的顾客需求来组织生产和销售产品,在顾客需求得到满足的前提下谋求企业利润,实现酒店可持续发展的目标。从"生产什么就销售什么"转为"市场需要什么就生产什么"。这种观念的中心是"顾客至上",消费者需求才是企业生存和发展的唯一机会。作为一种现代企业经营哲学,酒店所有的营销活动都必须围绕着顾客需求进行,以顾客为中心。这种观念产生于市场竞争剧烈的情势下,奉行"顾客需要什么,酒店就提供什么"的思想。

市场营销观念产生于第二次世界大战以后,特别在20世纪50年代以后得以迅速发展。这一时期,供大于求的矛盾更加尖锐,市场竞争更加剧烈,整个市场由卖方市场变成买方市场。这一时期,人们经过对市场的研究,总结企业经营实践,提出了市场营销观念,完成了企业经营思想的革命性飞跃。

进入20世纪90年代后,我国的酒店业出现了供大于求的局面,那种坐等客人上门的情况一去不复返了。随着酒店市场竞争日益加剧,酒店必须实行以消费者需求为中心的经营策略,根据客人需求及需求变化趋势,制订整体营销计划,使酒店产品、价格、渠道、促销都适应市场营销观念,不断完善自己的产品。

市场营销观念作为一种现代经营思想,主要包括以下三个方面的内容:

1. 以顾客为中心

它是指酒店所有营销活动都以顾客为中心,围绕顾客全面展开。它要求酒店要对市场进行详细的需求调查,选择适当的目标市场,并根据目标市场中顾客的需求,来设计和提供服务产品。

2. 不断地满足顾客

酒店顾客的需求会随市场因素的变化而不断变化。当酒店原有的产品不能满足顾客需求的变化时,就要根据顾客的需求变化来进行调整、改进和完善。这是由于在现代市场条件下,酒店的经营的成败取决于顾客。

3. 实现酒店营销目标

酒店营销观念强调在满足顾客需要的条件下,实现酒店营销目标。因此,酒店既要重视满足顾客需求,又要保证自己营销目标的实现,二者不可分割开来。

（五）社会营销观念阶段

这一阶段,经营思想的内容是:企业经营不但要满足消费者的需求,还要符合社会的长远利益,强调兼顾企业利润、消费者需求、社会利益和生态环境三者统一。

20世纪70年代以后,西方国家兴起"保护消费者利益"运动。"保护主义"认为,单纯的市场营销满足了眼前的市场需求,却忽视了社会长远利益。只顾眼前需求,导致资源被无穷攫取,造成环境污染,资源浪费,侵害了社会和生态环境发展的长远利益。正是在这种背景下,人们提出了社会营销观念。社会营销观念是社会经济、文化和社会运动发展的必然结果,是一种先进的指导思想。

社会营销观念在酒店市场上的运用是20世纪80年代以后,人们提出酒店行业的发展也不能只顾消费者的眼前利益,而必须符合社会发展的长远利益。例如,盲目发展酒店行业,破坏了人们的正常生活方式,为人们的经济和心理造成巨大的压力;酒店以保护性动物作为菜肴材料等,曾引发人们的广泛不满。

课堂讨论

分组就下面的辩题进行课堂辩论:
正方:树立现代市场营销观念有利于企业的长久生存和发展。
反方:企业长久生存和发展与是否树立现代市场营销观念无关。

知识补充:绿色营销

所谓"绿色营销",是指社会和企业在充分意识到消费者日益提高的环保意识和由此产生的对清洁型无公害产品需要的基础上,发现、创造并选择市场机会,通过一系列理性化的营销手段来满足消费者以及社会生态环境发展的需要,实现可持续发展的过程。绿色营销的核心是按照环保与生态原则来选择和确定营销组合的策略,是建立在绿色技术、绿色市场和绿色经济基础上的、对人类的生态关注给予回应的一种经营方式。绿色营销既不是一种诱导顾客消费的手段,也不是企业塑造公众形象的"美容法",它是一个导向持续发展、永续经营的过程,其最终目的是在化解环境危机的过程中获得商业机会,在实现企业利润和消费者满意的同时,达成人与自然的和谐相处,共存共荣。

导入案例　饭店花园中的蔬菜[①]

美国德克萨斯州的"东方咖啡"饭店是由两位女士联合开办的。

开业许久,由于没有什么特色,顾客不多,饭店生意惨淡,难以为继。

后来,她们觉得,饭店后的大花园可以开发成菜园,以自产的蔬菜来吸引顾客,局面也许会有所改观。

于是,她们聘请一位蔬菜种植专家,将花园改造成为菜园。

有着多年菜园工作经验的专家干得很出色。

没多久,饭店花园就变成了一座菜、果、花三合一的综合园。

各种蔬菜、果树、花草相互间种,布置得很美丽,既可食用,又可观赏。菜园的四角种了果树,园中有土豆、南瓜、菠菜、洋葱、韭菜,还有百里香、万寿菊和草药,等等。

顾客到这儿,不仅仅可以吃到刚从饭店菜园里摘来的新鲜蔬菜、水果,而且可以到菜园里去散步,观赏菜盘中的食物是怎样生长的,还可以采摘园中的果蔬来品尝。她们向客人们介绍说:"在别的饭店吃南瓜却不知道南瓜是什么样子,吃茄子,不知道茄子有多大。到我们饭店可以边吃边看,十分有趣。"当地的一家杂志很快介绍了这家颇具特色的饭店:"夏夜,远处萤火虫在跳舞,人们在花园里边乘凉边品尝着佳肴,每一口都有不同的风味,每一盘都是园中的鲜物。"

由于主要靠自己园中的蔬菜供应顾客,"东方咖啡"饭店可以不受市场菜价猛涨的影响,始终让顾客感受到这里蔬菜的价廉物美,因此,生意越做越好,饭店的利润也越来越可观。

市场营销之所以日益得到企业的重视,主要是因为顾客有了更多的选择,顾客是否选择你的产品和服务,取决于该企业的产品和服务对顾客的吸引力是否超过竞争产品的吸引力;顾客能否忠诚于企业,一方面取决于企业的产品和服务给

[①] 广通.经典营销故事全集[M].北京:地震出版社,2005.

顾客带来的价值体验,另一方面还取决于顾客为了获得我们的产品和服务所付出的代价的高低。

相关知识

三、顾客让渡价值与顾客满意

顾客让渡价值是菲利普·科特勒在《营销管理》一书中提出来的,他认为,顾客让渡价值是指顾客总价值与顾客总成本之间的差额。顾客让渡价值模型如图1.2所示。

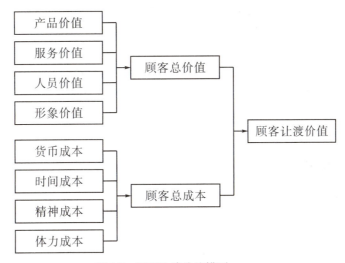

图1.2 顾客让渡价值模型

顾客总价值是指顾客购买某一产品与服务所期望获得的一组利益,它包括产品价值、服务价值、人员价值和形象价值等。

顾客总成本是指顾客为购买某一产品所耗费的时间、精神、体力以及所支付的货币资金等,因此,顾客总成本包括货币成本、时间成本、精神成本和体力成本等。由于顾客在购买产品时,总希望把有关成本,包括货币、时间、精神和体力等,降到最低限度,而同时又希望从中获得更多的实际利益,以使自己的需要得到最大限度地满足。因此,顾客在选购产品时,往往从价值与成本两个方面进行比较分析,从中选择出价值最高、成本最低,即顾客让渡价值最大的产品作为优先选购的对象。企业为在竞争中战胜对手,吸引更多的潜在顾客,就必须向顾客提供比竞争对手具有更多"顾客让渡价值"的产品,这样,才能使自己的产品为消费者所注意,进而购买该企业的产品。为此,企业可从两个方面改进自己的工作:一是通过改进产品、服务、人员与形象,提高产品的总价值;二是通过降低生产与销售成本,减少顾客购买产品的时间、精神与体力的耗费,从而降低货币与非货币成本。

顾客让渡价值概念的提出为企业经营方向提供了一种全面的分析思路。

首先,企业要让自己的商品能为顾客接受,必须全方位、全过程、全纵深地改善生产管理和经营,企业经营绩效的提高不是行为的结果,而是多种行为的函数,以往我们强调营销只是侧重于产品、价格、分销、促销等一些具体的经营性的要素,而让渡价值却认为顾客价值的实现不仅包含了物质的因素,还包含了非物质的因素;不仅需要有经营的改善,而且还必须在管理上适应市场的变化。

其次,企业在生产经营中创造良好的整体顾客价值只是企业取得竞争优势、成功经营的前提,一个企业不仅要着力创造价值,还必须关注消费者在购买商品和服务中所倾注的全部成本。由于顾客在购买商品和服务时,总希望把有关成本,包括货币、时间、精力和精神降到最低限度,而同时又希望从中获得更多实际利益。因此,企业还必须通过降低生产与销售成本,减少顾客购买商品的时间、精力与精神耗费从而降低非货币成本。

显然,充分认识顾客让渡价值的含义,对指导工商企业如何在市场经营中全面设计与评价自己产品的价值,使顾客获得最大程度的满意度,进而提高企业竞争力具有重要意义。

课堂讨论

顾客满意会给企业带来什么?顾客不满会让企业损失什么?

知识补充:顾客满意

菲利普·科特勒认为,顾客满意是指一个人通过对一个产品的可感知效果与他的期望值相比较后,所形成的愉悦或失望的感觉状态。满意水平是可感知效果和期望值之间的差异函数。如果效果低于期望,顾客就会不满意;如果可感知效果与期望相匹配,顾客就满意;如果可感知效果超过期望,顾客就会高度满意、高兴或欣喜。

对于企业来说,如果顾客对企业的产品和服务感到满意,就会将他们的消费感受通过口碑传播给其他的顾客,扩大产品的知名度,提高企业的形象,为企业的长远发展不断地注入新的动力。

要点总结

市场营销学国内外的发展历史以及酒店营销的发展历史都是伴随着科技进

步、买卖双方市场地位的改变逐步被理论界关注和研究、被企业界接受和运用的,并由营利性组织扩展到非营利性组织、由组织扩展到个人,以至于发展到我们生活、工作和学习的方方面面。

酒店市场营销是酒店在激烈竞争和不断变化的市场环境中识别、分析、评价、选择和利用市场机会,围绕消费者需求和酒店经营目标,设计、组合、创造适当的酒店产品,以满足目标市场的需要,最终使酒店实现预设经营目标的一系列经营活动和过程。

需求是市场营销中的一个频繁出现的一个词汇、也是企业必须关注的一个概念,它与需要、欲望两个词既有联系又存在区别,企业应牢牢记住需求是市场营销的核心,满足需求是市场营销的目标。

练习与实训

(一) 知识点练习

1. 单项选择题

(1) 在交换双方中,如果一方比另一方更主动、更积极地寻求交换,我们就将前者称为(   ),后者称预期顾客。

A. 企业　　　　B. 营销者　　　　C. 推销者　　　　D. 竞争者

(2) 市场营销管理的实质是(   )。

A. 刺激需求　　B. 生产管理　　　C. 销售管理　　　D. 需求管理

(3) 顾客总价值和顾客总成本之间的差额就是(   )。

A. 企业利润　　B. 企业让渡价值　C. 顾客让渡价值　D. 顾客利益

(4) (   )容易产生"营销近视症"。

A. 生产观念　　B. 推销观念　　　C. 产品观念　　　D. 市场营销观念

(5) 市场营销组合是指(   )。

A. 价格、权力、地点、促销　　　　B. 价格、广告、渠道、产品

C. 价格、公关、地点、产品　　　　D. 价格、促销、渠道、产品

(6) 近年来,越来越多的酒店高举"节约""环保""健康"旗帜,推出"无烟酒店"、响应"光盘行动",这种做法反映了酒店所奉行的经营观念是(   )。

A. 生产观念　　B. 销售观念　　　C. 市场营销观念　D. 社会营销观念

(7) 对于"无需求",营销管理的任务是(   )。

A. 转换性营销　B. 刺激性营销　　C. 开发性营销　　D. 发展性营销

(8) 对于"负需求",营销管理的任务是(   )。

A. 转换性营销　B. 刺激性营销　　C. 开发性营销　　C. 发展性营销

第一章　酒店市场营销初体验

(9) 企业市场营销活动的起点是( )。
A. 产品生产　　　　B. 销售　　　　C. 市场调查　　　　D. 公共关系
(10) 消费者对某产品有需求,说明消费者有( )。
A. 购买欲望　　　　　　　　　　B. 购买能力
C. 购买行为　　　　　　　　　　D. 既有购买欲望又有购买能力

2. 多项选择题

(1) 顾客总成本包括( )。
A. 货币成本　　　　　　　　　　B. 精神成本
C. 体力成本　　　　　　　　　　D. 时间成本
E. 效益成本
(2) 对一个酒店的产品满意的顾客,通常会( )。
A. 重复惠顾酒店　　　　　　　　B. 购买消费酒店其他新产品和服务
C. 给本酒店做正面宣传　　　　　D. 主动提供信息、意见和建议
E. 对酒店忠诚
(3) 以消费者为中心的企业经营观念包括( )。
A. 生产观念　　　　　　　　　　B. 销售观念
C. 市场营销观念　　　　　　　　D. 社会市场营销观念
E. 产品观念
(4) 下列属于现代的市场营销观念行为的有( )。
A. 等客上门　　　　　　　　　　B. 上门推销
C. 以顾客为中心　　　　　　　　D. 兼顾消费者、企业、社会三者利益
(5) 顾客总价值包括( )。
A. 商品品牌　　　　　　　　　　B. 服务价值
C. 人员价值　　　　　　　　　　D. 产品价值
E. 形象价值

3. 判断题

(1) 负需求状态下营销管理的任务是转换性营销,也可称危机管理。( )
(2) 消费者购买商品后满意与否,对企业的经济效益没有影响。( )
(3) 市场营销就是推销和广告。( )
(4) 企业的生存和发展必须以获取利润为基础,不应该花钱去做公益服务、赞助等活动。( )
(5) 营销管理的实质是销售管理。( )
(6) 企业市场营销活动成功与否取决于企业的营销部门,与其他部门无关。( )
(7) 实现顾客价值最大化的唯一方法就是降低顾客成本。( )

(8)推销观念更注重卖方需求,而市场营销观念则兼顾买卖双方的需求。(　　)

(9)营销者既可以是卖主,也可以是买主。(　　)

(10)市场营销观念认为,坚持以消费者需求为中心开展市场营销活动会导致企业的利润减少。(　　)

(二)课程实训

1. 实训项目

市场营销基本原理和市场营销观念资料分析。

2. 实训目的

通过案例资料分析,强化对课程内容的理解,并学会对所学理论的应用。

3. 实训步骤

在授课教师的指导下,运用所学知识对下列资料进行分析,开展课堂讨论。

4. 实训要求

(1)认真阅读分析资料,准确把握题意。

(2)结合本章所学知识进行分析、讨论、阐述。

(3)注意总结分析讨论中的收获及存在的问题。

5. 注意事项

(1)提前布置,让学生(小组)先做准备,保证课堂讨论效果。

(2)课程实训可随教学内容灵活穿插安排,时间以10~15分钟为宜。

(3)授课教师须精心准备,主持课程实训,引导和控制主题,调动学生的积极性,做好总结点评。

(三)分析题

(1)用所学知识分析下列这句话:美国市场营销学家菲利普·科特勒认为,"销售不是市场营销最重要的部分,销售是市场营销冰山的尖端。销售是企业市场营销人员的职能之一,但不是最重要的职能。"

(2)许多人认为市场营销就是推销,就是把产品卖掉,变成现金。而彼得·杜拉克却说:"营销的真正内涵是使销售成为多余。"请说出你的理解。

(3)你的家乡(或你所居住的城市)有宣传语吗？如果没有,你能设计一句宣传语吗？给你留下深刻印象的城市、省份的宣传语有哪些？

(4)分别收集一个成功的市场营销案例和一个失败的市场营销案例,用自己的方式介绍这两个案例,重点总结成功和失败的原因。

第二章 酒店市场分析

知识目标

理解酒店市场概念;掌握酒店市场的构成要素、市场的各种分类方法;了解消费者市场和组织市场的不同市场特点。

技能目标

技能上,能够坚信客户和市场是企业立足和生存之本,能运用市场构成要素进行简单的市场分析;通过比较消费者和组织的购买决策过程以及消费者市场和组织市场的差异,能够思考并制订有针对性的营销策略,取得更好的效率。

学习建议

养成从客户角度思考问题、寻找解决方案的习惯,做到投其所好,才能实现利在其中;选择一家你比较熟悉的酒店,分析其客户不同的需求特征和酒店所采取的应对策略。

关键术语

市场、消费者市场、组织市场、购买决策

第一节　市场与酒店市场

——你在为谁服务？

导入案例　聪敏的报童[①]

在美国某一地区，有两个报童在卖同一份报纸，两个人是竞争对手。

第一个报童是一个地地道道的美国人，他很勤奋，每天沿街叫卖，嗓子也很响亮，可每天卖出的报纸并不多，甚至还有减少的趋势。

第二个报童是个犹太人的后裔，肯用脑子，除了沿街叫卖，他还每天坚持去一些固定场合，一去就给大家分发报纸，过一会再来收钱。地方越跑越熟，报纸卖出去的也就越来越多，当然也有些损耗。

长此以往，第一个报童能卖出去的报纸越来越少，不得不另谋生路了。

第二个报童的过人之处表现在他很清楚他的顾客是谁？顾客在哪里？他知道顾客是有限的，市场也是有限的，要想把报纸卖得很好，必须率先占领市场，而且必须采取针对性的措施才能占领市场。通过这个故事我们将学到关于消费者、市场、潜在消费者、忠诚客户等营销名词。

相关知识

一、市场

市场的产生，从人类社会发展的历史来看，并不是从有人类社会开始的，市场是社会分工和商品交换的产物，是随着商品经济的发展而产生的，并且随着商品经济的不断发展，市场也随之不断变化和发展，人们对市场的认识也在发展。

对市场的定义，有各种不同的说法和解释，归纳起来主要有以下三种：

（1）传统观念认为市场是商品交换的场所。这是从地理位置和表现形式而言的，它是具体的、看得见、找得着的，是指商品买与卖的地方，例如，商店、酒店、购物中心、交易所等，这是市场的最狭义、最容易被人联想和理解的概念，也是市

[①] 两个报童卖报的故事[EB/OL].[2012-05-25].http://blog.jrj.com.cn/0103915541,7340885a.html.

场最早出现的形态。所有商品都可以从市场流进流出,实现了商品由卖方向买方转移。

(2)广义市场概念突破了原有的空间和范围,是指各种商品交换关系的总和,即有交换就有市场。市场从表面上看是商品交换的场所,实质上,它体现了人与人之间的经济关系,反映了人们对商品的供求关系,反映了人们维持再生产而互相转换劳动的关系。人们有各种各样的需求,同时由于社会分工的存在,生产资料归不同的所有者所有。各个生产者都是相对独立的商品生产者,而生产者与消费者之间、生产者与生产者之间、部门与部门之间、企业与企业之间不能无偿地占有对方的产品,即自己的东西不能白给别人,别人的东西也不能白拿,他们之间各种各样的需求与供给,必须通过交换或买卖的方式去获得,这就形成了市场。这种买与卖,从本质上是交易的双方为维持再生产而交换其劳动。生产者交换劳动,是为了取得生活所需的生活资料以维持劳动力的再生产。劳动的交换通过商品交换形式来进行。这种交换成为整个经济社会各生产者之间以及生产者与消费者之间经常性的、内在的商品交换关系的总和,体现了社会再生产过程中各环节之间的内在因果关系。

(3)现代市场营销中的市场主要是从企业和卖方的角度而言的,把市场看成是现实和潜在需求的消费者的集合或消费者群。这是西方最常见的解释,市场只是指需求的一方,不包括供给的一方。我们常说的"市场开发""市场渗透""本地市场与外地市场""国内市场与国际市场""大众市场与小众市场""得市场者得天下"中的市场就是指消费者群。企业的市场规模小意味着认可该企业产品和服务的消费者少或者购买能力低,企业市场萎缩意味着越来越多的消费者正在放弃该企业的产品或服务,企业退出市场意味着该企业的产品或服务完全被消费者所抛弃。

 知识补充:网络市场

网络市场是以现代信息技术为支撑,以互联网为媒介,以离散的、无中心的、多元网状的立体结构和运作模式为特征,信息瞬间形成、即时传播,实时互动,高度共享的人机界面构成的交易组织形式。

从网络市场交易的主体看,网络市场可以分为企业对消费者、企业对企业、国际性交易三种类型,企业对消费者的网上营销基本上等同于商业电子化的零售商务,企业对企业的网络营销是指企业使用互联网向供应商订货、签约、接受发票和付款(包括电子资金转移、信用卡、银行托收等)以及商贸中其他问题,如索赔、商品发送管理和运输跟踪等。国际性的网络营销是不同国家之间,企业对企业或企业对消费者的电子商务。互联网的发展,国际贸易的繁荣和向一体化方向的发展,为在国际贸易中使用网络营销技术开辟了广阔前景。

导入案例　欧洲电视机厂商的战略失误[①]

1979年，中国放宽对家用电器产品的进口，当时，欧洲电视机厂商和日本电视机厂商都把目标盯准中国市场。但是，欧洲厂商过去一贯以中国香港和东南亚的高收入消费者为销售对象，并不重视一般靠薪金谋生的阶层。如荷兰某著名电视机厂商就是持这种态度，他们一直认为中国的电视机市场潜力不大，不想与日本厂商竞争，结果贻误了时机。与此相反，日本电视机厂商在一些熟悉中国情况的"智囊团"的帮助下，研究分析中国市场。他们从"市场＝人口＋购买力＋购买欲望"这个概念来分析，认为中国有10亿人口，收入虽低，但中国人有储蓄的习惯，已经形成了一定的购买力，因此，中国群众有看电视的需求。所以，中国存在一个很有潜力的黑白电视机市场。于是，日本电视机厂商根据目标市场的特点，运用营销因素组合，制订了一套销售战略，快速占领中国电视机市场，抢得了先机。

对中国消费者购买力的错误判断，导致欧洲电视机厂商和日本电视机厂商对中国电视机市场的现状和发展趋势形成不同的认识和判断，从而做出了完全不同的营销战略决策，最终欧洲电视机厂商，尤其是荷兰著名电视机厂商丧失了率先进入中国电视机市场的机会，将机会拱手让给了日本电视机厂商。如何发现市场需求？如何判断市场规模及变化趋势？这是每个企业、每个营销人员必须重视和掌握的一项技能。

相关知识

二、市场构成要素

一般来说，企业判断市场规模大小的基本方法就是对市场构成三要素的分析。市场的构成三要素主要指人口、购买力、购买欲望。

（1）人口。需求是人的本能，对物质生活资料及精神产品的需求是人类维持生命的基本条件。因此，哪里有人，哪里就有需求，就会形成市场。人口的多少决定着市场容量的大小；人口的状况，影响着市场需求的内容和结构。构成市场的人口因素包括总人口、性别和年龄结构、家庭户数和家庭人口数、民族与宗教信仰、职业和文化程度、地理分布等。

（2）购买力。购买力是人们支付货币购买商品或劳务的能力。人们的消费需求是通过利用手中的货币购买商品实现的。因此，在人口状况既定的条件下，购买力就成为决定市场容量的重要因素之一。市场的大小，直接取决于购买力的高低。

[①] 日本彩电进入中国市场[EB/OL].[2016－06－24].https://zhidao.baidu.com/question/1769779847494441380.html.

一般情况下,购买力受到人均国民收入、个人收入、社会集团购买力、平均消费水平、消费结构等因素的影响。

(3)购买欲望。购买欲望指消费者购买商品的愿望、要求和动机。它是把消费者的潜在购买力变为现实购买力的重要条件。倘若仅具备了一定的人口和购买力,而消费者缺乏强烈的购买欲望或动机,商品买卖仍然不能发生,市场也无从现实地存在。因此,购买欲望也是市场不可缺少的构成因素。

市场不仅取决于消费者的购买欲望,同时取决于消费者的购买力。酒店的产品和服务只有引起消费者的购买欲望,根据实际情况把握消费者的购买力,才能把人口和收入的潜力引导到市场上来,也才能形成现实的市场。

课堂讨论

在现代社会,市场构成三要素中哪个要素是影响企业营销活动的关键因素?为什么?

导入案例　洲际酒店集团加速中国市场扩张[①]

2016年是洲际酒店成立70周年,也是进入我国的市场第32年。2016年8月1日,北京三里屯通盈中心洲际酒店开业,成为洲际酒店及度假村在大中华区的第37家酒店。

据洲际酒店2016年上半年财报显示,洲际酒店在大中华区的开业酒店共271家,合计8.7万间客房;在建酒店222家,合计6.2万间客房。而上半年洲际酒店在大中华区的新签约酒店数量更是达到历年新高,总共新签约33家。2015年全年,洲际酒店在华的新开业酒店数量为32家,占洲际酒店全球新开业酒店总数的11.7%。此外,洲际酒店在2017年初透露,2016年洲际酒店旗下针对中国消费者推出的华邑酒店品牌已经签约24个项目,未来15~20年,这一品牌将推向中国100个城市。相较于其他外资酒店品牌,洲际酒店的扩张速度遥遥领先。其中希尔顿集团目前在华的运营酒店仅有70余家,另有上百家酒店在建;截至2015年11月,喜达屋在华也仅有150家直营店和加盟酒店,而法国雅高酒店集团在华酒店数量也不及洲际酒店。

企业的成长依赖于市场的不断扩张和拓展,基本的模式往往是先立足本地市场,然后渗透周边市场,待羽翼丰满,实力壮大后将逐渐扩大市场范围,逐步由区域市场扩张至全国市场乃至进入国际市场。当然,市场扩张往往也伴随着巨大的风险。

[①] 洲际酒店加速中国市场扩张 两大模式搭建轻资产格局[EB/OL].[2016-08-17].http://www.soupu.com/news/688805.

相关知识

三、市场与酒店市场分类

在企业营销活动中,出现频率最高的就是与市场有关的概念,同样的一个市场,可以从不同的角度对它进行理解和认知,从而形成不同的市场类型。常用的市场分类方法有以下四种:

(1) 按购买目的划分,可将市场划分为消费者市场、制造商市场、中间商市场和政府市场。这四类市场按购买者的身份又可归为两类,即消费者市场和组织市场。其中,制造商市场、中间商市场和政府市场属于组织市场。这是企业和营销人员最常用的市场分类方法。

(2) 按市场的地理位置或商品流通的区域划分,可分为本地市场和外地市场、沿海市场和内地市场、城市市场和农村市场、区域市场和全国市场、国内市场和国际市场等,这种分类是企业市场空间拓展的基本思路。

(3) 按人文标准划分,可划分出更具体的市场,比如大学生市场、女性市场、婴幼儿市场、老年市场等,这种分类更进一步的应用就是STP战略中的市场细分。

(4) 按市场竞争状况划分,可划分为完全竞争市场、完全垄断市场、垄断竞争市场、寡头垄断市场等,这是典型的经济学对市场的划分,对企业的实际意义在于以上企业可通过对所处行业的实际市场状况和地位来针对性地制订竞争战略。

 知识补充:虚拟市场

虚拟市场是应用电子商务技术形成的一个虚拟的买卖双方聚集并进行交易的场所。它是电子商务发展的必然结果,最大程度上体现了电子商务技术的先进性与有效性。

卖方可以面向全球众多潜在买家方便地发布其产品、服务信息,并通过网络与许多潜在的购买者进行交易,降低了交易过程的复杂程度,有效地提高了交易过程的效率,并降低了交易成本;对于买方来说,在虚拟市场中可以更大程度地接触不同的供应商,并通过网络进行及时有效的比较、沟通,提高采购产品及服务的选择方位,获得更好的价格和更高的质量,同时简化了原本复杂的采购流程,极大地提高了采购效率,降低了采购成本。

酒店市场也可以按照上述的标准进行分类,比如可以按空间把酒店市场划分为国内市场和国际市场、本地市场和外地市场;也可以把市场按购买主体把酒店市场划分为政府市场、行业企业市场、旅行社市场、专业网站市场以及个体及家庭市场等;还可以按档次将酒店市场分为高档市场、中档市场和低档市场。

第二节　消费者市场分析
——如何为个体客户服务？

导入案例　体验"宁为一张床、而赴一座城"的冲动！①

不负相思不负君,值此金秋之际,体验"宁为一张床、而赴一座城"的冲动。民宿名称:花千谷。

"花千谷"是花的海洋。屋前屋后,四时鲜花绽放,花影摇动。一株枝繁叶茂的桂树与纤纤翠竹相伴,共对晨曦落霞。桂香浮动时,行人驻足深呼吸,一派宁谧美好的景象。"花千谷"门前是一条清澈见底的小溪,常年欢腾。水流心不竞,云在意俱迟,悠闲的乡间风情洋溢在大乐之野。

走进大厅,环绕客厅的干花设计,不仅别致而且温馨。花儿竞相争艳,古色古香的壁炉、鹿纹装饰的吊灯、沉静雅致的留声机,点染出一室文艺范儿。听着慵懒的音乐,手持一杯香味袭袭的咖啡,享受妙不可言的下午茶时光。

"花千谷"一切都是原生态的,让你尽情感受当地的风土人情,像当地人一样生活,在乡村四野的怀抱里,在通旷清雅的居所里,用从容和优雅,泡上一壶功夫茶,细细勾勒出生活的模样。

"花千谷"的一砖一瓦,花草树木,乃至桌布灯饰,令人倍感熟悉而且亲切,在宁静温馨的氛围中,轻轻唤醒心中沉睡已久的乡愁,给疲惫不堪的心灵以一次最为熨帖的抚慰。

"宁为一张床、而赴一座城"的广告语掀起了多少自助游爱好者内心的波澜,对"花千谷"民宿的描述又让旅游者有了一个更具体的民宿目的地的选择,字字动情,句句扎心,无形中已被深深地打动和吸引,预订房间,打起背包,出发吧。

---

① 搜狐网.体验"宁为一张床、而赴一座城"的冲动![EB/OL].[2017-09-12].http://www.sohu.com/a/191465319_376247.

相关知识

一、消费者市场及其特征

消费者市场又称最终消费者市场、消费品市场或生活资料市场,是指个人或家庭为满足生活需求而购买或租用商品的市场。在整个市场结构中,消费者市场占重要地位,也是营销人员的主要影响对象。成功的市场营销者必须能充分了解消费者市场特点,能有效地发展对消费者有价值的产品,并运用富有吸引力和说服力的方法将产品有效地呈现给消费者的企业或个人。

消费者市场的特点是相对于组织市场而言的,与组织市场的比较差异是制订有效营销策略的关键。与组织市场相比,消费者市场有如下五个特点:

(1) 购买人数多,供应范围广。消费者市场是最终使用者市场。人们生存就要消费,所以消费者市场通常以全部人口、每一个消费者为服务对象。

(2) 交易数量小,交易次数多。消费者是为个人或家庭最终消费而购买,通常一次购买数量较小,属于小型购买,企业经常以零售为主。

(3) 消费差异大,消费变化大。不同类型的消费者消费需求各不相同。不同年龄、性别、职业收入、民族和宗教信仰的消费者,其消费习惯互有差异,因此消费需求也各不相同。

(4) 需求弹性大,购买流动快。由于消费者市场需求是直接需求,来源于人们的各种生活需要,在当前我国人民收入水平还不高的情况下,购买商品时,价格显得较为重要。消费者对多数商品,特别是选购品的价格十分敏感,需求弹性大。另一方面,消费品的替代性大,也使需求弹性增大。

(5) 非专家购买,可诱导性强。表现为消费者购买行为具有非理性和冲动的特征,容易受外界的刺激和诱导;其次,消费者作为购买者大多缺乏相应的商品知识和市场知识,相对于经营者而言,属于非专家,他们对产品的选择受广告宣传的影响较大。由于消费者购买行为的可诱导性,企业应注意做好商品的宣传广告,指导消费,一方面当好消费者的参谋,另一方面也能有效地引导消费者的购买行为。

课堂讨论

大家应该都知道开门七件事,我们称之为老"开门七件事",时代在变,"开门七件事"也在变,请大家讨论总结我们现在一个家庭的"新开门七件事"。

导入案例　阿雯买车记[①]

阿雯是上海购车潮中的一位普通的上班族,35岁,月收入万元。以下真实地记录了在2004年4月至7月间,她在购车决策过程中是如何受到各种信息影响的。

阿雯周边的朋友与同事纷纷加入了购车者的队伍,看他们在私家车里享受如水的音乐而不必用力抗拒公车的拥挤与嘈杂,阿雯不觉开始动心。另外,她工作地点离家较远,加上交通拥挤,来回花在路上的时间将近三小时,她的购车动机越来越强烈。只是这时候的阿雯对车一无所知,除了坐车的体验,除了直觉上喜欢漂亮的白色、流畅的车型和几盏大而亮的灯。

初识爱车

阿雯是在上司的鼓动下去驾校学车的。在驾校学车时,未来将购什么样的车不知不觉成为几位学车者的共同话题。"我拿到驾照,就去买一部1.4自排的波罗。"一位MBA同学对波罗情有独钟。虽然阿雯也蛮喜欢这一款小车的外形,但她是不会选购这款车的,因为阿雯有坐波罗1.4的体验,那一次是4个女生上完课,一起坐辆小波罗出去吃午饭,回校时车从徐家汇汇金广场的地下车库开出,上坡时不得不关闭了空调才爬上高高的坡,想起爬个坡便要关上空调实实在在地阻碍了阿雯对波罗的热情,虽然有不少人认为波罗是女性的首选车型。

问问驾校的师傅吧,师傅总归是驾车方面的专家。"宝来,是不错的车。"问周边人的用车体会,包括朋友的朋友,都反馈过来这样的信息:在差不多的价位上,开一段时间,还是德国车不错,宝来好。阿雯的上司恰恰是宝来车主,虽然阿雯尚无体验驾驶宝来的乐趣,但后排的拥挤却已先入为主了。想到自己的先生人高马大,宝来的后座不觉成了胸口的痛。如果有别的合适的车,宝来仅会成为候选吧。

不久,一位与阿雯差不多年龄的女邻居,在小区门口新开的一家海南马自达专卖店里买了一辆福美来,她还向阿雯做了"详细介绍"。阿雯很快去了家门口的专卖店,她被展厅里的车所吸引,销售员热情有加,特别是有这么一句话深深地打动了她:"福美来各个方面都很周全,反正在这个价位里别的车有的配置福美来都会有,只会更多。"此时的阿雯还不会在意动力、排量、油箱容量等抽象的数据,直觉上清清爽爽的配置,加上销售人员正中阿雯心怀的介绍,令阿雯在这一刻已锁定海南马自达了。乐颠颠地拿着一堆资料回去,福美来成了阿雯心中的首选。银色而端正的车体在阿雯的心中晃啊晃。

[①] 阿雯选车的故事[EB\OL].[2010－12－07].https://wenku.baidu.com/view/cdcaq3c34028915f804dczf4.html.

亲密接触

阿雯回家征求先生的意见。先生说"为什么放着那么多上海大众和通用公司的品牌不买,偏偏要买'海南货'?它在上海的维修和服务网点是否完善?"两个问题马上动摇了阿雯当初的方案。阿雯不死心,便想问问周边驾车的同事对福美来的看法。"福美来还可以,但是日本车的车壳太薄",宝来车主因其自身有多年的驾车经验,他的一番话还是对阿雯有说服力的。阿雯有无所适从的感觉。后来阿雯开始阅读起精致的汽车杂志,随着阅读的试车报告越来越多,阿雯开始明确自己的目标了,8万元至15万元的价位,众多品牌的车都开始进入阿雯的视野。

经过反复比较,阿雯开始锁定别克凯越和本田飞度。特别是别克凯越,简直是一款无懈可击的靓车啊!同事A此阶段也正准备买车,别克凯越也是首选。阿雯开始频频地进入别克凯越的车友论坛,并与在上海通用汽车集团工作的同学B联系。从同学的口里,阿雯增强了对别克凯越的信心,也知道了近期已另有两位同学拿到了牌照。但不幸的是,随着对别克凯越论坛的熟悉,阿雯很快发现,费油是别克凯越的最大缺陷,想着几乎是飞度两倍的油耗,在将来要时时刻刻为这油耗花钱,阿雯的心思便又"活"了。还有飞度呢,精巧,独特,省油,新推出1.5VTEC发动机的强劲动力,活灵活现的试车报告,令人忍不住想说就是它了。何况在论坛里发现飞度除了因是日本车系而受到抨击外没有明显的缺陷。正巧这一阶段广州本田推出了广州本田飞度的广告,阿雯精心地收集着有关广本飞度的每一个文字,甚至于致电广州本田飞度的上海4S店,追问其配件价格。维修成员极耐心地回答令阿文对飞度的印象分又一次得到了增加。到此时,阿雯对电视里各种煽情的汽车广告却没有多少印象,只是纸上得来终觉浅,周边各款车的直接用车体验对阿雯有着一言九鼎的说服力,阿雯开始致电各款车的车主了。朋友C已购了别克凯越,问及行车感受,说很好,凯越是款好车,值得购买。同学D已购了别克赛欧,是阿雯曾经心仪的SRV,给人一种质朴而舒适的感觉,阿雯常常觉得宛如一件居家舒适的棉质恤衫,同学说空调很好的呀,但空调开后感觉动力不足。朋友E已购了飞度,她说飞度轻巧,省油,但好像车身太薄,不小心用钥匙一划便是一道印痕,有一次去装点东西感觉像"小人搬大东西"。周边桑塔纳的车主,波罗的车主,等等,都成为阿雯的"采访"对象。

花落谁家?

阿雯的梦中有一辆车,漂亮的白色,流畅的车型,大而亮的灯,安静地立在阿雯的面前,等着阿雯坐进去。但究竟花落谁家呢?阿雯自己的心里知道,她已有了一个缩小了的备选品牌范围。但究竟要买哪一辆车,仍旧是个"谜底"。

聪明的企业和营销人员总是致力于全面了解消费者的购买决策过程,从了解、选择、使用,甚至到处理产品过程中的所有体验。阿雯的购车经历描述了消费者对一个重要的新购买行为产生的全部思考和心理活动,这些思考和心理活动构成了

第二章 酒店市场分析

一个完整的消费者购买决策过程,包括认识需要、收集信息、比较评价、购买决策和购后感受。当然,消费者并不总是经历全部的五个阶段,他们很可能会跳过或者返回到某个阶段。

相关知识

二、消费者购买决策

消费者的购买决策过程在实际购买前就已经开始,而且延伸到实际购买以后。因此,企业和营销人员不要仅仅专注于"购买决策"阶段,还要调查研究和了解消费者购买决策过程的各个阶段。消费者购买决策过程包括五个阶段,如图2.1所示。

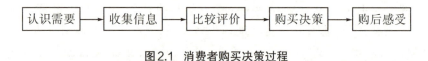

图2.1 消费者购买决策过程

(一)认识需要

认识需要是购买活动的起点,当消费者意识到对某种商品有需要时,尤其是对该需要很强烈时,购买过程就开始了。消费者需要可以由内在需要而引起,如无聊会驱使人们去寻找打发时间的活动;也可以是由外在刺激引起,如看到别的客人点了某种色香味美的菜肴自己也产生了一种品尝的欲望,看了电视上旅游景区优美景色的广告而产生一种说走就走的冲动。

在这一阶段,企业最主要的任务就是通过调研、利用数据准确把握促使消费者认识到需要的具体原因,挖掘出与本企业及其产品相关的刺激因素,识别引发消费者需求的具体情境,在此基础上制订能引发消费者兴趣的营销策略,努力促使消费者产生需求,刺激和增强消费者已经产生的需求。

(二)收集信息

如果消费者的需要非常强烈,往往会很快地做出购买决定,甚至可能马上就采取购买行动。但是在正常情况下,尤其是当所要购买的商品价值或者价格时,为了降低和消除购买风险,消费者就会考虑索要购买商品的品牌、价格、去哪里购买等问题,进行货比三家,这就是消费者购买过程的信息收集阶段。收集信息的途径主要有查找资料、询问朋友、网络搜索、参观体验等,收集的信息包括品牌、质量、功能、价格、型号、服务、使用或消费成本、已经购买使用者的体验和评价意见等。

消费者的信息来源可分为四类:

（1）商业来源，是指消费者从广告、网页、经销商、售货员和销售人员、商品陈列与展示、商品包装等途径获得的信息，该来源的特点是传播速度快、传播范围广，但推销意图明显，是企业可以控制的来源。

（2）个人来源，是指消费者从家庭、亲友、同事、同学、熟人、朋友圈那里获得的信息，消费者获得的往往是经过他人加工过的信息，信息中包含有他人的态度、情绪、认知、感受，也就是我们常说的口口相传，具有评价作用。

（3）公共来源，是指消费者通过大众传播媒体和社交传播媒体获得的信息，也具有评价导向作用。

（4）经验来源，是指消费者通过对商品的使用、体验或实验而获得的信息，决定消费者是否重复购买和是否正面传播消费体验的信息。

通过收集信息，消费者掌握了各种品牌的相关信息，形成了市场中全部品牌的集合。对消费者而言，他可能了解的只是其中的一个子集，称为知晓集；其中往往有部分品牌能够满足消费者最初的购买标准和预期，这部分品牌称为消费者的考虑集。随着消费者信息获取的增加，少数品牌经过筛选后成为消费者首选的选择集，消费者针对选择集最后做出选择，如表2.1所示。

表2.1 消费者品牌筛选过程

全部品牌集	知晓集	考虑集	选择集	决策
苹果	苹果	苹果	苹果	？
华为	华为	华为	华为	
三星	三星	三星		
OPPO	OPPO			
VIVO				
……				

企业不仅需要了解不同的消费者在不同时间和地点会收集什么类型的信息，更要了解他们喜欢关注和接受什么类型的信息，并在此基础上设计和安排适当的营销组合措施，进行有效传播，设法使本企业的品牌进入消费者的"知晓集""考虑集""选择集"之中，提高消费者最终选择本企业品牌的概率。

（三）比较评价

本阶段是消费者甄选最适合自己、风险最低、满意度最高的一种品牌的商品来满足自己的需要。消费者在本阶段面临的问题是如何通过对不同品牌的产品的各种属性的比较而获得最大的利益，满足自己的需要。不同的消费者选择、评价商品的标准和方法有很大区别，对商品属性的评价也因时因地而异，但消费者的评价过程往往相似,就是对商品的各种属性及组合格局有自己的经验、偏好,并在自己的头脑中进行评价,最终形成品牌选择顺序。

企业在本阶段首先要注意了解并努力提高企业和企业产品的知名度,使其进入比较评价的范围之内,进而才可能被选为购买目标。同时,还要研究消费者比较评价某类商品时的习惯和思考因素,并针对性地进行宣传,对消费者的购买行为产生最大影响。

(四)购买决策

消费者对商品信息进行比较和评选后,已形成购买意愿,在正常情况下,消费者通常会购买他们最喜欢的品牌,然而从购买意图到决定购买之间,还要受到以下两个因素的影响:

1. 他人的态度

任何一个消费者都生活在一个特定环境中,其购买决策往往会受相关群体或权威人士的影响,他们的反对态度愈强烈,或持反对态度者与购买者关系愈密切,消费者修改购买意图的可能性就愈大。

2. 意外的情况

如果发生了意外的情况,如消费者失业、消费者意外急需某一商品、商品涨价等,则很可能改变消费者的购买意图。消费者修改、推迟或取消某个购买决定,往往受所察觉到的风险的影响,风险的大小由购买金额、产品性能以及消费者的抗风险能力强弱决定。

本阶段企业的主要任务就是尽可能设法让消费者增强购买信心,减少和降低这种风险,促使消费者迅速做出购买决策,提高商品成交率。

(五)购后感受

购后感受是指消费者对已购商品通过自己使用或通过他人评估,对满足自己预期需要的反馈,包括考虑购买的这种商品是否正确,是否符合理想等,从而形成的感受。这种感受一般表现为满意、基本满意和不满意三种情况。消费者购后感受的好坏,会影响到消费者是否重复购买该商品,并将影响到他人的购买问题,对企业信誉和形象关系极大。预期满意理论认为,消费者的满意程度取决于消费者对产品的预期性能与产品使用中的实际性能的对比。就是说,如果购后在实际消费中符合预期的效果,则感到基本满意;超过预期,则很满意;未能达到预期,则不满意或很不满意。实际同预期的效果差距愈大,不满意的程度也就愈大。

因此,在这一阶段,企业一定要跟踪调查消费者的购后满意度、购买行为、购后产品的使用和处理等信息。满意的消费者更有可能再次购买产品,并倾向于向其他人传播产品优点;不满意的消费者会放弃或退回产品,还会采取投诉或传播不满等公开行动,表示自己不再购买或者提醒朋友不要购买此产品。值得注意的是,企业对其产品的广告宣传必须实事求是,符合实际,以便使购买者感到满意。有些企业对产品性能的宣传甚至故意留有余地,以增加消费者购后的满意感。

所以,消费者的购后感受是企业产品是否适销的一种极为重要的反馈信息,它关系到这个产品在市场上的命运。

课堂讨论

如何理解"满意的顾客是最好的广告"这句话?

导入案例 "丧"营销①

"丧"这个过去大家避而不及的字眼儿,如今已经成为年轻人的"新欢",甚至堂而皇之地被称之为文化现象,进而成为了"先进生产力"的代名词。对比传统鸡汤满满的正能量,丧文化的主旨却永远都是"天地不仁以万物为刍狗,你也不要太难过,因为每个人的生活都很丧。"

而在实体商业里,丧文化式的场景营销早已占据餐饮行业,并丧出风格,丧出水平!

"丧茶快闪店"

喜茶火爆上海不久,丧茶就以快闪店的形式在上海正式亮相,仅在2017年4月28日至5月1日期间营业。虽然只营业4天,但是丧茶还是要把"丧"发挥到极致。除了选择以黑色为主色调外,丧茶的代言选择了"微博网红"王三三——一个以羊驼为基础的动漫形象;在产品名称的设计上则更加"扎心"——"加油,你是最胖的红茶拿铁""加班不止加薪无望绿茶"等。

据了解,此次丧茶快闪店是饿了么和网易新闻共同合作的一次活动,不在门店配送范围内的用户,可以用饿了么的"帮买帮送服务"进行点单,不过需要支付100元排队费……而对于网易新闻,他们表示希望用这种自嘲而又丧的方式,帮助年轻人"丧着活下去"。

"负能量奶茶"

负能量奶茶是台湾月叶奶茶和网络插画家"消极男子"合作推出的系列产品,共包括4款"消极杯",在奶茶的外包装上玩起了反鸡汤。

每一杯奶茶上都会有简单的文字和配图,如"体重,不会因为少喝一杯饮料就

---

① 丧文化时代:反鸡汤的营销让企业躺着也能挣扎?[EB/OL].[2017-05-11].http://news.winshang.com/html/061/5097.html.

变轻"。这些脑洞大开的负能量,不仅没有令消费者产生反感,反而引起围观,一时成为"网红"奶茶。

"没希望酸奶"

今年年初,位于成都的创意团队"试物所"推出了一款"没希望"酸奶,看似恶搞,但事后证明这是四川某著名乳品企业一次成功的营销方案。通过将包装袋上的"新"涂改成"没",一个新品牌就这样诞生了。

在"没希望"走红之后,试物所又迅速推出了两个子品牌,分别为"不熟酸奶"和"扎心酸奶",并细化了"没希望"酸奶的分类。

从上述三个案例,我们可以看出:目前,高大上、鸡汤式的营销方式已经过时,当代年轻人早已认清"现实生活远比想象的要艰难"这一真理,"明天会更好"的言论已经不能吸引他们的眼球。相反,负能量且简单粗暴的营销反而能够引起他们共鸣,同时刺激消费者的购买欲望。

在一定程度上,以丧文化为基础的"丧营销"并不能真的引起负面情绪,反而会起到积极的作用,也因此不会遭到消费者的反感和抵触,这正是其成功之处。

社会文化,尤其是主流文化和流行文化,在一定时期内深深地影响着人们的消费观念和消费行为,丧文化就是当今社会流行于"80后""90后""00后"的一种自嘲文化,通过自嘲的方式减轻因经济放缓,以及房价、赡养父母、学历贬值等而形成的压力。如何有效地和他们对话,就必须围绕丧文化进行营销,这或许是打开跟年轻用户之间沟通渠道的一种有效方式。

不过需要强调的是,任何一波热点都会快速消失,"丧"营销用多了也会和鸡汤营销一样食之无味,甚至可能比那些传递正能量的品牌得到更加不好的反馈,给自身品牌形象带来危害。真正有效的,还是从产品本身下手,用服务说话,精准把握消费者情感走向,这才是永不过时的品牌运营模式。

相关知识

三、消费者行为的影响因素

消费者行为是人的社会化的行为,它受消费者个体所处的环境及消费者个体的心理差异等因素影响。在一定的政治经济环境下,影响消费者行为的因素主要表现为心理因素、个人因素和社会文化因素。

(一) 心理因素

支配消费者行为的内在心理因素包括动机、感知、学习、信念和态度。

1. 动机

人的行为受动机支配,而动机是由需要引起的,当一个人的需求增强到足够的强度时,就会成为动机,所以动机就是足以促使人们去寻求满足的需要。消费者购买动机是多种多样的,从大的方面看,有生理性动机和心理性动机。生理性动机是由先天的、生理的因素所引起的,为满足、维持、保持、延续和发展生命等需要而产生的各种购买动机;心理性购买动机主要是由后天的社会性的或精神需要所引起的为满足社会生活,是消费者在进行社会生产和社会交往以及在社会中为实践中实现自身价值需要而产生的各种购买动机。

具体来说,消费者购买动机主要有求实动机、求新动机、求美动机、求廉动机、求名动机、求同动机、惠顾动机等。在实际购买过程中,消费者的购买动机往往是以某种动机为主导的复合动机。

2. 感知

感知是指个人通过感官对外界信息加以选择、组织和理解,从而对事物形成认知和了解的心理过程,包括以下三个过程:

(1) 有选择的注意。一个人每时每刻都会面对许多信息刺激,但是不可能注意所有的信息,只能有选择地注意某些特定的信息,即只注意那些与自己的主客观需要有关的事物和渴望知道或需要的事物。

(2) 有选择的曲解。消费者即使注意到刺激信息,也未必能如实反映客观事物,往往按照自己的先入之见和认知来曲解客观事物。

(3) 有选择的记忆。人们通常会记得那些支持其看法和信念的信息。

3. 学习

心理学家认为,消费者的购买行为不是先天具有的,而是受后天所获得的经验的影响而形成的。由于获得经验而引起的个人行为的变化,就是学习,表现为消费者在购买和使用商品的过程中,逐步获得和积累经验,并根据经验调整购买行为的过程,直接影响消费者是否重复和扩大购买。"吃一堑,长一智"说的就是这个道理。

4. 信念和态度

人们通过行动和学习会形成自己的信念和态度,信念和态度对人们的购买行为的影响是深远而持久的。

信念是指人们在思想上是否相信某事物。不同的信念可导致人们不同的态度和倾向。态度是指人们对事物的看法,即是否喜欢某种事物。信念和态度是密不可分的。消费者信念和态度一旦形成固化就难以改变。对企业肯定、有利的信念和态度来之不易,但一个微小的、偶然的事件却很容易摧毁企业经过长期努力才树立起来的良好形象,同时恢复形象也将需要企业花费巨资。可见,信念和态度都是影响消费者购买行为的重要因素。

（二）个人因素

购买者个人特征,也是影响购买行为的重要因素。

1. 年龄和性别

不同年龄的消费者,由于生活经历、习惯、爱好和兴趣等方面的差异,对商品有不同的需求和偏好;不同性别的消费者,无论在生理上,还是在心理上都有明显的差异,这些差异不但导致了他们在需要和消费结构上的差异,而且还导致了他们在购买行为方面的差别。即便是购买同样的商品,不同性别的消费者也有其各自的特点。

2. 家庭生命周期

家庭生命周期,指的是一个家庭自诞生、发展直至消亡的运动过程,它反映了家庭从形成到解体呈循环运动的变化规律。家庭随着家庭组织者的年龄增长,而表现出明显的阶段性,并随着家庭组织者的寿命终止而消亡。消费者的家庭状况,因家庭成员年龄、婚姻状况、子女状况的不同,可以划分为不同的生命周期。在生命周期的不同阶段,消费者的行为呈现出不同的主流特性,如表2.2所示。

表2.2 家庭生命周期各阶段及主要特点

家庭生命周期阶段	家庭成员年龄及家庭状态	购买行为特点
单身阶段	年轻、单身	几乎没有经济负担,消费观念紧跟潮流,注重娱乐产品和基本的生活必需品的消费
新婚夫妇	年轻夫妇,无子女	经济状况较好,具有比较大的需求量和比较强的购买力,耐用消费品的购买量高于处于家庭生命周期其他阶段的消费者
满巢期（Ⅰ）	年轻夫妇,有6岁以下幼儿	消费者往往需要购买住房和大量的生活必需品,常常感到购买力不足,对新产品感兴趣并且倾向于购买有广告的产品
满巢期（Ⅱ）	年轻夫妇,有6岁以上幼儿	消费者经济状况较好,但消费慎重,已经形成比较稳定的购买习惯,极少受广告的影响,倾向于购买大规格包装的产品
满巢期（Ⅲ）	年纪较大的夫妇,子女未独立	消费者经济状况尚可,消费习惯稳定,可能会购买富余的耐用消费品

续表

家庭生命周期阶段	家庭成员年龄及家庭状态	购买行为特点
空巢期（Ⅰ）	年纪较大仍在工作的夫妇,子女已分居	消费者经济状况最好,可能会购买娱乐品和奢侈品,对新产品不感兴趣,很少受到广告的影响
空巢期（Ⅱ）	年纪较大已退休的夫妇,子女已分居	消费者收入大幅度减少,消费更趋谨慎,倾向于购买有益健康的产品
鳏寡期	年老、失去配偶	收入很少,消费量很小,消费品主要为医疗产品

3. 经济状况

购买者的经济状况包括购买者的收入情况、储蓄和资产情况以及借贷能力。经济是基础。消费者的经济状况决定其购买能力的大小,因此在很大程度上制约着消费者的购买行为和消费水平,影响着消费者对产品的选择。

4. 个性

消费者个性是指一个人比较固定的性格特征,它是在个体生理素质基础上,经过外部环境作用逐步形成的行为特点。人的个性特征有许多类型,如外向与内向、自信与自卑、冒险与谨慎、独立或依赖、主动或被动、领导与追随、乐观与悲观等,直接与消费者个性相联系的购买风格有习惯型、理智型、经济型、冲动型、想象型和不定型等。对品牌的选择和新产品的接受态度有很大的影响。

（三）社会文化因素

1. 文化

文化,一般是指人类在创造物质财富的过程中所积累的精神财富的总和。人们的风俗习惯、伦理道德、思想观念和思维方式都会受到文化的制约,因而文化直接影响和制约着人们的消费欲望和购买行为。

知识补充：亚文化

亚文化又称集体文化或副文化,指与主文化相对应的那些非主流的、局部的文化现象,指在主文化或综合文化的背景下,属于某一区域或某个集体所特有的观念和生活方式,一种亚文化不仅包含着与主文化相通的价值与观念,也有属于自己的独特的价值与观念,而这些价值观是散布在种种文化之间的。亚文化是一个相对的概念,是总体文化的次属文化。一个文化区的文化对于全民族文化来说是亚文化,而对于文化区内的各社区和群体文化来说则是总体文化,而后者又是亚文化。

亚文化是整体文化的一个分支,是由各种社会和自然因素造成的各地区、各群体文化特殊性的方面,如因阶级、阶层、民族、宗教以及居住环境的不同,都可以在统一的民族文化之下,形成具有自身特征的群体或地区的文化。

2. 相关群体

相关群体指能够直接或间接影响消费者购买行为的个人或集体。相关群体是指个人对群体的认可,并采纳和接受群体成员的价值观念、态度和行为。

(1) 相关群体的形式。一是主要团体,包括家庭成员、亲朋好友和同学同事。主要团体对消费者的购买行为产生直接和主要的影响。二是次要团体,即消费者所参加的工会、职业协会等社会团体和业余组织。这些团体对消费者购买行为产生间接的影响。三是期望群体。消费者虽不属于这一群体,但这一群体成员的态度、行为对消费者有着很大影响。

(2) 相关群体对消费者行为的影响。一是示范性,即相关消费群体消费行为和生活方式为消费者提供了可供选择的模式;二是仿效性,相关群体的消费行为引起人们的仿效欲望,影响人们对商品的选择;三是一致性,即由仿效而使消费行为趋于一致。相关群体对购买行为的影响程度视商品类型而定。

3. 社会阶层

社会阶层是由具有相似的社会经济地位、利益、价值取向和兴趣的人组成的群体。因此,不同社会阶层的人们的经济状况、价值观念、生活方式、消费特征和兴趣各不相同,他们对品牌、商店、闲暇活动、传播媒体都会有着各种不同的偏好。

4. 家庭

家庭是社会的细胞,它对消费者个人影响很大。在消费者购买决策的影响因素中,家庭成员的影响作用是首位的。家庭权威中心理论把所有家庭分为四种:丈夫决策型、妻子决策型、协商决策型和自主决策型。

5. 角色和地位

角色是指一个人在不同的群体中,担任不同的角色,具有不同的社会地位,因而有不同的需要,购买不同的产品。不同身份地位的人们,在衣食住行等方面都有不同的需要,有不同的消费行为。如许多产品和品牌已经成为人们身份地位的标志。

第三节　组织市场分析

——如何获取大客户？

导入案例　戴尔怎样采购？[①]

戴尔公司采购工作最主要的任务是寻找合适的供应商，并保证产品的产量、品质及价格的合理性。采购经理的位置很重要。戴尔公司的采购部门有很多岗位，包括采购计划、预测采购需求、联络潜在的符合戴尔公司需要的供应商。因此，采购部门安排了较多的人。采购计划岗位的作用是什么呢？就是尽量把问题在前端就解决。戴尔公司采购部门的主要工作是管理和整合零配件供应商，而不是把自己变成零配件的专家。做预测采购需求就是要确保需求与供应的平衡。在所有的问题从前端完成之后，戴尔公司在工厂这一阶段很少有供应问题，只是按照订单计划生产高质量的产品就可以了。所以，戴尔公司通过完整的结构设置，实现了高效率的采购，完成用低库存来满足供应的连续性。戴尔公司认为，低库存并不等于供应会有问题，但它确实意味着运作的效率必须提高。

精确预测是保持较低库存水平的关键，既要保证充分的供应，又不能使库存太多，这在戴尔公司内部被称之为没有剩余的货底。在IT行业，技术日新月异，产品更新换代非常快，厂商最基本的要求是要保证精确的产品过渡，不能有剩余的货底留下来。戴尔公司要求采购部门做好精确预测，并把采购预测上升为购买层次进行考核，这是一个比较困难的事情，但必须精细化，必须落实。

给戴尔公司做配套，或者作为戴尔公司零部件的供应商，都要接受戴尔公司的严格考核。

戴尔公司的考核要点如下：

第一，供应商计分卡。在卡片上明确列出标准，如瑕疵率、市场表现、生产线表现、运送表现以及做生意的容易度等，戴尔公司根据供应商的结果和表现进行打分。瑕疵品容忍度是指戴尔公司考核供应商的瑕疵率不是以每100件为样本，而是以每100万件为样本，早期是每100万件的瑕疵率低于1000件，后来质量标准升级为6西格玛标准。

第二，综合评估。戴尔公司经常会评估供应商的成本、运输、科技含量、库存周

[①] 戴尔采购[EB/OL].[2011-02-11].https://wenku.baidu.com/view/d5bb360/a6c30c2259019eac.html.

转速度、对戴尔公司的全球支持度以及网络的利用状况等。

第三，适应性指标。戴尔公司要求供应商应支持自己所有的重要目标，主要是策略和战略方面的。一方面，戴尔公司通过确定量化指标，让供应商了解自己的期望；另一方面，戴尔公司给供应商提供定期的进度报告，让供应商了解自己的表现。

第四，品质管理指标。戴尔公司会综合考核供应商的品质，要求供应商应"屡创品质、效率、物流、优质的新高"。

当营销人员的客户由个体消费者转变为组织客户的时候，由于在需求、购买动机和购买决策等方面的差异，营销策略和营销方式也应随之调整，了解组织市场和消费者市场的差异性，制订针对性的营销策略，是营销人员必须做好的功课。当然，在组织市场中，同样要关注不同的购买者之间的差异性。

相关知识

一、生产者市场分析

生产者市场（也称企业市场、产业市场），是指为满足生产需要，购买产品或服务的一切企业或人的总和。其购买目的不是为了个人消费，而是为了制造其他市场需要的产品并取得利润。生产者的购买行为与消费者的购买行为有很大的区别。

与消费者市场相比，生产者市场具有完全不同的特点，表2.3展示了企业市场的独特特征。

表2.3 生产者市场的特点

特 点	描 述
购买者数量少，规模大	生产者市场的客户通常比消费者市场数量更少，购买数量或价值大
购买者地理分布集中	比如我国东北是重工业所在地，华东是纺织、电子、机械加工工业发达地区，空调器的生产则集中在珠三角和长三角地区
亲密的供应商和客户关系	由于客户数量少以及大客户的重要地位，客户希望供应商能够提供定制化产品和服务，以满足其不同需求
专家采购	通常需要由专业知识丰富、训练有素的专业人员负责采购
购买决策更为复杂	参与或介入购买决策人数较多，导致决策更为谨慎，决策时间较长

续表

特　点	描　述
衍生需求	又称派生需求,生产者市场的购买者对产品的需求,归根结底是从消费者对消费品的需求中衍生出来的
无弹性需求	在生产者市场上,购买者对产品的需求受价格影响不大
波动需求	由于需求是一种生产者衍生需求,加上信息的不完全对称,所以消费者需求的微小变化将会导致生产者市场购买需求更大幅度的变化
直接采购	购买者通常直接从制造商处购买而很少通过中间商购买,尤其是复杂的技术类产品或昂贵的产品
租赁	许多生产者采取以租赁的方式而不是购买的方式取得设备,一般适用于价格较高的机器设备、交通工具等

知识补充:生产者市场购买行为类型

生产者市场的购买者和消费者一样,不是只做单一的购买决策,而要做一系列购买决策。生产者市场的购买决策和购买行为可分为三种类型:

(1) 直接重购,也称连续重购,即生产者市场的用户根据过去和供应商打交道的经验,按既定方案,不做任何修订,直接进行的重新订购业务。一般说来,对曾经购买过的同类产业用品和低值易耗品,对自己熟悉并满意的供应方,可采取这种重复性的、惯例化的购买决策。

(2) 修订重购,也称变更重购,即生产者市场的用户为了更好地完成采购任务,修订采购方案,适当改变产品的规格、型号、价格、数量和条款,或寻求更合适的供应者。在这种情况下,采购工作比较复杂,需要进行一些新的调查,收集一些新的信息,做一些新的决策,通常参与购买决策的人数也要增加。

(3) 全新采购,即生产者市场的用户第一次采购某种产业用品。例如,购买大型的新机器设备,等等。这是一种最复杂的采购任务,新购的金额越大,成本越高,风险越大,所需要了解的信息也越多,参与购买决策的人员相应也越多。而且要做的购买决策也很多,如产品规格、价格幅度、交货条件、交货期、服务条件、支付条件、订购数量和供应商选择等。

生产者市场的特点决定了生产者用户的购买过程比消费者市场更复杂,结合生产者的不同购买类型,形成不同的购买阶段,如表2.4所示。

表2.4 生产者购买过程阶段

购买阶段	购买类型		
	直接采购	修正采购	全新采购
认识需要	不必	可能需要	需要
确定需要	不必	可能需要	需要
说明需要	不必	需要	需要
物色供应商	不必	可能需要	需要
征求建议	不必	可能需要	需要
选择供应商	不必	可能需要	需要
正式订货	不必	可能需要	需要
检查合同履行情况	需要	需要	需要

导入案例　沃尔玛全球采购政策[①]

沃尔玛的全球采购中心总部中有一个部门专门负责监测国际贸易领域和全球供应商的新变化对其全球采购的影响,并据此制订和调整公司的全球采购政策。沃尔玛的采购政策大致可以分为以下三方面:

1．永远不要买得太多

沃尔玛提出,减少单品的采购数量,能够方便管理,更主要的是可以节省营运成本。沃尔玛的通讯卫星、GPS以及高效的物流系统使得它可以以最快的速度更新其库存,真正做到零库存管理,也使"永远不要买得太多"的策略得到有力的保证。

2．价廉物美

沃尔玛采购的第一个要求是价廉物美。在沃尔玛看来,供应商都应该弄清楚自己的产品跟其他同类产品有什么区别,以及自己的产品中究竟哪个是最好的。供应商最好尽可能生产出一种商品专门提供给沃尔玛。这样,沃尔玛就能够以会员价给顾客提供尽可能多地在其他地方买不到的产品。

3．突出商品采购的重点

沃尔玛一直积极地在全球寻找最畅销的、新颖有创意的、令人动心并能创造"价值"的商品,营造成一种令人高兴、动心的购物体验,从而吸引更多的顾客。

沃尔玛的商品采购的价格决策和品项政策密不可分,它以全面压价的方式从供应商那里争取利润,实现天天低价;沃尔玛还跟供应商建立起直接伙伴关系,直接向制造商订货,消除中间商的佣金,在保证商品质量的同时实现利润最大化。

[①] 沃尔玛全球采购的案例分析[EB/OL].[2016—04—25].http://info.jctrans.com/xueyuan/czal/20164252238045.html.

作为知名的零售中间商,沃尔玛的采购需求与生产者市场的购买需求有着明显的区别,根据中间商市场的需求特点、结合沃尔玛自身的规模和要求形成了沃尔玛所独有的采购政策、采购流程、供应商选择标准等,在保证高品质的同时,又要求低价格,从而满足其天天低价的需求。

相关知识

二、中间商市场分析

中间商市场也称转卖者市场,是由那些对商品在进行转卖或出租,以获取利润的组织和个人所构成的市场。中间商市场是组织市场的重要组成部分,其购买目的是为卖而买,采购商品的目的是为了再销售。中间商市场是一个广阔而重要的市场,具有以下特征:

1. 衍生需求与原生需求的一致性

中间商市场的需求也是派生的,受最终消费者的影响,需求波动不一。但是,中间商购买商品是为了直接转卖,中间商的需求更为直接的反映消费者的需求,即消费者需要什么,中间商就购买什么,经营什么。因此,在中间商市场,衍生需求和原生需求是一致的、统一的;而在生产者市场上,购买是为了生产产品或提供服务来满足消费者需求,衍生需求和原生需求是分离的,相互区别的。

2. 中间商对购买价格更为重视

中间商购买属批量购买,购买目的是转手买卖,贱买贵卖,以"好卖"作为主要的购买决策标准。虽然中间商关心商品的质量与款式,但他们对购买价格更敏感。中间商市场的需求受价格因素影响极大,购买价格的高低往往直接影响最终消费者的购买量,从而影响中间商的购买量。

3. 中间商对交货时间特别重视

由于中间商本身是"转手买卖",因此,他们对选购时间要求苛刻,对市场变化反应更加灵敏。中间商市场的需求应该与原生需求的时间保持某种一致性(不一定完全同步),这样才能抓住市场机会,满足消费者购买的需要。因此,中间商一旦发出订单,就要求尽快到货,避免库存积压和失去时效。

4. 中间商需要供应商提供配合和协助

由于中间商往往的财力有限以及不只是销售个别厂家的产品,无力对所有产品进行推广,因此常常需要生产厂家协助其做产品推广,帮助销售。另外,中间商一般自己不制造产品,对产品技术不擅长,通常需要供应商协助其为最终消费者提供技术服务,产品维修服务和退货服务。对于技术复杂、知识含量大的产品需要供应商提供培训专业推销员的服务。

5. 购买者地区分布的规律性强

中间商在整体市场中的分布状态较生产者分散,但比最终消费者集中。值得注意的是,中间商的地域分布很有规律,且中间商与中间商之间又构成竞争关系,因此,供应商寻找中间商是比较容易的,营销人员应注意中间商经营商品的搭配。

酒店中间商是指生产者与消费者两者之间,参与酒店商品交易或服务业务,且具有法人资格的经济组织或个人,是酒店商品交易或服务发展的必然产物。按是否拥有商品所有权可分为经销商和代理商,常见的有中间代理商、饭店协会、旅行社、互联网公司、航空公司、会议组织者等。

知识补充:在线旅行社

在线旅行社(online travel agent,OTA),是旅游电子商务行业的专业词语,是一种介于酒店和旅行社与消费者之间的中间商。

酒店和旅游消费者通过网络向旅游服务提供商预定旅游产品或服务,并通过网上支付或者线下付费。

代表网站有:携程网、去哪儿网、同程网、村游网、号码百事通、旅游百事通、驴妈妈旅游网等。

中间商市场购买决策过程与生产者市场相类似,也要依次经过认识需要、决定需求的特征和数量、决定采购商品的规格、款式、型号、寻找供应商、征询报价、选择供应商、正式采购、购后结算评估八个阶段,各阶段具体内容与生产者市场相似。

导入案例　合肥市直机关开会须"定点"[①]

自2013年起,合肥市对市直各单位会议全部实行定点管理,不同会议均有各自会费标准,超标准或者不在定点酒店财政均"不认账"。同时,合肥市财政局还公布了58家定点酒店名单与协议价格。

合肥市财政局会同市监察局、审计局联合制订下发了《合肥市市直机关会议费管理办法》(以下简称《办法》)。《办法》明确,自2013年1月1日起,合肥市市直各单位会议全部实行定点管理,各单位今后召开会议要尽量利用单位内部的会议场所,或在合肥政务大楼会议中心召开,单位或市政务大楼不具备承接条件,必须到

[①] 今年起合肥市直机关开会须"定点"[EB.OL].[2013－03－09].http://ah.anhuinews.com/system/2013/03/09/005521922.shtml.

定点饭店召开或在不超过定点饭店收费标准上限的内部宾馆、招待所办会。

《办法》还公布了定点酒店名单，共有58家，以四星级和三星级酒店居多，五星级酒店有6家。合肥市财政局明确要求，对未经批准不在定点饭店召开的会议，市财政国库支付中心将不予受理支付。

《办法》明确，今后机关会议主要分为三类。一类会议包括市党代表大会、市人代会、市政协会议、市委全委会、市纪检委全委会、市政府全体会和劳模表彰。二类会议如市人大常委会、市政协常委会；各民主党派、工商联、工青妇群团机关代表大会、全委会；市委、市政府召开的，要求县、市、区负责同志参加的会议；经市委、市政府研究同意，以市委、市政府名义召开的，要求县、市、区负责同志参加的会议。市直各部门经批准召开的研究布置某一方面工作的全市性会议及专业性会议则属于第三类会议。

在大多数国家，政府组织是主要的产品和服务购买者，一个国家的政府通过税收、财政预算，形成了一个很大的市场。政府组织通常要求供应商参与投标、竞标，一般情况下会与最低投标者合作，政府也会采取签订合同的形式确定供应商。

相关知识

三、政府市场分析

所谓政府市场是指各级政府及其所属实体通过中介机构或直接从供应商那里采购商品、工程和服务所形成的市场。政府市场的客户，是各级政府组织的采购部门。政府购买的目的，是为了维护国家安全和社会公众的利益，满足社会公共需要及自身正常运转。具体的购买目的有：加强国防与军事力量，维持政府的正常运转，稳定市场等。政府有调控经济、调节供求、稳定物价的职能，常常需支出大量的财政补贴以合理价格购买和储存商品，对外国的商业性、政治性或人道性的援助等。

政府市场的特征主要表现为：受公众监督；决策程序复杂，通常要求竞价投标；倾向于照顾本国企业等。具体来讲，政府采购资金来源主要靠财政，采购资金支付采用单一国库账户，经费有限，不能突破；采购范围和规模巨大；政府采购的政策性使得手续复杂，往往需要经过几个部门批准，有的还要反复认证；另外政府采购还会受到国内外政治经济形势的影响。

政府市场的主要购买方式包括以下五种：

1. 公开招标竞购

所谓公开招标，是指采购人按照法定程序，向全社会发布招标公告，邀请所有潜在的不确定的供应商参加投标,由采购人根据事先确定的需求标准从所有投标者中择优选出中标供应商,并与之签订政府采购合同的一种采购方式。有意争取业务的企业,在规定期限内填写标书,密封送交。有关部门在规定日期开标,选择符合要求且报价低的供应商成交。

公开招标方式一般具有以下四种特征:① 程序控制严密;② 竞争充分透明;③ 耗时相对较长;④ 体现规模效应。这些特征体现了竞争的公平性与合理性。

2. 邀请招标

所谓邀请招标,是指采购人因采购需求的专业性较强,有意识地对具备一定资质、信用和业绩的特定供应商发出招标邀请书,由被邀请的供应商参与投标竞争,从中选定中标者的招标方式。

与公开招标相比较,邀请招标具有以下三个特征:① 邀请范围有限,即采购人仅在符合采购需求的范围内邀请特定的供应商参加投标;② 竞争范围有限,对采购人而言,选择的余地相对较小;③ 无需发布公告,采购人只需向特定的潜在投标人发出邀请书即可。

3. 竞争性谈判

所谓竞争性谈判,是指采购人通过与3家以上的供应商进行谈判,从中确定最优中标人的一种采购方式。按照《政府采购法》第三十条规定,只有符合下列情形之一的货物或者服务项目,方可采用竞争性谈判方式:① 招标后没有供应商投标或没有合格的或者重新招标未能成立的;② 技术复杂或者特殊,不能确定详细规格或者具体要求的;③ 采用招标时间不能满足客户紧急需求的;④ 不能事先计算出价格总额的。

竞争性谈判作为一种独立的采购方式,与招标采购方式相比较,具有主动性、竞争性和绩效性等优势。采用招标采购方式时,供应商的投标报价是一次性的,采购人即使知道供应商投标报价过高也无可奈何,而竞争性谈判就具有相当的主动性,往往可以通过多轮谈判而赢得采购的主动权。

4. 询价采购

所谓询价,是指采购人向供应商发出询价单让其报价,然后在报价的基础上进行比较并确定最优供应商的一种采购方式,也是我们通常所说的"货比三家"。它是一种直接的、简单的采购方式,主要适用于采购货物的规格和标准统一、现货货源充足、价格变化幅度不大、采购金额较小的采购项目。

5. 单一来源采购

所谓单一来源采购,是指采购人所要采购的货物或服务,只能从唯一供应商处获得的采购。根据法律规定,要采用单一来源方式,必须满足以下三个条件:① 虽然达到了招标采购的数额标准,但采购项目的来源渠道单一;② 采购活动前发生了不可预见的紧急情况,不能从其他供应商处采购;③必须保证原有采购项目一致性或者服务配套的要求,需要继续从原有供应商处添购,但总额相差不大。由于这是一种没有竞争的采购,所以也叫直接采购。

要点总结

营销学所指的市场是具有现实和潜在需求的消费者群体。分析市场的基础必须从人口数量、购买力和购买愿望三个要素入手。营销学理论和实践中常用的市场分类方法主要有按购买目的划分,将市场划分为消费者市场、生产者市场、中间商市场和政府市场,其中生产者市场、中间商市场和政府市场统称为组织市场。消费者市场和组织市场尤其是生产者市场由于它们在市场特征上的差异而导致在营销策略上的差异,营销人员不能忽视这种差异,必须掌握针对性的策略,从而更有效地实现营销目标。

练习与实训

(一) 知识点练习

1. 单项选择题

(1) 消费者购买行为除具有多样性外,还具有( )。
A. 替代性　　B. 客观性　　C. 差异性　　D. 可诱导性

(2) 营销学的市场是指对某种商品或劳务具有需求的所有( )。
A. 个人消费者　　　　B. 生产者
C. 社会集团　　　　　D. 现实和潜在的消费者群

(3) 消费者受社会阶层、相关群体、家庭等因素影响,这是影响购买行为的( )。
A. 个人因素　　B. 社会因素　　C. 文化因素　　D. 心理因素

(4) 消费者购买决策过程是复杂的过程,购买决策过程的最后阶段应该是( )。
A. 确认需要　　B. 比较评价　　C. 购买决策　　D. 购后评价

(5) 企业采购部门为了满足生产活动的需要,按惯例进行的购买行为属于( )。
A. 直接重购　　B. 租赁采购　　C. 修正重购　　D. 全新采购

(6) 消费者的购买单位是个人或( )。
A. 集体　　B. 家庭　　C. 社会　　D. 单位

(7) 在一个完整的消费者购买决策过程中,消费者购买决策过程的第三个阶段是( )。
　　A. 确认需要　　　B. 比较评估　　　C. 购买决策　　　D. 收集信息
(8) 朋友、家人、同事来源的信息属于( )。
　　A. 个人来源　　　B. 商业来源　　　C. 社会来源　　　D. 记忆来源
(9) 市场构成三要素包括人口数量、购买力和( )。
　　A. 地理位置　　　B. 购买愿望　　　C. 购买动机　　　D. 购买行为
(10) 对于酒店而言,饭店协会、旅行社、互联网公司、航空公司、会议组织者等属于( )。
　　A. 竞争对手　　　B. 无关联群体　　　C. 酒店中间商　　　D. 供应商

2. 多项选择题

(1) 一个国家的文化包括的亚文化群主要有( )。
　　A. 语言亚文化群　　　　　B. 宗教亚文化群
　　C. 民族亚文化群　　　　　D. 种族亚文化群
　　E. 地理亚文化群
(2) 同一社会阶层成员具有类似的( )。
　　A. 收入　　　B. 个性　　　C. 价值观　　　D. 兴趣
　　E. 行为
(3) 组织市场包括( )。
　　A. 消费者市场　　B. 生产者市场　　C. 中间商市场　　D. 政府市场
(4) 影响消费者购买行为的主要因素有( )。
　　A. 文化因素　　　　　　　B. 社会因素
　　C. 组织因素　　　　　　　D. 个人因素
　　E. 心理因素
(5) 企业要在激烈的竞争中获胜,必须掌握消费者市场的基本特征,包括( )。
　　A. 购买者多而分散　　　　　B. 购买数量少、购买频率高
　　C. 购买的差异性小　　　　　D. 属于专家购买
　　E. 购买流动性大

3. 判断题

(1) 消费者对其购买产品满意与否直接决定着他以后的购买行为。( )
(2) 衍生需求是生产者市场和中间商市场共有的市场特征。( )
(3) 一般情况下,消费者的信息大多数来自商业来源,即通过广告、推销人员、商品陈列、商品包装等途径获得的信息。( )
(4) 生产者市场的购买目的不是为了个人生活消费,而是为了进行生产并获

取利润。(　　)

(5) 中间商市场购买决策过程与生产者市场相似,都是一次经过八个阶段。(　　)

(6) 公开招标采购,是指采购人按照法定程序,向全社会发布招标公告,邀请所有潜在的不确定的供应商参加投标,由采购人通过事先确定的需求标准从所有投标人中择优选出中标供应商,并与之签订政府采购合同的一种采购方式。(　　)

(7) 相比消费者市场,生产者市场的购买行为具有专家购买的特点。(　　)

(8) 相比生产者市场,消费者市场的购买行为具有冲动性的特点。(　　)

(9) 营销市场是指商品交换的场所和商品交换关系的总和。(　　)

(10) 不满意的消费者会放弃或退回产品,还会采取投诉或传播不满等公开行动,自己不再购买或者提醒朋友不要购买此产品。(　　)

(二) 课程实训

1. 实训项目

比较分析消费者市场和生产者市场。

2. 实训目的

通过比较分析消费者市场和生产者市场的差异,帮助强化理解两类不同市场在营销策略上的差异性。

3. 实训步骤

(1) 收集消费者市场和生产者市场特征的资料。
(2) 总结两者的主要差异。
(3) 总结两者在营销策略上的差异。
(4) 制作PPT并在课堂上交流展示。

4. 实训要求

独立完成作业,并制作PPT上交。

第三章 酒店市场营销环境分析

知识目标

了解市场营销环境的含义和特点;掌握酒店营销环境的主要分类方法;感知不同营销环境与企业营销活动的关联度;熟知微观营销环境和宏观营销环境的主要内容;准确理解SWOT分析工具的主要内容和重要意义。

技能目标

养成时刻关注营销环境变化的习惯和敏感度;学会通过某一环境因素的变化分析会引发的结果该结果与企业营销活动的关联性以及如何利用环境的变化为企业寻找发展良机、及时规避环境威胁;能运用SWOT分析法对酒店市场现状进行简单的分析。

学习建议

收集周围酒店企业的微观和宏观环境信息,尝试着从环境的角度去分析酒店企业的经营活动,并对经营活动进行评价和思考。

关键术语

营销环境、宏观营销环境、微观营销环境、营销机会、环境威胁、SWOT分析法

第一节　酒店营销环境
——物竞天择,适者生存

导入案例　收看《新闻联播》,究竟价值几何?[①]

《新闻联播》作为中国收视率最高、影响力最大的电视新闻栏目,是政界、商界和学界精英人士的最爱,极具价值,但大多数普通人竟然没有发现。外行看热闹,内行看门道。如果你觉得《新闻联播》刻板枯燥,那么很遗憾,在筛选信息和发现机会方面,你可能还是个外行。收看《新闻联播》究竟价值几何?

第一,发现潜在商机。

台湾《旺报》曾报道称,台商发财秘诀首要在坚持看《新闻联播》,熟知政策风向。在网上广为流传的《浙商的22条商规》中,"坚持看央视《新闻联播》"也排在所有规则之首。关于透过《新闻联播》发现投资机会的例子非常多,比如,《新闻联播》当日播出总理在飞机上吃家常咸菜,第二天涪陵榨菜股票就应声涨停;《新闻联播》曾对梁稳根做了一个关于非公有制企业技术创新的小专题,第二天三一股票全线飘红;股票、房地产皆是如此,而这些还只是《新闻联播》价值的冰山一角。

第二,提前预知风险。

危机往往隐藏在新闻的细节里,所以要具有风险意识。

(1)《新闻联播》报道晋煤外运困难,与煤炭相关的行业费用和电费就要大涨。

(2)《新闻联播》报道政府出台环境保护法,高污染企业就要提早转型或者控制排污。

(3)《新闻联播》透露了新媒体广告的监管制度,新媒体从业者在做广告时就要更谨慎。

(4)《新闻联播》对于一则消息的叙述,代表着中央对它的表态和"定调",可以在一定程度上反映出未来的趋势,提前防范风险,才能做到有备无患。

第三,发现政策红利。

雷军在评价"移动互联网"时曾说"站在风口上,猪都会飞",其实说的就是做

[①] 如果坚持每天收看《新闻联播》,你将能得到难以想象的财富[EB/OL].[2017-09-16].http://www.sohu.com/a/1924/a/192457291_661315.

事要顺势而为，在职场、创业同样如此，要紧跟大趋势，看准机会。

《新闻联播》宣传创业政策，那顺势而来的就是各种利好的创业环境，以及银行贷款优惠等政策，能否抢到第一波红利，勇做吃螃蟹的人决定了其境遇和机遇的不同。

《新闻联播》报道中国与东盟成员国实行零关税，你是否想到自己可以去搞搞边贸生意？《新闻联播》宣传国家实施"一带一路"倡议，你是否想到这些区域将来大有可为？作为中国公民，这些信息都是最具有潜在价值的信息，而成功与否就在你从哪一个角度去剖析它的潜在价值。一个免费收听，又极具价值的信息来源，值得你完全重视！

企业营销活动不是在真空中进行的，营销环境是在企业的意志之外客观存在的，不论企业愿不愿意、是否喜欢，营销环境都会不断地变化并最终影响企业的营销活动和营销目标的实现，忽视环境变化的企业营销活动是注定要失败的。企业必须注重对市场营销环境的研究，努力争取使外部环境与企业内部条件和营销策略之间互相适应，不断增强企业的应变能力，实现其组织目标。

相关知识

一、市场营销环境的含义及构成

什么是市场营销环境？美国著名市场学家菲利普·科特勒认为，市场营销环境是指影响企业的市场和营销活动的不可控制的参与者和影响力。具体地说就是，市场营销环境会影响企业的市场营销管理能力，使其能否卓有成效地发展和维持与其目标顾客交易及关系的外在参与者和影响力。因此，市场营销环境是指与企业营销活动有潜在关系的所有外部力量和相关因素的集合，它是影响企业生存和发展的各种外部条件。简单地概括市场营销环境的定义就是一切影响、制约企业营销活动的最普遍的因素。

企业市场营销环境的内容既广泛又复杂。影响企业营销的诸多因素可分为两大类：一类是可控因素，即麦肯锡归纳的4P（产品、价格、通路、促销）；一类是不可控因素，即菲利普·科特勒指出的"企业营销管理职能外部的因素和力量"。这些营销管理职能外部的因素和力量对企业营销活动有着重大影响。这种影响有可能为企业提供市场机遇，也有可能对企业构成严重威胁。如果企业能够适应这些因素及其变化，就能捕捉到机会，取得营销的成功；反之，则可能给企业造成无法估量的损失。因为环境因素往往不以营销管理者的主观意志为转移，或者它并不按营销管理者的规划去发展，相反可能会打乱营销计划，它的强制力和不可控特性使企业营销只能适应它、利用它。

从营销环境的构成上来看,市场营销环境主要包括微观环境和宏观环境。宏观环境又叫作总体环境,是由一些大范围的社会约束力量构成的,包括政治、经济、社会文化、法律和科技状况等。微观环境又叫作个体环境,是指与企业的营销活动直接发生关系的组织与行为者的力量和因素,可细分为企业内部环境、营销中介、顾客、竞争对手、社会公众等。

酒店市场营销环境是指与酒店企业营销活动有潜在关系的各种酒店外部和内部因素组成的生态系统。这些因素和力量构成了酒店企业生存和发展的外部条件。酒店市场营销的微观环境与宏观环境如图3.1所示。

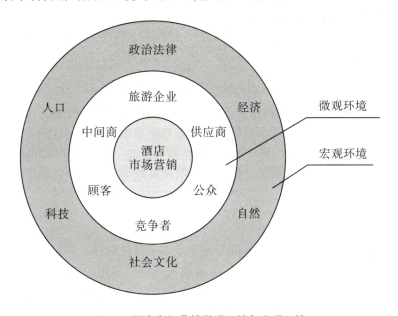

图3.1 酒店市场营销微观环境与宏观环境

导入案例 酒店经营受环境影响严重[①]

1998年亚洲金融危机,我国共有星级饭店3248家,平均客房出租率为60.62%。2003年爆发"非典",我国共有星级饭店9751家,平均客房出租率为56.14%。2008年全球经济危机,我国共有星级饭店14099家,平均客房出租率为58.30%。2009年第一季度,受全球经济危机和甲型H1N1流感的双重影响,全国星级酒店出租率进一步下滑,一线城市客房出租率为40%~45%,其中北京为44.5%。与出租率相比,同步下跌的平均房价程度更为剧烈。据统计数据显示,2009年前五个月,全国酒店平均日房价下降22.2%,导致每间可出租客房收入比2008年同期下降43.9%,其中北京星级酒店的平均房价同比下降17.3%。2009

---

① 后经济危机下的酒店商业机遇[EB/OL].[2010-05-05].http://www.traveldaily.cn/article/36311.

年成为中国酒店业历史上经营最困难的一年。

酒店市场营销环境是一个多因素、多层次而且不断变化的综合体。环境的变化影响着酒店行业的发展和生存,酒店从业人员需把握酒店市场营销环境的哪些特点呢?

相关知识

二、酒店市场环境的特点

1. 客观性

酒店企业总是在特定的社会经济和其他外界环境条件下生存、发展的。这种客观存在是不以人的意志为转移的,酒店营销部门无法摆脱和控制营销环境,特别是宏观环境,酒店企业难以按自身的要求和意见随意改变它,如酒店不能改变人口因素、政治法律因素、社会文化因素等。但是酒店企业可以主动适应环境的变化和要求,制订并不断调整市场营销策略。善于适应环境的酒店企业就能生存和发展,否则,就必然被淘汰。

2. 差异性

不同的酒店企业受其所处不同环境的影响,而且同样一种环境因素的变化对不同酒店的影响也不相同。例如,中国加入世界贸易组织,意味着中国企业进入国际市场,然而不同的国家、民族、地区之间在人口、经济、社会文化、政治、法律、自然地理等各方面存在着广泛的差异性,经济环境的变化,对不同行业所造成的冲击并不相同。酒店企业应根据环境变化的趋势和行业的特点,采取相应的营销策略。

3. 相关性

影响酒店市场营销环境的各个因素是相互依存、相互作用和相互制约的。这是由于社会经济现象的出现,往往不是某个单一的因素所能决定的,而是受到一系列相关因素影响的结果。例如,酒店开发新产品时,不仅要受到经济因素限制,还有社会文化因素的影响和当时的社会生产力水平的制约,以及相关的政策法律影响,等等。

4. 动态性

营销环境是酒店营销活动的基础和条件,这并不意味着营销环境是一成不变的、静止的,它是动态的。当然,市场营销环境的变化有快、慢、大、小之分,有的变化快一些,有的则变化慢一些;有的变化大一些,有的则变化小一些。例如,科技、经济等因素的变化相对快而大,因而对酒店营销活动的影响相对短且跳跃性大;而人口、社会文化、自然因素等相对变化较慢、较小,对酒店营销活动的影响相对长而稳定。因此,酒店的营销活动必须适应环境的变化,不断地调整和修正自己的营销策略,否则,将会使其丧失市场机会。

5. 不可控性

影响酒店营销环境的因素是多方面的、复杂的,并表现出不可控性。例如,一个国家的政治法律制度、人口增长及一些社会文化习俗等,酒店不可能随意改变。

6. 可影响性

酒店企业在环境面前也并非无所作为,酒店企业可以通过对内部环境要素的调整与控制,来对外部环境施加一定的影响,最终促使某些环境要素向预期的方向转化。"适者生存"既是自然界演化的法则,也是企业营销活动的法则,如果酒店企业不能很好地适应外界环境的变化,则很可能在竞争中失败,从而被市场所淘汰。酒店经营成败的关键,就在于酒店能否适应不断变化着的市场营销环境。

课堂讨论

试举例说明市场环境对酒店行业发展的机遇和挑战。

知识补充:PEST分析法

PEST分析是指宏观环境的分析,P是政治(politics),E是经济(economy),S是社会(society),T是技术(technology)。在分析一个企业集团所处的背景的时候,通常是通过这四个因素来进行分析企业集团所面临的状况。

第二节　酒店微观环境分析

导入案例　肯德基的"入乡随俗"[①]

1973年9月,中国香港市场的肯德基公司突然宣布多间家乡鸡快餐店停业,只剩下四间还在勉强支撑。1995年2月,首批进入中国香港的美国肯德基连锁店集团全军覆没。此前,为了取得肯德基家乡鸡首次在中国香港推出的成功,肯德基公司采取了声势浩大的宣传,在新闻媒体上大做广告,采用该公司的世界性宣传口号"好味到舔手指"。

凭着广告攻势和新鲜劲儿,肯德基家乡鸡还是红火了一阵子,很多人都乐于一试,一时间也是门庭若市。可惜好景不长,三个月后,就"门前冷落鞍马稀"了。在世界各地拥有数千家连锁店的肯德基为什么唯独在中国香港遭受如此厄运呢?经过认真总结经验教训,发现是中国人固有的文化观念决定了肯德基的惨败。

首先,在世界其他地方行得通的广告词"好味到舔手指"在中国香港人的观念里不容易被接受。舔手指被视为不文明的行为,味道再好也不会去舔手指。人们甚至对这种广告产生了反感。

其次,家乡鸡的味道和价格不容易被接受。鸡是采用当地鸡种,但其喂养方式仍是美国式的。用鱼肉喂养出来的鸡破坏了中国鸡的特有口味。另外家乡鸡的价格对于一般市民来说还是有点承受不了,因此抑制了需求量。

此外,美国式服务难以吸引回头客。在美国,顾客一般是驾车到快餐店,买了食品回家吃。因此,在店内是通常不设座的。而中国人通常喜欢一群人或三三两两在店内边吃边聊,不设座位的服务方式难寻回头客。

十年后,肯德基带着对中国文化的一定了解,卷土重来,并大幅度调整了营销策略。广告宣传低调,市场定位符合当地消费水平,市场定位于16岁至39岁市民。2006年,肯德基家乡鸡快餐店在中国香港共有716家,占世界各地分店总数的十分之一,成为中国香港快餐业中的重要部分,与麦当劳、汉堡王、必胜客一并成为四大快餐连锁店。

[①] 不要小看"入乡随俗"的重要性——市场营销之环境分析案例[EB/OL].[2007-11-05].http://blog.sina.com.cn/s/blog_4a9aa9bd01000fm6.html.

肯德基在我国市场的发展是不断适应市场环境的变化与发展的,这为国内快餐行业的发展提供了一个宝贵的参考建议。如何快速地适应不同地区不同环境因素的变换,对企业的发展尤为重要。

相关知识

酒店微观环境是指与酒店市场营销活动关系密切,并有直接影响的酒店外部因素的总和。微观营销环境的变动对酒店营销的影响往往是具体的,其影响范围比较小,时间比较短,酒店在一定程度上可以控制。

一、酒店内部环境

酒店内部环境是指酒店内部各部门的关系及协调合作。酒店内部各部门、各层次之间的分工是否科学、协作是否和谐、有没有形成现代企业的团队精神,是酒店营销成败的一个决定性因素。酒店开展营销活动要充分考虑到酒店内部的环境力量和因素。具体来说,主要从下面两个层面来考虑。

从组织层面上考虑,企业是组织生产和经营的经济单位,是一个系统组织。企业内部一般设立计划、技术、采购、生产、营销、质检、财务、后勤等部门。企业内部职能部门的工作及其相互之间的协调关系,直接影响企业的整个营销活动。营销部门与企业其他部门之间既有多方面的合作,也经常与生产、技术、财务等部门发生矛盾。由于各部门的工作重点不同,有些矛盾往往难以调和。如生产部门关注的是长期生产的定型产品,要求品种规格少、批量大、标准订单、较稳定的质量管理,而营销部门注重的是能适应市场变化、满足目标消费者需求的"短、平、快"产品,要求多品种规格、少批量、个性化订单、特殊的质量管理。所以,企业在制订营销计划、开展营销活动时,必须协调和处理好各部门之间的矛盾和关系。这就要求营销部门要与各部门进行有效沟通、协调、处理好各部门的关系,营造良好的企业环境,更好地实现营销目标。

从企业属性上看,企业内部环境包括企业管理能力、企业财务状况、企业文化等维度。企业管理能力是一个企业能否制订合理的目标并有效地组织、计划、协调和激励各部门和员工来达成目标的能力,是企业最重要的"软件"系统。财务状况是企业经营的根本,好的财务状况是企业良性发展的基础。企业文化代表了一个企业的性格,不同的企业文化标示着不同的管理理念和经营哲学,这直接影响企业服务消费者的态度和方式。

导入案例　一个注定要破灭的肥皂泡[①]

1990年起步的秦池酒厂,通过在当地电视台上买断段位、密集投放广告,并对消费者实行免费品尝,还由当地技术监督部门对秦池酒进行鉴定等一系列活动迅速走红。1995年,秦池以6660万元中标央视黄金广告段成为"标王",一夜成名,其白酒也身价倍增。1996年,秦池以3.2亿元的天价再度成为"标王"。两个月之后,一个从未被公众知晓的事实终于浮出了水面:秦池酒厂的原酒生产能力只有3000吨左右,他们从四川宜宾邛崃收购大量的散酒,再加上酒厂的原酒、酒精,勾兑成低度酒,然后以"秦池古酒""秦池特曲"等品牌销往全国市场。该内幕被披露之后秦池酒厂从此一蹶不振,最终从大众的视野中消失。当有记者问:"秦池投标金额为3.212118亿元的这个数字是怎么计算出来的?"厂长的回答是:"这是我单位的电话号码。"这样的对答,仿佛是一个让人哑然地黑色幽默。

秦池酒厂失败的原因有哪些?针对外部影响因素的变换,企业的失误也体现在这些方面。一个企业能做得长远,除了自身内部因素之外,供应商也是重要的决定因素之一。

相关知识

二、供应商

酒店的日常经营活动需要外界许多供应商提供原材料和各种产品。餐厅需要供应商提供食品加工的原材料,如鱼、肉、蔬菜、饮料等。客房部需要供应商提供客房所需的日常用品,如牙膏、毛巾、卫生纸等。酒店其他部门也需要供应商提供一些必需品,有些必需品还需要从国外进口。酒店与供应商之间的关系对酒店营销十分重要。如果酒店日常必需品供应困难,酒店的日常经营就会受到影响,甚至不能正常运转。日常必需品的价格高低会引起酒店经营成本的变化,其质量的好坏以及与酒店的档次匹配与否,会对酒店形象产生影响。酒店营销人员需要清楚地了解和掌握酒店用品市场的供应状况和市场价格变化情况,开拓资源渠道,寻找价廉、物美、质优的酒店用品。

(一)供货的稳定性与及时性

供应商为企业提供生产以及其他管理活动所必需的物质与材料,这些原材料、零部件、能源以及其他设备等的供应情况直接影响着企业的生产和管理,同时也决

[①] 山东秦池酒厂:一个肥皂泡的破灭[EB/OL].[2004-05-08].http://info.tjkx.com/detail/37715.htm.

定着企业营销活动能否顺利进行。供应商能否持续稳定地按约定的交货期限和交货条件组织供货,直接影响企业生产的连续性,从而进一步影响企业的营销活动。供应不足或者供应短缺都会影响企业的经营活动,如果这种情况是短期的,那么企业的销售额将会受到损失;如果这种情况是长期的,就会损害企业的营销活动,影响企业在消费者心中的信誉。所以说,企业在考虑供应商的时候,必须与其保持密切的联系,及时了解和掌握供货商的变化和动态,使货源的供应在时间、数量上得到有效的保证。

(二)供货的价格变动

企业的生产成本是企业不得不考虑的经营因素。一方面,供货的价格变动会影响企业的经营成本,这是毋庸置疑的。如果出于某种原因,企业上游供应商提高原材料的价格,企业可能会被迫提高其产品价格,导致其失去一部分市场,甚至影响到企业的销售量与利润。另一方面,企业要随时观察和注意市场原材料的价格变动趋势,把握市场规律,搞好与供应商之间的关系,以应对原材料价格变化等突发情况的发生。

(三)供货的质量和服务水平

供应商所提供的产品的质量关系到企业最终产品的质量,如果提供的产品质量不高,企业所生产出来的产品质量可想而知。现实中,有很多企业的产品质量问题并非由该企业的生产过程导致的,而是源于供应商提供的原材料的问题。供应商的服务水平也是企业所需要考虑的,优良的售后服务能给企业带来很大的便利,特别是一些技术性较强的供应商,他们的服务水平的好坏很有可能关系到企业的生产能否顺利进行。

所以,企业在寻找供应商的时候,需要注意这样两个问题:首先,企业需要考虑供应商的资信情况。企业要选择那些品质好、价格合理、交货及时稳定、信用良好、服务效率高的供应商,同时,应该与主要的供应商建立长期稳定的合作关系,以保证企业生产资料的稳定供应。其次,企业必须丰富自己的供应商,使其多样化,因为过分依赖一家或几家供应商,企业上游的供应风险很大。

导入案例　7天连锁酒店退出中介分销渠道　称佣金压力大①

在酒店预订中介领域为争夺酒店资源及定价权硝烟四起的时候,为掌握自主定价权,已经有终端酒店业行动起来,谋求"独立"。

---

① 7天连锁酒店或退出分销 中中介同行暂不跟风[EB/OL].[2010-04-22].http://www.nbd.com.cn/articles/2010-04-22/274311.html.

《每日经济新闻》记者获悉,2009年年底在美国上市、开店数已排名第二的经济型酒店7天连锁酒店正逐步剥离预订分销渠道,预计将在2010年年底退出所有中介渠道。对此,7天连锁酒店CEO郑南雁向《每日经济新闻》记者坦承,在当前一些预订中介和酒店"不健康"合作关系的背景下,"希望通过直销自主掌握酒店定价权"。

不过,国内其他较大的经济型酒店,如家、汉庭、格林豪泰等均表示不跟风。2010年4月21日,如家CEO孙坚接受《每日经济新闻》记者采访时表示,目前如家客源中,中介预订比重占到8%,未来也会保持稳定的比例;而对于7天连锁酒店的做法,他表示"不便评价"。

经济型酒店打起价格战

2010年3月,为争夺酒店话语权及市场份额,携程、艺龙两家在线预订商之间打起了一场"最低赔付"的预订价格战,4月,一些酒店因参与汇通天下的世博低价促销活动,引发了携程的不满而被迫退出促销活动,再次引发在线预订商之间的纷争,也成为业界关注的焦点。

在几大在线旅游商为争夺酒店话语权"剑拔弩张"的同时,一些酒店也陷入了自主定价权旁落的尴尬局面。

不久前,7天连锁酒店打出了"裸房价"模式,在业界看来,此举是为了通过低价营销,掌握酒店房价的自主定价权。从3月底起,7天连锁酒店已经在广州、深圳、长沙三地分店实行剔除洗漱用品等后的"基础房价+自选生活用品包"模式,即"裸房价",这将使7天连锁酒店房价比同行业打折后的会员价还低10~38元/晚。

从4月26日开始,7天连锁酒店也将在上海26家分店实行此模式。"赶在世博之前推出此政策,就是希望在价格上有更大的竞争力吸引客源。"7天连锁酒店有关人士向《每日经济新闻》记者表示。

中介佣金压力较大

在品牌经济型酒店中,7天连锁酒店的房价一直是较低的。据了解,目前7天连锁酒店的中介分销渠道所占比例不到1%,未来7天连锁酒店计划100%依靠直销,全面掌控定价权。

据了解,在高峰时,7天连锁酒店曾有70~80个中介预订商,现在大约只有20个,而在目前现有的中介分销渠道中,并没有携程。

"目前,我们已经不再接新的预订中介分销商,并且正在逐步退出中介,一些到期的合同都不再续签了。我们在未来一段时间内会全部退出中介分销渠道。"7天连锁酒店CEO郑南雁接受《每日经济新闻》记者采访时透露,"这个时间不会太长,预计就在年内。"

目前,中介的佣金成本在30元/晚左右,而对于价格在150~250元/晚的经济型酒店来说,是一个不小的压力。7天连锁酒店表示,他们坚持打造自身会员制营销模式,不依赖中介,自我掌握酒店的定价权。

不过,郑南雁反复向《每日经济新闻》记者强调,7天连锁酒店并不是刻意要和中介对立起来,只是目前没有与中介形成一种健康的合作关系,中介凭借其垄断地位已经使酒店丧失定价权,如果之后的情况有所改观,7天连锁酒店也愿意和中介保持合作关系。

其他酒店表示不跟风

如果2010年年底7天连锁酒店的营销模式最终得以实施,那么它将成为第一家全部退出中介分销、完全依靠直销的第一家经济型酒店。不过,并不是所有的经济型酒店都在谋求100%的直销。

在外界看来,目前一些大型的经济型酒店,如如家、汉庭已经有最大的在线预订中介携程的入股,应该不会谋求退出中介。

昨日,如家CEO孙坚在接受《每日经济新闻》记者采访时表示,目前如家客源中,中介预订比重占到8%。他表示,均衡的客源结构有利于酒店的发展,未来会保持比较稳定的中介分销比重。而对于7天连锁酒店的做法,他表示不便评价。

据悉,目前汉庭客源中,中介占5%,其中携程占到4%。汉庭酒店执行董事长季琦日前接受《每日经济新闻》记者采访时也表示:"不会和中介预订商对立起来,会和携程、艺龙在内的在线旅行中介商一直保持良好的伙伴关系。"

事实上,此前格林豪泰就因为酒店促销事件而与携程分道扬镳,甚至对簿公堂。不过,格林豪泰有关负责人也向《每日经济新闻》记者表示"暂时不会完全去除中介这个渠道。中介有它存在的道理。"

对此,业内人士指出,7天连锁酒店凭借其IT技术的优势,早在2005就建立了会员体系,在直销方面拥有较大的优势,直销比重较高,因此做出放弃中介的举动也在是情理之中。

酒店企业为了取得优异的销售业绩,必然会动用一切可以利用的渠道去实现,大多数企业的营销活动,都必须通过中间商的协助才能顺利进行。例如,生产集中与消费分散的矛盾,就必须通过中间商的分销来解决;资金周转不灵,则须求助于银行或信托机构等。正因为有了营销中介提供的服务,才使得企业的产品能够顺利地到达目标顾客手中。随着市场经济的发展,社会分工愈来愈细,这些中介机构的影响和作用也就会愈来愈大,如何平衡企业与营销中介的关系至关重要。

相关知识

三、营销中介

酒店营销中介是指处于酒店生产者与酒店消费者之间,参与酒店产品流通业务,促使买卖行为发生和实现的集体和个人,包括经销商、代理商、批发商、零售商、交通运输公司、营销服务机构和金融中间商等。这类购买者的特点是:① 购买是为了获利;② 专家购买;③ 购买次数较少,但每次购买数量较大。

导入案例　酒店的顾客类型另类大解析[①]

酒店是以服务为主的企业,只有对顾客的类型了解清楚,才能对所有的客人给以圆满之服务,使服务达到最佳之境地。常见的顾客类型有以下几种:

(1) 常顾客型。顾名思义就是经常来光顾的客人,我们应该注意对于常住店的老顾客要恳切地接待,但在服务时也不能与之表示过分的亲切,而冷落了其他顾客,以致影响服务态度。

(2) 吊儿郎当型。此类客人仪容不整,作风散漫,态度不严肃或不认真。当我们服务到这种客人,应该和蔼可亲地加以说明并提出建议,引导他做决定,如此既可节省时间,又可增加顾客的信心。

(3) 啰嗦型。应尽量避免与此类客人长谈,否则,一谈上就没完,甚至可能影响工作。面对这一类型的客人,应柔和地将要点简明扼要地向其说明,让他便于接纳,最忌与其辩论。

(4) 寡言型。此类客人平常不常开口说话,故当他尚未向你交代事情时,应专心倾听其意见,并提出扼要的建议,以确保服务之完整性。

(5) 多嘴型。此种客人喜欢说话,一说就不停。给他服务时,最好是尽快想法诱其谈入正题,以免耽误了别人的时间。

(6) 急性型。对此类客人动作应迅速,与其交谈应单刀直入,简单明了,否则此种客人很容易冒火。

(7) 慢吞型。此类客人喜欢东张西望,动作滞笨,说话吞吞吐吐,需要一段时间才能做决定,故我们和他说话时,应帮助他迅速做判断。

(8) 犹豫型。此类客人始终犹豫不决,即使已经做了决定,还想变更,总认为别人所选择的比自己的好,因此我们应向其说明其选择的正确性,并鼓励其接受。

(9) 健谈型。此类客人很喜欢聊天,一旦说起来就没完,故对此类客人必须以适当的方式暗示他还有别的客人在等待服务,以便尽早结束谈话。

---

① 酒店顾客的类型[EB/OL].[2010－04－22].http://www.docin.com/p－51199724.html.

（10）开放型。此类客人对任何事情都是毫不保留地表达其言行,但不轻易听取别人的建议,为免伤感情,应等待其情绪安定时,再来说服他。

（11）沉着型。此类客人个性沉着,但不轻易做决定,故对此种客人必须对答如流,使其对我们的建议深信不疑。

（12）固执型。此种客人的自我观念很重,虽然遇事很容易做决定,但因欠缺思考,往往无法很难接受我们的建议。面对这一类型的人,我们要以温和的态度,礼貌的引导他接受我们的建议。

（13）交际型。此类客人会说话、善交际,但并不好应付,当我们为他服务时应注意我们的言行,以免发生意外,而遭到他的抱怨。

顾客是企业的目标市场,是企业服务的对象,企业一切的营销活动都是为了满足顾客的需要。对企业来说,顾客是企业的衣食父母,因而这是微观环境中一个最直接、最重要的因素。因此,企业需要仔细了解它的顾客市场。

四、顾客

不同的顾客对酒店有不同的消费要求,购买和使用酒店产品的方式也不相同。例如,商务旅游者经常预订酒店,因而他们要求预订系统速度要快,时间要短,但他们又常常取消或更改预订。

（一）顾客分析的必要性

顾客是指使用进入消费领域的最终产品或劳务的消费者和生产者,也是企业营销活动的最终目标市场。顾客对企业营销的影响程度远远超过环境因素的影响。顾客是市场的主体,任何企业的产品和服务,只有得到了顾客的认可,才能赢得这个市场,现代营销强调把满足顾客需要作为企业营销管理的核心。

（二）顾客分析的市场类型

（1）消费者市场。指为满足个人或家庭消费需求购买产品或服务的个人和家庭。

（2）生产者市场。指为生产其他产品或服务,以赚取利润而购买产品或服务的组织。

（3）中间商市场。指购买产品或服务以转售,从中盈利的组织。

（4）政府市场。指购买产品或服务,以提供公共服务或把这些产品及服务转让给其他需要的人的政府机构。

（5）国际市场。指国外购买产品或服务的个人及组织,包括外国消费者、生产商、中间商及政府。

（三）顾客分析的要求

上述五类市场的顾客需求各不相同，要求酒店企业以不同的方式提供产品或服务，它们的需求、欲望和偏好直接影响企业营销目标的实现。为此，企业要注重对顾客进行研究，分析顾客的需求规模、需求结构、需求心理以及购买特点，这是企业营销活动的起点和前提。

导入案例　洲际酒店加码台湾市场 多元品牌应对民宿竞争①

9月27日，洲际酒店集团宣布大员皇冠假日酒店在中国台湾南部自然生态与历史人文古都安平开业，旗下高端商旅酒店品牌皇冠假日酒店及度假村正式入驻中国台湾。

该酒店业主为台湾的大员开发事业股份有限公司。洲际酒店集团大中华区首席执行官柯明思(K. Macpherson)在接受《21世纪经济报》记者采访时表示，此次落户中国台湾南部充分考虑到安平作为台湾南部区域发展轴的中心位置，不仅拥有多个大型产业基地，还坐拥丰富的滨海及山林地景和8处国家公园，将激发可期的商旅需求。

2017年5月，台湾地区首间洲际品牌酒店完成签约，至此洲际酒店集团在大中华区的六大酒店品牌，除了华邑酒店及度假村之外，已全数来到台湾，各品牌在台营运管理的酒店(含在建项目)已累计达10家。

加码中国台湾市场

目前，洲际在台湾市场有5家已开业酒店，除了最新开业的酒店之外，还包括高雄中央公园英迪格酒店、台北深坑假日饭店、桃园智选假日饭店、台中公园智选假日饭店。

洲际酒店集团大中华区首席发展官孙健在接受《21世纪经济报》记者专访时表示，洲际通过与业主密切合作来为特定地点和市场选择正确的品牌。

"现在正值皇冠假日酒店入驻台南的正确时机，这里具有独特的地理位置以及在商务和休闲领域的市场需求。"孙健透露，未来计划在台湾引入更多酒店和品牌，除了已经开业的酒店，还有一些项目即将开启，包括台中的洲际酒店、台北和阿里山的英迪格酒店以及部分假日智选酒店。此外，洲际也在考虑把新的生活方式——类酒店品牌，例如把金普顿酒店及餐厅和逸衡酒店品牌引入台湾。

孙健还表示，洲际的特许经营模式也对台湾市场开放，目前已经有一些台湾的酒店采用该模式，并与业主建立了良好的合作关系，确保这些酒店以品牌标准运营。不过，集团不考虑对洲际酒店和英迪格酒店两个品牌采用特许经营模式，"这

---

① 洲际酒店加码中国台湾市场 多元品牌应对民俗竞争[EB/OL]. [2017-09-29]. http://money.163.com/17/0929/05/cvfpoi08002580s6.shtml.

些品牌的运营模式更复杂,采用管理合同模式更为适合"。

机遇与挑战

来自酒店投资咨询服务机构豪威盛(HVS)的报告显示,尽管大陆游客人数急剧下降,但2017年二季度赴台游客人数达260万人次,仅略微下降。东南亚游客签证豁免,航线的改善以及旅游景点的促销扩大了台湾旅游经济的范围和多样性。总体而言,除大陆以外,其他赴台客源市场人数均有所增长。

HVS报告还显示,从台湾酒店市场表现来看,2017年二季度整体酒店市场RevPAR(每间可供出租客房收入)同比下降,台北酒店2014~2017年度年均RevPAR增长率为-4.6%,高雄酒店为-2.9%,台中酒店为-0.7%。

柯明思表示,台北酒店70%~80%客源来自于外地游客,但是台北以外的酒店80%依赖于台湾本地客源。虽然2016年以来大陆游客入住率有很大的下降,但是长期来看,洲际酒店集团仍非常看好台湾地区的大陆客源。

与大陆相比,台湾发达的民宿等非标住宿业是否为酒店管理集团带来挑战?"我们确实意识到了竞争的存在,但是关注更多的是机遇,因为从全球来看,品牌酒店依然是一个巨大的、快速发展的住宿业组成部分。"孙健表示,对洲际来说重要的是拥有广泛的品牌组合以及重点发展的品牌,来迎合多样的需求与场合,毕竟酒店和民宿处在不同的细分市场。此外,洲际也拥有非标住宿所欠缺的安全性,这也是酒店的竞争力所在。

CIC灼识咨询创始合伙人侯绪超对记者表示,台湾酒店市场从供应和管理方面主要分三类:顶级国际连锁酒店、当地酒店、民宿。从机遇上来讲这些国际酒店集团可以在一些特色景点开设超高端观光酒店,与当地的民宿从档次和服务上区分开来,成为当地供应的补充。

不过他也认为,近年在大城市的高端国际酒店所针对的高端商务客和富裕旅游客持续萎缩,如何开拓新的客源、维持高价格并实现高入住率是一个很大的挑战。同时,国际酒店集团一般的模式是由投资方投资建设、集团管理、收益分成的形式,在台湾经济低迷和旅游业寒冬之际,能否找到合适的投资方是个很大的未知数。

酒店行业竞争者是指与企业存在利益争夺关系的其他经济主体。洲际酒店集团作为全球著名的星级酒店也不可避免地与区域的民宿直接竞争,企业的营销活动常常受到各种竞争者的包围和制约。企业生产什么产品,价格如何制订,采用什么分销渠道,运用何种促销手段,除了需要考虑企业自身的状况、消费者的需求等因素之外,一个重要的方面就是必须考虑竞争对手的情况。

相关知识

五、竞争者

在现代市场经济条件下,企业的营销活动几乎无法回避竞争,同一行业或不同行业之间都会存在竞争。菲利普·科特勒将企业的竞争环境分析为四个层次:

(1) 欲望竞争,即消费者想要满足的各种愿望之间的可替代性。当一个消费者休息时,可能想看书、进行体育运动或吃东西,每一种愿望都可能意味着消费者将在某个行业进行消费。

(2) 类别竞争,即满足消费者某种愿望的产品类别之间的可替代性。假设前面那个消费者吃东西的愿望占了上风,他可以选择的食品很多,如水果、冰淇淋、饮料、糖果或其他。

(3) 产品形式竞争,即在满足消费者某种愿望的特定产品类别中仍有不同的产品形式可以选择。假设消费者选中了糖果,则有巧克力、奶糖、水果糖等多种产品形式可满足他吃糖的欲望。

(4) 品牌竞争,即在满足消费者某种愿望的同种产品中不同品牌之间的竞争。或许那个消费者对巧克力感兴趣,并特别偏爱某一品牌,于是,该品牌的产品在竞争中赢得了最后的胜利。品牌竞争是这四个层次的竞争中最常见和最显在的,其他层次的竞争则比较隐蔽和深刻。有远见的企业并不仅仅满足于品牌层次的竞争,而会关注市场发展趋势,并在恰当的时候积极维护和扩大基本需求。

在识别各种竞争者的基础上,企业还需要了解这些竞争者更为详细的情况,下面一些问题可以指出一些了解的方向。

(1) 竞争者的数量有多少?
(2) 竞争者企业的规模以及竞争能力的大小?
(3) 竞争企业对竞争产品的依赖程度如何?
(4) 竞争者所采取的战略、营销策略是什么?
(5) 竞争企业的优势,以及这些优势所依赖的技术或者其他方面是什么?

通过上述的分析,企业对竞争者有了清醒的了解和认识后,才能制订出相应的对策,以便击败各个层次的竞争对手,在竞争中立于不败之地。

导入案例 酒店拒绝客人带导盲犬入住 媒体:不负道德责任[①]

据《都市快报》报道,11月3日晚,民谣歌手、诗人周云蓬在杭州酒球会参加一

[①] 酒店拒绝周云蓬带导盲犬入住媒体:不负道德责任[EB/OL].[2017-11-05].http://news.sina.com.cn/s/wh/2017-11-05/doc-ifynmvuq8604883.shtml.

场演出。不过就在前几天,他碰到了一件郁闷的事——他来杭前联系了杭州四五家酒店,但没有一家愿意接受其导盲犬入住。

据称,很多酒店拒绝导盲犬入住,理由是尽管相关法律、法规规定了视力残障者可携带导盲犬出入宾馆,但未明确导盲犬是否可以和视力残障者共同入住酒店房间。法律、法规对此未作明确规定,完全可以理解。报道中说,杭州市残疾人联合会透露,目前在杭州,视力残障者在使用的导盲犬总共只有三条。所以制定法规时,极具个案性的导盲犬入住酒店问题,可能根本就不是个问题。

法律、法规的完善,需要一个过程。比如2011年开始,中国第一位盲人钢琴调律师陈燕和她的导盲犬多次尝试地铁出行,但即便出示残疾人证、导盲犬证、犬只免疫证,仍被拒绝带导盲犬上地铁。

但2015年5月实施的《北京市轨道交通运营安全条例》就规定了,视力残障者可携带导盲犬乘坐地铁,还可获得免费服务。

关爱残疾人,应是社会共识,尽自己所能帮扶残疾人,也是你我的责任。就算不讲这样的大道理,看到人家生活中种种不便,出于对弱者的同情,也应对残疾人多一点关爱。因而,导盲犬是否可以入住酒店,也无需等法律明确才给出"Yes"的答案。法律之上有道德,酒店负责人等若能多些恻隐之心,这可能就不是个问题了。

虽然视力残障者携带导盲犬入住,会给酒店带来麻烦。但所谓的麻烦,其实可控。拿规定说事拒绝导盲犬随主人入住,既呆板,也有些不近人情。

酒店的任何行为和活动都会受到各种公众关注,媒体可以影响舆论和消费者的消费偏好,是对一个企业的市场营销活动能够产生影响的群体。公众可能有助于增强一个企业实现目标的能力,也有可能妨碍这种能力。

相关知识

六、公众

公众是指与企业有直接或间接的利害关系,并对酒店企业的生存发展有一定影响的团体或个人。企业应该努力塑造良好的形象,与公众保持良好的关系,谋求公众对企业的理解、支持与合作,这会给企业带来长远的可观的经济效益。反之,如果公众对企业持不合作、不支持,甚至敌对的态度,会对企业产生巨大的消极影响。

现代企业是一个开放的系统,它在经营活动中必然与各方面发生联系,必须处理好企业与各方面公众的关系,使企业与各类公众保持协调的关系。一般来说企业的周围有七类公众。

(1) 金融界公众。这类公众对企业的融资能力有重要的影响。主要包括银行、投资公司、证券经纪行、股东。

（2）媒介公众。主要指刊载、播送新闻、特写和社论的机构，特别是报纸、杂志、电台、电视台。

（3）政府机构。企业管理当局在制订营销计划时，必须认真研究与考虑政府政策与措施的发展变化。

（4）公民行动团体。一个企业营销活动可能会受到消费者组织、环境保护组织、少数民族团体等的质询。

（5）地方公众。每个企业都同当地的公众团体，如邻里居民和社区组织等保持联系。

（6）一般公众。企业需要关注一般公众对企业产品及经营活动的态度。虽然一般公众，并不是有组织地对企业采取行动，然而一般公众，对企业的印象却影响着消费者对该企业及其产品的看法。

（7）内部公众。企业内部的公众包括蓝领工人、白领工人、经理和董事会。大公司通过发行业务通信和采用其他信息沟通方法，向企业内部公众通报信息，以此激励他们的积极性。当企业雇员对自己的企业感到满意的时候，他们的态度也就会感染企业以外的公众。

课堂讨论

讨论在微观环境中顾客因素和公众对企业发展的影响差异。

知识补充：4C策略

营销学家菲利普·科特勒认为，企业所有部门为服务于顾客利益而共同工作时，其结果就是整合营销，其意义就是强调各种要素之间的关联性要求它们成为统一的有机体。具体地讲，整合营销更要求各种营销要素的作用力统一方向，形成合力，共同为企业的营销目标服务。4C营销策略中的4C分别是：消费者(consumer)、成本(cost)、便利(convenience)、沟通(communication)。4C强化了以消费者需求为中心的营销组合。

第三节　酒店宏观环境分析

导入案例　营养过剩的"大白兔"[①]

在中国,大白兔奶糖可是大名鼎鼎。1959年,"大白兔"为庆祝新中国成立十周年献礼而诞生;1972年,周恩来总理将大白兔奶糖作为礼物赠给美国总统尼克松……然而,当"大白兔"与精神抖擞的"金丝猴"等糖果新品同处一个市场时,曾经是中国食品业掌上明珠的"大白兔"似乎是"病"了,不仅年销量第一、影响力第一的宝座难保,甚至有人认为"大白兔"有一天会销声匿迹。

为了给"大白兔""治病",近年来,上海冠生园集团采取了一系列行动:换配方、换包装、换口味,产品也从单一的奶糖拓展到鲜乳牛奶糖、太妃糖、奶油话梅糖、花生牛轧糖等新品种,连续两年在中央电视台黄金时段投放广告。

然而,一系列的"把脉问诊"虽然使"大白兔"的销量节节攀升,但是没有能在中国市场上恢复当年超一流品牌的地位,混同在雅客、马大姐、黎祥等的糖果品牌堆里,唯一能够炫耀的是曾经拥有过的辉煌。

"大白兔"为什么会陷入今天这种"亚健康"困境?

大白兔奶糖问世时号称6颗奶糖冲一杯奶,因此,在物资匮乏的年代,"大白兔"不仅仅是糖果,还是营养滋补佳品。如今在冠生园食品的官方网站上,仍有这样的记载:"周总理工作非常辛苦,为国操劳,常常要加班到深夜。而他的办公桌上总是会放上一袋大白兔奶糖,加班的时候,时不时吃上一颗。就这样,大白兔奶糖成了周总理的加班好'伴侣'。"毫无疑问,兼具休闲食品与营养滋补食品双重属性,为"大白兔"成为超一流品牌打下了坚实的基础。

然而,在物质极其丰富的今天,休闲食品和营养滋补品遍地开花,而"大白兔"始终守着"6颗奶糖冲一杯奶"的荣耀不变,必然要被消费者冷淡。近年来,残酷无情的市场竞争让上海冠生园集团发现了自身在品牌经营中存在的问题,于是他们拓展了大白兔奶糖的种类,研发了鲜乳牛奶糖、太妃糖、奶油话梅糖、花生牛轧糖等新品种。遗憾的是这些所谓的新产品,几乎全是一身奶味。奶是非常好的营养品,但是在营养过剩、小胖子多得让家长犯愁的今天,奶、糖这些高蛋白、高热量的产品让家长和崇尚前卫的年轻人,唯恐避之不及。"大白兔"在奶锅里开发出来的这些新

[①] "大白兔"陷入"亚健康"困境[EB/OL].[2007－02－13].http://info.tjkx.com/detail/110888.htm.

产品,又能够在多大程度上吸引消费者呢?

是什么原因影响了"大白兔"开展市场的营销活动?针对当前的情况,"大白兔"如何调整自己的营销活动?市场不是静止的。在日新月异的今天,消费者总是在追求更好更新的产品。一个在产品研发上不能够做到真正创新的品牌,迟早会在消费者越来越挑剔的眼光中,被视为"陈旧、保守、过时",环境变了而品牌仍然我行我素,被抛弃也就是时间的问题了。

相关知识

酒店市场营销宏观环境是指酒店运行的外部大环境,酒店的营销人员必须根据外部环境中的各种因素及其变化趋势制订自己的营销策略,以达到经营目标。酒店市场营销的宏观环境主要包括政治法律环境、社会文化环境、经济环境、人口环境、自然环境和社区环境等几个方面。

一、政治法律环境

政治因素像一只有形之手,调节着企业营销活动的方向,法律则为企业规定商贸活动行为准则。政治与法律相互联系,共同对企业的市场营销活动发挥影响和作用。

1. 政治环境因素

政治环境指企业市场营销活动的外部政治形势和状况以及国家方针政策的变化对市场营销活动带来的或可能带来的影响。

2. 法律环境因素

对企业来说,法律是评判企业营销活动的准则,只有依法进行的各种营销活动,才能受到国家法律的有效保护。因此,企业开展市场营销活动,必须了解并遵守国家或政府颁布的有关经营、贸易、投资等方面的法律、法规。如果从事国际营销活动,企业就既要遵守本国的法律制度,还要了解和遵守市场国的法律制度和有关的国际法规、国际惯例和准则。这方面因素对企业的国际营销活动有深刻影响。

企业必须知法守法,自觉用法律来规范自己的营销行为并自觉接受执法部门的管理和监督。同时,还要善于运用法律武器维护自己的合法权益,当其他经营者或竞争者侵犯自己正当权益的时候,要勇于用法律手段保护自己的利益。

从1979年以来,我国陆续制定和颁布了不少法律,和旅游、酒店营销直接有关的有:《中外合资经营企业法》《中外合作经营企业法》《中华人民共和国涉外合同法》《环境保护法》《专利法》《商标法》《广告管理条例》《旅行社条例》《旅行社质量保证金暂行规定》《导游人员管理条例》等。政府的政策必然会对酒店的营销产生直接的影响。

导入案例　口号影响销量[①]

一家美国公司在日本市场推销某产品时用的鼓动性口号是曾风靡美国市场的"做你想做的!",但没有达到效果,颇感意外。调查后得知,日本文化与美国文化在价值观上有很大差异,日本文化中并不喜欢标新立异、突出个性,而是非常强调克己、规矩。后来这家公司更改口号为"做你应做的!"市场反应转好。

口号中虽一字之差,引发的思考却耐人寻味。

每个人都是在一个特定的社会环境中成长的,各有其不同的基本观念和信仰。这种环境不像其他营销环境那样显而易见和易于理解,但对消费者的市场需求和购买行为会产生强烈而持续的影响,进而影响到企业的市场营销活动。

相关知识

二、社会文化环境

社会文化环境指一个国家、地区的民族特征、价值观念、生活方式、风俗习惯、宗教信仰、伦理道德、教育水平、语言文字等的总和,文化对企业营销的影响是多层次、全方位、渗透性的,文化影响造就和支配着人们的生活方式、消费结构、主导需求以及消费方式。人类在某种社会生活,久而久之必然会形成某种特定的文化,包括教育水平、宗教信仰、审美观念、价值观念、道德规范以及世代相传的风俗习惯等。

文化因素对消费者的需求和购买行为的影响是很重要的。个人爱好不同,消费习惯不同,从而导致酒店市场经营受教育水平、宗教信仰、传统习惯等文化因素的影响很大。就文化而言,酒店市场营销人员应当具备两类知识:一类是关于某种文化的具体知识;另一类是抽象知识。抽象知识要求具有一定深度的洞察力,要站在酒店工作者角度上考虑到底什么样的酒店才是受欢迎的。

任何企业都处于一定的社会文化环境中,企业营销活动必然受到所在社会文化环境的影响和制约。为此,企业应了解和分析社会文化环境,针对不同的文化环境制订不同的营销策略,组织不同的营销活动。

企业营销对社会文化环境的研究一般从以下五个方面入手:

[①] 社会文化与市场营销——社会文化因素对市场营销的影响[EB/OL].[2015-01-23].http://www.doc88.com/p-7314226706137.html.

（一）教育状况

受教育程度的高低,影响到消费者对商品功能、款式、包装和服务要求的差异性。通常文化教育水平高的国家或地区的消费者要求商品包装典雅华贵、对附加功能也有一定的要求。因此,企业营销开展的市场开发、产品定价和促销等活动都要考虑到消费者所受教育程度的高低,从而采取不同的策略。

（二）宗教信仰

宗教是构成社会文化的重要因素,宗教对人们消费需求和购买行为的影响很大。不同的宗教有自己对节日礼仪、商品使用的独特要求和禁忌。某些宗教组织甚至对教徒购买的决策有决定性的影响。为此,企业可以把影响大的宗教组织作为自己的重要公共关系对象,在营销活动中也要注意到不同的宗教信仰,以避免由于矛盾和冲突给企业营销活动带来的损失。例如,中国古文化中对牛的崇拜,一些民族至今不吃牛肉;伊斯兰教徒不食猪肉。

（三）价值观念

价值观念是指人们对社会生活中各种事物的态度和看法。不同文化背景下,人们的价值观念往往有着很大的差异,消费者对商品的色彩、标识、式样及促销方式都有自己褒贬不同的意见和态度。企业营销必须根据消费者不同的价值观念设计产品、提供服务。

（四）消费习俗

消费习俗是指人们在长期经济与社会活动中所形成的一种消费方式与习惯。不同的消费习俗,具有不同的商品要求。研究消费习俗,不仅有利于组织好消费用品的生产与销售,而且有利于正确、主动地引导健康的消费。了解目标市场消费者的禁忌、习惯、避讳等是企业进行市场营销的重要前提。

（五）审美观念

人们在市场上挑选、购买商品的过程,实际上也就是一次审美活动过程。近年来,我国人民的审美观念随着物质文化水平的提高,发生了明显的变化。

在研究社会文化环境时,还要重视亚文化群对消费需求的影响。每一种社会文化的内部都包含若干亚文化群。因此,企业市场营销人员在进行社会和文化环境分析时,可以把每一个亚文化群视为一个细分市场,生产经营适销对路的产品,满足顾客需求。

导入案例 抢滩二三线城市 高端酒店加快扩张步伐[①]

随着中国经济的持续崛起,国民消费水平也在逐年攀升,住宿业的消费升级趋势也越发明显,国际品牌对北京、上海、广州、深圳等一线城市的豪华酒店布局也已经基本完成。

从市场调研机构欧睿国际向记者提供的奢华型酒店数据来看,2017年国内零售价值排名前五的品牌分别为金陵饭店、喜达屋酒店、洲际酒店集团、香格里拉酒店以及万豪国际酒店。

在酒店行业专家、华美顾问集团首席知识官赵焕焱看来,国际品牌酒店最大的发展瓶颈是供求关系,如果某地酒店数量供大于求则致使经营水平下降。"中国奢侈品牌酒店的经营水平随着酒店数量的增加而下降。酒店作为商业地产有40年的经营时间,黄金收获期是开业后6至20年。但对于国内的五星级酒店而言,投资回报周期普遍在25年左右。"

除了投入成本高昂以外,早年间由于不少酒店集团盲目扩张导致供需失衡,高档酒店的投资回报周期正在变得越来越长。

基于此,晶华丽晶酒店集团及晶华国际酒店集团董事长潘思亮透露,国外的酒店项目一般以综合体形式存在。"饭店的营收是漂浮不定的,但是商场的租金却是固定的。此外,发展商投资需要贷款,银行利率也同样是固定的,因此酒店集团通过配置豪宅、购物中心来增加额外收入,以减轻酒店的营收压力。"

2017年,距离国内首家丽晶开业过去已有九年,"九年磨一剑"的丽晶缘何选址重庆?"作为中国西南地区最大的直辖市,重庆的经济保持着坚实快速地发展,加上自有的丰富文化遗产资源和优良的自然环境,吸引了大量的海内外游客与商旅客人。"据潘思亮独家透露,接下来第三家酒店将选择在哈尔滨开业,同样也是看中其几乎没有淡季的旅游优势。

事实上,由于一线城市品牌早已达到饱和,黄金地段几乎没有可供奢华酒店继续开发的物业,想通过扎根二三线城市,从而避免在一线城市正面竞争的豪华酒店不止丽晶:丽思卡尔顿先后进入成都、海口,文华东方、凯宾斯基均落子三亚,度假酒店集团"悦榕庄"即将落户吉林。

对于高端国际酒店品牌集团而言,中国市场向来是兵家必争之地。近几年,万豪、洲际、希尔顿等大型酒店集团纷纷加快了在中国扩张的脚步。国内经济的发展带来酒店行业需求的大增,这种态势不仅仅在一线城市,当下也发展到二三线城市,归根结底,国内经济环境对其有着非一般的影响。

[①] 抢滩二三线城市 高端酒店加快扩张步伐[EB/OL].[2017-11-20].http://www.sohu.com/a/205767400_677526.

相关知识

三、经济环境

经济环境是影响和制约社会购买力形成的主要环境力量。其主要的环境力量是社会购买力。社会购买力是一系列经济因素的函数，取决于国民经济的发展水平以及由此决定的国民平均收入的水平，并直接或间接地受消费者收入、价格水平、消费者支出状况、储蓄和消费者信贷等经济因素的影响。

（一）消费者收入水平

消费者的收入决定了消费者的购买能力，包括消费者个人工资、奖金、津贴、股息、租金和红利等一切货币收入。消费者收入水平的高低制约了消费者支出的多少和如何支出，从而影响了市场规模的大小和不同产品或服务市场的需求状况。除了分析研究消费者的收入外，营销者还应了解不同社会阶层、不同地区、不同职业的收入和收入增长率的差别，深入认识各个细分市场的购买力分布。

个人可支配收入指在个人总收入中扣除税金后，消费者真正可用于消费的部分。

个人可任意支配收入＝个人全部收入－税费－固定开支－储蓄＋手存现金。

（二）消费者支出模式

消费者支出模式指消费者各种消费支出的比例关系，也就是常说的消费结构。社会经济的发展、产业结构的转变和收入水平的变化等因素直接影响社会消费支出模式，而消费者个人收入则是单个消费者或家庭消费结构的决定性因素。

知识补充：恩格尔系数

1857年，德国经济学家、统计学家恩斯特·恩格尔在对英国、法国、德国、比利时不同收入家庭调查的基础上，发现了关于家庭收入变化与各种支出之间比例关系的规律性，提出了著名的恩格尔定律并得到其追随者不断地补充修正。目前，该定律已成为分析消费结构的重要工具。该定律指出：随着家庭收入增加，用于购买食品的支出占家庭收入的比重就会下降；用于住房和家庭日常开支的费用比例保持不变；而用于服装、娱乐、保健和教育等其他方面及储蓄的支出比重会上升。其中，食品支出占家庭收入的比重被称作恩格尔系数。

(三) 消费者储蓄和信贷

消费者的储蓄额占总收入的比重也影响实际购买力。一般说来,储蓄意味着推迟了的购买力,当收入一定时,储蓄量越大,现实支出数量就越小,从而影响企业销售量,但潜在购买力越强;储蓄量越小,现实支出数量就越大,现实购买力就越强,给企业提供的市场机会就越多,但潜在购买力越小。

企业营销人员应当全面了解消费者的储蓄情况,尤其是要了解消费者储蓄目的的差异。储蓄目的不同,往往影响到潜在需求量、消费模式、消费内容、消费发展方向的不同。这就要求企业营销人员在调查、了解储蓄动机与目的的基础上,制订不同的营销策略,为消费者供有效的产品和劳务。

近年来,我国居民储蓄额和储蓄增长率均较大。我国居民储蓄增加,显然会使企业目前产品价值的实现比较困难,但另一方面,企业若能调动消费者的潜在需求,就可开发新的目标市场。潜在需求是消费者朦胧的、模糊的欲望,捕捉潜在需求开发新产品,创造新顾客,将给企业带来巨额利润。如房地产市场,当居民认识到投资房地产比储蓄更能增值的时候,巨大的拉动效应就会显现。

消费信贷是一个经济杠杆,可以调节积累与消费、供给与需求之间的矛盾。当生活资料供大于求时,可以发放消费信贷,刺激需求;当生活资料供不应求时,收缩消费信贷,适当抑制、减少需求。消费信贷也把资金投向需要发展的产业,刺激这些产业的生产,带动相关行业和产品的发展。

 知识补充:通货膨胀

通货膨胀一般定义为:在信用货币制度下,流通中的货币数量超过经济实际需要而引起的货币贬值和物价水平全面而持续的上涨。用更通俗的语言来说就是:在一段时间内,既定经济体中的物价水平普遍持续增长,从而造成货币购买力的持续下降。

导入案例 赴澳中国游客人数破纪录 酒店入住率攀新高[①]

据报道,最新的酒店数据显示,赴澳大利亚旅游的中国游客数量破纪录,这使得悉尼和墨尔本的酒店入住率和收入攀升到了前所未有的水平。全球研究公司STR Global 称,澳大利亚旅游研究机构(TRA)的数据显示,赴澳大利亚的游客数量已达到 710 万人,受此推动,截至 2015 年 9 月,悉尼和墨尔本酒店的平均入住率高达近 88%。

---

① 赴澳中国游客人数破纪录 酒店入住率攀新高[EB/OL].[2015-11-06].http://www.chinanews.com/hr/2015/11-06/7609976.shtml.

STR Global表示,悉尼酒店的房间价格上涨7%,入住一晚的平均房价为232元;墨尔本酒店的房间价格增长5%,平均为202元/晚。

这些都是受到了入境旅游、尤其中国游客人数创新高的推动。TRA数据显示,2014-15财年到访中国游客数量增长22%,共计92.8万人,在总体国际游客市场中所占的比例为13%。目前新西兰仍是大洋洲最大的旅游市场(占总到访游客18%),但是,到2020年中国赴澳人数将超越新西兰,游客人数将达到近150万人。据预测,到2025年,澳大利亚每年将接待近200万名中国游客,总游客数量将攀升至1060万人。STR Global的数据显示,入住率和房间价格飙涨并不仅仅局限在大型五星级酒店,这股势头也延伸到了悉尼机场酒店以及Ryde和Parramatta的主要公司团体酒店。

中国庞大的人口基数不仅仅使得国内酒店市场的需求量巨大,其海外的购买力也在不断攀升。如何有效利用人口因素促进酒店企业的发展也显得至关重要。

相关知识

四、人口环境

(一)人口结构现状

20世纪五六十年代,中国人口由传统的高出生、高死亡、低增长特点转变到高出生、低死亡、高增长的特点。20世纪90年代,中国人口特点的是低出生、低死亡、低增长。而且,出生率下降的趋势基本不可逆转,人口总和与出生率甚至进一步下落。这两点变化决定了未来中国人口结构变化的走势,比如老龄化时代的到来,性别比的失衡,还有独生子女在主流城镇社会成为中坚人口。

人口数量的下降必然导致需求的减少,这与不断扩充的酒店市场显然是矛盾的。从全国来说,酒店市场到底是过剩还是不足很难有定论。因为各个地区的发展是不一样的,有可能有的地区酒店已经过剩,有的则还不足;也有可能这个地区的高星级酒店已经饱和,而经济型酒店则偏少;又或者经济型酒店多但高星级酒店少甚至没有,所以这个问题还要分区域具体看待。但不管如何,研究中国人口数量、人口质量、人口结构对于酒店业相关产业的发展是非常有必要的。

(二)人口问题对酒店营销的影响

1.酒店未来市场的需求规模

市场是由那些想买东西并且具有购买力的人(即潜在购买者)构成的,而且这种人越多,市场的规模就越大。

2.影响目标市场的需求特点

"80后""90后"的群体已成长起来,成为消费的主体;由于他们家庭的结构特点,处于不同年龄段的独生子女对家庭的消费结构的影响在不断扩大,如对满月酒的重视,各个阶段的入学、毕业产生的消费已成为酒店餐饮部门的销售热点。

3.酒店业人才供给的影响

酒店是劳动密集型行业,需要大量不同层次的人才,尤其是销售人才。中国人口数量在下降,选择酒店行业作为未来职业发展方向的人的数量在下降,酒店也和很多生产企业一样面临人才短缺的难题。

导入案例 借北京冬奥会东风 外资酒店加速布局中国市场①

随着2022年北京冬奥会的临近,不少外资酒店集团看好中国酒店业消费前景,正积极推动酒店项目在中国加速落地。

2017年4月26日,河北省张家口市容辰华邑酒店正式开业,这是洲际酒店集团在大中华区开设的第300家酒店。洲际酒店集团全球首席执行官苏荣琛表示,自1984年第一家洲际假日酒店在北京开业以来,洲际酒店集团已经扎根中国34年,集团非常看好中国酒店业发展前景。

除了洲际酒店集团外,四季酒店集团在中国的第9家酒店2017年初在天津落地,未来还将在成都、武汉等地发展酒店项目;万豪国际此前将旗下中档酒店品牌"万枫"引入中国,并授权东呈集团开发和管理;法国雅高酒店集团也将旗下多个经济型酒店品牌,交由华住酒店集团在中国进行经营。

"中国经济快速增长,将会对酒店业发展起到非常好的促进作用。"苏荣琛透露,洲际酒店集团未来将在中国开设更多的酒店,预计2025年洲际酒店集团在中国的客房数将超过美国。

截至2016年年底,中国共有星级酒店14000多家。其中五星级酒店超过840家。中国酒店的质量也得到了国际消费者和中国消费者的高度认可。2008年北

---

① 借北京冬奥会东风 外资酒店加速布局中国市场[EB/OL].[2017-05-04].http://news.hexun.com/2017-05-04/189052460.html.

京成功地举办了奥运会,国际奥委会在赛前对北京的各项准备工作进行检查和评估时,给出唯一的满分就是北京的住宿设施。优越的环境也为酒店业的发展提供了良好的环境资源。

五、自然环境和社区环境

自然环境是社会环境的基础,而社会环境又是自然环境的发展。自然环境是环绕人们周围的各种自然因素的总和,如大气、水、植物、动物、土壤、岩石矿物、太阳辐射等。人类是自然的产物,而人类的活动又影响着自然环境。一个自然环境好的地方,若没有形成酒店群体规模,经营风险将增大。

社区环境通常是对商业酒店或市郊酒店而言的,包括社区阶层状况、交通状况、市容、市貌、社区规划、污染状况及商业配套设施等。社区阶层高,商业配套设施齐全,交通状况好,则酒店档次高,竞争力才会强;社区阶层低,交通道路拥挤,商业设施不配套,则不适宜建酒店。

课堂讨论

酒店企业的发展离不开所处的环境,试着就你所在城市的某一酒店讨论宏观因素对其经营的影响。

第四节 SWOT分析

导入案例 如家经济型酒店的SWOT分析[①]

如家经济型连锁酒店于2002年在北京正式成立,重点发展三星级以下的连锁加盟店,2006年10月成功登陆纳斯达克,成为中国首个在海外市场上市的经济型连锁酒店,现已成为中国最大的经济型连锁酒店。如家酒店集团准确的战略定位和有效的战略成本管理是其成功的要件之一。对其进行SWOT分析具体情况如下:

---

① 古敏,谢忱,杨珊珊.谈如家快捷酒店SWOT分析[J].时代经贸,2013(8):38.

1. 优势

(1) 有形展示体现了其生活理念。

如家快捷酒店的品牌设计有自己的特色。酒店强调干净、简洁、经济、温馨的环境,崇尚洁净似月、温馨如家的理念。在标识设计上采用了轮廓圆润的五边形设计,既简洁明了,又兼具包容性,中挂一轮弯月,借住标识把"月亮下面我的家"的理念清晰地传播给消费者。

(2) 服务流程标准化。

经济型酒店服务的特点是流程的标准化,因为经济型酒店定位于中低端市场,以及人房比相对较低,例如,在顾客入住期间,不同的服务提供可以设定服务电话,即客人入住酒店后,需要什么服务,只需通过酒店服务中心专门电话便可得到解决。

(3) 注重网络销售。

如家经济型酒店采取全方位、立体化的销售模式,不轻易放弃每一位潜在的消费客户。通过公司总部与全国各大网络预订公司的联合促销、如家网站的营销主推、专业销售和收益增长的咨询与管理等,给竞争对手以无形压力。

(4) 低成本运作。

对于经济型酒店而言,努力降低经营成本是经济型酒店盈利的基本前提。如家连锁酒店摒弃了传统酒店的购地置产模式,采用低成本运作方式,其营业用房均是租赁式的,对原有房屋按一定要求进行装修和改造,为己所用。这样就大大节省了酒店的运作成本,使更多的人能加盟到如家来,从而壮大如家的规模,形成优势。

2. 劣势

(1) 品牌定位狭窄,产品雷同,差异化程度低。

如家经济型连锁酒店在产品功能上主要突出的是住宿环境和早餐等简单的商务功能,而且在选址上一般要求靠近商业中心,交通方便。但是,这使目前如家和其他几大经济型酒店连锁品牌之间,产品雷同,差异化程度不够,大家哄抢的基本都是同一市场,却忽略了细分市场。

(2) 标准化工作体系监督不完善。

如家连锁酒店由于标准化工作体系监督不完善,导致员工劳动效率不高、服务质量不稳定。我国酒店行业中至今尚未出台相关的行业标准,与欧美等西方发达国家标准先行、市场开头跟进的做法相比,形成了鲜明的差距。目前客人对经济型酒店的要求是要具有相应的规范、基本服务质量和专业水平。经济型酒店的规范化问题是亟待解决的问题。

(3) 人才的缺乏。

人才的短缺将是制约如家经济型连锁酒店未来发展的瓶颈。急剧飞升的如家经济型酒店数量加大了对人才的需求。经济型酒店需要一人身兼多职,对员工的能力提出了高标准需求。但是据调查,如家酒店从业人员整体素质不高,员工服务意识低。高级人力资源缺乏,高素质的营销人才短缺且流动频率过大。经济型酒店的人房比例,只有普通星级酒店的三分之一或四分之一。过快的扩张,专业人员的缺乏,往往会造成管理上的困难,从而导致服务质量下降,甚至影响品牌形象。

3. 机会

随着旅游业的发展,游客数量猛增,酒店接待能力吃紧状况已经显现。随着社会的发展,游客对旅游质量,尤其是住宿条件的要求也越来越高,这为经济型连锁酒店的发展创造了良好的机会。

4. 威胁

作为第一家经济型酒店连锁企业,如家率先在中国提出"经济型酒店"的概念。如家经济型连锁酒店的推出是一种产品创新,创新之处在于删繁就简,去掉星级酒店的许多繁文缛节,尽可能压缩自己的经营成本。但是,仅仅是产品的创新并不能形成如家的长久优势,也无法形成该行业的进入壁垒。然而,该行业高速扩张导致的直接结果就是多家竞争对手之间的服务可替代性极强,产品陷入严重的同质化,不同的经济型酒店,除了外墙的颜色不同外,客房内部装修风格、设施都很类似,都只在强调卫生、服务。因为缺乏核心竞争力,随着越来越多的新连锁酒店建成,价格战、地段之争、人才大战开始升级,竞争进入白热化。

随着如家的快速扩张,其领跑优势受到成本上升、高级管理人员缺乏、行业内竞争者威胁等诸多因素影响,如家想保持其行业领军者的地位,还需要依托技术和管理创新,多渠道、多层次地提升竞争力。

相关知识

一、SWOT分析的含义

SWOT分析思想是安索夫于1956年提出的,后来经过不断地发展成为一个用于企业营销战略分析的实用方法。SWOT分析的目的就是进一步考察所要分析的业务领域是否适合企业进入,企业是否能够建立持久的竞争优势。

SWOT是英文strength(优势)、weak(劣势)、opportunity(机会)、threat(威胁)首字母的缩写。SWOT分析的核心,就是通过对企业外部环境与内部条件的分析,明确企业可利用的机会和可能面临的威胁,并将这些机会和威胁与企业的优势和不足结合起来,形成企业不同的战略措施。

(一)市场机会与环境威胁的定义

环境发展趋势对企业的影响基本上可以分为两大类:一类是市场机会,另一类是环境威胁。

市场营销环境通过对企业构成威胁或提供机会而影响营销活动。

1. 市场机会

市场机会是指由于环境的变化造成对企业营销活动有吸引力和利润空间的领域。市场机会对不同企业有不同的影响,企业能否抓住机会取决于自身的资源、实力与该机会需要的成功条件是否相符。

2. 环境威胁

环境威胁是指环境中不利的因素及其发展趋势对企业所形成的挑战。如果不采取果断的市场营销行动,这种不利趋势将会威胁到企业的市场地位。这种挑战可能来自于微观环境或宏观环境的各个方面。

(二)市场机会的特征

市场机会的特征主要有:

(1)公开性。任何市场机会都是客观存在的,对每个企业都是公开的,每个企业都有可能找到。因此,企业在发现机会的同时,就要考虑到潜在竞争对手的存在。

(2)时限性。机会具有一定的时限性,如果不能及时利用,机会所具有的可能效益就会逐渐减弱,最后完全消失。

(3)理论上的平等性和实践中的不平等性。由于机会的公开性,从理论上来说,任何企业都可发现和利用,各个企业是平等的,但由于各企业的具体情况不同,在利用某一机会时所获得的利益就有所不同。

(三)威胁与机会的分析与评价

任何企业都面临着若干环境威胁和市场机会,企业的最高管理层可用"环境威胁矩阵图"和"市场机会矩阵图"来加以分析与评价。

1. 环境威胁分析

对环境威胁的分析一般从两个方面展开:一是分析威胁的潜在严重性,即影响程度;二是分析威胁出现的可能性,即出现概率。

图3.2中,处于Ⅰ位置的威胁出现的概率大,威胁对企业的影响力也大,这种类型的威胁企业必须特别重视,并且要制订相应的对策;处于Ⅳ位置的威胁出现的概率与影响程度都很小,企业不必过于担心,但要注视其发展变化;处于Ⅱ位置的威胁出现概率虽小,但一旦出现对企业的影响程度较大,必须密切监测其出现与发展;处于Ⅲ位置的威胁虽然影响程度小,但出现的概率高,也必须充分重视。

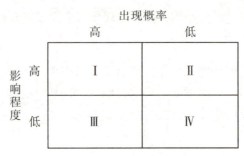

图3.2　环境威胁矩阵图

企业针对所面临的主要威胁有下面几种可供选择的对策:

(1)对抗策略,即试图限制或扭转不利因素的发展。如可以通过法律诉讼等方式,促使政府颁布某种法令或政策以保护自身合法权益不受侵犯,从而改变环境的威胁。

(2)减轻策略,即通过调整市场营销组合等来改善环境,以缓解环境威胁的严重性。当环境因素对企业营销形成威胁且威胁的后果不可避免时,减轻策略就是对付威胁的重要策略之一。

知识补充:可口可乐VS百事可乐

当可口可乐的年销量达300亿瓶时,在美国饮料市场上突然杀出百事可乐,它不仅在广告费用的增长速度上紧跟可口可乐,而且在广告方式上也针锋相对:"百事可乐是年轻人的恩赐,年轻人无不喝百事可乐。"其潜台词很清楚,即可口可乐是老年人的,是旧时代的东西。百事可乐还请全球摇滚歌王迈克尔·杰克逊做形象代言人,演绎出"可乐大战,鹿死谁手"的著名市场营销案例。面对这种环境威胁,可口可乐及时调整市场营销组合,来缓解环境威胁的严重性。一方面,对市场购买行为新趋势进行分析,聘请社会名人采用更加灵活的宣传方式,向百事可乐展开宣传攻势;另一方面,比百事可乐多花费50%的广告费用与之展开一场广告战,力求将广大消费者吸引过来。经过努力,收到一定效果。

(3) 转移策略,即决定转移到其他盈利更多的行业或市场。当企业受到严重的威胁且无条件继续经营原来业务时,可逐步转移原来业务或调整业务范围,以减轻环境对企业可能造成的威胁。

知识补充：嘉陵摩托的崛起

嘉陵公司原是个生产单一兵器产品的军工企业。由于国际形势渐趋缓和,1980年年末,出现了990多万元亏损的局面。面对这种不利的市场营销环境,嘉陵人清醒地认识到:军品任务的减少已成不可逆转的趋势,只有抓住"保军转民"的历史机遇,大力发展民用品才是唯一出路。20世纪80年代初,我国摩托车产量还不到3万辆,在生产水平极低、市场几乎呈无需求状态下,嘉陵提出高起点发展摩托车,并与世界摩托车王牌企业本田公司进行技术合作,从而较快地在国内占领了摩托车生产技术的制高点。1985年,嘉陵公司登上了我国最大摩托车生产企业的宝座,1995年11月18日揭晓的全国500家综合最优工业企业中,嘉陵跃居第二。

(4) 改进策略,即对自身及其产品进行改进,以增强企业对环境威胁的防御能力。蒙牛公司自诞生之日起就面对伊利公司的强大攻势,蒙牛公司非常注重产品及包装等方面的改进,如它采用了世界上最先进的包装技术(利乐枕),致使鲜奶保质期远远超过伊利公司,从而很快成为乳制品行业的新秀。

(5) 利用策略,可理解为利用"威胁因素",使其变成机会。即"因势利导"以便"化害为利"。鄂尔多斯面对羊绒日益减少的威胁因素,开发出绒加棉、绒加麻、绒加丝等产品,因势利导,使其变成新的市场机会,并深受消费者欢迎。

(6) 防备策略,即要求企业富于远见,抓住根本,增强自身实力和抗逆能力,真正做到防患于未然。

总之,企业应该根据所处市场的特点和自身的实力来选择以上各种策略。一般来说,前四种都是被动的"解忧"策略,但"解忧"并非"无忧";而后两种是主动的"利用"或"防备",防患于未然,以避免环境"生忧"。

2. 机会分析

机会分析主要考虑市场机会潜在的吸引力(营利性)和成功的可能性(企业优势)大小。

图3.3中,处于Ⅰ位置的市场机会潜在的吸引力与成功的可能性都大,这种类型的市场机会极有可能成为企业的利润源泉,应该抓住时机,全力发展;处于Ⅳ位置的市场机会,潜在的吸引力小而且成功的概率也小,企业应该改善自身条件并关注机会的发展变化,审慎地开展营销活动;处于Ⅱ位置的市场机会虽然成功的可能性小,但潜在的吸引力大,企业应该改善自身以抓住机会;处于Ⅲ

位置的市场机会成功的可能性大但潜在的吸引力小,企业应该密切关注机会的变化。

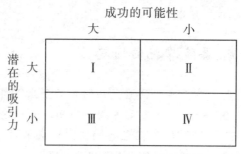

图3.3 市场机会矩阵

(四)环境威胁与市场机会的综合分析

将以上环境威胁分析与市场机会分析综合起来,可以用来分析评价企业经营业务所面对的环境状况,会出现四种不同的结果,如图3.4所示。

图3.4 环境威胁与市场机会分析图

(1)理想业务,即高机会和低威胁的业务,是企业应该着力发展的业务。针对此类业务,企业应该抓住机遇,迅速行动。

(2)风险业务,即高机会和高威胁的业务。企业应该扬长避短,创造条件,同时做好风险收益分析。

(3)成熟业务,即低机会和低威胁的业务,一般是已经成熟的业务。企业在此类业务中所占的市场份额如果较大,则可以加强发展,但不适宜作为新加入者来开展此类业务。

(4)困难业务,即低机会和高威胁的业务,此类业务一般是企业所不愿意介入的。如果是企业必须面对的业务,则应该努力改变环境,走出困境,或立即从此业务中转移出来。

总之,通过对环境威胁与市场机会的综合分析,企业应该能够清晰地了解到自身所处的环境,并采取恰当的措施来推动企业的营销活动。

三、企业优势与劣势分析

(一)企业优势与劣势分析的意义

企业优势与劣势分析是指将企业自身的实力与竞争对手的情况做比较。当两个企业处在同一市场或者它们都有能力向同一顾客群体提供产品和服务时,如果其中一个企业有更高的盈利率或盈利潜力,说明这个企业比另一个企业具有更强的竞争优势。

优势是指一个企业超越其竞争对手的能力,这种能力有助于实现企业的主要目标——盈利。值得注意的是,竞争优势并不一定完全体现在较高的盈利率上,因为有时企业更希望增加市场份额,或者多奖励管理人员或雇员。

竞争优势主要指消费者认为某企业及其产品有别于其竞争对手任何优越的东西。如充足的资金来源、熟练的经营技巧、良好的企业形象、完善的服务系统、先进的工艺设备、成本优势、市场地位、与买方或供应方长期稳定的关系、良好的雇员关系等,都可以形成企业优势。

劣势是指影响企业经营效率和效果的不利因素和特征,它们使企业在竞争中处于弱势地位。一个企业的劣势主要表现在以下几个方面:缺乏关键的技能或能力、设备陈旧、盈利较少甚至亏损、缺乏管理和知识、研究和开发工作落后、公司形象差、销售渠道不畅、营销技巧差、产品质量不高、成本过高,等等。

有时,企业发展速度缓慢并非因为其各部门缺乏优势,而是因为它们不能很好地协调配合。例如,一家电子设备公司,工程师们轻视销售员,视其为"不懂技术的工程师",而推销人员则瞧不起服务部门的人员,视其为"不会做生意的推销员",这样将导致该公司整体运作效率不高。因此,在做优劣势分析时必须从整个价值链的每个环节,将企业与竞争对手做详细的对比,如产品是否新颖、制造工艺是否复杂、销售渠道是否畅通以及价格是否具有竞争性,等等。如果一个企业在某一方面或几个方面的优势正是该行业企业应具备的关键成功要素,那么,该企业的综合竞争优势就强一些。

(二)企业优势与劣势分析的内容

对于企业而言,竞争对手的竞争优势,就是企业自身的竞争劣势。每个企业都要定期分析自己的优势与劣势,这可通过"营销备忘录优势/劣势绩效分析检查表"的方式进行。管理当局或企业外的咨询机构都可利用多种形式检查企业的营销、财务、制造和组织能力。每一要素都要按照特强、稍强、中等、稍弱或特弱划分等级。

四、SWOT综合分析的程序

SWOT分析是对企业机会、威胁与优势、劣势的综合分析,整个过程相当复杂,所涉及的内容与项目也异常广泛。主要程序如下:

1. 收集信息

收集信息是SWOT分析的基础,信息量与信息的准确性是影响SWOT分析的极其重要因素。信息的收集主要涉及企业外部和内部环境资料的收集,可以将所有信息归为宏观环境信息、中观环境信息、微观环境信息三个方面,企业应该运用正确的信息收集方法和合理的信息来源收集所需要的准确信息。

2. 信息的整理与分析

由于所收集信息的数量庞大、多渠道来源、种类繁多,因此,需要对所收集的信息进行整理和分析,将信息去伪存真,并研究信息之间的相关性和互补性。通过对信息的整理和分析来确定企业的外部威胁或机会、内部优势与劣势等状况。

3. 确定企业具体业务所处的市场位置

通过资料的整理与分析,并在此基础上确定企业具体业务所面临的外部威胁、机会状况,企业在此项业务上处于优势还是劣势,并在SWOT分析图上确定该项业务在市场上所处的位置。

4. 拟订对策

企业通过对该项业务在市场中位置的确定,将企业内外部环境进行对比分析,形成应对环境的战略设想,并进行持久竞争优势检验,最后形成企业的营销战略,以改进企业的地位,谋求企业发展。根据环境机会与威胁程度、企业自身实力、该项业务表现等综合分析的结果,企业可以采取的营销战略主要有扩张战略、防卫战略、退出战略和分散战略等。

扩张战略运用在企业外部环境机会多、威胁少且企业具有竞争优势的业务上,此时,企业需要考虑将资金与人员集中起来,在此项业务上重点扩张,推动企业超常规发展。

防卫战略运用在企业面对外部机会多、威胁少但企业自身处于一定劣势的业务上,此时,企业既要考虑克服自身弱点,又要考虑与优势企业的合作或合并,争取运用互补短长来形成优势,并最终赢得竞争。

当企业业务所处市场环境中威胁多于机会,同时企业在竞争中又处于劣势时,企业应采取退出战略,即企业应该果断地将资金和人员撤出,退出该项业务。

当企业所处环境虽然威胁多于机会,但企业在竞争中处于优势地位,此时企业可以考虑采用分散战略,通过多元化经营来分散风险。当然,企业在采用多元化时也要考虑多元化本身的风险。

总之,企业通过对自身进行SWOT综合分析后,需要根据市场环境和自身表现来采取相应的营销战略和策略,以使企业在市场竞争中获得成功,并能促进企业发展。表3.1是以某模具制造企业为例进行的SWOT分析。

表3.1 某模具制造企业的SWOT分析

战略选择 内部环境 / 外部环境	优势(S) ① 企业具有规模经济 ② 现代管理模式打造了良好的企业运营机制 ③ 产品质量过硬,企业品牌具有一定的知名度 ④ 利润率高于行业平均水平的利润率 ⑤ 人员素质较高	劣势(W) ① 营销体系不健全,市场信息掌握不准确 ② 产品研发能力不强 ③ 产品生产成本较高 ④ 企业资金短缺 ⑤ 培训工作力度不够,资金投入少 ⑥ 企业物流能力较差
机会(O) ① 行业发展趋势好,市场空间较大 ② 国家政策的支持 ③ 产品需求差异化增加 ④ 市场尚未出现真正的领导品牌	S+O 如何利用企业的优势,把握机会? ① 扩大产品市场占有率 ② 扩大企业的规模 ③ 创建世界性品牌 ④ 管理创新	W+O 企业如何克服劣势把握机会? ① 完善企业营销管理体系,准确把握市场信息 ② 加强对于员工的培训 ③ 加大企业研发投入,开发新的产品线 ④ 加强物流建设
威胁(T) ① 国内品牌挟雄厚资金逐步进入,抢占市场份额 ② 国内各大小品牌也开始逐步走向正规,加紧瓜分市场 ③ 消费者价格敏感性增加,可能引发价格战 ④ 消费者对新产品需求逐步增加	T+O 企业如何利用其优势,应对其威胁? ① 制订富有竞争力的价格 ② 缩短新产品研发周期 ③ 提供差异化的产品	T+W 企业如何避免劣势,应对其面临的威胁? ① 加强应收账款的管理,回收资金 ② 加强成本控制 ③ 加强客户关系管理

课堂讨论

以小组为单位,针对某酒店企业经营环境的变化,撰写分析报告并进行讨论。

知识补充:波士顿矩阵

波士顿矩阵由美国著名的管理学家、波士顿咨询公司创始人布鲁斯·亨德森于1970年首创。

波士顿矩阵认为一般决定产品结构的基本因素有两个:即市场引力与企业实力。市场引力包括企业销售量(额)增长率、竞争对手强弱及利润高低等。其中最主要的是反映市场引力的综合指标——销售增长率,这是决定企业产品结构是否合理的外在因素。

企业实力包括市场占有率、技术、设备、资金利用能力等,其中市场占有率是决定企业产品结构的内在要素,它直接显示出企业竞争实力。销售增长率与市场占有率既相互影响,又互为条件:市场引力大,市场占有高,可以显示产品发展的良好前景,企业也具备相应的适应能力,实力较强;如果仅有市场引力大,而没有相应的高市场占有率,则说明企业尚无足够实力,则该种产品也无法顺利发展。相反,企业实力强,而市场引力小的产品也预示了该产品的市场前景不佳。

通过以上两个因素相互作用,会出现四种不同性质的产品类型,形成不同的产品发展前景:①销售增长率和市场占有率"双高"的产品群(明星类产品);②销售增长率和市场占有率"双低"的产品群(瘦狗类产品);③销售增长率高、市场占有率低的产品群(问题类产品);④销售增长率低、市场占有率高的产品群(现金牛类产品)。

要点总结

市场营销环境主要包括微观环境和宏观环境。宏观环境又叫总体环境,是由一些大范围的社会约束力量构成的,包括政治、经济、社会文化、法律和科技状况等。微观环境又叫个体环境,是指与企业的营销活动直接发生关系的组织与行为者的力量和因素,可细分为企业内部环境、营销中介、顾客、竞争对手、社会公众等。

酒店市场营销环境是指与酒店企业营销活动有潜在关系的各种酒店外部和内部因素组成的生态系统。这些因素和力量构成了酒店企业生存和发展的外部条件。

SWOT 是英文 strength(优势)、weak(劣势)、opportunity(机会)、threat(威胁)首字母的缩写。SWOT 分析的核心,就是通过对企业外部环境与内部条件的分析,明确企业可利用的机会和可能面临的威胁,并将这些机会和威胁与企业的优势和不足结合起来,形成企业不同的战略措施。

练习与实训

(一)知识点练习

1. 选择题

(1)(　　)是向企业及其竞争者提供生产经营所需资源的企业或个人。
　A. 供应商　　　B. 中间商　　　C. 广告商　　　D. 经销商
(2)(　　)就是企业的目标市场,是企业服务的对象,也是营销活动的出发点和归宿。
　A. 产品　　　B. 顾客　　　C. 利润　　　D. 市场细分
(3)影响消费需求变化的最活跃的因素是(　　)。
　A. 个人可支配收入　　　　　B. 可任意支配收入
　C. 个人收入　　　　　　　　D. 人均国内生产总值
(4)(　　)是指一个国家或地区的民族特征、价值观念、生活方式、风俗习惯、宗教信仰、伦理道德、教育水平、语言文字等的总和。
　A. 社会文化　　　B. 政治法律　　　C. 科学技术　　　D. 自然资源
(5)威胁水平和机会水平都高的业务,叫作(　　)。
　A. 理想业务　　　B. 冒险业务　　　C. 成熟业务　　　D. 困难业务

2. 判断题

(1)微观环境直接影响与制约企业的营销活动,多半与企业有或多或少的经济联系,也称直接营销环境。(　　)
(2)市场营销环境是一个动态系统,每一环境因素都随着社会经济的发展而不断变化。(　　)
(3)直接影响企业营销能力的各种参与者,事实上都是企业营销部门的利益共同体。(　　)
(4)恩格尔系数越大,生活水平越低;反之,恩格尔系数越小,生活水平越高。(　　)
(5)在经济全球化的条件下,国际经济形势也是企业营销活动的重要影响因素。(　　)

3. 思考题

(1) 简述企业分析市场营销环境的意义及市场营销环境的特征。

(2) 列举宏观市场环境包含的因素。如何进行宏观市场环境分析?

(3) 列举微观市场环境包含的因素。如何进行微观市场环境分析?

(4) 环保问题已逐渐成为举世瞩目的焦点问题,请结合实际,分析目前环保发展趋势下的企业市场机会。

(二) 课程实训

1. 实训目的

通过本章的实践教学,使学生认识到:对宏观环境的分析和研究,是企业满足市场需求、制定经营战略、有效地开展市场营销活动的基础工作。

2. 实训内容

以某一酒店为例,调查影响该酒店的以下因素:

(1) 人口环境:人口的数量及自然增长状况、人口结构、人口的文化教育结构、人口的地理分布状况。

(2) 经济环境:居民的年人均收入、居民储蓄状况、居民消费结构状况。

(3) 科学技术环境:通过调查,分析这一环境对该酒店经营的影响,酒店是如何随着这一环境的变化来调整其经营策略的。

3. 实训重点和难点

(1) 设计问卷,并选定调查企业进行调查。

(2) 分析环境对企业经营的影响。

4. 实训建议

(1) 将学生进行分组,调整不同的宏观环境。

(2) 以小组或个人为单位运用SWOT分析法分析其所处的营销环境并提出营销建议,准备PPT进行汇报展示。

第四章 酒店市场调查

知识目标

了解市场调查的基本概念;理解并掌握问卷的设计和调查资料的分析;正确认识市场调研在整个营销活动中的重要性;深刻理解市场调研的组织与实施过程。

技能目标

能够独立设计酒店市场调查的问卷;能够有效分析调查所得数据;能够开展酒店营销过程中的市场调查工作。

学习建议

收集你所在城市的酒店市场营销调查问卷;尝试学会从酒店服务提供者的角度来设计问卷问题;尝试运用所学酒店市场调研知识对现实中企业和酒店经营活动进行市场调研,并对收集资料进行分析。

关键术语

市场调研、酒店市场调研、问卷设计、抽样设计、市场调研方法

第一节　市场调查与营销
——市场营销的起点

导入案例　马里奥特酒店的市场调研[①]

有些商人可以不带运通卡，但是如果不带上玩具熊，他们是不会离开家的。这是马里奥特公司(Marriott)下属的Courtyard分部在对其顾客进行调查时发现的一个令人吃惊的事实。正如马里奥特公司国内公关部经理吉尔里·坎贝尔(Geary Campbell)所说的，在Courtyard，市场调研"对我们了解顾客的需求和需要是十分重要的。如果我们不进行调研，我们就不可能搞清楚实际情况。"

坎贝尔还说，调查也可作为一种营销工具，"它让媒体和消费者了解我们的顾客在做些什么，还可以使Courtyard这个品牌得到更多的认同。"

弗吉尼亚州麦克莱恩市的希夫里特公司对在过去12个月中至少做过6次商务旅行的300名Courtyard的顾客进行了调查。调查采用电话调查方式，问题共有30个，主要包括：旅行者在旅行期间是怎样和他们的家人及办公室进行联系的？为了使旅行生活能有在家的感觉，旅行者会怎样做或随身携带些什么？坎贝尔说："我们还想搞清楚旅行者的一些习惯，诸如他们旅行时的习惯。"

有些调查结果是马里奥特公司事先预计到的。例如，调查发现58%的商务旅行者带有膝上电脑。有些发现出乎预料，如这些带有膝上电脑的人说，他们带电脑是为了玩游戏；同时有7%的商务旅行者说，他们旅行时带着玩具熊或其他玩具。基于以上数据，Courtyard对营销方式作了调整。例如，由于很多商务旅行者都带有膝上电脑并可以上网，于是，马里奥特在网上为商务旅行者们提供了很多信息，其中包括标出旅店位置的地图及Courtyard进行的促销活动。调查还表明，很多商务旅行者希望能安静地休息，因此，Courtyard的大堂也取消了可能会打扰顾客的音乐和电视声音。

坎贝尔说，一些调查结果证实，商务旅行者希望的"并不只是前台人员微笑的面孔"，他们还希望能提前购买早餐和快速办理登记和结账手续。

通过市场调研，Courtyard识别出了商务旅行者的需要和需求，并且开办了

[①] 卡尔·迈克丹尼尔，罗杰·盖兹.当代市场调研[M].范秀成，等，译.北京：机械工业出版社，2010.

能够使顾客成为回头客的服务。

由于商务旅行非常繁忙,所以Courtyard尽可能做到使旅行者住得方便和统一。正如坎贝尔所说:"无论他们住在华盛顿特区的Courtyard,还是住在西雅图,他们都会有同样的经历,他们知道可以得到什么样的服务。"

马里奥特曾就其提供全方位服务的旅馆对顾客进行了调查,了解他们对中等价位旅馆的要求。在此项调查两年之后,也就是1983年,马里奥特推出了Courtyard品牌。坎贝尔说,Courtyard的主要顾客是商务旅行者。

通过市场调研,马里奥特不但设计出了像Courtyard这样的新品牌,而且还因其产品满足了不断变化的市场需求从而建立起了品牌效益。

马里奥特酒店不断通过市场调研,可以得出不同的需求特征,从而不断开拓新的市场,扩大市场占有率;同时市场调研也可以加深与客户之间的沟通,能够更加贴近市场,增加与客户的联系,加深他们对品牌的认同感。

相关知识

一、酒店市场调查的概念和作用

市场调查是指企业为了某一个特定营销决策问题而进行收集、记录、整理、分析、研究市场的各种状况及影响因素,并据此得出结论的一系列活动过程。

市场调查是市场营销活动的起点,是提高企业决策的正确性和有效性的重要途径,能够了解和掌握市场以及消费者的实际情况,是市场营销活动一个必不可少的、最基本的环节。

酒店市场调查是指酒店企业运用科学的手段和方法,系统地、有计划地、有目的地收集、整理和分析与酒店市场营销有关的情报、信息和资料,为酒店企业进行相关决策的做出提供依据。

酒店市场调查是酒店企业营销活动的起点,在酒店企业确定发展方向、制订营销规划和市场营销组合策略等方面有着极其重要的作用。现在,很多成熟企业都有自己完善的营销调研机构和体系,在他们看来,企业没有开展营销调研就进行市场决策是不可思议的。在美国,73%的企业设有正规的市场调研部门,负责对企业产品的调查、预测、咨询等工作,并在产品进入每一个新市场之前都首先对其进行营销调查。很多大企业的市场调研费用往往占到销售额的6%,营销调查成果给企业带来了千百倍的回报。相反,不重视市场调研,盲目生产,受到市场规律无情惩罚的企业也不乏其例。令人遗憾的是,许多企业管理者对市场调研的意识淡薄,认为市场调查的费用是一项支出,而不是一项必要的投入。不少企业重视搞新产品研发。对市场调研却不重视或调查不够细致。仅凭个人经验,对市场做直观、感性的判断,项目匆匆上马但结果成功率较低。有效的营销调研会使企业获益匪浅,其作用主要有以下三点:

1. 通过市场营销调查发现市场营销机会和市场营销问题

通过市场调查,可以发现消费者的潜在需求,从而不断开拓新的市场,如寻找并发现产品的新使用者,推广产品的新用途和扩大产品的使用量,不断扩大市场占有率;选择新的市场机会,瞄准最佳的细分市场,决定最佳的市场定位,树立良好的企业形象。

2. 有利于制订科学的营销规划

企业通过营销调研,分析市场、了解市场,才能根据市场需求及其变化、市场规模和竞争格局、消费者意见与购买行为、营销环境的基本特征,科学地制订和调整企业营销规划。

3. 有利于优化营销组合

企业根据营销调研的结果,分析研究产品生命周期,制订产品生命周期各个阶段的营销策略组合,制订企业开发新产品计划;企业可根据消费者对现有产品的态度,改进现有产品,开发新用途,设计新产品;通过测量消费者对产品价格变动的反应,分析竞争者的价格策略,确定合适的定价;通过了解消费者的购买习惯,确定合适的销售渠道;掌握消费者的心理变化,改进企业促销方式。

课堂讨论

在美国,曾经有一家很大的运动鞋生产厂商,其篮球鞋销售量占美国国内市场篮球鞋销售总量的三分之二。在20世纪70年代末,开始出现了越野活动。公司的决策层认为这只是暂时的潮流,所以并没有生产跑步鞋。但在随后的几年里,成千上万爱好运动的美国人在公园和森林跑步,他们都穿着特定的跑步鞋。一时间,耐克、彪马和阿迪达斯等品牌的运动鞋大热。如果这个生产商一开始就意识到市场需求的变化,并及时地进行市场分析,那么他肯定不会失去那么多的机会。探讨一下我们可以从中得到些什么结论呢?

导入案例 沙漠度假酒店卖什么呢?[①]

位于智利北部的阿塔卡马沙漠,有一个高档度假酒店,由"探险"酒店管理集团经营管理。酒店的管理方经过大量的市场调查,确定酒店的卖点在于探险,它的目

---

① 您知道沙漠度假酒店卖什么[EB/OL].[2014-12-25].http://www.rhtimes.com/blog/post/1482.html.

标市场是探险旅游者。旅游探险者的诉求重点又是相关的探险活动,通过翔实的市场调查之后,该酒店进行了大量的营销管理工作。

该酒店只有52间客房,平均房价为659美元。酒店在旅游地为顾客组织735个探险活动,包括步行、远足、骑马、登山、攀岩、驾车探险远征等。根据探险游客的平均逗留时间,酒店推出四日游2636美元的包价节目。包价包括四个晚上的住宿、四天的所有饮食及探险旅游活动费用,酒类另外收费。为了安全和管理方便,每项探险活动最多10人参加。每天在晚餐前,由顾客选择并决定第二天的活动内容。酒店相应地配备导游兼安全员。

在这遥远的沙漠地经营度假酒店,营造一种探险旅游的氛围是非常重要的。针对探险旅游度假者喜欢放松自己、享受宁静的特点,酒店客房内没有配备电视机和影碟播放机,只有卫星天线连接的电话。在阿塔卡马沙漠酒店听到的唯一声音就是鸟鸣和夏天房间自天花板上老式风扇的呼呼声。

厨师长为探险游客准备了清淡、新鲜、可口的菜肴。新鲜的蔬菜、水果都是随着每天的航班运来的,自然这些成本也都计算在昂贵的房价内。这家只有52间客房的度假酒店,虽然地理位置远在沙漠边缘,日常供应有着诸多的不便,但他们的产品、服务和设计的节目,完全符合他们的目标市场,符合探险旅游者的需求。所以,他们经营得很成功,业绩十分理想。

在沙漠这一特殊的地理环境下,如果用通常的思维去进行酒店的布置和产品的供应,将无法取得好的效果。沙漠酒店中客户的需求是探险的相关产品,所以阿塔卡马沙漠的这家酒店抓住顾客的诉求,给顾客提供想要的产品,成功也就水到渠成了。

相关知识

二、酒店市场调查的类型与内容

(一)酒店市场调查的类型

酒店市场调研是酒店营销决策的重要手段,它的范围绝对不是仅仅局限在酒店的消费者市场里。酒店市场调研的内容应该包括与酒店有关的所有宏观、微观环境以及各种经济现象。酒店市场调研活动必须贯穿于酒店整个营销管理的全过程,也就是说从发现和判断市场机会,到核实、执行、控制以及信息反馈都是酒店市场调研的范围。根据研究性质和目的的不同,可以将酒店市场调查分成以下四个类型:

1. 探测性调研

探测性调研指当酒店对所需要调查的问题不太清楚的时候,也无法确定具体的调查内容的时候的具有试探性质的调研形式。酒店为了弄清楚调查问题的范围、性质、原因,因而要去进行一定范围的小规模调研。这些调研可以帮助酒店查明问题产生的原因,找出问题的关键,确定进一步调研的内容,从而帮助经营者做好营销决策。

比如,某酒店今年上一季度的客房实际销售量低于计划的出租率,究竟是哪些原因造成这一情况的呢?是竞争的对手采用了新的、更为吸引顾客的营销活动,还是自己酒店员工的服务质量水平相对下降了呢?还是由于受整个社会的经济形势变化的冲击呢?这时候,酒店就应该适时地采用,灵活多变的形式进行探测性调研,如邀请老顾客来本酒店参加座谈会,或是集结各部门员工开集体大会,等等。目的只有一个,那就是找出问题的原因,明确关键,然后为下一步更深入的调研订下基础。

探测性调研是一种非正式的调研形式,它的灵活性与直觉性很强,所以就要求酒店的调研人员要具有很强的洞察力和丰富的调研经验。其特点是调研面广而不深。

2. 描述性调研

通过描述性调研,全面、如实、详细的记录并描述诸如某种酒店产品的市场潜量、顾客态度和偏好等方面的数据。这类调研方式就是酒店针对需要调研的问题,采用一定的方式对市场的客观情况进行如实地描述和反映。它主要是通过对实际资料的收集、整理,了解问题的过去和现状,从中去寻找解决问题的方法和措施。

比如,酒店要研究某一目标岛客群的年龄构成、地理分布和经济收入情况,以及这些顾客对本酒店和市场竞争对手所提供的服务产品的偏爱程度和态度,等等。

描述性调研的目的就是针对某一问题找出答案,所以在酒店进行调研之前一定要对问题有比较清楚的认识,而且在调研过程中要比探测性调研更为深入和细致,这样就要求酒店细致地研究并制订调研计划和收集信息的方案。

3. 因果性调研

因果性调研指的是酒店要去了解市场中出现的有关现象之间的因果关系。因果性调研分为两类:由因探果和由果探因。它的目的也是去确定酒店的各种变动因素之间的关系。在酒店的市场调研中,经常会遇到一些需要回答为什么的问题,随之我们便会发现一些因素之间的相互关系,但是究竟哪个因素起到了什么关键的作用呢? 这个问题的答案往往要通过因果性调研来找到。

比如,降低房价是否可以增加销售量呢?加大宣传力度是否可以改变顾客对酒店的态度呢? 因果性调研就是在描述性调研的基础之上,收集市场上或企业内部的各方面的信息,通过一些诸如统计、逻辑推理等方法最终找到它们的因果关系,从而去预见市场的变化发展趋势。

因果性调研有定性分析研究与定量分析研究两类。定性分析研究的目标是通过对事实信息的分析,确定和识别出哪些是对酒店市场变化起决定性作用的因素;定量分析研究还要分析酒店各个因素之间的数量变化关系,从而正确地把握各个因素的因果变化程度。

因此,探测性调研所要回答的主要是"是什么";描述性调研所要回答的是"何时"或者"如何";因果性调研所要回答的主要是"为什么"。

4. 预测性调研

预测性调研指的是为了推断和测量酒店市场未来的变化而进行的研究,涉及范围广,如酒店的市场营销机会、行动方案研究和决策性研究等。研究的方式可以根据决策性质和资料条件灵活多变。他可以通过专家和有经验的人士的意见,对事物的发展趋势做出判断和预测,酒店预测性调研对经营决策具有重要的意义。

(二)酒店市场调查的内容

酒店市场调查的内容很多,但凡能够影响到酒店企业营销活动的因素,都是调研的对象。

1. 酒店市场环境调查

酒店市场环境调查主要包括经济环境、政治环境、社会文化环境、科学环境和自然地理环境等。具体的调查内容可以是市场的购买力水平、经济结构、国家的方针、政策和法律法规、风俗习惯、科学发展动态、气候等各种影响市场营销的因素。

2. 酒店市场需求调查

酒店市场需求调查主要包括酒店市场消费者需求量调查、消费者收入调查、消费结构调查、消费者行为调查,包括消费者为什么购买、购买什么、购买数量、购买频率、购买时间、购买方式、购买习惯、购买偏好和购买后的评价等。

3. 酒店市场供给调查

酒店市场供给调查主要包括酒店产品生产能力调查、产品实体调查等。具体为某一产品市场可以提供的产品数量、质量、功能、型号、品牌等,生产供应企业的情况等。

4. 酒店市场营销因素调查

酒店市场营销因素调查主要包括产品、价格、渠道和促销的调查。产品的调查主要有了解市场上新产品开发的情况、设计的情况、消费者使用的情况、消费者的评价、产品生命周期阶段、产品的组合情况等。产品的价格调查主要有了解消费者对价格的接受情况,对价格策略的反应等。渠道调查主要包括了解渠道的结构、中间商的情况、消费者对中间商的满意情况等。促销活动调查主要包括各种促销活动的效果,如广告实施的效果、人员推销的效果、营业推广的效果和对外宣传的市场反应等。

5. 市场竞争情况调查

市场竞争情况调查主要包括对竞争企业的调查和分析,了解同类企业的产品、价格等方面的情况,他们采取了什么竞争手段和策略,做到知己知彼,通过调查帮助企业确定企业的竞争策略。

课堂讨论

比较分析酒店市场供给调查和需求调查的对象有什么不同?

知识补充:市场预测

市场预测就是运用科学的方法,对影响市场供求变化的诸多因素进行调查研究,分析和预见其发展趋势,掌握市场供求变化的规律,为经营决策提供可靠的依据。预测为决策服务,是为了提高管理的科学水平,减少决策的盲目性,我们需要通过预测来把握经济发展或者未来市场变化的有关动态,减少未来的不确定性,降低决策可能遇到的风险,使决策目标得以顺利实现。

导入案例 喜来登饭店闪电促销——大密度主动出击[①]

喜来登饭店公司是著名的跨国企业——美国国际电报电话公司的子公司。多年来,它一直紧跟假日公司,保持在世界大饭店联号中排行第二的位置。1989年,其麾下旅馆总数已达540家,拥有154万间客房,遍布全球72个国家。短短几十年间,从3家小旅馆起步,亨德森先生是怎样建立起如此庞大的饭店王国的呢?其经营与管理有什么独到之处呢?下面介绍的一次成功的销售行动也许能为我们揭示谜底。

1962年深秋的一天,位于波士顿60大街的喜来登饭店公司总部格外忙碌。已经65岁的董事长亨德森先生亲自主持管理高层的办公会议。引人注目的是除了公司主要骨干外,还有60多名来自各地的专职销售员也出席了会议。他们大多

---

① 闪电促销:大密度主动出来[EB/OL].[2007-7-26].http://www.17u.net/news/newsinfo_36069.html.

数刚刚走出机场，风尘仆仆，然而显得非常的平静，毕竟对于这样的场面他们已经非常熟悉了，而且不用多问，就已经知道被召来总部的真正的原因是亨德森先生收购了一家饭店，喜来登大家族里增添了新成员。亨德森先生是北美商界出了名的经营高手，被誉为"最佳意义上的资本家"。他最擅长看准机会，收购一些经营不善而富有潜力的饭店。成功收购后，他再重新设计，更新调和设备，改善经营，使旅馆本身增值，然后再看准高价出手。当然，这种看似简单的方法并不是每一个企业都可以仿效的。除了收购改造所需要的大量资金外，还要求高超的经营技巧，确保能使饭店增值。

喜来登饭店促销工作的成功是全球首屈一指的，有很多可圈可点之处。首先是长期一贯的高投入，每年光是美国境内本土的广告宣传费就超过4000万美元。特聘固定的广告公司长年服务。其次是举办多种有创意的促销活动，如优惠常客的喜来登国际俱乐部活动、针对商务旅游者的喜来登公务旅行者计划、"喜来登家庭旅行计划"等，至于创立全球性的"预订网络"和率先设置"无烟客房"等举措则早已为酒店业界纷纷仿效。当然最卓有成效的还是著名的"闪电促销战术"。

这一次收购的新饭店是一家有200间客房、经营5年的汽车旅馆：设有可容纳60人的餐厅和100个座位的咖啡厅，能为120人提供服务的酒吧，容纳500人的超大餐厅，而这个餐厅可以分割为3个能容纳150人的会议厅，以及一个由4个能容纳50人的小厅组成的大会议厅。新饭店还设有能提供许多娱乐设施的室内游泳池、室外网球场、4套豪华套房、10间行政办公室以及可以停放250辆轿车的停车场。在喜来登集团接手以前，这座有一流设施的饭店已连续几年亏损，客房出租率连年滑坡，一度低于20%，餐厅、娱乐收入则更是每况愈下。举步维艰，回天无力的店主只好忍痛低价将它出售了。亨德森先生已经以低于建造成本的理想价格购得了这座富有潜质的饭店，在紧锣密鼓交接工作之后，由60多位销售员组成的销售小分队出发了，"销售闪电战"也拉开了帷幕。

首先是全面细致的市场调查。60多名经验丰富的销售员像蝗虫一样地钻进了新饭店所在的城市。他们马不停蹄，不知疲倦地走访、咨询，灵敏的触角伸进了城市的每一个角落，每天都有大量的市场信息源源不断地传送给设在饭店五楼的"销售攻坚部"，总部里干练的统计分析人员将这些信息汇总，最后整理出详尽完整的饭店市场分析报告。分析报告中认为：

1. 主要客源

（1）本地150家生意兴隆的轻工生产厂家，主要是改装修配厂和代理机构。

（2）三所主要的大学，即阿成工学院、医科大学和文法学院。

（3）经过饭店的全国州际公路出口处。

2. 客源消费规律

（1）周一至周四晚上生意不好，来客稀少，除大学举行足球赛、毕业典礼或一些特殊事情外。

（2）旺季集中在九月到来后，十二月圣诞节期间生意不多，夏季是明显的淡季。

（3）主要住店客人是出差到昆来的商务客人和当地的工人、大学办事人员，其次是学生的父母、到大学的一般来访者以及参加特殊活动的人，再次是少量过路人。

（4）在市场上占有率较高时期，食品和酒吧的生意主要来自住店的客人，住店商务会议举行宴会的生意也不错，大多是当地各工厂参加的会议。

（5）本地散客市场潜力大，但顾客普遍认为饭店客房价格过高，尤其是停车场每天五美元的收费让人难以接受。

（6）饭店的食品、娱乐项目根本没有打开本地市场，本地人在饭店举行婚宴或一日庆典的非常少。

明确了市场形势以后，名下销售部被分成了六个小分队，受命在一个月的时间内迅速打开当地市场，获得尽可能多的会议宴会、庆典等活动的订单，并建立起覆盖全城的客源网络，确保饭店能获得占优势地位的市场份额，使饭店迅速上升为全城最好的饭店。六个小分队各由一名资深的区域销售经理带队，负责某个方面的攻关。

第一分队由科夫曼博士率领，专攻三所大学的市场。他们向各校的系主任寄出调查表，咨询他们对饭店的看法，以优厚的条件聘请他们成为饭店的销售代理人，并免费提供场地，邀请大学师生于周末在酒店组织一些专题研讨会，例如，如何在证券市场上投资、学习如何打网球、政府的福利政策计划研讨等；同时鼓励学校前来举行各种校友集会、毕业庆典活动。

第二分队由德塞利女士主持，召集全城各工厂的女秘书、女经理聚会，建立秘书俱乐部和女经理俱乐部，为会员发放优惠金卡，并对她们揽来的业务进行积分奖励。全年度招揽业务最多者将获得最新款的福特跑车一辆。

第三、四分队由约翰逊先生统领，主攻本地的散客市场。他们将全城居民分为20个小片，每个销售员负责一个小片，并根据各片实际情况不同，确立相应的业务指标。销售员们八仙过海，各显神通，使出各自的看家本领，文质彬彬地钻进了所有的居民小区，短短一个月时间，全城20万居民，他们走访了80%，并对其中约3000户居民进行跟踪推销，发放至少一万张一次性优惠卡，并成功地接到了300多份预订单，足够餐饮部忙活大半年了。

第五分队由斯特思先生领衔，主要是协调与当地所有公司、公共机构的关系。并从中获取订单，发展建立起庞大的代理人网络。

第六分队由琼斯小姐负责,主要是处理与当地传媒和过境客户的关系,她们在支付了一笔可观的广告费用之后,获得了当地几大电视网的黄金时段的广告权,并且因此招致了全国几十家施行机构的垂询。

一个月以后,喜来登的阿城饭店重新开张,顿时生意爆满,令所有竞争对手羡慕不已,然而笑得最开心的还是亨德森先生,这是他"闪电促销战术"的又一次胜利,我们又救活一家新饭店,哦,应该说是,"我们又收获了一片市场!"

市场调研是市场战略的第一步,在对市场形势初步了解后,接下来该做的便是怎样运用合适的促销战术去开拓和巩固市场。当喜来登集团每接手一家新饭店后,总是立即发动一场闪电式销售大战,以高密度的出击来迅速改变市场格局,其效果相当可观。但是其所做的所有销售活动都是基于对市场的充分调查的前提下,唯有这样才能真正做到有的放矢,从而取得好的效果。

相关知识

三、市场调查的步骤

市场营销调查是一项复杂而细致的工作,为了使整个调研工作有节奏、高效率地进行,并取得良好的预期效果,调查过程必须按照一定的程序进行。酒店市场营销调查的程序全过程可划分为三个阶段:调研准备阶段、调研实施阶段和调研结果处理阶段。每个阶段又可分为若干具体步骤。

(一)调研准备阶段

准备阶段是调研工作的开端,准备的充分与否直接影响到实际调研工作的开展及调研结果的质量,正如人们常说:良好的开端等于成功的一半。准备阶段主要解决调研目的、要求、范围及调研力量的组织问题,并在此基础上,制订一个切实可行的调研计划。这个阶段的工作步骤大体是:

1. 明确调研目标

在市场调研之初,首先要明确为什么要进行这次调研,通过调研了解哪些情况,调研结果有什么具体用途,等等。调研人员首先应收集企业内部和外部的有关情报资料,进行初步情况分析。初步分析的目的是帮助调查人员探索问题和认识问题,从中发现因果关系。因此资料收集不必过于详细,只重点收集对研究问题有参考价值的资料就可以了。调研人员也可以通过非正式调查主动去访问专家,或是召集企业内部有关人员进行座谈,并向精通本问题的人员(如销售负责人、推销人员、批发商等)和用户征求他们的意见,了解他们对问题的看法和评价。经过对调查结果进行初步分析和非正式调查,调研人员就能明确问题,有针对性地提出一个或几个调查课题。事实上,市场调研人员设想的市场调研开始往往涉及面很宽,提出的问题也比较笼统,只有在进行一步步深入研究之后,才能排除那些与调研关系不大的设想问题,从而使调研目标更加集中。

2. 拟订调研项目,确定调研方法

在确定调研项目以后,接下来就要收集资料和确定调研方法。

收集资料的目的是为了应用,因此资料收集工作要有针对性、有计划地进行。收集资料时,要注意保持资料的系统性、完整性与连贯性,还应注意及时收集有关调查问题的发展动向和趋势的情报资料,只有这样才能为市场营销决策提供可靠的依据。调研方法是指取得资料的方法,它包括在什么时间、什么地点调研、调研对象如何选择、用什么方法调研以及是一次性调研还是多次调研等。

3. 调查表和抽样设计

调查表或问卷是市场调研中最常采用的一种询问技术,它是被调查者回答问题的集合。设计调查表或问卷时,调研人员必须精心确定所提问题的内容、形式、措辞和次序,要符合简明、突出主题和便于统计分析的要求。在市场调研的实践中,企业更多的是采用抽样调查而非市场普查,因此,在调研准备阶段需要进行抽样设计,即确定恰当的样本数目和抽样方法,使得抽选出来的样本能够真正代表总体。抽样方法一般分为两大类:随机抽样与非随机抽样。所谓随机抽样是指对调查总体中每一个体都给予平等的抽取机会,排除人为主观因素的选择,可分为简单随机抽样、分层随机抽样、分群随机抽样等。所谓非随机抽样是指调查总体中每一个体不具有被平等抽取的机会,而是根据一定主观标准来抽选样本,可分为任意抽样、判断抽样、配额抽样和等距抽样等。

4. 制订调研计划

调研计划是市场调研的行动纲领,它主要包括以下内容:调研活动分为哪几个步骤进行,调研人力的安排及如何组织分工,整个调研工作的时间和进度,调研费用预算,等等。

(二)调研实施阶段

调研实施阶段的主要任务就是组织调研人员,按照调研计划的要求,系统地收集资料和数据,这个阶段大体可分为以下两个步骤:

1. 培训调研人员

调研人员素质能力的高低会直接影响到调研结果的质量,因此,为保证调研结果的质量,必须注意对调研人员进行培训。培训工作的内容主要包括两部分:一是

本次调研的内容、计划、意义等,使调研人员避免由于理解不一致而产生的调研差错;二是调研工作技能,包括如何面对调查对象,如何提问、解释,遇到一些情况如何处理等,这样可以使调研人员迅速胜任工作。

2. 开展实地调研

实地调研就是调研人员按计划规定的时间、地点、方法、内容开展具体的调研,收集有关资料。在实地调研中所收集的资料,既包括一手资料(原始资料),也包括二手资料(现成资料)。一手资料是指企业必须首次亲自收集的资料,大多采用观察法、调查法、实验法取得;二手资料是指那些经过编排、加工处理的资料,往往采用案头调研法取得。营销调研的数据收集阶段是一个花费最昂贵也是最容易出错的阶段。例如,在收集原始资料时常会发生以下问题:有些被调查者恰好不在现场,需再度访问;有些被调查者会拒绝合作;有些被调查者可能会做出有偏见或不诚实的回答;调查人员可能带有偏见或不诚实。

(三)调研结果处理阶段

市场调研获得的资料大多是分散的、零星的,甚至某些资料是片面的、不准确的,因此要反映市场的特征和本质,必须对资料进行分析整理,使之系统化、条理化。这个阶段的工作大体可分为以下三个步骤:

1. 资料的整理与分析

主要是对调研所得的资料进行编校、分类、统计、分析。编校就是对资料进行核对、校正,以达到去伪存真、消除错误的目的;分类就是将资料分门别类地编号保存;统计与分析就是运用数理统计方法把分析结果表达出来,并制成相应的统计图表,以便于更直观地观察信息资料的特征。通过"去粗取精、去伪存真、由此及彼、由表及里"的整理分析过程,做出合乎客观发展规律的结论。

2. 编写市场调研报告

凡是进行特定目的调研,都必须在结果处理阶段撰写调查报告,且必须遵循以下原则:报告的内容要紧扣主题;应该以客观的态度列举事实;文字简练;尽量使用图表来说明问题;市场调研报告要全面系统地反映调研内容。

3. 追踪与反馈

即通过市场实践活动,检验报告所反映的问题是否得到解决,提出的建议是否可行、实用,效果如何,并总结市场调研的经验教训,不断提高工作能力。

> 课堂讨论

收集周边酒店的资料,选取某一调查内容,如客户满意度等,进行资料的收集并讨论。

 知识补充:深度访谈

深度访谈(intensive interview)作为定性研究的一种方法,是一种无结构的、直接的、一对一的访问形式。访问过程中,由掌握高级访谈技巧的调查员对调查对象进行深入的访问,用以揭示对某一问题的潜在动机、态度和情感,最常应用于探测性调查。应用范围包括:详细了解复杂行为、敏感话题或对企业高层、专家、政府官员进行访问。

第二节 调查问卷设计与分析

——望闻问切

导入案例 某星级酒店客户满意度调查问卷

尊敬的先生/女士:

您好!我们现正在对我们酒店顾客满意度进行调查。本次调查将占用您约2分钟时间,希望您能将真实的情况和想法提供给我们,非常感谢!本问卷采取不记名方式,答案无所谓对错,所获资料仅供我们提升服务水平和质量研究之用,您可以放心填答。对于您的合作我们表示非常感谢!

(1) 您的性别(　　)。
A.男　　　　　　　　　B.女
(2) 您的年龄(　　)。
A.≤18岁　　　　　　　B.19~30岁
C.31~45岁　　　　　　D.≥46岁
(3) 您的文化程度(　　)。
A.初中及以下　　　　　B.高中或中专
C.本科或大专　　　　　D.研究生及以上

(4) 您的职业（　　）。
　　A．企事业人员　　　B．专业技术人员　　C．从政人员　　　　D．学生
　　E．个体商　　　　　F．离退休人员　　　G．其他(请注明)_____

(5) 您的月收入情况（　　）。
　　A．2000元以下　　　　　　　　　　B．2000~4000元
　　C．4000~6000元　　　　　　　　　 D．6000~8000元
　　E．8000~10000元　　　　　　　　　F．10000元以上

(6) 您是第几次入住我们的酒店?（　　）
　　A．1~5次　　　　　B．6~15次　　　C．15次以上

(7) 您是通过什么样的方式知道我们的酒店?（　　）
　　A．电视、广播　　B．网络　　　　C．报纸、杂志　　D．旅行社
　　E．亲人朋友推荐　F．其他(请注明)_____

(8) 您对我们客房的设施设备感到（　　）。
　　A．非常满意　　　B．满意　　　　C．一般　　　D．不满意
　　E．非常不满意

(9) 您对我们客房的整洁舒适度感到（　　）。
　　A．非常满意　　　B．满意　　　　C．一般　　　D．不满意
　　E．非常不满意

(10) 您对我们客房的隔音效果（　　）。
　　A．非常满意　　　B．满意　　　　C．一般　　　D．不满意
　　E．非常不满意

(11) 您对客房服务的总体评价（　　）。
　　A．非常满意　　　B．满意　　　　C．一般　　　D．不满意
　　E．非常不满意

(12) 您对我们酒店客房的性价比（　　）。
　　A．非常满意　　　B．满意　　　　C．一般　　　D．不满意
　　E．非常不满意

(13) 您对餐厅的整洁程度及装饰（　　）。
　　A．非常满意　　　B．满意　　　　C．一般　　　D．不满意
　　E．非常不满意

(14) 您对菜肴酒水的质量（　　）。
　　A．非常满意　　　B．满意　　　　C．一般　　　D．不满意
　　E．非常不满意

(15) 您对餐厅上菜的速度（　　）。
　　A．非常满意　　　B．满意　　　　C．一般　　　D．不满意
　　E．非常不满意

(16）您对客房送餐的服务(　　)。
A．非常满意　　　B．满意　　　　C．一般　　D．不满意
E．非常不满意

(17）您对酒店前台办理入住服务(　　)。
A．非常满意　　　B．满意　　　　C．一般　　D．不满意
E．非常不满意

(18）您对酒店前台办理退房服务(　　)。
A．非常满意　　　B．满意　　　　C．一般　　D．不满意
E．非常不满意

(19）您对酒店礼宾的服务(　　)。
A．非常满意　　　B．满意　　　　C．一般　　D．不满意
E．非常不满意

(20）您对酒店大堂环境(　　)。
A．非常满意　　　B．满意　　　　C．一般　　D．不满意
E．非常不满意

(21）您对酒店健身中心的服务(　　)。
A．非常满意　　　B．满意　　　　C．一般　　D．不满意
E．非常不满意

(22）您对酒店的地理位置(　　)。
A．非常满意　　　B．满意　　　　C．一般　　D．不满意
E．非常不满意

(23）您对酒店员工的服务态度(　　)。
A．非常满意　　　B．满意　　　　C．一般　　D．不满意
E．非常不满意

(24）您对酒店员工的服务效率(　　)。
A．非常满意　　　B．满意　　　　C．一般　　D．不满意
E．非常不满意

(25）您对酒店周边的环境(　　)。
A．非常满意　　　B．满意　　　　C．一般　　D．不满意
E．非常不满意

(26）您对我们酒店安全性的评价(　　)。
A．非常满意　　　B．满意　　　　C．一般　　D．不满意
E．非常不满意

(27）您对我们酒店的总体评价(　　)。
A．非常满意　　　B．满意　　　　C．一般　　D．不满意
E．非常不满意

(28) 您是否会向亲人朋友推荐我们酒店（　　）。
A．会　　　　　　B．不会
(29) 您下次是否还会选择我们酒店（　　）。
A．会　　　　　　B．不会
(30) 请您对我们酒店提出您宝贵的意见及建议。
_____
_____

　　当有了调研的目标之后就可以通过设计一份调查问卷来帮助目标的实现,那么调查问卷的题目该如何设计？问卷调查是调查活动中重要的一个项目,这份酒店满意度的调查问卷中问题的设计切合调查主题,目标性强,通过这份问卷可以对顾客的满意度有所了解,实现调查初衷。

相关知识

一、调查问卷设计

　　调查问卷是指调查者根据调查目的与要求设计出由一系列问题、备选答案及说明组成的向被调查者收集资料的一种工具。酒店市场调查问卷能把采集信息的程式化问题进一步简洁明了化,它是市场调研中经常使用的一种方式。问卷的设计和访问是调研人员必须掌握的基本功。

（一）调查问卷的结构

　　一份完整的调查问卷应该包含问卷标题、问卷说明、调研对象基本情况、调研主题内容、编码、调研记录记载,等等。

（二）调查问卷设计原则

　　要提高问卷回复率、有效率和回答质量,设计问题时应遵循以下原则：
　　(1) 客观性原则,即设计的问题必须符合客观实际情况。
　　(2) 必要性原则,即必须围绕调查课题和研究假设设计最必要的问题。
　　(3) 可能性原则,即必须符合被调查者回答问题的能力。凡是超越被调查者理解能力、记忆能力、计算能力、回答能力的问题,都不应该提出。
　　(4) 自愿性原则,即必须考虑被调查者是否自愿、真实回答问题。凡被调查者不可能自愿、真实回答的问题,都不应该正面提出。

(三)问卷问题的设计

1. 问题的种类

问卷中要询问的问题,大体上可分为四类:

(1) 背景性问题,主要是指被调查者个人的基本情况,它们是对问卷进行分析研究的重要依据。

(2) 客观性问题,是指已经发生或正在发生的各种事实和行为。

(3) 主观性问题,是指人们的思想、感情、态度、愿望等一切主要世界观状况方面的问题。

(4) 检验性问题,为检验回答是否真实、准确而设计的问题。这类问题,一般安排在问卷的不同位置,通过互相检验来判断回答的真实性和准确性。

四类问题中,背景性问题是任何问卷都不可缺少的,如背景性问题是对被调查者分类和不同类型被调查者进行对比研究的重要依据。

2. 问题的结构

问题的结构,即问题的排列组合方式。它是问卷设计的一个重要因素。为了便于被调查者回答问题,同时也便于调查者资料的整理和分析,设计的问题一般可采取以下三种方式排列:

(1) 按问题的性质或类别排列,而不要把不同性质或类别的问题混杂在一起。

(2) 按问题的复杂程度或困难程度排列。一般来说,应该先易后难,由浅入深;先客观事实方面的问题,后主观状况方面的问题;先一般性质的问题,后特殊性质的问题。特别是敏感性强、威胁性大的问题,更应安排在问卷的后面。

(3) 按问题的时间顺序排列。一般来说,应该按被调查事物的过去、将来、现在的历史顺序来排列问题。无论是由远到近还是由近及远,问题的排列在时间顺序上都应该有连续性、渐进性,而不应该来回跳跃,打乱被调查者回答问题的思路。

需要注意的是,问题的排列要有逻辑性。在特殊情况下,也不排除对某些问题作非逻辑安排。检验性问题也应分别设计在问卷的不同部位,否则就难以起到检验作用。

3. 问卷提问的方式

调查问卷提问的方式主要有以下两种:

(1) 开放式提问。开放式提问指对调研的问题并不列出所有可能的答案,而是由被调查者自由作答。如您想买什么样的手机?您对产品有何要求和建议?等等。开放式提问的优点是被调查者可以比较自由地发表意见,内容比较丰富,甚至可以收集到意料之外的信息;缺点是受提问方式及被调查者本人表达能力的影响和限制,可能会答非所问,容易产生偏见。同时由于被调查者提供答案的角度和方式各不相同,故对信息资料的整理、分类造成困难。

(2)封闭式提问。封闭式提问又称限制式提问,是指针对调查问卷中提出的问题,已经设计出各种可能的答案,被调查者只要从中选择一个或几个即可。其优点是填写方便而且规范,便于汇总;缺点是可能触及不到被调查者最真实的想法。

4. 问卷设计中应注意的问题

(1)要围绕调查目的来设定问题,并注意调查项目的可行性。可问可不问或过于敏感的项目,如有关个人收入和财产、关于政治态度等方面的问题若非必要,一般尽量避免涉及。

(2)尽量避免需要大量记忆的问题,否则即使得到答案也是很不可靠的。

(3)问题应明确和精确,避免会产生歧义的问题。

(4)避免逻辑错误。问题的备选答案应互相排斥并完全划分。

(5)提问的排列顺序一般是先易后难、由浅入深,敏感的问题放在后面。即询问项目应按人们的思维习惯、逻辑顺序排列或按照被调查者的兴趣、问题的难易程度排列,使被调查者易于回答,有兴趣回答。

(6)避免诱导性提问,问题应该客观不应暗示答案。

(7)问卷题目设计必须有针对性,对于不同层次的人群,应该在题目的选择上有的放矢。必须充分考虑调查人群的文化水平、年龄层次和协调合作的可能等。

课堂讨论

以某酒店为对象,设计一份客户满意度的市场调查问卷,并讨论问卷问题的设置情况。

导入案例 上海市民出行状况抽样调查报告[①]

(一)调查的基本情况

本次调查通过网络调查形式进行,在"上海统计"和"中国上海"门户网站发布调查问卷。到截止时间,共收到回答问卷2598份,剔除回答不全的问卷后,共获得有效样本2331份,从调查对象的分布看,居住在各个环线间与不同出行距离的受访者均占一定比重。因此,样本的分布情况比较符合上海的实际,具有一定的代表性。

---

① 上海市民出行优先选择公共交通:上海市民出行状况调查报告[EB/OL].[2011-05-15].http://wenku.baidu.com/view/6edee3cc050876323112126e.html.

(二) 本市公共交通基础设施建设得到广大市民的基本认可

1. 逾四成受访者认为本市交通出行方便

经过多年的建设,目前上海已形成了一个功能比较齐全的道路交通网络。调查显示,有7.3%和35%的受访者认为本市交通很方便和方便,36.8%的受访者认为交通一般;其中以轨道交通作为上下班交通工具的受访者认为,本市交通方便和很方便的分别占8.2%和45.3%,34.3%的受访者认为一般;市民对上海轨道交通总体评价更为积极。

调查同时显示,仍有两成的受访者认为本市交通不太方便或者很不方便。主要原因是这部分受访者居住在外环外区域,受公共交通网络布点的局限,上下班转换车辆不便且花费时间较多。

2. 逾六成受访者上下班出行选择公共交通

公交车与轨道交通成为市民上下班的主要交通工具。调查显示,有26.9%的受访者选择乘坐公交车,17.2%的受访者选择乘坐轨道交通,21.4%的受访者选择乘坐公交车与轨道交通。另有12%的受访者上下班出行使用助动车,13%受访者使用私家车,9.3%的受访者使用自行车或者其他交通工具。这些数据表明,逾六成受访者上下班出行选择公共交通,这与目前上海公共交通方便快捷、花费少有着重要关系。

分区域看,居住在内环的受访者选择公共交通出行的占66.8%,居住在内中环间的受访者选择公共交通出行的占70.1%,居住在中外环间的占71.9%,居住在外环外的占56.9%。这表明,在公共交通较为便捷的区域,市民更倾向于选择公共交通出行。

3. 受访者上下班交通单程平均时间为50.4分钟

有9.3%的受访者上下班单程耗时在15分钟以内,16.4%的受访者耗时在15~30分钟,18.7%的受访者耗时在30~45分钟,24.2%的受访者耗时在45~60分钟,22.4%的受访者耗时在60~90分钟,9%的受访者耗时在90分钟以上。经加权平均计算,受访者上下班单程平均时间为50.4分钟。按居住地到单位距离的分组来看,距离越长,相对耗时越多。

4. 受访者单程平均步行7.5分钟可乘公共交通

按公共交通工具分组来看,乘坐公交车上下班的受访者单程平均花费的交通时间为53.7分钟,其中在车上时间为40.7分钟;乘坐轨道交通的单程平均花费的交通时间为58.5分钟,其中在车上时间为42.8分钟;公交车加轨道交通的单程平均花费的交通时间为68分钟,其中在车上时间为53.4分钟。这表明,目前受访者上下班双程的平均步行时间约15分钟,即单程平均步行7.5分钟就能到达公交站点或轨道交通站点。

5. 以公共交通出行的受访者中每天上下班交通花费在5元以上

以公共交通出行的受访者中,有20.2%的受访者每天上下班交通费用在4元以内,57.3%的受访者在5~10元,22.5%的受访者在10元以上。从居住地到单位的距离分组来看,距离越长,相对花费越多。从公共交通工具分组来看,乘坐公交车成本较低,而乘坐轨道交通的花费相对较高。

对上海市民出行情况的调查不可能做到全面普查,受经济成本和操作价值的限制,因而采取抽样调查,以点带面。抽样设计的任务,就是依据调查的目的,在既定的人力、物力、财力等条件下,在从所要调查的总体中抽取样本数据资料以前,设计一个精度高且能够由样本正确推断总体的良好的抽样调查方案,力求取得最为经济和有效的调查结果。

相关知识

二、调查抽样设计

在市场调查中,由于各种条件的限制无法对所有被调查对象实现全覆盖,所以就需要采用一定的方法进行抽样调查。抽样调查是市场调研中使用最多的一种调查方式,也是目前国际通用的科学有效的调查方式。尤其以概率论与数理统计为理论基础的随机抽样调查方式,具有调查周期短、时效性强的特点,能大大降低调查费用,提高调查的质量,还可用来评价、修正和补充其他调查方式得到的信息。资料合理、科学设计的抽样调查有着其他方法无法比拟的优势。

(一)抽样设计

所谓抽样设计,就是从一定总体中抽取样本数据资料之前,预先确定抽样程序和方案,在保证所抽选的样本对总体有充分代表性的前提下,力求取得最经济、最有效的结果。

抽样设计主要是研究如何用样本数据资料估计总体目标。构造合适的估计量是实现这一目标的基本手段。而估计量构造的好坏,需要通过估计误差的大小来衡量,衡量的科学基础是估计量的抽样分布。因此总体、样本、估计量、抽样分布等就构成了抽样设计的一些最基本的概念。

总体是指由调查对象的全体单位构成的集合,也称为目标总体。构成总体的每一个具体单位称为总体单位,简称个体。总体按所包含的个体数目是否有限,分为有限总体和无限总体。有限总体包含的个体数目是可以计算出来的,并且称有限总体包含的个体数目为总体容量,记为N。无限总体包含无限个个体,不能用记数方法取得。例如,一家公司一年的汽车销售量、一个地区的人口、一批电器设备等都构成有限总体,但是一个湖泊、海洋有多少条鱼,一个森林有多少棵树等,这些都无法知道,它们构成无限总体。市场调查所研究的总体绝大部分是有限总体。如果有限总体中包含的个体数目相当多,则可以近似地看作无限总体。

抽样总体,是指从全及总体中抽选出来的个体所组成的集合,简称样本,构成样本的个体数目称为样本容量,记为n。

样本容量n与总体容量N相比,是个很小的数,往往是百分之几或千分之几,比例最大时,样本容量n一般也不超过总体容量N的$1/3$。如果总体容量N很大时,样本容量n本身也必须足够大,这样才能保证样本对总体的代表性,确保样本是总体的缩影。在统计中,一般把抽取30个以上的个体,即$n \geq 30$的样本,叫作大样,而把抽取30个以下个体,即$n < 30$的样本,称为小样本。酒店市场调查中大多数采用大样本。

凡根据总体中各标志值计算的、用于反映总体数量特征的指标,均称为总体指标或全及指标,有时也称总体参数。例如,全体消费者的月平均消费支出、一批商品的合格率等都是总体指标。由于总体是唯一确定的,因此,总体指标是一个确定的量,但在市场调查中采用抽样调查法时,调查对象的这些指标我们是不知道的,需要通过样本来计算。

凡根据样本中各标志值计算的、用来估计和判断总体数量特征的指标,均称为样本指标或抽样指标。从理论上说,由于样本指标的数值是随着样本的不同而变化的,如从全体消费者中抽取一部分测定月平均消费支出、从一批商品中抽取一部分测定其合格率,这些指标值都随着抽到样本的不同而有所差别。所以,样本指标不是唯一确定的,它是一个随机变量。

市场调查中常用的总体指标和样本指标主要有:总体均值指标$\bar{X}$与样本均值指标$\bar{x}$;总体成数(比例)P、Q与样本成数p、q;总体方差σ^2与样本方差S^2;总体标准差σ与样本标准差S,如表4.1所示。

表4.1 总体指标和样本指标符号及计算公式

	总体指标	样本指标
单位数目	N	n
均值	$\bar{X} = \frac{1}{N}\sum_{i=1}^{N} X_i$	$\bar{x} = \frac{1}{n}\sum_{i=1}^{n} x_i$
成数	$P = \frac{N_1}{N}, Q = \frac{N_0}{N} = 1 - P$	$p = \frac{n_1}{n}, q = \frac{n_0}{n} = 1 - p$

续表

	总体指标	样本指标
方差	$\sigma^2 = \dfrac{1}{N}\sum_{i=1}^{N}(X_i-\overline{X})^2$ $PQ = P(1-P)$	$S^2 = \dfrac{1}{n-1}\sum_{i=1}^{n}(x_i-\overline{x})^2$ $pq = p(1-p)$
标准差	$\sigma = \sqrt{\dfrac{1}{N}\sum_{i=1}^{N}(X_i-\overline{X})^2}$ $\sqrt{PQ} = \sqrt{P(1-P)}$	$S = \sqrt{\dfrac{1}{n-1}\sum_{i=1}^{n}(x_i-\overline{x})^2}$ $\sqrt{pq} = \sqrt{p(1-p)}$

其中，N_1 和 n_1 分别代表总体和样本中具有某种性质的个体数，N_0 和 n 分别表示总体和样本中不具有某种性质的个体数。

（二）抽样方法

在抽样调查中，根据总体中产生样本的方法不同，有随机抽样和非随机抽样两种抽样方法。

随机抽样也称概率抽样，是按照随机原则从总体中抽取部分单位来构成样本，由此推断总体数量特征。随机原则是指在抽取样本时，总体中每一个单位都有一个已知的、并且非零的被抽取的概率。在随机抽样中，如果总体中每一个单位被抽中的概率都相等，称为等概率抽样，如果总体中至少有一个单位被抽中的概率与其他单位不相等，则称为不等概率抽样。随机抽样有单纯随机抽样、系统抽样、分层抽样和整群抽样等方式。

非随机抽样也称非概率抽样，是指在抽取样本时不遵守随机原则，而是遵循某种人为的标准抽取样本。不符合随机原则的抽样方式都属于非随机抽样。非随机抽样有便利抽样、判断抽样、定额抽样和滚雪球抽样等方式。非随机抽样方法的优点是调查实施容易，能够大大节约调查成本，然而，这种成本的节约是以调查质量的降低为代价的，这可能会导致整个样本存在偏差，以至于不能很好地代表总体。

课堂讨论

前文案例中上海市民出行状况抽样调查报告的调查方式属于随机抽样还是非随机抽样？该抽样调查是否有不足之处？如有，请具体说明。

知识补充：滚雪球抽样

滚雪球抽样，是指先随机选择一些被访者并对其进行访问，再请他们提供另外一些属于所研究目标总体的调查对象，根据所形成的线索选择此后的调查对象。滚雪球抽样以若干个具有所需特征的人为最初的调查对象，然后依靠他们提供认识的合格的调查对象，再由这些人提供第三批调查对象，依次类推，样本如同滚雪球般由小变大。滚雪球抽样多用于总体单位的信息不足或观察性研究的情况。这种抽样中有些分子最后仍无法找到，有些分子被提供者漏而不提，两者都可能造成误差。

例如，要研究退休老人的生活，可以清晨到公园去结识几位散步老人，再通过他们结识其朋友，不用很久，他就可以交上一大批老年朋友。但是这种方法偏误也很大，那些不好活动、不爱去公园、不爱和别人交往、喜欢一个人在家里活动的老人，就很难把雪球滚到他们那里去，而他们却代表着另外一种退休后的生活方式。

导入案例　著名的调研预测机构——美国兰德公司

美国兰德公司成立于1948年，70年以来，它已成为当今世界最负盛名的决策咨询机构。兰德公司最初以研究军事尖端科学技术和重大军事战略著称于世，继而又扩展到内外政策方面，逐渐发展成为一个研究政治、军事、经济、科技和社会等各方面的综合性思想库，被誉为现代智囊的"大脑集中营""超级军事学院"，以及世界智囊团的开创者和代言人。

兰德公司成立初期，主要是完成美国空军交给的一些研究任务，包括向空军提出"可取的技术和仪器"的建议。由于当时名气不大，兰德公司的研究成果并没有受到重视。直到有一件事情令兰德公司声名鹊起。朝鲜战争前夕，兰德公司组织大批专家对朝鲜战争进行评估，并对"中国是否出兵朝鲜"进行预测，得出的结论只有一句话："中国将出兵朝鲜。"当时，兰德公司欲以200万美元将研究报告出售给五角大楼里的官员们。但美国军界高层对兰德公司的报告并不感兴趣。在他们看来，中国刚经历了8年抗日战争，3年解放战争，无论人力、财力都不具备出兵的可能性。然而，战争的发展和结局却被兰德公司准确言中，引起美国军界一片哗然。战争失败后，五角大楼里的官员们为了全面检讨在朝鲜战争中的决策失误，还是花了200万美元买下兰德那份已经过时的研究报告。这一事件让美国政界、军界乃至全世界都对兰德公司刮目相看。

真正确立兰德公司地位的事件是它对苏联卫星发射的预测。第二次世界大战结束后，美苏形成了称雄世界的两极格局。美国一直企图了解苏联的卫星发展状况。20世纪50年代初,兰德公司曾向美国国防部提出过一份关于人造卫星的初步设计书,并在说明书中详尽解释了人造卫星在未来作战中无与伦比的作用。但当时美国五角大楼里的官员们却搞不清卫星到底为何物,因此这一建议未被采纳。1957年,兰德公司又在预测报告中详细地推断出苏联发射第一颗人造卫星的时间,结果与实际发射时间仅差两周,这令五角大楼里的官员们再次震惊不已。苏联捷足先登发射了第一颗人造卫星,使美国官员们懊悔万分,从此对兰德公司的报告再也不敢轻视。

此后,兰德公司又对中美建交、古巴导弹危机、美国经济大萧条和德国统一等重大事件进行了成功的预测,这些预测使兰德公司的名声如日中天,成为了美国政界、军界的首席智囊机构。

50多年来,兰德公司的研究人员从300多人发展到目前的1000多人,其中约500名是各方面的专家,其中专门研究战略问题的就有200余人。此外,兰德公司还在各大学、研究机构中聘请了700名专家,作为高级顾问,如美国尼克松政府时期的国务卿基辛格,从1960年到1968年一直是兰德公司的顾问。他于1965年赴越南考察,评估"越战是升级还是撤军"。回到美国后,基辛格在向总统汇报工作之前,首先到兰德公司作了越南之行报告,经过兰德公司的最高决策机构研究,正确预测了越战的走向,美国政府据此做出了从越南撤军的决策。

兰德公司不仅以高水平的研究成果和独创的见解著称于世,而且为美国政府和学术界培养了一批精英,如数理逻辑学家兼经济学家、芝加哥大学教授艾伯特·沃尔斯蒂特,他提出的"第二次打击"概念对美国军事战略影响巨大。美国著名的未来学家康恩和布朗等原来都是兰德公司的高级研究员。兰德公司的研究人员在学术研究方面独树一帜,在学术界有"兰德学派"之称。

兰德公司最著名的预测方法是德尔菲法,其名字的由来是因为兰德公司被西方公认为是阿波罗神的化身,能预测未来的阿波罗神住在古希腊的德尔菲城,德尔菲预测法因此而得名。德尔菲法是目前全球多种预测方法中使用比例最高的一种。该预测法的关键是:汇聚专家智慧。德尔菲法是一种直观的预测法,在传统的趋势外推法和计算机预测不能胜任时,直观预测就可以大显身手。

为了在世界范围内广泛传播兰德的智慧,兰德公司在1970年创办了兰德研究学院,它是当今世界决策分析的最高学府,以培养高级决策者为宗旨,并颁发了全球第一个决策分析博士学位。目前,其学员已遍布美国政界、商界。正如美国《商业周刊》评论文章所说:"美国商业成就的背后闪耀着兰德智慧的荣光。"

科学、准确的预测并非是掐指一算,兰德公司运用缜密的方法,通过大量的调研并对各种调查资料进行梳理分析,最后得出准确的预测结果而著称于世。它可以说是当今美国乃至世界最负盛名的决策咨询机构。

相关知识

三、调研资料的整理与分析

（一）文字资料的整理

市场调查中的文字资料有两大类，即通过访问调查收集的原始资料和通过文案调查收集的各种现实资料。整理文字资料的一般程序是：审查、分类、汇编。

审查，就是通过仔细推究和详尽考察，来判断、确定文字资料的真实性、可靠性和合格性。它包括三个方面：文字资料本身的真实性审查、文字资料内容的可靠性审查；文字资料的合格性审查。

分类，就是根据文字资料的性质、内容或特征，将相异的资料分别开来，将相同或者相近的资料合为一类的过程。

汇编，就是按照调查的目的和要求，对分类后的资料进行汇总和编辑，使之成为反映调查对象总体情况的系统、完整、集中、简明的材料。

（二）数字资料的整理

数字资料的整理，一般要经过检验、分组、汇总、制作统计表或统计图等四个步骤。

检验，就是检查、验证各种数字资料是否完整和正确。数字资料的完整性检查主要包括两个方面：① 检查应该调查的单位和每个单位应该填报的表格是否齐全，有没有漏掉单位或漏表格现象；② 检查每张调查表格的填写是否完整，有没有缺报的指标或漏填的内容。

分组，就是按照一定标志，把调查的数字资料划分为不同的组成部分。分组的目的在于反映各组事物的数量特征，考察总体内部各组事物的构成状况，研究总体各个组成部分的相互关系等。分组的一般步骤是：先选择分组标志，再确定分组界限，最后编制变量数列。

汇总，就是根据调查研究目的把分组后的数据汇集到有关表格中，并进行计算和加总，集中、系统地反映调查对象总体的数量特征。数据的汇总可分为手工汇总和机械汇总。经过了汇总的数字资料，一般要通过表格或图形表现出来，常见的方式就是统计表和统计图。

（三）调查资料的分析

调查资料的分析是指对市场调查收集到的各种数据资料进行适当的处理。使其显示一定的含义，进而反映不同数据资料之间以及新数据资料与原数据资料之间的联系,并通过分析得出某些结论。大量事实证明仅有数据资料而没有正确的分析技术是不能正确了解和认识市场现象的。

1. 定性分析

定性分析是对事物质的规定性进行分析研究的方法,即主要根据的是科学的观点、逻辑判断和推理,从非量化的资料中得出对事物的本质、发展变化的规律性的认识。定性分析可以确定事物质的界限,是区分事物和认识事物的基础,但不能从数量关系上精确地把握事物的总体。定性分析的方法主要有归纳分析法、演绎分析法、比较分析法、结构分析法等。

归纳分析法是指由特殊的事例推导出一般性规律及特征的思维方法。在市场调查所收集的资料之中,运用归纳法可概括出一些理论观点。归纳分析法是市场调查分析应用最广泛的一种方法,分为完全归纳法、简单枚举法和科学归纳法。

演绎分析法是由一般性的前提推导出个别性的结论的思维方法。市场调查中的演绎分析法,就是把调查资料的整体分解为各个因素、各个方面,形成分类资料,并通过对这些分类资料的研究分别把握其特征和本质,然后将这些通过分类研究得到的认识联结起来,形成对调查资料整体和综合性认识的逻辑方法。

比较分析法就是确定认识对象之间相异点和相同点的思维方法。常见的比较分析法有数量质量比较分析法、横向与纵向比较分析法、形式与内容比较分析法、结构与功能比较分析法、理论与事实比较分析法。

结构分析法是在分析某一现象时,探寻这一现象在一定的系统中所发挥的作用和影响,即它所担负的功能,以及这一系统和系统各个组成部分的结构,并将某一部分或结构与某种功能对应起来。结构功能分析法适用于说明和解释某些特殊的制度、习俗和风尚。这些现象都具有一定的独特性,因而很难将它们归入某一类型以做出普遍的解释。

2. 定量分析

定量分析是指从事物的数量特征方面入手,运用一定的统计学或数学分析方法进行数量分析,从而挖掘出事物的数量中所包含的事物本身的特性及规律性的分析方法。定量分析中常用的方法是统计分析方法。根据不同的划分标准,统计分析可分为以下两种:

(1)根据研究目的的不同,统计分析可分成描述性统计分析和推论性统计分析。描述性统计分析,主要着重于对数量水平或其他特征的描述,既可能通过某具体指标反映某一方面的特征,也可能通过若干变量描述他们的相互关系。这种统计分析方法比较关心测量的准确性,对数据的准确性、可靠性和测度的选择有一定要求。其结果重于数量描述,但不具有推断性质。推论性统计分析,主要用于推断总体、解释事物、检验理论等,因而对变量的选择、测度的决定、资料的时间空间范围有严格限制,必须符合严格的假设条件。其结果不仅可用于描述数量关系,还可以推断总体进行预测、揭示原因、检验理论等。

（2）根据设计变量的多少，统计分析可分为单变量统计分析和双变量统计分析。单变量统计分析，即通过某一变量数据的计算对其数量水平或其他特征进行概括，或对总体进行推断。双变量统计分析，即分析两个变量之间的联系。测量程度不同，使用的分析方法也不同。

3. 调查资料分析

（1）列表分析

① 单向频数表

单向频数表显示了对每一个问题做出每种可能回答的人的数量。单向的意思是只反映一个变量的情况，或只受一个变量的控制。某地区常住人口受教育时间单向频数如表4.2所示。

表4.2 某地区常住人口受教育时间单向频数

受教育年限（年）	频数（人）	百分比	有效百分比
8	53	11.2%	11.2%
12	190	40.1%	40.1%
14	6	1.3%	1.3%
15	116	24.5%	24.5%
16	59	12.4%	12.4%
17	11	2.3%	2.3%
18	9	1.9%	1.9%
19	27	5.7%	5.7%
20	2	0.4%	0.4%
21	1	0.2%	0.2%
总计	474	100%	100%

表4.2显示了对受教育时间这个问题做出各种回答的人数和百分比，其中有190人（占40.1%）受教育时间为12年，有116人（占24.5%）受教育时间为15年。在大多数情况下为了使分析人员尽早看到统计结果，一般会输出调查中每一个问题的单向频数表。

② 交叉列表

交叉列表分析技术是同时将两个或两个以上具有有限类数目和确定值的变量按照一定顺序对应排列在一张表中，从中分析变量之间的相关关系，得出科学结论的技术。变量之间的分项必须交叉对应，从而使交叉表中每个结点的值反映不同变量的某一特征。表4.3是购房类型与总房价交叉列表，可以看出：交叉表中每个结点的值反映不同变量的某一特征。如第一个结点的数据是4,反映了既想买二手房又计划房价在8万以下的家庭户数。

表4.3 购房类型与总房价交叉列表

单位:套

项目		总房价				合计
		8万元以下	8万~10万元	10万~15万元	15万元以上	
购房类型	二手房	4	2	4	1	11
	经济适用房	88	97	61	14	260
	多层商品房	6	18	12	6	42
	高层商品房	1	5	7	—	13
	别墅	1	1	3	9	14
	其他	—	1	—	—	1
合计		100	124	87	30	341

(2)图形分析。

虽然单向频数表、交叉列表及其统计分析有助于获得重要发现,但图形才是将这些发现展现给客户的最好方法。调查结果特别是重要结果,只有通过图形才能使客户在短时间内了解。市场调查界有"能用图绝不用表,能用表绝不用数,能用数绝不用字"的说法,事实证明这句话很有道理。

市场调研人员可以运用线性图、饼状图、柱形图等统计图来展现调查结果。计算机、图表软件和激光打印机的普及,使图表制作极为方便、轻松,各种统计分析软件都具有强大的图形处理能力。

例如,根据调查收集的消费者购买服装的数据资料,用统计图表展示的调查结果。由图4.1可以看出:调查的范围比较集中于19~25岁的消费人群,其他年龄段所占的人数较少。

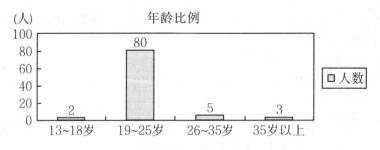

图4.1 消费者年龄的调查结果

在服装购买价位上,消费者经常购买服饰价格是在100~150元之间,购买100元以下服装的消费者也较多,购买150~200元和购买200元以上服装的消费者数量差不多,如图4.2所示。

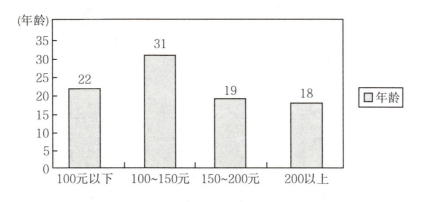

图4.2 购买价位的调查表

(3)集中与离散趋势分析。

集中与离散趋势分析的特征是总体中各单位的次数分布既有差异性又有趋中性。它虽反映了社会经济现象的特性,即社会经济现象总体的数量特征存在着差异性,但客观上存在着一个具有实际经济意义的能够反映总体中各单位数量的一般水平的数值。概括技术就是找出这一数值所采用的方法。最常用的反映总体中各单位数量的一般水平的数值有众数、中位数和平均数三种。

如果说平均指标说明总体中各单位标志值的集中趋势,那么全距、平均差、平均差系数、标准差、标准差系数等指标则说明各单位标志值的离散趋势,这类指标一般称为标志变异指标。总体的标志变异指标值越大,平均数的代表性就越小;反之,标志变异指标值越小,平均数的代表性越大。在市场调查与预测过程中,除了需要测定集中趋势以反映现象的一般水平,也要测定离散趋势以反映各单位标志值之间的差异程度,从而更全面深刻地认识事物的特征。

课 堂 讨 论

有顾客反映某家航空公司售票处售票的速度太慢。为此,航空公司收集并了解100位顾客购票所花费时间的样本数据,结果如表4.4所示。

表4.4 100位顾客购买机票所花费的时间

单位：分钟

2.3	1.0	3.5	0.7	1.0	1.3	0.8	1.0	2.4	0.9
1.1	1.5	0.2	8.2	1.7	5.2	1.6	3.9	5.4	2.3
6.1	2.6	2.8	2.4	3.9	3.8	1.6	0.3	1.1	1.1
3.1	1.1	4.3	1.4	0.2	0.3	2.7	2.7	4.1	4.0
3.1	5.5	0.9	3.3	4.2	21.7	2.2	1.0	3.3	3.4
4.6	3.6	4.5	0.5	1.2	0.7	3.5	4.8	2.6	0.9
7.4	6.9	1.6	4.1	2.1	5.8	5.0	1.7	3.8	6.3
3.2	0.6	2.1	3.7	7.8	1.9	0.8	1.3	1.4	3.5
11.0	8.6	7.5	2.0	2.0	2.0	1.2	2.9	6.5	1.0
4.6	2.0	1.2	5.8	2.9	2.0	2.9	6.6	0.7	1.5

航空公司认为，为一位顾客办理一次售票业务所需的时间在5分钟之内就是合理的。请问，上面的数据是否支持航空公司的说法？顾客提出的意见是否合理？试对上面的数据进行适当的分析，并回答问题。

知识补充：SPSS

统计产品与服务解决方案软件（satistical product and service solutions，SPSS），最初全称为"社会科学统计软件包"（solutions statistical package for the social sciences），但是随着SPSS产品服务领域的扩大和服务深度的增加，SPSS公司已于2000年正式将全称更改为"统计产品与服务解决方案"，这标志着SPSS的战略方向正在做出重大调整。如SPSS为IBM公司推出的一系列用于统计学分析运算、数据挖掘、预测分析和决策支持任务的软件产品及相关服务，有Windows和Mac OS X等版本。

1984年SPSS总部首先推出了世界上第一个统计分析软件微机版本SPSS/PC+，开创了SPSS微机系列产品的开发方向，极大地扩充了它的应用范围，并使其能很快地应用于自然科学、技术科学、社会科学的各个领域。世界上许多有影响的报纸杂志纷纷就SPSS的自动统计绘图、数据的深入分析、使用方便、功能齐全等方面给予了高度的评价。

第三节　市场调查组织与实施

——有效调查的保障

导入案例　一个调查者的亲身经历——入户调查"报告"

  入户调查是我亲身参与的部分,也是我感触最深的部分,走出学校这座象牙塔,才知道这个世界有多大,这世界上生活的人有多复杂。本以为所有的人都是友好的,所有的人都至少会支持一个学生完成她迈向社会的第一次尝试,然而,当我真诚的微笑换来的却是一声冷冷的拒绝的时候,我才懂得做事的艰难。

  也许是上天特意为了关照我这个被父母娇惯,不知道人间疾苦的孩子吧,她让我满怀希望、精心准备的第一次叩门就遭到如此的打击。不成熟的人最容易激动,也最容易退缩,当那扇铁门"砰"的一声关上时,我的热情、信心一下都跑得无影无踪了,我呆呆地立在楼门口,脸上的笑容还来不及收回,准备了一肚子的话好像一块大石头堵在喉咙口。我脑子里一片空白,不知道站了多长时间。"这有什么?"一个分明还是孩子的声音把我唤醒,透过满眼的泪水,我看见一个十五六岁的男孩儿,"我每天都在这个小区里投广告,碰到出来取信的人,他们经常说我是偷信的,可我不是得照样干吗?你这么早就来敲门,不是找骂吗?我看他们对你已经够客气的了!"男孩接着说。"早?现在已经8点多了,我不这么早,可怎么做得完呢?"我大声嚷道,把一肚子的火都撒到了他身上。"你火什么?不让他们高兴,我们的活儿就干不成,干不成我们就没钱吃饭!"男孩儿的一句话让我无言以对,我的眼泪止不住流了下来,一个读了15年书的大学生在这个乡下孩子面前词穷了。也许这孩子并不识得几个字,可他懂得如何生存,而我不知道。忽然发现这个男孩句句朴实的话不正是书上的"顾客心理学"吗?我赶跑了心中愚蠢的骄傲,虚心地向他请教。我让男孩扮演顾客,我向他介绍调查项目,男孩试着找出理由"拒绝"我,而我就想方设法来让这些不够友好的顾客接纳我,这样练着练着,我的信心又渐渐被找了回来。当男孩说他必须赶去做他的工作的时候,我才发现已经耽误他近一个小时了,我拿出20块钱递给他,他推回我的手,转身跑了。我深深地感动着,带着为了所有关心帮助我的人我也要独立完成这15份问卷的坚定信念,我按响了第二家的门铃。

  人没有做不到的事情。终于,我的15份问卷都认真完成了。这其中有70岁的老爷爷,他热情地接待了我,对待问卷十分热情,和我谈了近一个小时;也有刚迈进大学校门的同龄人,访问后我们还交流了校园生活的体会,成了朋友,我还向他推荐有机会一定要参加一次市场调查。当然,这其中也有过困难,但我告诉自己"顾客永远不会错,一定是我什么地方做得还不够",于是我细心地总结经验,15份问卷做下来,已经有一套完整的"敲门术"了:

（1）首先,一定要掌握好敲门的时机,早上9:00以前,中午11:00～13:00都不适宜进行调查。其他时间若主人仍有事在忙,一定要争取约定一个适宜的时间,不要轻言放弃。

（2）主人开门见到一个陌生人,第一反应一定是惊讶,这时你应当微笑,消除他的戒备感,然后说"您好",再用最简练的语言介绍自己和调查目的,要注意突出自己是学生,所做的是研究性质的调查,不要使他误认为你是推销员。

（3）要对所调查的问题十分熟悉,这样才能流利地提问。提问的语速一定不能太快,否则受访者可能来不及理解,注意不要用自己的态度影响受访者的答案,否则调查结果无法反映真实情况。

（4）要按照顺序提问,这样有利于受访者保持思路清晰,也便于检查其答案是否存在明显的逻辑错误。

（5）提问中可适当加入一些调节气氛的话,比如,受访者在询问感兴趣的报纸内容一题中选择了好几个答案,这时你可以赞扬他兴趣广泛,这对于消除受访者的疲倦感,增加他对你的亲近感都是很有好处的。

（6）调查完毕一定要对受访者表示感谢,"善终"与"善始"同等重要。

认识到调查重要性,设计好调研问卷和抽样的方法并不是万事大吉了。想得到真实的市场调研的结论,必然离不开实际的调查实施,调查是一门技术,也是一门艺术,只有亲自参与才会感到其中的快乐。

相关知识

一、组织实施市场调查

（一）建立调查组织

在实施市场调查之前,首先要做的就是组建调查组织团队,一个好的调查团队是后续调查活动的基础。

市场调查的组织结构可以分为组织内部的市场调查机构和委托的专业的市场调查机构,其中,组织内部的市场调查机构是企业或者组织内部的常设或临时组成的机构。二者各有所长,组织内部调查机构对本组织内的相关情况较为了解,在调查时候能够做到应变自如;委托的专业的市场调查组织对市场调查的业务能力较强,他们经验丰富,能够很好地应对调查过程中遇到的各种问题。

(二)选择调查人员

在市场调查中调查人员本身的基本素质、条件、责任心等都在很大程度上影响着市场调查作业的质量,影响着市场调查结果的准确性和可靠性。作为一个优秀的访问员,应具有相应的知识、能力和技能。

1. 具有责任感并对市场调查有兴趣

责任感在市场调查中显得尤其重要。缺乏责任感的人即使工作能力很强,专业水平很高也很难把事情做好。个人的兴趣爱好对他所从事的工作也很重要,一个人对于他感兴趣的事情,会想方设法将它做好。

2. 身心健康并能说好普通话

由于市场调查工作很辛苦,出色的调研员要具有完成任务的体力和耐力。普通话一般人都听得懂,在一般情况下,尽量选择普通话标准的人作为市场调查人员,但也要具体情况具体分析。

3. 开朗、会交流,具有交际能力

在市场调查的过程中总是在跟陌生人打交道,相互之间并不了解。要想获得对方的配合很难,所以交际能力显得非常重要。调查员应该具有开朗的性格,这样才能主动与陌生人交流,与被访者之间建立友善的关系。访问员具有谈话的技巧和倾听的技巧是十分重要的。

4. 良好的思想品德素质

一个优秀的调查人员应该具有强烈的社会责任感和事业心,及时了解国家相关政策、法律法规的变化。具备良好的职业素养,在调查工作中要能够实事求是、公正无私,绝不能只为完成任务而敷衍了事;在调查工作中要认真细致,要具有敏锐的观察力,不放过任何有价值的资料,也不能混入虚假的资料,对有疑点的资料应不怕辛苦,反复核对。

(三)培训调查人员

不同的市场调查项目,在访问方式、访问内容上也有所不同。所以,在市场调查前企业应对调查人员进行调查项目操作的指导和培训,主要包括以下五个方面内容:

(1)向调查人员解释问卷中的问题。一般是让调查人员先看问卷和问卷须知,并对调查人员不清楚的地方给予解释。

(2)统一问卷填写方法。为了今后调查数据录入的方便,规范作答的统一方式和方法。

(3) 分派任务。制订每个调查人员调查的地域、时间和调查的对象。

(4) 访问准备:告诉调查人员在调查前所需携带的各种东西,如问卷、受访者名单、电话、答案卡片、介绍信、个人的身份证明以及礼品等。

(5) 向调查人员说明会有一定的监督措施来检查和控制调查人员的调查质量。

课堂讨论

讨论给市场调查人员进行培训的人员应该具备怎样的知识和技能。

知识补充:计算机辅助电话询问系统(CATI)

计算机辅助电话询问系统目前在美国十分普及。它不仅加强了电话询问在时间和成本方面的优势,同时也突出了方法上的优势。当利用这种方式进行调研时,系统可以根据随机抽样得出电话号码并拨号,每一位访问员都坐在一台计算机终端或个人电脑前,当被访问者电话接通后,访问员通过一个或几个键启动机器开始提问,提出的问题及备选答案便立即出现在屏幕上。同时,计算机系统还会根据被调查者对前面问题的回答,自动显示与被访者个人有关的问题或直接跳过去选择其他合适的问题。

导入案例　微波炉与电磁炉的畅销与滞销①

早在十几年前,我国上海的一家大企业决定上马新型电器厨具。他们首先购买了 50 台家用微波炉和电磁炉,然后在一个家电展销会上进行试销,结果全部产品在 3 天内全部销售完毕。考虑到展销会的顾客缺乏代表性,于是他们又购买了 100 台各种款式的微波炉和电磁炉,在上海南京路的两个商店进行试销。试销前 3 天,该企业在《解放日报》《文汇报》上登了广告。结果半夜就有人排队待购,半天时间全部产品都销售出去了。

他们很高兴,但是厂长仍不放心。他让企业内部的有关部门做一个市场调查,据该部门的负责人说,他们走访了近万户居民,据汇报上来的数据统计,有 80% 的居民有购买电磁炉和微波炉的要求。

他们认为,上海有 1000 多万户居民,加上各种不方便使用明火的地方、各种边远地区的、不方便做饭的小单位和各种值班人员,总之对于电磁炉和微波炉的需

---

① 市场调研:微波炉与电磁炉的畅销与滞销[EB/OL].[2010 - 09 - 09].https://wenku.baidu.com/view/3e11da3131126edb6f1a1019.html.

求量应该是巨大的。如果加上江苏、浙江等辐射省份,对微波炉和电磁炉的需求量将是一个令人惊喜的数据。于是,他们下决心引进新型的生产线,并立即上马进行生产。

可是,当他们的第二条生产线投产的时候,产品滞销,企业全面亏蚀。厂长很不服气,他亲自到已经访问过的居民家中核对调查情况。结果是:所拜访的居民都承认有人来问过他们关于是否购买微波炉和电磁炉的事,而且他们当时都认为自己想买。但是他们后来却都没有买,问其原因,居民的回答就各种各样。有的说,原来指望儿子给钱,可是现在儿子不给钱买了;有的说没有想到现在收入没有那么好;有的说单位给安装了煤气,等等。不管厂长如何生气,微波炉和电磁炉生产线只好停产。

这家企业前期所做的展销和南京路商店试销具有典型的片面性,所以厂长又安排人员进行市场调查,但这次的市场调查设计不够全面,只注重了市场数量,而忽视了消费者能否接受新产品对其生活方式的改变,家庭的收入情况以及他们的消费习惯,等等。

相关知识

二、市场调查管理

(一) 市场调查前期准备

1. 必要的前期准备工作

(1) 在调查之前利用各种渠道进行宣传,可以扩大活动影响,为调查活动顺利开展提供便利。

(2) 与被调查者联系,掌握预约技巧。例如,进行社区调研的时候可以通过与该社区居委会的接触,了解被调查者的大致情况。

2. 必要的辅助工具

(1) 调查手册。条例清楚的指导手册对于现场工作人员的工作指导具有不可忽视的作用。调查指导手册包括调查员手册和督导员手册。

调查员手册是指现场应遵守的操作条例和有关的技术指导。文字性的手册便于随时查阅。主要内容有:① 与被访者的接触,包括怎么第一次接触、筛选正确的样本、就近访问等;② 一般的访问技巧和技术;③ 问卷的审核,包括审核的方法和规则;④ 疑难解答。

督导手册是专门为调查的管理者提供指导的手册,现场工作人员应先熟悉调查员手册。主要内容有:① 作业管理,包括如何给调查员分配任务、怎样向调查员分发和回收问卷,如果财务也由督导负责,还包括如何处理开销凭证及向调查员分发报酬;② 质量检查,即解释对调查人员工作进行质量检查的原则和方法;③ 执行控制,即如何通过各种表格记录调查实施过程中各环节的执行情况。

(2) 准备相关文件。主要包括:① 调查问卷;② 样本单位名单录,包括受访者的地址表、显示地理位置的地图等;③ 调查中需要的卡片、相关表格;④ 介绍信、调查员证等证明文件。

(3) 必要的物品准备。现场调查中常用到的物品主要有:① 礼品;② 测试用品,包括概念测试、包装测试、口味测试和产品留置;③ 使用工具,包括记录笔、访问夹、手提袋(装问卷及礼品)、手表(记录访问时间)等。

(二) 市场调查过程控制

1. 监督调查方案的执行

调查工作计划是指为确保调查的顺利实施而拟定的具体工作安排,包括调查人员安排和培训、调查经费预算、调查进度日程等。调查工作计划直接关系调查作业的质量和效益。调查人员的工作能力、职业态度、技术水平等会对调查结果产生重要影响,一般要求调查人员应具备沟通能力、创造力和想象力;调查费用因调查种类和收集资料精确度的不同而有很大差异。调查组织者应事先编制调查经费预算,制订出各项费用标准,力争以最少的费用取得最好的调查效果;调查进度日程指调查项目的期限和各阶段的工作安排。包括规定调查方案设计、问卷、抽样、人员培训、实地调查、数据录入、统计分析、报告撰写等完成日期。为保证调查工作的顺利开展和按时完成,调查者可制订调查进度日程表,对调查任务加以具体规定和分配,并对调查进程随时进行检查和控制。

2. 审核调查问卷

在问卷的初稿完成后,调查者应该在小范围内进行试验性调查,了解问卷初稿中存在哪些问题,以便对问卷的内容、问题和答案、问题的次序进行检测和修正。试验调查的具体方法是:选择一些有代表性的调查对象进行询问,将问卷中存在的问题尽可能表现出来,如问卷中的语言使用、问题的选项、问卷的长短等,然后依据试调查的结果,看问卷中所有问题是否乐意回答或能够回答,哪些问题属于多余,还有哪些不完善或遗漏的地方。发现问题,应该立即进行修改。如果预先测试导致问卷内容发生了较大的变动,调查者还可以进行第二轮测试,以使最后的定稿更加规范和完善。

3. 审核抽样方法

抽样方法的选择取决于调查研究的目的、调查问题的性质以及调研经费和允许花费的时间等客观条件。调研人员应该在掌握各种类型和各种具体抽样方法的基础上,对拟选择的抽样方法进行验证。只有这样才能在各种环境特征和具体条件下及时选择最为合适的抽样方法,以确定每一个具体的调查对象,从而保证数据采集的科学性。

(三)对市场调查人员的监控

市场调查人员所收集的被访者的问卷是研究者重要的信息来源。但是,在实际中,由于各种原因,调查人员的问卷来源不一定真实可靠,就必须对调查人员进行适当的监督,以保证调查问卷的质量。

对调查人员的监督一般利用下列四种手段来判断调查人员访问的真实性,然后再根据每个调查人员的任务完成质量,从经济上给予相应的奖励或惩罚。

1. 现场监督

在调查人员进行现场调查时,有督导跟随,以便随时进行监督并对不符合规定的行为进行指正。这种方法对电话访谈、拦截访问、整群抽样调查比较适合。

2. 审查问卷

对调查人员收集来的问卷进行检查,看问卷是否有质量问题,如是否有遗漏、答案之间是否有前后矛盾、笔迹是否一样等。

3. 电话回访

根据调查人员提供的电话号码,由督导或专职访问员进行电话回访。

4. 实地复访

如果电话回访找不到有关的被访问者,根据调查人员提供的真实地址,由督导或专职访问员进行实地复访。这种方法比电话回访更真实可靠,但需要花很多的时间和精力。

在电话回访和实地复访过程中,通常要根据以下六个方面来判断调查人员访问的真实性:一是电话能否打通或地址能否找到;二是家中是否有人接受访问;三是受调查的问题是否跟该调查吻合;四是调查时间是否跟问卷记录时间相符;五是受访者所描述的访问员形象是否与该访问员相符;六是访问过程是否按规定的程序和要求执行。

课堂讨论

在日常生活中,我们会看到有人在街头进行市场调查活动,或自己在家受到市场调查人员的"骚扰",或自己进行市场调查活动。结合上述现实,根据我们所学的有关市场调查组织与实施的知识,分析一下哪些市场调查活动实施的比较合理,哪些管理的不够严格,对于调查结果又会产生什么样的影响?

要点总结

市场调查是指企业为了某一个特定营销决策问题而进行的收集、记录、整理、分析、研究市场的各种状况及影响因素,并据此得出结论的一系列活动过程。

酒店市场调研是酒店营销决策的重要手段,它涉及的范围绝对不是仅仅局限在酒店的消费者市场里。酒店市场调研的内容应该包括与本酒店有关的宏观、微观环境以及各种的经济现象。而且,酒店市场调研活动必须贯穿于酒店整个营销管理的全过程,也就是说从发现和判断市场机会,到核实、执行、控制以及信息反馈都是酒店市场调研的范围。

市场营销调查是一项复杂而细致的工作,为了使整个调研工作有节奏、高效率地进行,取得良好的预期效果,调查过程必须按照一定的程序进行。酒店市场营销调查的程序全过程可划分为三个阶段:调研准备阶段、调研实施阶段和调研结果处理阶段。

调查问卷是指调查者根据调查目的与要求设计出有一系列问题、备选答案及说明组成的向被调查者收集资料的一种工具。

抽样设计就是从一定总体中抽取样本数据资料以前,预先确定抽样程序和方案,在保证所抽选的样本对总体有充分代表性的前提下,力求取得最经济、最有效的结果。

调查资料分析是指对市场调查收集到的各种数据资料进行适当的处理,使其显示一定的含义,进而反映不同数据资料之间以及新数据资料与原数据资料之间的联系,并通过分析得出某些结论。大量事实证明,仅有数据资料而没有正确的分析技术是不能正确了解和认识市场现象的。

市场调查人员将方案付诸实施,就意味着市场调查资料的收集工作正式开始。该阶段的主要任务是组织调查人员深入实际,按照调查方案的要求和调查计划的安排,有组织、系统、细致地收集各种市场资料。市场调查资料的收集需要大量的人力、财力做支撑,而且该阶段最容易出现调查误差。组织、管理、控制是该阶段工作成效的基本保障。

练习与实训

（一）知识点练习

1. 单项选择题

（1）市场调查首先要解决的问题是(　　)。
　　A. 确定调查方法　　　　　　　　B. 选定调查对象
　　C. 明确调查目的　　　　　　　　D. 解决调查费用

（2）随着营销费用的增加，刺激消费者力度加大，市场需求会随之增大，但当营销费用超过一定水平后，就不能进一步促进需求，市场需求达到极限值，这极限值叫作(　　)。
　　A. 市场需求　　　B. 企业需求　　　C. 市场潜量　　　D. 市场最低量

（3）与原始资料相比，二手资料的优势在于(　　)。
　　A. 含有更多的有效信息　　　　　B. 易于取得，而且成本较低
　　C. 可以直接使用而不必作任何处理　　D. 对企业解决当前的营销问题更有用

（4）企业自身的二手资料可分为(　　)。
　　A. 内部资料和外部资料　　　　　B. 机密资料和非机密资料
　　C. 长期资料和短期资料　　　　　D. 公开资料和非公开资料

（5）市场调查工作中，哪个阶段是现场实施阶段？(　　)
　　A. 收集资料阶段　　B. 研究阶段　　C. 总结阶段　　D. 可行性评估阶段

（6）市场调查的目的是(　　)。
　　A. 预见市场未来的发展趋势　　　B. 为经营决策提供依据
　　C. 了解市场活动的历史与现状　　D. 收集企业生产活动的相关信息

（7）以下哪一个不是市场调查的作用？(　　)
　　A. 为企业经营决策提供依据　　　B. 有利于提高企业的市场竞争能力
　　C. 有利于企业优化市场营销组合　　D. 有利于树立企业形象

（8）不属于非随机抽样技术的点的陈述是(　　)。
　　A. 可以按照一定的主观标准抽选样本
　　B. 可以缩小抽样范围
　　C. 可以选择典型样本
　　D. 抽样误差可以计算

（9）抽样调查的目的是(　　)。
　　A. 了解总体的全面情况　　　　　B. 掌握总体的基本情况
　　C. 由样本指标推断总体指标　　　D. 由各别推断总体

（10）封闭式问题的缺点是(　　)。

A. 答案分散　　　　　　　　　B. 资料难以整理
C. 被调查者不能准确表达意见　　D. 不利于被调查者理解

2. 多项选择题

(1) 数据资料的来源有(　　)。
A. 政府机关或者统计部门的统计数据
B. 书刊杂志
C. 以往的行业报告
D. 互联网

(2) 优秀的问卷应该具备的条件是(　　)。
A. 能提供必要的决策信息　　B. 问卷设计简洁,具有逻辑性
C. 与调查目标一致　　　　　D. 使应答者感到有趣

(3) 一个成功的问卷设计应该具备的功能有(　　)。
A. 能将所要调查的问题明确地传达给被调查者
B. 设法取得对方合作,最终取得真实、准确的答案
C. 获取尽可能多的被调查者信息
D. 适合任何背景的人群

(4) 一份完整的问卷通常包括(　　)。
A. 问卷的标题　　　　　　　B. 问卷说明
C. 被调查者基本情况　　　　D. 调查主题内容

(5) 下列调查中,属于消费者市场调查的是(　　)。
A. 对某种拖拉机市场的调查　B. 对化肥市场的调查
C. 对钢材市场的调查　　　　D. 对服装市场的调查

3. 判断题

(1) 市场调研可以帮助企业发现市场营销机会。(　　)

(2) 市场调研是市场营销工作的一个组成部分。(　　)

(3) 市场调研一般没有时间要求。(　　)

(4) 市场形势和营销环境的变化迅速,因此,市场调研与预测必须符合及时原则。(　　)

(5) 为了保证收集到重要资料,问卷设计要面面俱到,时间控制在30分钟以上。(　　)

(6) 封闭性问题是指对问题的回答未提供任何具体的答案,由被调查者根据自己的想法自由做出回答,属于自由回答。(　　)

(7) 市场调查员的沟通能力和文字理解能力不需要太多。(　　)

(8) 市场调查报告是调研结果的集中体现和营销决策的重要依据。(　　)

(9) 市场调查最后要形成正式的调查报告。(　　)

（10）在现实生活中，许多消费者认为年龄、收入、受教育程度等都属于个人隐私，不愿意真实回答，所以在调查时可以把这些问题都省略。（　）

（二）课程实训

1. 实训项目

市场调查基本原理和市场调查运作流程应用。

2. 实训目的

通过实际市场调查工作的开展分析，强化对酒店市场调查课程内容的理解，并学会对所学理论的应用。

3. 实训步骤

以小组或个人为单位选择一家酒店，针对其主要客户制订一份调查问卷，并利用问卷完成信息收集和调查结果分析，并准备PPT进行汇报展示。

4. 实训内容要求：

(1) 调查纲要的拟定。

(2) 市场调查计划书的拟定。

(3) 背景资料收集、整理及分析和总结。

(4) 调查问卷的设计。

(5) 调查问卷的发放和回收。

(6) 调查问卷的分析和总结。

(7) 调查报告的撰写。

5. 注意事项

(1) 提前布置，让学生（小组）先做准备并设计分工，保证实训效果。

(2) 课程实训可随教学内容灵活穿插安排。

(3) 授课教师须精心准备，主持课程实训，安排学生（小组）就所调查的主题开展汇报工作，引导和控制主题，调动学生的积极性，做好总结点评。

第五章 酒店目标市场战略（STP分析）

知识目标

理解酒店市场细分的概念和作用;掌握酒店市场细分的常用变量;理解目标市场选择的依据,掌握酒店企业进行市场定位的方法和战略。

技能目标

运用市场细分进行相应目标市场的选择,掌握目标市场选择的工作程序;能够针对不同的产品开展市场细分工作,准确评估细分市场;学会运用市场定位制订酒店营销策略,能够根据不同的企业产品提出市场定位的战略和方法。

学习建议

尝试着运用所学酒店市场目标市场战略知识对现实中的酒店的市场细分、目标市场选择和市场定位进行分析和评价。

关键术语

市场细分、目标市场选择、市场定位

第一节　酒店市场细分
——众里寻他千百度

导入案例　希尔顿集团市场细分战略[①]

"一个尺码难以适合所有的人。"希尔顿集团采用品牌延伸策略把集团分成不同质量和档次的酒店。希尔顿集团的酒店主要分以下几类：

（1）机场酒店。它们普遍坐落在离机场跑道只有几分钟车程的地方。希尔顿集团目前已经在美国主要空港建立了40余家机场酒店。

（2）商务酒店。理想的地理位置、拥有高质量的服务和特色娱乐消遣项目的商务酒店是希尔顿集团旗下的主要产品。

（3）会议酒店。此类酒店承办各种规格的会议、会晤及展览、论坛。

（4）全套间酒店。适合长住型客人，每一套间有两间房，拥有大屏幕电视、影碟机、微波炉、微型冰箱等。起居室有沙发床，卧室附带豪华浴缸卫生间。每天早上提供客房早餐，晚间供应酒水，为商务客人免费提供商务中心服务，仅收取标间的价格。

（5）度假区酒店。提供方便、快捷的预订服务，顶尖水平的住宿，出色的娱乐设施及具有当地风味特色的食品和饮料。

（6）希尔顿假日俱乐部。它为会员提供多种定制高端服务。

（7）希尔顿花园酒店。目标市场是异军突起的中产阶级游客，价格适中、环境优美，深得全家旅游或长住商务客人的欢迎。

希尔顿集团同时推出了各种特色服务项目，其中主要包括：

（1）浪漫一夜。为庆祝周年纪念或新婚的情侣所设置。提供上乘的住宿，免费的晚餐香槟，第一天免费双人室内早餐，免费健康矿泉水和旋涡式按摩水池，并享有延后离店特权。

（2）轻松周末。以极低的房价为客人提供轻松、舒适的周末住店服务，提供每天的欧陆式早餐，客人可早入店和延迟离店。

（3）对老年客人的服务。针对老年客人的特点，为其提供专门的特权，特殊的让利以及体贴周到的照顾。

[①] 希尔顿的市场细分战略[EB/OL].[2013－11－12].http://blog.sina.com.cn/s/blog_b161f2ed0101o9ov.html.

市场上存在着成千上万的消费者并分散于不同的地区,他们的需求及欲望是千差万别的。面对消费者完全不同的需求,由于人力、物力及财力的限制,酒店不可能生产各种不同的产品来满足所有顾客的需求,也不可能满足消费者的所有需求。为了提高酒店的经济效益,有必要对市场进行细分。

相关知识

一、市场细分的概念

市场细分的概念是美国市场学家温德尔·史密斯(W.R.Smith)于1956年提出来的。市场细分(market segmentation)是指营销者通过市场调研活动,依据消费者的需要和欲望、购买行为和购买习惯等方面的差异,把某一产品的市场整体划分为若干消费者群的市场分类过程。其中,每一个消费者群就是一个具体的细分市场,每一个细分市场都是具有类似需求倾向和消费者构成的群体。

酒店市场的消费者来源多样,有商务客人、会议客人、度假客人等,不同类型客人的需求也各不相同,一家酒店不可能满足所有市场上客人的需求,因此酒店经营者需要通过市场细分的方式找到一个或几个目标市场作为自己的营销对象。

所谓酒店市场细分就是将整体的酒店市场划分为若干个具有相同需求的子市场,从而确定酒店目标市场的活动过程。酒店市场细分能够使酒店有效地分配和使用有限的资源开展各种营销活动,并向市场提供独特的服务产品。

导入案例　吉列公司的女用剃毛刀

金·吉列,世界上第一副安全刮胡刀片和刀架的发明人。1907年,吉列先生创建公司生产自己的产品,使男人刮胡子变得方便、舒适和安全。1920年,世界上已经有约2000万人使用吉列刮胡刀。20世纪70年代,吉列公司销售额已达20亿美元,成为著名的跨国公司。吉列公司经过周密市场调查发现,在美国30岁以上的妇女有8360万人,其中有6590万人为了保持美好形象,要定期刮除腿毛和腋毛,在这些人中有2300万人主要靠男用刮胡刀来满足此项需要,一年在这方面的花费高达7500万美元,毫无疑问这是一个极有潜力的市场。于是吉列公司瞄准了女用剃毛刀市场。据统计,大约有71%的美国女性使用吉列公司的Venus剃毛刀剃除体毛,新型的Venus剃毛刀修长的刀架能让女性轻松修饰身体各处的体毛,比一般剃刀窄的刀片能够精细去除腋下这些狭窄部位的体毛,天蓝色或粉红色半透明的胶质手柄让女性在为自己塑造美丽的同时也对它感到赏心悦目。

任何一家酒店都不可能满足所有类型客人的需求，目标市场越多，竞争对手就越多，客人的需求面也就越广，酒店往往会处于穷于应付的被动局面，反而使所有的客人都不满意；而选准一个或几个细分客源市场，就易满足客人需求，使酒店在特定群体心目中处于无可替代的地位。

相关知识

二、酒店市场细分作用

细分市场不是根据产品品种、产品系列来进行的，而是从消费者的角度进行划分的，是根据市场细分的理论基础，即根据消费者的需求、动机、购买行为的多元性和差异性来划分的。通过市场细分对酒店的营销起着极其重要的作用。

（一）有利于选择目标市场和制订市场营销策略

市场细分后的子市场比较具体，比较容易了解消费者的需求，企业可以根据自己的经营思想、方针及生产技术和营销力量，确定自己的服务对象，即目标市场。针对较小的目标市场，便于制订特殊的营销策略。同时，在细分的市场上，信息容易了解和反馈，一旦消费者的需求发生变化，企业可迅速改变营销策略，制订相应的对策，以适应市场需求的变化，提高企业的应变能力和竞争力。

联想集团的产品细分策略，正是基于产品的明确区分的基础上，打破其传统的"一揽子"促销方案，围绕"锋行""天骄""家悦"三个品牌，针对的不同用户群需求，推出不同的"细分"促销方案。选择"天骄"品牌的用户，可优惠购买让数据随身移动的魔盘、可精彩打印数码照片的3110打印机、SOHO好伴侣的M700多功能机以及让人尽享数码音乐的MP3；选择"锋行"品牌的用户，可以优惠购买"数据特区"双启动魔盘、性格鲜明的打印机以及"新歌任我选"MP3播放器；钟情于"家悦"品牌的用户，则可以优惠购买"电子小书包"魔盘、完成学习打印的打印机、名师导学的网校卡以及成就电脑高手的XP电脑教程。

（二）有利于发掘市场机会，开拓新市场

通过市场细分，酒店可以了解不同消费者群体的需求状况以及未被满足的程度，从而使酒店以掌握足够的信息并迅速占领未被满足的市场，扩大市场占有率，取得市场经营的优势。

(三)有利于集中人力、物力投入目标市场

任何一个企业的资源、人力、物力、财力都是有限的。通过细分市场,选择了适合自己的目标市场,企业可以集中人力、财力、物力及资源,去争取局部市场上的优势,然后再占领自己的目标市场。

(四)有利于企业提高经济效益

酒店通过市场细分,比较直观、系统且准确地了解到目标市场的需求,可以从众多的细分市场中确定酒店的服务方向、产品战略,从而更合理地确定营销组织策略,及时调整酒店的产品、价格、销售渠道以及促销手段,并且随着市场的发展予以适时调整,提高产品和服务质量,全面提高企业的经济效益。

课堂讨论

依据消费者的需求不同进行市场细分是不是越细越好呢?

导入案例 市场细分永不停息——来自万豪酒店的启示[①]

万豪酒店(Marriott)是与希尔顿、香格里拉等齐名的酒店巨子之一,总部位于美国。现在,其业务已经遍及世界各地。

八仙过海,各显神通,不同的企业有不同的成功之道。就酒店业而言,上述企业在品牌及市场细分上就各有特色:希尔顿、香格里拉等这样单一品牌公司通常将内部质量和服务标准延伸到许多细分市场上;而万豪集团则偏向于使用多品牌策略来满足不同细分市场的需求,人们(尤其是美国人)熟知的万豪旗下的品牌有"庭院旅馆(Courtyard Inn)""波特曼·丽嘉(Ritz Carlton)"等。

在美国,许多市场营销专业的学生最熟悉的市场细分案例之一就是"万豪酒店"。这家著名的酒店针对不同的细分市场成功推出了一系列品牌:Fairfield(公平)、Courtyard(庭院)、Marriott(万豪)以及Marriott Marquis(万豪伯爵)等等。在早期,Fairfield(公平)是服务于销售人员的,Courtyard(庭院)是服务于销售经理的,Marriott(万豪)是为业务经理准备的,Marriott Marquis(万豪伯爵)则是为公司高级经理人员提供的。后来,万豪酒店对市场进行了进一步的细分,推出了更多的旅馆品牌。

在"市场细分"这一营销行为上,万豪集团可以被称为超级细分专家。在原有

---

① 芮新国.市场细分永不停息:来自万豪酒店的启示[J].开放潮,2002(5):13-16.

的4个品牌都在各自的细分市场上成为主导品牌之后,万豪集团又开发了一些新的品牌。在高端市场上,Ritz-Carlton(波特曼·丽嘉)酒店为高档次的顾客提供服务方面赢得了很高的赞誉并备受赞赏;Renaissance(新生)作为间接商务和休闲品牌与Marriott(万豪)在价格上基本相同,但它面对的是不同消费心态的顾客群体——Marriott吸引的是已经成家立业的人士,而Renaissance的目标顾客则是那些职业年轻人;在低端酒店市场上,万豪集团将Fairfield Inn衍生出Fairfield Suite(公平套房),从而丰富了自己的产品线;位于高端和低端之间的酒店品牌是TownePlace Suites(城镇套房)、Courtyard(庭院)和Residence Inn(居民客栈)等,他们分别代表着不同的价格水准,并在各自的娱乐和风格上有效进行了区分。

伴随着市场细分的持续进行,万豪集团又推出了Springfield Suites(弹性套房)——比Fairfield Inn(公平客栈)的档次稍高一点,主要面对一晚75~95美元的顾客市场。为了获取较高的价格和收益,酒店使Fairfield Suite(公平套房)品牌逐步向Springfield(弹性套房)品牌转化。经过多年的发展和演化,万豪集团旗下现在共有8个品牌酒店。

对于酒店企业来说,选择不同的细分标准,可以多方位地分析和了解自身的消费者市场,从而可以更好地开发有针对性的酒店产品。

相关知识

三、酒店市场的细分标准

酒店市场的细分标准可以概括为地理因素、人口统计因素、心理因素和行为因素四个方面,每个方面又包括一系列的细分变量,如表5.1所示。

表5.1 消费品市场细分标准及变量一览表

细分标准	细 分 变 量
地理因素	地理位置,城镇大小,地形,地貌,气候,交通状况,人口密集度等
人口统计因素	年龄,性别,职业,收入,民族,宗教,教育,家庭人口,家庭生命周期等
心理因素	生活方式,性格,购买动机,态度等
行为因素	购买时间,购买数量,购买频率,购买习惯(品牌忠诚度),对服务、价格、渠道、广告的敏感程度等

（一）按地理因素细分

按照酒店顾客所处的地理位置、自然环境来进行市场细分。酒店可以根据顾客的国家、地区等地理区位差异将其划分为不同的细分市场，不同地理环境下的顾客对酒店产品和服务往往会有不同的需求和偏好，对酒店采取的营销策略也会有不同的反应。

> **课堂讨论**
>
> 我国南北方客人在饮食上有哪些差异？酒店在餐饮服务过程中应注意些什么？

（二）按人口统计因素细分

按人口统计因素细分，就是按年龄、性别、职业、收入、家庭人口、家庭生命周期、民族、宗教、国籍等变数，将市场划分为不同的群体。由于人口变数比其他变数更容易测量，且适用范围比较广，因而人口变数一直是细分消费者市场的重要依据。

(1) 年龄。不同年龄的人，在选择酒店时对酒店设施设备、酒店产品的价格、酒店服务的要求等都会有很大的区别。

(2) 性别。性别在酒店业中属于基本被忽视的变量，因为很少有专门为女性或男性而设计的客房。但是，近年来，随着女性商务游客的增多，越来越多的酒店开始在客房设计以及特色服务上考虑女性顾客的个性化需求。2001年瑞士苏黎世在世界上开出了第一家针对女性商务游客的酒店——Lady's First，大获成功。国内在一些经济发展迅速的地区，如上海、广州等地的高星酒店店已相继开辟了"女士楼层"，通过制订并实施一系列特色化的服务及管理措施，收到了明显成效。

(3) 家庭。一个国家或地区的家庭数和家庭平均人口数的多少，对酒店客源市场的影响很大。

(4) 社会阶层和文化程度。人们的社会地位、职业与受教育程度的不同，也会影响到对酒店产品和服务的需求。一般而言，受过高等教育的人对旅游会有更多的热情，而且会有更多的商务旅行机会；文化水平相对较低的人则会在消费上趋于保守，对旅游产品的需求相对较低。

(5) 经济收入与支付能力。经济收入与支付能力是紧密相连的，经济收入越高，支付能力就越强。一般来说，家庭收入越高，去旅游消费的可能性越高。高收入群体是酒店高端市场中十分重要的一个细分领域。

(6)职业。人们职业的不同会产生不同的需求,比如,商务旅行者在酒店产品的服务与需求上就有别于一般的观光游客。在高端酒店市场上,因工作需要而往返于各地的商务游客是酒店非常关注的细分领域。

(三)按心理因素细分

按心理因素细分,就是将消费者按其生活方式、性格、购买动机、态度等变数细分成不同的群体。

(1)生活方式。越来越多的企业,如服装、化妆品、家具、娱乐等行业,重视按人们的生活方式来细分市场。生活方式是人们对工作、消费、娱乐的特定习惯和模式,不同的生活方式会产生不同的需求偏好。

(2)性格。性格外向、感情容易冲动的消费者往往好表现自己,因而他们喜欢购买能表现自己个性的产品;性格内向的消费者则喜欢大众化,往往购买比较平常的产品;富于创造性和冒险心理的消费者,则对新奇、刺激性强的商品特别感兴趣。

(3)购买动机,即按消费者追求的利益来进行细分。消费者对所购产品追求的利益主要有求实、求廉、求新、求美、求名、求安等,这些都可作为细分的变量。例如,有人购买服装为了遮体保暖,有人是为了对美的追求,有人则为了体现自身的经济实力等。因此,企业可对市场按利益变数进行细分,确定目标市场。

(四)按行为因素细分

按行为因素细分,就是按照消费者购买或使用某种商品的时间、购买数量、购买频率、对品牌的忠诚度等变数来细分市场。

(1)购买时间。许多产品的消费具有时间性,烟花爆竹的消费主要在春节期间,月饼的消费主要在中秋节以前,旅游景点在旅游旺季生意最兴隆。因此,企业可以根据消费者产生需要、购买或使用产品的时间进行市场细分,如航空公司、旅行社在寒暑假期间大做广告,实行优惠票价,以吸引师生乘坐飞机外出旅游;商家在酷热的夏季大做空调广告,以有效增加销量;双休日商店的营业额大增,而在元旦、春节期间,销售额增加幅度则更大。因此,企业可根据购买时间进行细分,在适当的时候加大促销力度,采取优惠价格,以促进产品的销售。

(2)购买数量。据此可分为大量用户、中量用户和少量用户。大量用户人数不一定多,但消费量大,许多企业以此为目标,反其道而行之也可取得成功。如文化用品的大量使用者是知识分子和学生,化妆品的大量使用者是青年女性等。

(3)购买频率。据此可分为经常购买、一般购买、不常购买(潜在购买者)。如铅笔,小学生经常购买,高年级学生按正常方式购买,而工人、农民则不常买。

(4)购买习惯(对品牌忠诚度)。据此可将消费者划分为坚定品牌忠诚者、多品牌忠诚者、转移的忠诚者、无品牌忠诚者等。例如,有的消费者忠诚于某些产品,如柯达胶卷、海尔电器、中华牙膏等;有的消费者忠诚于某些服务,如东方航空公司、某某酒店或饭店等,或忠诚于某一个机构、某一项事业,等等。为此,企业必须辨别其忠诚顾客及特征,以便更好地满足他们的需求,必要时给忠诚顾客以某种形式的回报或鼓励,如给予一定的折扣等。

课堂讨论

尝试讨论一下酒店的菜肴,可以找到哪些细分依据?

知识补充:同质市场和异质市场

同质市场是指消费者或用户对某一产品的需要、欲望、购买行为以及对企业营销策略的反应等方面具有基本相同或极为相似的一致性的产品市场。异质市场是指消费者或用户对某一产品的需要、欲望、购买行为以及对企业营销策略的反应等方面具有存在差异的产品市场。

第二节　酒店目标市场选择

——我的地盘我做主

导入案例　万豪酒店的品牌战略[①]

通过市场细分来发现市场空白是万豪酒店的一贯做法,正是这些市场空白成了万豪酒店成长的动力和源泉。万豪一旦发现有某个价格点的市场还没有被占领,或者现有价位的某些顾客还没有被很好地服务,它就会马上填补这个"空白"。位于亚特兰大市的Ritz Carlton(波特曼·丽嘉酒店,现在已经被引入上海等国内城市)经营得非常好而且发展得很快,现在,该酒店甚至根本不用提自己是Marriott(万豪)麾下的品牌。

万豪酒店的品牌战略基本介于"宝洁"和"米其林"(轮胎)之间——"宝洁"这个字眼相对少见,而"米其林"却随处可见。"米其林"在提升其下属的B.F.Goodrich(固锐)和Uniroyal(尤尼鲁尔)两个品牌时曾经碰到过一些困难和挫折,

---

① 芮新国.市场细分永不停息:来自万豪酒店的启示[J].开放潮,2002(5):13-16.

万豪酒店在旅馆、公寓、饭店以及度假村等业务的次级品牌中使用主品牌的名字时遇到了类似的困惑。与万豪酒店相反,希尔顿饭店采用的是单一品牌战略,并且在其所有次级品牌中都能见到她的名字,如"希尔顿花园旅馆"等。万豪酒店也曾经使用过这种策略,这两种不同的方式反映了他们各自不同的营销文化:一种是关注内部质量标准,一种是关注顾客需求。像"希尔顿"这样单一品牌企业的信心是建立在其"质量承诺"之上的,公司可以创造不同用途的次级品牌,但主品牌会受到影响。

一个多品牌的公司则有完全不同的理念——公司的信心建立在对目标顾客需求的了解之上,并有能力创造一种产品或服务来满足这种需求。顾客的信心并不是建立在"万豪"这个名字或者其服务质量上,其信心基础是"旅馆是为满足顾客的需求而设计的"。比如说,顾客想找一个经济上可以承受得起的旅馆并住上三四个星期,"城镇套房"可能就是其最好的选择,他并不需要为万豪酒店额外的品质付费,他可能并不需要这样的品质,而且这种品质对他而言可能也没有任何价值。

万豪酒店创新之道

万豪会在什么样的情况下推出新品牌或新产品线呢?答案是:当其通过调查发现在旅馆市场上有足够的、尚未填补的"需求空白"或没有被充分满足的顾客需求时,公司就会推出针对这些需求的新产品或服务——这意味着公司需要连续地进行顾客需求调研。通过分析可以发现,万豪的核心能力在于它的顾客调查和顾客知识,万豪将这一切都应用到了从"公平旅馆"到"丽嘉"所有的旅馆品牌上。从某种意义上说,万豪的专长并不是旅馆管理,而是对顾客知识的获取、处理和管理。

万豪酒店一直致力于寻找其不同品牌间的空白地带。如果调查显示某细分市场上有足够的目标顾客需要一些新的产品或服务特色,那么万豪就会将产品或服务进行提升以满足顾客新的需求;如果调查表明在某一细分目标顾客群中,许多人对一系列不同的特性有需求,万豪将会把这些人作为一个新的"顾客群"并开发出一个新的品牌。

万豪国际公司为品牌开发提供了有益的思路。对于一种现有的产品或服务来说,新的特性增加到什么程度时才需要进行提升?又到什么程度才可以创造一个新的品牌?答案是:当新增加的特性能创造一种新的东西并能吸引不同目标顾客时,就会有产品或服务的提升或新品牌的诞生。

万豪公司宣布开发"弹性套房"这一品牌的做法是一个很好的案例。当时,万豪将"弹性套房"的价格定在75~95美元之间,并计划到1999年3月1日时建成14家,在随后的两年内再增加55家。"弹性套房"源自"公平套房",而"公平套房"原来是"公平旅馆"的一部分。"公平套房"始创于1997年,当时,华尔街日报是这样描绘"公平套房"的:宽敞但缺乏装饰,厕所没有门,客厅里铺的是油毡,它的定价是75美元。实际上,对于价格敏感的人来讲,这些套房是"公平旅馆"中比较宽敞的样本房。现实问题是:"公平套房"的顾客可能不喜欢油毡,并愿意为"装饰得好一点"的房间多花一点钱。于是,万豪通过增加烫衣板和其他令人愉快的东西等来改变"公平套房"的形象,并通过铺设地毯、加装壁炉和早点房来改善客厅条件。通过这些方面的提升,万豪酒店吸引到了一批新的目标顾客——注重价值的购买者。但后来,万豪发现对"公平套房"所做的提升并不总是有效——价格敏感型顾客不想要,而注重价值的顾客对其又不屑一顾。于是,万豪考虑将"公平套房"转换成"弹性套房",并重新细分了其顾客市场。通过测算,万豪得到了这样的数据:相对于价格敏感型顾客为"公平套房"所带来的收入,那些注重价值的顾客可以为"弹性套房"至少增加5美元的收入。

在一个有竞争的细分市场中进行产品提升要特别注意获取并维系顾客。对于价格敏感型顾客,你必须进行产品或服务的提升以避免他们转向竞争对手。如果没有竞争或者没有可预见的竞争存在,那么就没有必要进行提升。其实,竞争通常总是存在的,关键是要通过必要的提升来确保竞争优势。面对价格敏感型顾客,过多的房间并不能为"公平旅馆"创造竞争优势。

现在,酒店服务业也像消费品行业一样正发生着剧烈的变化。作为酒店经营者,您必须经常问自己:我是准备在竞争中提升产品或服务以保护自己的市场,还是准备为新的细分市场开发新的产品?如果选择前者,要注意使产品或服务的提升保持渐进性,从而降低成本,因为现有的顾客往往不想支付的更多。如果选择后者,新的产品或服务必须包含许多新的目标顾客所期待的东西,进一步讲,是需要有一个不同的品牌——该品牌不会冲击原有品牌,而新的顾客能够接受这种新产品或服务并愿意为此支付更高的价格。万豪酒店通过创造出"弹性套房"成功地将一种"使价格敏感型顾客不满"的模式转换成为一种"注重价值的顾客"的模式,这是一个很典型的案例。

说到底,这其实就是营销上的STP战略,即市场细分(segmentation)、选择(targeting)和定位(positioning)战略。品牌战略归根到底是围绕着细分市场来设计和开发的,清晰的品牌战略来自于清晰的STP战略。在产品和服务严重同质化的今天,在大家为同一块市场拼得头破血流的时候,我们是否应该从战略高度来考虑突破和创新呢?但愿万豪酒店的案例能给我们带来一定的启发。

相关知识

一、酒店目标市场的营销策略

目标市场是酒店在市场细分的基础上,酒店营销活动所要满足的市场需求。

目标市场是酒店准备进入和服务的市场。酒店进行市场细分的目的就是选择目标市场。经过市场细分后,酒店会发现有一个或几个细分市场是值得进入的。此时,酒店需要进行选择和确定进入哪些细分市场。

当酒店选定了目标市场之后,如何经营好这些目标市场,是酒店营销人员需要考虑的重要问题。酒店目标市场选择策略是指酒店如何选自己的目标市场。常用的目标市场选择策略有以下三种类型:

(一)无差异营销策略

无差异营销策略,是指酒店不进行市场细分,而是把整个市场作为自己的经营对象。企业把整体市场看作一个大的目标市场,不进行细分,用一种产品、统一的市场营销组合对待整体市场,如图5.1所示。

图5.1 无差异营销策略

无差异策略适用于以下三种情况:
(1)同质市场,即市场需求差异小到可以忽略不计的市场。
(2)新产品介绍期。
(3)需求大于供给的卖方市场。

这种策略的优点在于大大降低了产品设计成本、生产成本和经营成本;缺点是忽视了市场需求的差异性,可能会导致顾客的满意度低,适用范围有限。

在相当长的一段时间内,可口可乐公司因拥有世界性的专利,仅生产一种口味、一种规格和形状的瓶装可口可乐,连广告词也只有一种。它所实施的就是无差异性市场战略,期望凭借一种可乐来满足所有消费者对饮料的需求。

(二)差异性营销策略

差异性营销策略,是指酒店选择两个或两个以上细分市场作为自己的目标市场并针对不同的目标市场制订不同的营销组合,如图5.2所示。

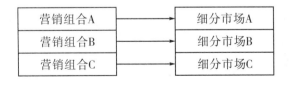

图5.2 差异性营销策略

差异性营销策略适合于以下三种情况:

(1)规模大、资源雄厚的酒店或酒店集团。
(2)竞争激烈的市场。
(3)产品成熟阶段。

差异性营销策略的优点是：小批量、多品种，生产机动灵活、针对性强，使消费者需求更好地得到满足，由此促进产品销售。另外，由于企业是在多个细分市场上经营，一定程度上可以减少经营风险；一旦企业在几个细分市场上获得成功，有助于提高企业的形象及提高市场占有率。目前，越来越多的酒店开始使用这种营销策略。但是，这种策略由于目标市场过多，因而导致酒店生产和促销等的费用有所增加，管理工作的难度也有所增加。所以，比较适宜采用这种策略的大体有以下三种：

(1)规模大、资源雄厚的酒店或酒店集团。
(2)竞争激烈的市场。
(3)产品成熟阶段。

(三) 集中性营销策略

集中营销策略，是指营销人员使用某种特定的营销组合来满足某个单一目标市场，并将酒店的人力、物力、财力都集中于这一个目标市场，如图5.3所示。

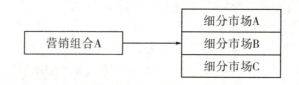

图5.3 集中性营销策略

集中性营销策略适用于以下两种情况：
(1)酒店资源并不多的中小型酒店。
(2)竞争比较激烈的市场。

这种策略有利于酒店经营项目的专业化，比较适用于中小型酒店或竞争比较激烈的市场。其缺点是酒店经营的风险大，一旦该市场有少许的变化都会给酒店带来很大的损失，回旋的余地小。

课堂讨论

讨论一下酒店市场的差异性市场营销策略，并列举出典型的相关企业。

导入案例　Virgin Mobile 与 Boost Mobile 如何开拓年轻人市场[①]

年轻人有着天生的对大众媒体宣传的怀疑精神,不断膨胀的大众媒体,铺天盖地的广告信息,只能激发他们强烈的抵触情绪,那么,如何拨动年轻人的心弦呢?

年轻市场的魅力

自1999年起,手机可以说是最快速成长的一种产品,根据无线通信市场观察者Telephia的统计,目前美国已经有51%的人拥有一部手机,但是对于18~25岁之间的年轻人而言,这一比例只有41%,低于总体水平。这些年轻人比其他年龄段的人使用手机的时间要长得多,他们每个月的通话时间平均高达800分钟,是通常人们通话时间的两倍,这实在是一个手机商们没有充分服务的一个市场。从发展趋势来说,根据市场分析公司Yankee调查公司在2014年的预测,到2006年,在18~25岁这个年龄层中,将会有74%的人拥有手机,这个比例意味着这个年龄层的人口将会是那时候手机市场占最大比例的市场区隔,如果抓不住这个市场,那么手机商们的生命线明显将会受到威胁。但是,这一个年龄层的人口恰恰又是传统企业所面临的最难捕捉的一群人。无线通讯的大公司们只能像打散弹一样地向这一人群发出一些广告讯息,既无章法,又无创意;既抓不住他们的注意力,也抓不住他们的心,反倒有可能将他们从自己身边推开。这群年轻人有着强烈的"同伴压力",一旦某些意见领袖传递出一个信息,他们就会不由自主地追随。如果这个讯息传递的是某某手机品牌只是无趣的人们使用的,不够酷,那么这些年轻人就会很快地摒弃这一品牌。

但是,这些桀骜不驯的年轻人的心弦却被两家小型的无线通信公司拨动了,令那些大的无线通讯公司百思不解、嫉妒不已。这两家手机公司就是在英国起家的Virgin Mobile和以美国西海岸为基地的Boost Mobile。他们用自己特有的方式,从不同的角度在年轻人当中树立起品牌形象,抓住了那些看似不羁的心。这两家公司破译了这批年轻人的心灵密码。仅在加利福尼亚和内华达两个州,Boost Mobile就以每个月增加4万个用户的速度在扩展自己的地盘,这些用户基本上都是30岁以下的年轻人。Virgin Mobile更是咄咄逼人,每个月增加将近6万个年轻用户。那么,他们究竟用了什么样的魔术,将一个看似很无趣的不过是用来通话的工具转变为一个似乎每个年轻人都应该拥有的时尚的象征的呢?

独特生活形态抓住年轻人的心

说到Virgin Mobile,就不能不提到它的创始人理查德·布莱森。2002年6月,在Virgin Mobile公司宣布和Sprint PCS建立各占50%的伙伴关系的

[①] 顾洁.如何拨动年轻人的心弦:Virgin 和 Boost Mobile 开拓年轻人市场的经验[J].南风窗:新营销,2004(3):48-50.

宣传发布会上,这位堂堂的总裁竟然以几近全裸的形象出现在公众和各大媒体之前,这一轰动效应一方面给这位总裁博得了业界最"厚颜无耻"的经理人的名声,另一方面是他们很快就成功地吸引了超过100万的用户。这一"牺牲色相"的行为也昭示了Virgin Mobile的成功并无特别的秘诀,无非就是大肆宣扬独特的生活形态,从而将自己的产品和年轻人贴近,最终抓住他们驿动的心。具体说来,主要体现在三个方面:

(1) 产品单一不花哨。在大的无线通讯公司绞尽脑汁、想方设法地用各种隐蔽式的计划来增加他们的收入时,Virgin Mobile反其道而行之,采用极为简单的计划,没有捆绑式的年度合同,没有隐藏的各种费用。用户每天通话的头10分钟每分钟付25美分,之后就是固定的每分钟10美分。多打多付,用户自行掌握,自己心中有数,反而少了很多事后收到账单后的麻烦。

(2) Virgin Mobile提供了很多很酷的手机用途。手机可以发短信息,可以玩游戏,可以拍摄并及时发送照片,这些对年轻人来说似乎已经不是什么新鲜事了,不过Virgin Mobile的所谓的"拯救铃声"可算是比较新奇的玩意儿。他们可以用Virgin Mobile的手机编程,预先设定一个打进来的电话,在他们需要躲避或希望从一个无聊的约会中及早抽身的时候,这个拯救电话就会应声而起,他们就可以装模作样地脚底抹油,溜之大吉,同时又不伤面子。真可以说是很有用的一招,美国的几大无线电话公司似乎谁都没有想到手机还能有这样的功能。

(3) 极富刺激性的、让青年人血脉贲张的广告。就在2002年7月推出美国市场时,Virgin Mobile使用的广告口号就是很富挑战性的"美国年轻人,来享受这没有废话的手机吧。"这一口号很是巧妙地迎合了年轻人反潮流的本性。至于电视广告,他们更是直接用上了一个几乎全裸的年轻人,在大街上用Virgin Mobile手机挡住他的私密之处,神情近乎疯狂,乍听之下,似乎是在向情人倾诉满腔真情"艾伦,你给了我自由,我的身体,我的心灵,我的灵魂",再听下去,"为了报答你的深情,我想将这部Virgin Mobile手机送给你。"据公司市场总监的解释说,这个广告的最主要用意是在于给Virgin Mobile用户一种感觉,那就是他们是和他们的同伴同属于一个群体的,他们并没有被摒弃在他们应该属于的群体之外,拥有Virgin Mobile给了他们需要投入但又快快乐乐的感受。不管其他人对这种广告的接受程度如何,总之这样的广告的收效还是有目共睹的。Yankee调查公司的研究证明,Virgin Mobile的用户平均每一个月消费达到40美元,而且更重要的是,争取用户的费用大大低于其他竞争者,公司自己也有信心,到2004年他们就能够做到有净收入进账。

(4) 有针对性的传播渠道。这得感谢Virgin Mobile的母公司和MTV频道的良好合作关系,Virgin Mobile利用他们建立起了一个名为STAR MTV的平台,合作搭台唱戏。Virgin Mobile的用户可以用电话来了解众多的音乐界的新闻,同时还能用电话为他们喜欢的节目投票。这样的合作关系充分满足了这些年轻用户们对移动信息的需求。在过去的一年中,Virgin Mobile的用户平均每个月收发短信息达到25个,是行业平均数的两倍。这样的战果实在是让竞争者们直咽口水。全世界的无线通信公司都明白,数据服务而不是声音,才是未来,才是他们每一年年终报表上可以让他们舒一口气的关键收入所在。但是,在美国,除了Virgin Mobile,还很少有无线通讯公司能有如此活跃的数据服务的用户基础。

综上所述,Virgin Mobile的成功并不只是偶然,完全基于他们对所要争取的用户群的深入了解和充分认识,从而制订相应的营销手段来集中服务、透彻服务才得以实现。

Boost Mobile如何区隔市场?

无独有偶,美国本土也有一家手机商不甘心让外来的和尚在这里大念其经,开始争取年轻的手机用户,同样也取得了骄人的战绩。那就是Nextel旗下的Boost Mobile。Boost Mobile总部在加州的欧文市,是一家专门针对年轻人提供无线通信产品的公司。Boost Mobile是为用户们提供Nextel的一揿就说的服务而且是在预付的基础上提供的唯一的一家无线服务提供商。公司提供一系列先进的无线通信技术和服务设施,年轻人可以在他们常去光顾的商店诸如Best Buy WalMart(沃尔玛),Sam Goody,和Target中买到他们的产品,将自己的品牌形象在年轻人心中扎下了根。总结起来,该公司的成功要素有以下三点:

(1) 摒弃传统的销售渠道。Boost Mobile的手机并不是人们想象的那样,因为要针对年轻人市场,就得做的花哨。他们的手机和其他竞争者的手机并无两样,但是他们的销售渠道却是大大不同:他们将海滩边的冲浪小店、买音乐唱片的销售点和其他年轻人成群结队聚集的地方作为他们主要的销售点。与Virgin Mobile一样,他们也放弃了审查信用卡和签订合约的做法。因为那些高中生和大学生一般都很少拥有信用卡,很难提供足够的信用历史记录。公司也是采用预付记账方法,用户自己掌握通话分寸,有钱多打,没钱少打,两无怨言。Boost Mobile的用户不像其他人那样收到每个月的账单,他们可以在诸如7-11便利店或是Target这样的销售点中预先购买通话时间,从20美金到50美金不等,然后量入为出,直到用完再去补充。

(2) 采用更接近年轻人生活状态的方法去传递市场信息。自从2002年秋天开始上市以来,Boost Mobile的广告就主要刊登在例如《冲浪杂志》和《滑板杂志》这一类年轻人尤其是西部的年轻人最为推崇的刊物上。Boost Mobile还不断地赞助年轻人喜爱参与的一些活动,例如Boost Mobile Pro,这是在拉斯韦加斯著名的硬石赌场举办的极限滑板运动的超级比赛,吸引了许多年轻人的眼光。

(3) 不断创新,发展针对年轻人的新产品。Boost Mobile很庆幸他们能够和Nextel合作,因为他们深知Nextel的边走边说的直接连通功能对年轻人来说是极富吸引力的,因此他们对此大做宣传。Boost Mobile还把自己的眼光投注到15~20岁的年轻女性身上,为她们开发了一个名叫Roxy的专有品牌,在这个利基市场上先声夺人。

这一系列的举措给Boost Mobile带来了不小的收获,至今为止,他们已经拥有了25万的年轻用户,而且增长的势头一点都没有减缓,与Virgin Mobile在年轻用户这一市场区隔中不相上下、难分伯仲。

Virgin Mobile与Boost Mobile的案例告诉我们,不同的消费者群体有着不同的消费特点,在选择目标市场营销策略的时候,需要考虑各种因素的影响,选择最合适的策略。

二、酒店选择目标市场营销策略的依据

由于无差异性营销策略、差异性营销策略和集中性营销策略各有利弊,各有其适应性,酒店在选择目标市场营销策略时就不能随心所欲,必须考虑酒店本身的特点、产品特性、市场状况等因素,在对主客观条件全面衡量后才能加以确定。具体来说,酒店在选择目标市场营销策略时,通常应考虑以下几个因素:酒店资源、市场同质性、产品同质性、产品生命周期、竞争对手数目、竞争对手营销策略。

1. 酒店资源

酒店资源包括酒店的人力、物力,财力及酒店形象等。如果酒店规模较大,实力雄厚,有能力占领更大的市场,可采用差异性营销策略或无差异性营销策略;如果酒店资源有限,实力不强,无力兼顾整体市场或几个细分市场,可采用集中性营销策略。

2. 市场同质性

市场同质性是指市场上消费者需求和偏好所具有的类似性。如果消费者的需求和偏好十分相近,购买数量和方式也大体相同,说明市场同质性较高,可采用无差异性营销策略;如果市场需求的差别较大,就宜采用差异性营销策略或集中性营销策略。

3. 产品同质性

产品同质性是指本酒店产品与其他酒店产品的类似性。如果本酒店产品同其他饭店产品相似,说明产品同质性高,适宜采用无差异性营销策略;反之适宜采用差异性营销策略或集中性营销策略。

4. 产品生命周期

一般而言,酒店产品所处市场生命周期的不同阶段,采用的营销策略也有规律可循。若产品处于导入期或成长期,竞争者少,宜采用无差异性营销策略,以便探测市场的需求;产品进入成熟期,适于采取差异性营销策略,以开拓市场;产品进入衰退期,应采取集中性营销策略,集中力量于最有利的细分市场,以延长产品的市场寿命。

5. 竞争者数目

当竞争者数目少时,一般采用无差异性营销策略;当竞争者数目多、竞争激烈时,宜采用差异性或集中性营销策略。

6. 竞争对手营销策略

酒店在选择目标市场的营销策略时,必须考虑到竞争对手所采取的营销策略。一般来说,酒店应采取与竞争对手相反的营销策略,以避免与竞争者直接抗衡。当然,究竟采用什么样的营销策略,在实践中要根据不同时期双方的具体情况做出抉择。如遇到强有力的竞争者实施无差异性营销策略时,就可能有较次要的市场被冷落,酒店可乘虚而入,应采用差异性营销策略予以占领;如果实力较强的竞争对手已经采用了差异性营销策略,本酒店难以与之抗衡,则应进行更有效的市场细分,实行集中性营销策略;如果竞争对手的力量较弱,而自己的力量较强,则可完全根据自己的情况确定营销策略。

课堂讨论

谈一谈万豪酒店在中国酒店市场目标市场选择的因素有哪些?

知识补充:利基营销

菲利普·科特勒在《营销管理》中给利基下的定义为:利基是更窄地确定某些群体,这是一个小市场并且它的需要没有被服务好,或者说"有获取利益的基础"。利基市场营销,既称为"缝隙营销"或"补缺营销",又有称为"狭缝市场营销",是指企业为避免在市场上与强大竞争对手发生正面冲突,而采取的一种利用营销者自身特有的条件,选择由于各种原因被强大企业轻忽的小块市场(称"利基市场"或"补缺基点")作为其专门的服务对象,对该市场的各种实际需求全力予以满足,以达到牢固地占领该市场的营销策略。

第三节 酒店市场定位
——我就是我,不一样颜色的烟火

导入案例　SOHO:小手段与大手笔[①]

在2002年北京房地产十大热销楼盘中,SOHO以2002年总销售额24.13亿的佳绩名列榜首,成为全国销售额最高的单个地产项目。潘石屹的SOHO在北京做起来之后,国内有30个左右的楼盘都在"克隆"SOHO这个题材,步潘后尘,跟风赚钱。

产品理念:顺应"反空间""融合"的潮流

在做SOHO现代城之前,潘石屹已经深深地意识到,今天的这个时代已经变了。1999年的世界,是一个.com时代,是包括中国在内的很多国家为Internet疯狂的年代。那年,潘石屹正在美国的哈佛、斯坦福等几所大学游走,看到的是不同系列的学生争相投入到Internet的狂潮中,不是去网络公司工作,就是在网络中创业。这时他听到了一句关键的话,Internet狂潮中80%是泡沫,另外有20%左右的东西会沉淀下来,进而改变世界。回国后,他就开始思考,网络会给这个世界带来哪些变化?作为一个房地产商,应该如何应对?房地产产品的哪些方面应该随着网络给世界带来20%的变化而改变?

Internet时代的来临,给世界带来的第一个变化是"反空间的"。原来在房地产商和人们头脑中的写字楼、住宅、公寓等严格的物业区分界线正在受到挑战。亚马逊网站是世界上最大的网上商场,但没有人知道它在哪儿,它或许只是放在马来西亚某间地下室的几台服务器,它有没有商场、仓库已经不重要和不必要了。

网络时代的第二个变化是"融合的"。原来电话就是电话,打印机就是打印机。而在网络时代,事物之间、职业之间、产品之间的边界开始模糊,最明显的是电子产品和职业,比如,现在的手机可以照相,电视可以上网,照相机可以录像,还出现了融复印机、传真机、打印机三合一的"一体机",你说手机还是手机、电视还是电视吗?又比如,原来很多单位都有很多司机和打字员,而现在单位里这两种人员越来越少,甚至有些单位,这两种人员已经消失了,这两个职业逐渐融合到普通职员身

[①] 王方剑.潘石屹的SOHO:小手段与大手笔[J].经济观察报,2010.

上,正在成为大都市上班族的基本技能。

潘石屹想响应这两个变化,他想在中国房地产产品上做出一个新东西。

产品定位:国内第一个房地产细分产品

SOHO是国内第一个房地产细分产品。在此之前,人们会说,我住的是三居室、两居室。而现在,人们可以说,我住的是SOHO。正如水不叫"水",而叫"乐百氏""农夫山泉"时,当房子不再叫"居室",而叫"SOHO"时,国内第一个房地产细分产品就此诞生了。

在给楼盘定位之前,他满世界地转悠,希望开阔自己的思路,也希望国外的游历能点燃他将要做的项目定位的灵感。作为一个纯粹的商人,他想做一个真正市场化的产品,"房子是给人住、给人用的,我就重点考虑房子和人的关系,至于政策、法规、条款、规定,随着时代的变化都是可以改变的",潘石屹这样告诉记者。

这时,他第一次从一个法国人嘴里听到了"SOHO"的字眼。潘石屹敏锐地捕捉到了这个商业讯息。他意识到,"SOHO"(small office,home office)不仅仅是"居家办公"的意思,"SOHO"的背后是物业品种之间的边界在模糊,是人们对新的房地产产品需求的一个明确信号。"我想到SOHO这个定位后,就像捅破了一层窗户纸一样,我认为我找到结论了",潘石屹说。经过半年的苦思冥想,他最终把这块地的房子定位为SOHO,后来又用半年的时间进行了完善。

"实际上,SOHO这个产品在今天看来完全是一个雕虫小技,是非常小儿科的,没有什么大的突破",潘石屹决定将主力户型做成188平方米,房间空间宽敞而灵活,宜商宜住;楼外立面刷点颜色,增加色彩感和时尚感;将窗户做成落地窗,让人们拥有更开阔的视野;省却装修的麻烦,在北京第一个做精装修的内销房。尽管如此,这些"小改小革"在当时社会上还是形成了很大的冲击。在这个意义上,SOHO是国内新经济下、网络时代的第一个细分的房地产产品。

房地产产品是供人们使用的,就一定要考虑它的使用价值。潘石屹这样解释:"我之所以建SOHO,而没有建一般的住宅楼和办公楼,是因为它比这两种产品有更高的使用价值。因为住宅楼,一天有12小时是空的,而办公楼也有12小时是空的。我建成的SOHO,主力户型每套188平方米,既可以办公,又可以居住,等于是一平方米顶两平方米用,而且还节省了水、电等配套设备和费用。"

更值得一提的是,居住和办公在一起,还有很多好处:减少了上下班人与车的出行次数,减轻了北京交通的压力;节约了人们的时间成本,使人们把更多的时间用于工作和生活;节约能源,减轻城市空气污染;缓解出行时可能出现的交通事故、纠纷等社会矛盾,等等。如果北京房地产市场上的SOHO越来越多的话,北京堵车的现象就有可能减少甚至消失。"从这点上说,我建的SOHO还为北京的城市和交通事业做出了很大的贡献",自称"已经基本娱乐化"的潘石屹这样表扬自己的产品。

市场定位是企业的一种竞争战略,它显示的是一种产品或一家企业与类似产品或者企业之间的竞争,潘石屹能够从众多房地产商的竞争中另辟蹊径,成功地打造属于自己的产品品牌和定位,不仅让消费者眼前一亮,享受着产品带来的效用,还给其他企业带来了启示。

相关知识

一、酒店市场定位的概念及意义

(一)酒店市场定位的概念

所谓酒店市场定位就是酒店根据市场上同类产品的竞争情况,针对消费群体对该类产品的某些特征或属性的重视程度,为酒店的产品塑造强有力的、与众不同的鲜明个性,并将其形象生动地传递给消费者,以求得到消费者的认同。简而言之,顾客希望获取什么样的需求,酒店就提供什么样的产品来满足这种需求。

通常情况下,无论酒店是否意识到产品的定位问题,在顾客的心目中,一定商标的产品都会占据不同的位置。例如,希尔顿酒店在顾客认识中意味着"高效率的服务",假日酒店则给人"廉价、卫生、舒适、整洁"的市场形象。

(二)酒店市场定位的意义

市场定位在酒店的营销工作中具有非常重要的意义,通过市场定位来强化酒店及其产品在市场上的整体形象,增强产品在市场上的竞争实力。

(1)市场定位有利于建立酒店及其产品的市场特色,是参与现代市场竞争的有力武器。现代酒店市场中,普遍存在着较为严重的供大于求的现象,使得酒店市场竞争环境恶劣,竞争压力巨大。为了使自己的产品在竞争中获取一定的优势地位,酒店必须要为其产品培养一定的特色,树立起鲜明的市场形象,以期在顾客心目中形成一种特殊的偏爱。

(2)市场定位决策是酒店制订市场营销组合策略的基础。酒店的市场定位决定了酒店必须设计和发展与之相适应的市场营销组合。酒店和市场营销组合受到酒店产品定位的限制。例如,某酒店决定在市场上销售豪华、优质、高价的组合产品,如此定位就决定了酒店产品必须是高水准、有稳定质量保证、能体现顾客身份的。由此,酒店在宣传上就必须以这些特性作为强化的重点,让目标市场的潜在顾客接受这样的产品特质;同时,要求酒店内部应协调一致,通过严格执行操作程序和规范、强化技能培训等管理手段,保障产品的高品质。也就是说,酒店产品定位决定了酒店必须设计和发展与之相适应的市场营销组合。

导入案例　奔驰:百年不变的主张[①]

1. 靠高价位锁定目标顾客

奔驰汽车公司自创立以来,始终执世界汽车业之牛耳。公司生产的汽车有160多个车种,3700多个型号,从一般的小轿车到2150吨的大型载重汽车,以及各种运输车、大轿车、多用途拖拉机、越野车,等等。真可谓琳琅满目,种类繁多。

可是,令人奇怪的是,奔驰汽车公司却严格地限制产量——每年只准生产60万辆汽车,其中小汽车只有50万辆。

这比起美国的福特、日本的丰田等汽车公司年产200万~300万辆车要少得多,更加令人惊奇的是,奔驰汽车公司的营业额却高达400亿马克,其中,62%的产品销往国外,每辆汽车的售价是一般汽车的两倍多,最低售价达每辆十几万美元。

其中,公司生产的"奔驰-600型"高级轿车,是世界上许多国家元首和知名人士的重要交通工具。以日本为例,尽管一辆奔驰轿车的价格能购买到几辆日本汽车,但奔驰车不仅顶住了日本车的压力,而且增加了对日本的出口,并能始终在日本市场上保持一席之地。从1990年开始连续四年勇夺日本进口车销售冠军。

凭产品创新以实现顾客忠诚,远比降价要重要得多。市场竞争中,重视质量,重视创新,重视服务,重视技术与人才,以全面的设计、先进而成熟的技术、安全、优质、耐久性、经济的统筹兼顾、完美无缺在汽车市场上获得成功,巩固竞争地位,才是企业要念的真经——这都应归功于该公司两位创始人倡导的企业理念。

2. 靠高品质打造第一品牌

1883年,卡尔·本茨在德国建立本茨发动机制造厂,生产世界上最早的空气压缩打火发动机;1886年,哥特里普·戴姆勒完成首辆以汽油为燃料的四轮车试车工作;1909年,戴姆勒根据儿子们的提议,正式将三叉星徽作为其品牌标志推出,三个叉分别寓意着动力化的三个分支:在陆地、在水中以及在空气中。与标志相辉映的品牌承诺也有三项:卓越的工艺、舒适和风格。

经过几代人的不懈努力,今天梅赛德斯奔驰已是世界上最成功的质量上乘的高档汽车品牌之一,其三叉星徽不仅为全世界广泛认知,而且被注入了新的品牌内涵,即非凡的技术实力、上乘的质量标准和大胆的创新能力。

奔驰车的年产量一直控制在60万辆左右,仅为美国通用车的1/9左右,不求多生产多赚钱,而求高质量带来的高品质,是奔驰不变的主张。

以德国人固有的缜密和严谨,奔驰却能站到营销的最前沿;作为一家历史悠久的大型公司,奔驰不但没有店大欺客的现象,而且运用最先进的营销理论即"1对1的定制服务"来实现一种非常的超越。

[①] 刘志明.百年奔驰,不变的百年主张[J].销售与市场:管理版.2004(1X):88-91.

在奔驰厂部车间,在未成型的汽车上挂有一块的牌子,上面写着顾客的姓名、车辆型号、式样、色彩、规格和特殊要求等。不同色彩,不同规格,乃至在汽车里安装什么样的收录机等千差万别的要求,奔驰公司都能——给予满足。据统计,奔驰车共有3700种型号,任何不同的需要都能得到满足。

奔驰的例子告诉我们市场定位的重要性。市场定位并不是你对一件产品本身做些什么,而是你在潜在消费者的心目中做些什么。市场定位的实质是使本企业与其他企业严格区分开来,使顾客明显感觉和认识到这种差别,从而在顾客心目中占有特殊的位置。

相关知识

二、酒店市场定位的内容

(一)形象定位

所谓形象定位即酒店以何种形象面对目标市场,为消费者提供何种产品和服务,酒店的档次、星级如何等。这里所说的酒店形象是指酒店外观,包括建筑设施、酒店名称、酒店标志、标准字体、标准色等,所有这些视觉因素会直接影响人们对酒店形象的看法。

(二)产品定位

所谓产品定位即酒店为消费者提供何种类型的产品。酒店营销人员在为产品定位时,应强调以下三点:一是为产品创造和培养一定的特色,树立一定的市场形象;二是详细说明产品能为目标市场消费者提供的各种利益;三是强调本酒店产品与竞争对手产品的差异。

(三)价格定位

价格是酒店营销组合中最敏感的一个因素。营销人员如何制订酒店价格,是以高价吸收少数客人,还是以低价吸引大多数客人,这是在酒店价格管理中需要解决的实际问题之一。酒店营销人员要根据消费者欲望程度的变化而调整酒店价格,也可以根据市场上的供求状况来确定淡旺季价格。

(四)消费群体定位

所谓消费群体定位即酒店以何种类型的消费者群体作为自己的目标市场,消费群体按照旅游目的不同可以划分为以下类型：公务及会议市场、观光旅游市场、休闲度假市场、探亲访友市场等。

（五）销售渠道定位

所谓销售渠道定位即通过何种销售渠道将酒店的产品和服务传递给消费者。从目前的情况看，我国拥有酒店的数量已经相当可观，如果每一家酒店都采用直接销售渠道向消费者推销产品，那么酒店在直接推销时就要花费很多的时间、精力和资金。因此，如何选择、确定销售渠道对酒店的营销活动具有十分重要的作用。

课堂讨论

谈一谈可口可乐与百事可乐的市场定位战略的异同？

导入案例　7天连锁酒店的市场定位[①]

经济型酒店近年来成为酒店业投资的新热点，特别是连锁经济型酒店的发展十分突出。通过对中国国内旅游、入境旅游、出境旅游市场增长的分析，经济型酒店市场结构将出现集中－分散－集中的演变，7天连锁酒店在经济型酒店中发展突出，其自身的市场定位是其成功的关键。

在目标市场的选择上，7天连锁酒店集团以华南市场为主战场，而没有去争夺市场需求相对更为旺盛的华北与华东地区。为避开与"如家快捷"和"锦江之星"这两个中国经济型酒店的先行者正面交锋，也为错开与海外军团的直接碰撞，在进行市场划分时选择了单一变量市场分析的方法，即依据地理变量进行细分，分为华北、华南、华中、华东、西北与西南6个区域性市场。2005年，"如家快捷"以35家门店在华北市场占绝对优势，而华北地区则被我国最早的经济型酒店"锦江之星"牢牢掌控。而东北、西北和西南等市场空间尚不能为7天连锁酒店日后的快速发展提供强有力的支持。最终，7天连锁酒店选择以广州为根据地，以华南地区为主战场，并于2005年3月在广州开出了第一家店。

7天连锁酒店采用的是"避强定位"的定位方式，在目标市场上选择了以华南地区为起点，在产品定位方面以满足顾客核心需求为主，推出"天天睡好觉"的产品定位口号，在企业定位与竞争定位上，7天连锁酒店非常明确，"我们是行业的追随者"。这一定位策略为其能够成功奠定了坚实的基础。

[①] 7天连锁酒店的市场定位[EB/OL].[2016－12－18].https://max.book1/8.com/html/2016/1208/69591769.shtm.

相关知识

三、酒店市场定位的策略

（一）市场领先策略

市场领先策略是指酒店在目标市场中始终保持第一位的优势,无论在产品质量、规格以及服务上都要先声夺人,始终以领袖的地位引领这一市场的消费需求和发展方向。一般来说,大多数行业都有一家企业被认为是市场领先者,它在价格变动、新产品开发、分销渠道的宽度和促销力量等方面处于主导地位,为同业者所公认。它是市场竞争的先导者,也是其他企业挑战、效仿或回避的对象,如酒店市场中的万豪酒店集团、电脑软件市场的微软公司、手机行业的苹果公司、软饮料市场的可口可乐公司等,几乎各行各业都有,它们的地位是在竞争中自然形成的,但不是固定不变的。

酒店要在市场中保持领先地位应该从以下三个方面努力:

(1) 扩大这个市场的总需求,寻找新客源。
(2) 保护优质的市场份额,通过扩大或者缩小经营范围来实现。
(3) 继续提高酒店的市场占有率,提高酒店接待客人的次数。

（二）市场挑战策略

市场挑战策略是一种与最强有力的竞争对手"对着干"的市场定位策略,就是将酒店产品特色直接定位在与这个市场中最强大的竞争对手的产品相似的位置上,以对比的方式与竞争对手争夺同一细分市场。市场挑战者是指那些相当于市场领先者来说在行业中处于第二、第三和以后位次的企业。如美国汽车市场的福特公司、软饮料市场的百事可乐公司等企业。处于次要地位的企业如果选择"挑战"战略,向市场领先者进行挑战,首先必须确定自己的策略目标和挑战对象,然后选择适当的进攻策略。

1. 正面进攻

酒店集中优势力量向竞争对手的强项发起挑战,即进攻竞争对手的强项而不是它的弱点。采用此战略需要进攻者必须在提供的产品(或劳务)、广告、价格等主要方面大大超过竞争对手,才有可能成功,否则采取这种进攻战略必定失败。为了确保正面进攻的成功,进攻者需要有超过竞争对手的实力优势。

2. 侧面进攻

酒店集中优势力量向竞争对手的弱点发起进攻。此战略进攻者可采取"声东

击西"的做法,佯攻正面,实际攻击侧面或背面,使竞争对手措手不及。具体可采取两种策略:

(1)地理性侧翼进攻。即在某一地理范围内针对竞争者力量薄弱的地区市场发动进攻。

(2)细分性侧翼进攻。即寻找还未被领先者企业覆盖的商品和服务的细分市场迅速填空补缺。

3. 围堵进攻

当酒店比自己的竞争对手更具有资源优势时,市场挑战者可以深入到竞争对手的领域,向市场提供更多的产品与服务,开展全方位、大规模的进攻策略。市场挑战者必须拥有优于竞争对手的资源,能向市场提供比竞争对手更多的质量更优、价格更廉的产品,并确信围堵计划的完成足以能成功时,可采用该策略。例如,日本精工公司对美国手表市场的进攻就是采用围堵进攻战略成功的范例。

4. 迂回进攻

酒店大力发展差异性的产品与服务。市场挑战者完全避开竞争对手现有的市场阵地而迂回进攻。

(三)市场避强策略

市场避强策略就是酒店避免与竞争对手直接进行对抗,而是寻找新的、未被占领的、与竞争对手产品完全不同,并为许多顾客所重视的市场位置。

酒店采用避强策略,可以迅速在市场站稳脚跟,并可以用比较小的代价在顾客中树立比较好的形象。由于这种市场策略风险比较小,成功率比较高,所以常为许多酒店所采用。其缺点是避强往往意味着企业必须放弃某个最佳的市场位置,很可能使企业处于最差的市场位置。

(四)重新定位策略

重新定位是在目标市场发生变化,原来的产品定位不恰当或形象不好,酒店企图扭转经营颓势等情况下采取的一种定位策略。它的特点在于抛弃原有的酒店或产品形象,树立新的形象。重新定位是以退为进的策略,目的是为了实施更有效的定位。例如,万宝路香烟刚进入市场时,是以女性为目标市场。然而,尽管当时美国吸烟人数年年都在上升,万宝路的销量却始终平平。后来,广告大师李奥贝纳为其做广告策划,他将万宝路重新定位为男士香烟,并将它与最具男子汉气概的西部牛仔形象联系起来,树立了万宝路自由、野性与冒险的形象,进而使其从众多的香烟品牌中脱颖而出。

（五）市场另辟蹊径战略

当酒店意识到自己的能力无法与强大的竞争对手相抗衡，也未能寻求到合适的市场空缺时，就可以采用这种战略。它的精髓就是酒店突出宣传自己与众不同之处和在某些方面的独特之处，这样，就会使酒店在强手如林的竞争中获得相对的竞争优势，为酒店的发展另辟一条新路。

（六）市场补缺策略

精心服务于那些市场比例较小的专业性酒店要根据市场、消费需求而变化，寻找市场空白或是薄弱环节，通过专业性的经营占据市场中的有力位置。

课堂讨论

试讨论酒店产品进行有效定位应该遵循哪些原则？

知识补充：蓝海战略和红海战略

蓝海战略是开创无人争抢的市场空间，超越竞争的思想范围，开创新的市场需求，开创新的市场空间，经由价值创新来获得新的空间。而红海战略是指在现有的市场空间中竞争，是在价格中或者在推销中作降价竞争，他们是在争取效率，然而增加了销售成本或是减少了利润。

要点总结

市场细分、目标市场的选择和市场定位三个环节便是目标市场营销的"三部曲"。酒店企业要想做到很好的营销，就必须清楚地认识到三者的亲密关系。定性定量地衡量一个市场，制订科学合理的营销策略。

市场细分是指营销者通过市场调研，依据消费者的需要和欲望、购买行为和购买习惯等方面的差异，把某一产品的市场整体划分为若干消费者群的市场分类过程。

目标市场是酒店在市场细分的基础上，酒店营销活动所要满足的市场需求。目标市场是酒店准备进入和服务的市场。酒店进行市场细分的目的就是选择目标市场。经过市场细分后，酒店会发现有一个或几个细分市场是值得进入的。此时，酒店需要进行选择，确定进入哪些细分市场。

酒店市场定位就是酒店根据市场上同类产品的竞争情况,针对消费群体对该类产品的某些特征或属性的重视程度,为酒店的产品塑造强有力的、与众不同的鲜明个性,并将其形象生动地传递给消费者,以求得到消费者的认同。简而言之,顾客希望获取什么样的需求,酒店就提供什么样的产品来满足这种需求。

练习与实训

(一)知识点练习

1. 单项选择题:

(1) 早期的美国可口可乐公司仅生产一种口味、一种大小瓶装的可口可乐,连广告词也仅有一种,这运用的是哪种策略?( )
  A. 无差异性市场策略　　　　B. 差异性市场策略
  C. 密集性市场策略　　　　　D. 综合性市场策略

(2) 饭店向客人提供从单人间、标准间、普通套房、豪华套房以至总统套房等不同规格、设施、价格的客房体系,这运用的是哪种策略?( )
  A. 无差异性市场策略　　　　B. 差异性市场策略
  C. 密集性市场策略　　　　　D. 综合性市场策略

(3) "锦江之星"和"如家快捷"是目前国内排名第一、第二的经济型酒店品牌,由于消费水平在100~260元的顾客群规模庞大,使得经济型酒店近几年在我国发展异常迅速,这运用的是哪种策略?( )
  A. 无差异性市场策略　　　　B. 差异性市场策略
  C. 密集性市场策略　　　　　D. 综合性市场策略

(4) 正确的酒店市场定位的过程首先要( )。
  A. 对竞争对手产品进行分析　　B. 确立产品特色
  C. 树立市场形象　　　　　　　D. 明确企业的竞争对手

(5) 差异性营销策略适用于( )的饭店。
  A. 中小型　　B. 实力强　　C. 实力薄弱　　D. 大型

(6) 酒店在选择目标市场营销策略时,不需要考虑的因素有( )。
  A. 酒店资源　　B. 产品同质性　　C. 产品生命周期　　D. 酒店的地理位置

(7) 一家玩具制造厂为3个月到1岁之间各个不同阶段的婴儿设计了不同的玩具,如给开始伸手拿东西的婴儿做一个栅栏供他抓握,给第一次拿东西的婴儿玩拨浪鼓,该厂采用的细分标准是( )。
  A. 地理细分　　B. 人口细分　　C. 心理细分　　D. 行为细分

(8) STP中P指的是(   )。
A. 产品　　　　B. 市场细分　　　C. 价格　　　　D. 定位
(9) 市场细分的对象为(   )。
A. 同质市场　　B. 异质市场　　　C. 导入期市场　D. 竞争型市场
(10) STP中T指的是(   )。
A. 产品　　　　B. 市场细分　　　C. 目标市场选择　D. 定位

2. 多项选择题

(1) 饭店市场定位的内容包括(   )。
A. 价格定位　　B. 竞争定位　　　C. 产品定位　　D. 服务标准定位
(2) 按顾客的特点进行酒店市场细分包括几个方面?(   )
A. 按年龄细分　B. 按性别细分　　C. 按收入细分　D. 按民族细分
E. 按职业及受教育程度细分
(3) 按地理区域进行市场细分包括几个方面?(   )。
A. 按生活方式细分　　　　　　　B. 按态度细分
C. 按主要地区细分　　　　　　　D. 按国家、地区细分
E. 按气候细分
(4) 按心理因素细分市场包括几个方面?(   )
A. 按生活方式细分　　　　　　　B. 按态度细分
C. 按主要地区细分　　　　　　　D. 按国家、地区细分
E. 按气候细分
(5) 按购买行为细分市场包括几个方面?(   )
A. 按购买目的细分市场　　　　　B. 按顾客寻求的利益细分市场
C. 按使用情况细分市场　　　　　D. 按购买过程及方式细分市场
E. 按购买时机细分市场

3. 判断题

(1) 市场定位的实质是为饭店产品塑造一定的特色,树立一定的形象。(   )
(2) 通过对饭店消费者性别的分析我们发现:男女性别消费者在消费行为上没有区别。(   )
(3) 如果竞争对手已采用差异性营销战略,酒店应以无差异营销战略与其竞争。(   )
(4) 出色的营销就是要更多倾听市场的意见,比竞争者更有效地满足市场的需求。(   )
(5) 细分市场就是市场细分。(   )
(6) 市场细分也就是市场分类,即酒店通过对不同商品进行分类,以满足不同需要的活动。(   )

(7) 影响消费行为的主要因素是消费者的个人因素,因为购买与否完全是其个人行为取决于其个人的意愿。( )

(8) 无差异性市场策略是指酒店企业将整体酒店市场看做一个大的目标市场,以一种产品组合、一种营销组合去满足所有顾客的需求的策略。( )

(9) 市场定位是指企业为其产品即品牌确定市场地位,即塑造特定品牌在目标市场心目中的形象,使产品具有一定特色,适合一定顾客的需求和偏好,并与竞争对手的产品有所区别。( )

(10) 市场避强策略就是酒店避免与竞争对手直接进行对抗,而是寻找新的、未被占领的、与竞争对手产品完全不同,并为许多顾客所重视的市场位置。( )

(二) 课程实训

1. 实训项目

市场细分、目标市场选择和市场定位分析。

2. 实训目的

通过案例资料分析,强化对课程内容的理解,并学会对所学理论的应用。

3. 实训步骤

选择一酒店为分析对象,小组或个人简要分析其市场细分的依据、目标市场的选择以及其是如何进行市场定位的,并准备PPT进行汇报展示。在授课教师的指导下,运用所学知识进行分析利用,开展课堂讨论。

4. 实训要求

(1) 认真查阅资料,准确把握题意。

(2) 结合本章所学知识进行分析,讨论,阐述。

(3) 总结分析讨论中的收获及存在的问题。

第六章 酒店产品策略

知识目标

理解酒店整体产品的含义;分辨产品生命周期各个阶段的不同营销策略;明确酒店新产品开发的各项任务;深刻领会品牌在酒店产品策略中的重要作用。

技能目标

能够运用酒店产品的组合结构相关知识,优化酒店现有的产品质量;能够根据酒店产品的不同生命周期调整现有的营销决策;根据市场的需求设计创新的酒店新产品;具备通过提高产品特色提升酒店品牌效应的能力。

学习建议

收集关于酒店产品的各类信息;通过互联网等途径找到各大酒店集团旗下的品牌酒店的产品具有什么特征;尝试着运用所学的产品创新等知识对现有的酒店产品进行改进并进一步开发新产品。

关键术语

产品、产品层次、整体产品、产品组合、产品生命周期、新产品开发、品牌、商标

第一节　酒店产品与产品组合
——产品有层次，组合来销售

导入案例　体验非常商务之旅

作为万豪国际集团旗下酒店，在上海漕河泾万丽酒店，您总能找到一种欢欣鼓舞的感觉！上海漕河泾万丽酒店位于上海漕河泾新兴技术开发区的中心位置，可轻松抵徐家汇和虹桥商业区，上海众多购物与餐饮胜地齐聚四周。从酒店出发，步行5分钟就能到达地铁9号线漕河泾开发区站，3站路即抵徐家汇站，驱车40分钟可至上海浦东国际机场，20分钟可至虹桥枢纽。上海漕河泾万丽酒店地理位置极为优越，可为顾客缔造精彩的出行之旅。373间豪华客房及套房带来无尽愉悦的感官体验，赐予身心宁静惬意的享受。宽敞的空间与生动的色彩重新定义了简约生活方式。上海漕河泾万丽酒店的客房配有Revival床品、液晶电视、网络电台、高速上网或无线高速上网，完美入住尽在此间。行政楼层酒廊位于第26层，绝美全景尽收眼底，堪称闲暇之余的理想去处。生活在于发现，随心发现灵感，体验多姿多彩的商务逍遥游！

作为酒店的管理者是否只要做好餐饮和住宿就好了呢？从上海漕河泾万丽酒店的简介可以看出，酒店的产品包括酒店的地理位置、设施设备、形象等。在经济新常态下，每一家酒店都会通过宣传自身的各种优势来获得顾客的青睐。做到这一点我们就需要理解酒店产品、酒店产品的层次和组合等知识。

相 关 知 识

一、酒店产品

（一）酒店产品的概念

产品是指能够提供给市场并引起人们注意、获取、使用或消费以满足某种需求或欲望的任何东西。它包括各种有形的物品、服务、地点、组织和想法。

酒店市场营销学中的酒店产品则是指顾客参加酒店活动的整个过程中所需产品和服务的总和,是具有以提供酒店服务为核心利益的整体产品。

英国旅游学术研究宗师梅德里克教授提出,酒店产品由五个部分组成,每一个部分都可能带给顾客不同的感受和利益。

(1) 地理位置。酒店的地理位置是关键因素,这关系到酒店的交通是否便利,周边环境是否良好等。

(2) 设施设备。包括酒店的客房、餐厅、娱乐、会议室等多方面设施设备等。

(3) 服务。包括服务的速度、态度、方式和内容等众多维度。

(4) 形象。它是指顾客对酒店地理位置、设施设备、服务与环境的各种因素的总体印象。

(5) 价格。价格是酒店产品价值的货币体现,酒店通过其地理位置、设施设备、服务和形象等给予顾客的综合价值,顾客通过货币与上述综合价值进行交换而获得的满足。

导入案例　上海希尔顿酒店

上海希尔顿酒店地处繁华的静安寺商圈,毗邻南京西路及淮海路商业街,距离地铁2号、7号线静安寺站仅需步行8分钟。从酒店前往上海虹桥机场仅需20分钟车程。距离上海迪士尼乐园35公里。

酒店共有714间舒适雅致的客房,每间客房面积33平方米起,都拥有明亮的落地窗户、迷你吧、功能齐全的办公区域及高速网络接入。希尔顿荣誉客会会员通过官方渠道订房可惠享免费WiFi等多重礼遇。

总面积达2500平方米的18间会议室及大宴会厅供您选择,加之专业的宴会管理和餐饮服务团队确保您的活动顺利举行。

位于四楼的健身中心配备心肺功能和力量训练器材,您还可选择参加有氧运动室的各类课程,或在拳击区进行训练。室内泳池水温恒定舒适,室外网球场设置围栏网和专业照明,室内壁球馆配备专业的正面墙、后方玻璃墙和地板系统。

隐逸水疗提供专业的身体按摩和护理,让您在喧闹中实现内心的宁静。著名的北京美容美发沙龙可为顾客提供美发造型等服务。

餐厅及酒吧涵盖各种中外风味:水上人家餐厅由宁波大厨掌勺,以生猛海鲜和独特口味闻名沪上。连天阁全天候提供国际料理,可自助亦可单点。39楼的天府楼使用空运自成都的香料烹制地道川菜,还可俯瞰城市风光。李奥纳多餐厅主打经典的意式风味。静安廊提供各式饮料及小食,还配备充电接口,是绝佳的休闲及会晤场所。酒吧极具纽约复古风格,提供各式鸡尾酒和威士忌,更有乐队现场演出。

根据《公共场所卫生管理条例实施细则》的有关规定,自2017年3月1日起,希尔顿酒店室内将全面禁止吸烟。如需吸烟,可移步至酒店指定室外吸烟点。

上海希尔顿酒店官网对酒店产品的介绍可以看出,酒店的产品不仅仅是顾客直接需要的某一项产品,还包含产品的很多层次。酒店营销的起点在于如何从酒店产品的各个层次中来满足顾客的各种需求。

相关知识

(二) 酒店产品的特征

酒店产品是服务市场上的特殊商品,既有与其他商品相同的属性,也有其突出的特点。

(1) 有形产品与无形产品的结合。客房、餐饮等都属于有形产品,但是入住酒店、在餐厅用餐、礼宾服务等都离不开酒店工作人员的服务,这种服务是难以物化的无形产品。

(2) 不可储存性。酒店的客房、餐厅的座位、会议室等如果没有出租,就不会产生价值,它们作为酒店产品的组合部分不会像工业品那样可以储存起来。顾客在购买产品之后,只是买到了产品的时间性很强的使用权,若不及时消费,其价值将立即消失,无法携带或储存。

(3) 所有权不发生转移。酒店产品不是物质产品,无法运输,产品交换后,顾客得到的不是具体的物品,而是服务体验、感受或经历。顾客在酒店入住,只是购买酒店客房和其他设施的占有权和使用权。这便是酒店产品不同于其他物质产品之处,不可以运输,在交换之后没有所有权的转移。

(4) 生产、销售和消费的同时性。酒店服务的生产过程、销售过程和消费过程几乎同时进行,即当场生产、当场销售、当场消费。这是服务产品与其他产品最显著的区别。这一特点决定了酒店生产经营必然会受到地域的限制,市场范围受到一定的局限,并且增加了酒店产品质量控制的难度。

(5) 季节性。酒店产品通常会显示出较强的季节性。如度假型酒店,在旅游旺季,市场对酒店的需求量就会增多;在淡季时,市场对酒店的需求量则会减少。而商务型酒店同样也会遇到这样的波动。酒店营销人员就要根据这一特点制订营销策略,为酒店创造最大的价值。

(6) 不可专利性。不可专利性是指一家酒店不可能为自己设计的客房装潢装饰、菜品、服务方式等申请专利。酒店只能为自己的商标和名称申请专利。正因为这一特点,当酒店创新出某一新产品且这一产品给酒店带来较好的经济收益时,其他酒店很快就会争相模仿。

(7) 综合性。酒店产品不同于其他产品的特点之一就是综合性。酒店给进入的顾客提供各种类型的服务,如预订服务、客房入住、餐饮服务、礼宾服务、娱乐服务等,这些服务在顾客的入住体验中,不可能单独存在。各类型的服务组成了酒店产品的综合体,每一个种类的服务质量都会影响客人的入住体验。

(8) 酒店服务的差异性。酒店的服务包括大量的人力资源,而人力资源的统一标准和控制难度则较大。由于工作人员的工作方式、工作态度、服务技能技巧各不相同,所以酒店与酒店之间、乃至同一家酒店不同的服务人员之间,甚至同一服务人员在不同的时间段对顾客的服务都会体现出一定的差异。

导入案例　酒店的客房装修时的小细节[①]

宽敞、典雅的酒店入口很重要,会给客人留下美好的第一印象。过于狭小、局促的人口会让人感到非常难受。同时,酒店的入口最好有一个相对宽敞的过厅,形成室内外的过渡空间,这不仅可以提升酒店的档次,而且易于节能。此外,还要考虑到残疾人的需求,为其设计专用的坡道。

采用多种形式的总台大堂中,总台是必不可少的最主要场所,如果条件许可,其位置应尽可能不要面对大门,这样既可以给在总台办理相关手续的客人一个相对安逸的空间,同时又可以减少过浓的商业气息。酒店的贵重物品保管间需有两个方向的门进入:一扇是供客人使用,另一扇接入总台,供服务人员进出。对于规模较小的酒店,商务中心可与总台相邻,以节约人力,而规模较大的酒店商务中心与会议中心安排在一个区域内是理想的选择。

大堂吧的功能不宜过于单一。大堂吧是中、高星级酒店中必备的功能场所之一,设计中应注意如下问题:① 根据酒店的实际客人流量,大堂吧面积应与客位数相吻合;② 要与服务后场紧密相连;③ 如空间不大或位置不相对具有私密性,建议不设酒水台,有服务间即可;④ 有些酒店的大堂吧与咖啡厅结合在一起,可有效地利用空间及资源。

大堂公共卫生间应体现高品位。大堂的公用卫生间也是设计中的一个重点,应注意:① 卫生间的位置应隐蔽,开门不宜直接面对大堂,开门后应有过渡空间,不宜直接看见里面的活动;② 水嘴、小便斗建议用感应式,这样比较卫生;③ 干手纸箱及垃圾箱应嵌入墙体;④ 坐厕应采用全封闭式,相互间的隔断应到顶,以增加私密性;⑤ 小便斗前及坐厕后可增加艺术品的陈设;⑥ 搭配和谐的石材墙及地面可有效提升卫生间的档次;⑦ 洗手台镜前的壁灯对于照明及效果的体现亦很重要。

当一个客人选择入住酒店的时候,并不仅仅接触的是客房产品的最基本效用,还会接触到酒店产品的各种层次,从价格到样式,从私密性到实用性,每

---

① 酒店的客房装修时间的小细节[EB/OL].[2016-07-15].http://www.sohu.com/a/106022206_392689.

一点都需要酒店从业人员仔细思考。酒店产品包含着的层次远比你想象中的复杂。

相关知识

二、酒店产品的层次和整体产品

(一)酒店产品的层次

酒店产品包括基本服务与扩展服务,他们共同组成了服务产品策略。酒店产品的五个层次如图6.1所示。

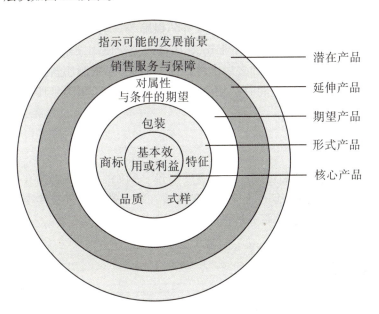

图6.1 酒店产品的五个层次

(一)核心产品

核心产品是酒店产品的最基本层次,是向顾客提供产品的基本效用和利益,也就是顾客真正要购买的利益和服务。顾客购买酒店产品并非是为了拥有该产品实体,而是为了获取能满足自身某种需要的效用和利益。对于不同的顾客来说,其核心利益是不同的,如在意价格的顾客,他们追求的是酒店各类产品的价格是否物有所值;在意豪华体验的顾客,他们追求的是酒店客房是否彰显奢华气息。

(二)形式产品

影响酒店产品核心利益的是产品所依附的实体。产品实体也就是形式产品,是产品的基本形式,包括产品的包装、特征、样式、质量和商标等。具体到酒店产品的形式产品包括酒店的地理位置、建筑、装潢装饰、设施设备、服务质量等众多内容。

(三)期望产品

期望产品是顾客购买产品是期望的一整套属性和条件,如顾客对酒店价格的高低、服务的优劣、环境的豪华与否等的不同期望。

(四)延伸产品

延伸产品指的是产品包括的附加服务与保障等。酒店的延伸产品有很多,如礼宾的接送机服务、各项委托代办业务、住店客人免费使用康乐设施等。延伸产品来源于对顾客需求的综合性和多层次性的深入研究,要求酒店营销人员要正确认识顾客的整体消费体系,但同时必须注意顾客是否愿意承担因延伸产品的增加而增加的成本的问题。

(五)潜在产品

潜在产品是指该产品可能的未来发展前景。例如,大型酒店拥有自己的智能客户端,也许不久的将来客人入住时仅仅需要在客户端上通过某些交互按键提出服务需求,酒店就会有客房服务员迅速满足客人的需求。

课堂讨论

酒店中的所有产品是否都具备上述的五个层次?

知识补充:服务业产品四层次说

市场营销学之父菲利普·科特勒认为,服务业的产品分为以下四个层次:核心性产品、配置性产品、支持性产品和扩展性产品,如图6.2所示。产品最基本的层次是核心性产品;配置性产品是顾客在使用核心性产品时必须存在的物品和服务,如酒店的礼宾服务、结账服务等;支持性产品是相对核心性产品所追加的代表额外利益的产品,同时也起到了与竞争产品相区别的作用；扩展性产品包括硬件环境、顾客与服务系统的互动、顾客参与生产、顾客之间的互动等。

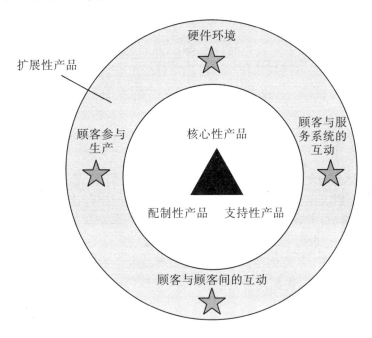

图6.2 菲利普·科特勒认为的产品四个层次

（二）酒店整体产品

酒店一般都位于繁华的商业中心或者旅游中心，无论是商务，还是旅游观光、购物都极为便利。大部分酒店会率先引进国外酒店管理集团先进的管理理念，融合当地文化特色，以完备的软、硬件设施，专业而个性化的服务，优越的地理位置及温馨的内部环境，备受中外宾客及同行的推崇。酒店产品层次的五个方面看似相互独立，实则紧密相关，共同构成了酒店整体产品的全部内容。在酒店产品的五个层次上，确保基础产品和期望产品的质量，是使顾客满意的前提条件。延伸产品和潜在产品是酒店产品灵活性的具体表现，同时也是形式产品在现有价值之外的附加价值。酒店产品五个层次的全部意义在于提供一个具有质量保证和一定灵活性并且具有竞争优势的产品。

全面理解酒店整体产品和产品的五个不同层次，我们必须认识到：第一，酒店产品的竞争始于形式产品，也就是产品的核心利益。第二，满足顾客的期望是酒店经营成功的关键。第三，在激烈竞争的市场条件下，竞争主要体现在延伸产品上，也就是酒店产品自身的特色差异化。第四，酒店的成功与否往往表现在其提供的潜在产品上。第五，灵活性来自于酒店所有服务工作人员，有效的培训、适当的授权往往可以让一线员工可以直接处理日常工作中遇到的问题。

三、酒店产品组合

产品组合,也称产品的各色品种集合(product assortment),是指一个企业在一定时期内生产经营的各种不同产品、产品项目的组合。产品组合包括四个因素:产品系列的宽度、长度、深度和关联性。这四个因素的不同,构成了不同的产品组合。

(一) 宽度

宽度指企业的产品线总数。产品线也称产品大类、产品系列,是指一组密切相关的产品项目。这里的密切相关可以是使用相同的生产技术,产品有类似的功能,同类的顾客群,或同属于一个价格幅度。对于一个家电生产企业来说,可以有电视机生产线、电冰箱生产线。产品组合的宽度说明了企业的经营范围大小、跨行业经营,甚至实行多元化经营程度。增加产品组合的宽度,可以充分发挥企业的特长,使企业的资源得到充分利用,提高经营效益。此外,多元化经营还可以降低风险。

(二) 长度

长度指一个企业的产品项目总数。产品项目指列入企业产品线中具有不同规格、型号、式样或价格的最基本产品单位。通常,每一产品线中包括多个产品项目,企业各产品线的产品项目总数就是企业产品组合长度。

(三) 深度

深度指产品线中每一个产品有多少品种。产品组合的长度和深度反映了企业满足各个不同细分子市场的程度。增加产品项目,增加产品的规格、型号、式样、花色,可以迎合不同细分市场消费者的不同需要和爱好,从而吸引更多顾客。

(四) 关联性

关联性指一个企业的各产品线在最终用途、生产条件、分销渠道等方面的关联程度。较高的产品的关联性能带来企业的规模效益和企业的范围效益,提高企业在某一地区、行业的声誉。

产品组合的四个因素和促进销售、增加利润都有密切的关系。一般来说,拓宽、增加产品线有利于发挥企业的潜力、开拓新的市场;延长或加深产品线可以适合更多的特殊需要;加强产品线之间的一致性,可以增强企业的市场地位,发挥和提高企业在有关专业上的能力。理论上产品的广度、长度和深度的内容越多,组合出来的局部产品也就越多,但不一定是经济、有效的。产品越多,成本越高,投入的服务越多,质量也越难保证,所以酒店一定要根据实际情况确定组合规模。酒店应该在客人的无限的需求和自身有限的能力之间寻求一个平衡点,来确定产品组合的实际规模。

酒店在进行产品组合时,涉及三个层次的问题需要做出抉择,即是否增加、修改或剔除酒店产品项目;是否扩展、填充和删除酒店产品线;哪些酒店产品线需要增设、加强、简化或淘汰,以此来确定最佳的酒店产品组合。

课堂讨论

请设计更多的酒店客房套餐。

四、酒店产品的附加价值

绝大多数酒店都会提供干净、舒适的客房产品,顾客在入住时的满意度高低可能就会取决于支持核心产品的辅助性产品上:或许他们会需要美味可口、制作迅速的客房送餐服务;或许他们需要视野良好、器械全面的健身中心;或许他们希望结账方式可以支持更为快捷的方式;或许他们在前厅办理入住时受到了接待员细致入微的关怀。这些正是酒店辅助性产品上的竞争。经济新常态下,酒店的竞争并不仅仅是给客人提供什么样的客房,而在于酒店能为其产品增加什么内容,以及顾客所重视的附加价值。同类产品的竞争往往表现在以下两个方面:

1. 对核心产品的准确认识

例如,酒店所在地多是商务客人,对酒店服务的需求更多是在保证档次标准的前提下,更加方便快捷,若酒店经营者设计出的菜式过于精致、用餐程序过于繁杂,那么就不会有顾客前来用餐,这样既不会满足顾客的需求,酒店也损失了更多的经济利益。

2. 适当的扩大延伸产品

酒店增加延伸产品是为了让顾客获得意外的惊喜,从而提高满意度。例如,酒吧在夜间时段,邀请驻唱乐队;客房在开夜间房时增加巧克力和热牛奶,这些做法往往会给顾客带来惊喜,从而提高他们的满意度。

由于附加产品会增加酒店的经营成本,酒店经营者就必须考虑这些成本的增加是否值得。但是现实的情况可能是,附加产品很快就会变成顾客的预期价值,这就使得酒店必须不断地推出各种附加价值去保证酒店产品的生命力。

课堂讨论

请讨论导入案例中设计的酒店附加产品是什么?会给顾客带来什么样的体验?

第二节 酒店产品市场寿命周期策略
——为酒店产品把把脉

导入案例 连锁酒店生命周期[①]

目前,我国连锁酒店行业呈现出明显的增长趋势,随着连锁酒店的快速发展,行业竞争也越来越激烈,连锁酒店行业在未来将迎来圈地发展时代;同时,随着计算机技术的快速发展,为连锁酒店行业打造的酒店管理系统的成功研发,加速了连锁酒店信息化和专业化,为连锁酒店的不断扩张提供了技术支持,可以说,连锁化经营是我国酒店行业发展的必然趋势,连锁酒店进入了新一轮的发展高潮,产业信息化也在不断升级,推动着连锁酒店行业进入快速发展的黄金时期。

据前瞻产业研究院发布的报告显示,截至2015年1月1日,全国服务连锁酒店总数已达到16375家,同比增加了3648家;客房总数为1525471间,同比增加了289638间,增长幅度为23.44%。而在2005年,全国服务连锁酒店总数仅有522家,如此计算,十年间经济型连锁酒店的数量暴涨30多倍。

结合目前经济型酒店的情况,如家、锦江、7天、汉庭等前七大品牌基本为市场所熟知;国内游和入境游的持续稳定增长带动经济型酒店的需求不断增加;直营酒店和加盟酒店的建设快速推进,企业规模不断扩大;企业利润呈加速增长趋势。两者是十分相符的,因此,可以推断经济型酒店行业目前已进入成长期。

据此可以看出,当前出现的经济型酒店行业需求大幅增长和新增需求向全国性品牌集中的趋势有望在未来3~5年得以延续和强化。

经济型酒店作为酒店市场中的一个细分市场近期出现了高速发展,每一种产品进入市场后,它的销量和利润都会随着时间的推移而改变,呈现一个由少到多、再由多到少的过程,就如同人的"生老病死"一样,由诞生、成长到成熟,最终走向衰

---

① 连锁酒店生命周期及趋势分析[EB/OL].[2016-06-12].http://www.sohu.com/a/104688748_115559.

亡,这就是产品的生命周期现象。

产品生命周期理论是市场营销学中的形象理论。研究产品生命周期理论,对于正确制订酒店的产品决策,及时改进老产品,发展新产品,有计划地进行产品更新,正确制订各项经营策略,直至酒店的经营管理都具有重要的意义。

相 关 知 识

一、产品生命周期理论

产品从投入市场到最终退出市场的全过程称为产品的生命周期,该过程一般经历产品的导入期、成长期、成熟期和衰退期四个阶段。产品生命周期显现了产品销售历史中的不同阶段,与各个阶段相对应的是与营销策略与利润潜量有关的不同机会和问题。酒店可通过确定其产品所属的阶段和将要进入的阶段,制订更好的市场营销计划。

产品生命周期理论包括下列内容:① 产品的生命有限;② 产品销售经过不同阶段,每一阶段对销售者提出不同的挑战;③ 在产品生命周期的不同阶段,利润有升有降;④ 在产品生命周期的不同阶段,产品需要的不同市场策略。

有关产品生命周期的论述大都认为一般产品的销售历史表现为一条 S 型曲线,典型的这种曲线分为四个阶段,即导入期、成长期、成熟期和衰退期。如图6.3所示。

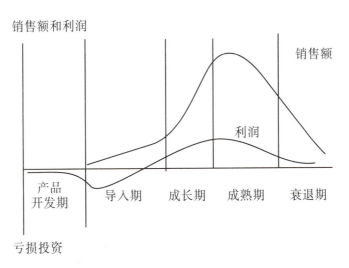

图6.3　产品生命周期曲线

(1) 导入期,又称介绍期,是产品引入市场,销售缓慢增长的时期。在这一阶段,产品为赢得市场而支付了巨额费用,致使利润几乎不存在。

(2)成长期。产品被市场迅速接受和利润大量增加的时期。

(3)成熟期。因为产品被大多数的潜在购买者所接受而造成的销售成长减慢的时期,为了对抗竞争,维持产品的地位,营销费用日益增加,利润稳定或下降。

(4)衰退期。产品下降的趋势增强和产品利润不断下降的时期。

在实际情况中,并非所有的产品都遵循这种S型的产品生命周期过程,有些产品一引入市场就很快消失。酒店产品通常也会有衰退期,但经过重新装修后,它还会重新赢得青睐,并再次进入一个新的增长期。

众多产品大都具有很长的成熟期,相反产品形式的生命周期却往往比较标准。由于竞争者的反应和攻击不断变化,一种特殊品牌的生命周期可能变化很快。

课堂讨论

酒店产品生命周期中,哪一个阶段越长,酒店经营者越开心?为什么?

导入案例　酒店商务中心何去何从

酒店商务中心(business centre)是指为了满足顾客需要,为客人提供打字、复印、翻译、电子邮件及传真的收发、文件核对、抄写、会议记录及代办邮件、打印名片等服务的综合性服务部门,一般隶属于酒店前厅部。它是客人"办公室外的办公室",旨在通过先进的服务设施、设备、齐全的服务项目,加之高素质的专业或一专多能型的服务人员,为客人提供高水准、高效率的服务。它是酒店提高对顾客服务质量的基本保证,也是现代高档次饭店的重要标志之一。

在我国酒店业发展初期,商务中心出色地发挥了自己的作用,体现了现代酒店强大的商务功能,帮助客人解决了许多实际困难,成为酒店不可或缺的一个重要组成部分。同时,它作为酒店利润率最高的营业场所之一,成为了酒店创收的重要部门,令酒店管理者们甚为兴奋。然而好景不长,没有几年,随着时代的发展和社会科技的进步,酒店商务中心在按照原有的经营管理过程中开始暴露出一些问题,它在酒店中的作用及地位也在悄无声息之间发生了翻天覆地的变化。主要表现在:商务中心业务简单,经营效果差,经营难度大;商务中心员工发展难;商务中心产品创新难;商务中心地位由重要部门变成"鸡肋"部门。

酒店商务中心目前处于一个非常尴尬的阶段,面对以上的困境,很多酒店的经营管理者开始积极思考应该采取什么样的对策,这也使得商务中心开始出现了一些新的变化,主要表现在以下方面:商务中心外包;商务中心角色改变;商务中心产品特色化;商务中心职能合并。

商务中心作为高星级酒店的重要职能部门,在我国酒店业发展初期,起着不可替代的作用,但随着时间的推移,科技的进步和社会的发展,酒店商务中心的地位已经大不如前,酒店经营者的思考是如何对商务中心进行"手术",从而"救活"这个部门。酒店产品为什么会在不同时期有着不同的境遇呢?不同的时期又会与怎样的经营策略相适应呢?

相关知识

二、产品生命周期原理及营销策略

(一)酒店产品的导入期

这一时期,酒店产品作为一种新产品,刚刚进入市场时,消费者对这种酒店产品还不是十分了解,再加上营销渠道不完善,因而消费者对这种酒店产品的消费十分谨慎。所以,这一阶段市场空间比较狭小、产品销售增长十分缓慢,营销的主要任务就是扩大酒店产品的知名度,让消费者迅速认识和了解酒店产品。因此,产品就需要大力的促销和广泛的宣传吸引消费者的注意,争取打通分销渠道占有市场,力求缩短这个阶段持续的时间。

这一时期酒店的竞争者较少,酒店销售的目标是最迫切的购买者。在推出某种新产品时,产品、价格、分销和促销这四个变量中,如果仅仅考虑价格和促销这两个变量,酒店往往可以采取以下四种策略:

1. 快速撇脂策略

高价格和高促销的方式推出新产品。酒店在产品刚刚推出时,产品定价较高,酒店需要投入大量资金进行宣传促销活动,力求在顾客群体中迅速建立酒店的知名度,吸引那些对酒店新产品好奇的消费者产生购买欲望,快速收回酒店的投资并进一步盈利。采用这一策略的条件是:购买者愿意出高价格购买酒店的产品,且市场上不存在其他竞争酒店。

2. 缓慢撇脂策略

高价格和低促销的方式推出新产品。在酒店产品刚刚推出时,产品定价虽高,但是很少进行促销活动。这种方法节省了宣传促销的费用,但是消费者需要一段时间才可能对酒店产品进行了解,因而收回投资甚至盈利的时间会较长。采用这一策略的条件是：市场竞争并不激烈，适当的高价可以被消费者接受。

3. 快速渗透策略

低价格和高促销的方式推出新产品。因为这种策略采取了所有对消费者有利的手段，所以这种策略又称密集性策略。酒店产品刚刚上市时，产品价位低，开展大量的促销活动，争取迅速占领市场。采用这一策略的条件是：市场规模较大，市场对该产品不知晓，大多数购买者对价格敏感，存在较强竞争者。

4. 缓慢渗透策略

低价格和低促销的方式推出新产品。酒店产品以低价格进入市场，但是很少采取促销手段，力求以较低的价格吸引消费者的注意，逐步渗透，扩大市场。采用这一策略的条件是：市场规模较大，市场其他竞争者的价格较高，有潜在的竞争者存在。

（二）成长期

这一时期，消费者已经接受这种酒店产品，产品的市场范围在迅速扩大，营销渠道在不断完善，销售量迅速增长。由于产品利润的增加，导致许多新的竞争者加入，市场竞争越来越激烈。成长期是盈利水平最为旺盛的阶段，酒店经营者应该努力延长这一阶段，使酒店营利发展水平达到最大。

在成长期，酒店为了尽可能长时间的维持市场成长常采用以下四种策略：

（1）狠抓酒店产品质量，并以良好的包装体系和完善的服务与之配合，并且加强酒店的品牌效应，使得产品更具有特色从而更具竞争力，以满足消费者的广泛需求，巩固自己的顾客群体。

（2）进一步寻找新的细分市场，并逐步渗透市场，以适应更多消费者的需求，获得他们的喜爱，从而增加销售量。

（3）加强广告宣传，广告宣传的重心应从介绍酒店产品转向树立酒店产品形象，进一步扩大产品知名度，形成更广泛的品牌效应。

（4）适时降价，降价策略可以激发对酒店产品价格高而采取观望态度的消费者的欲望，促使他们从潜在消费者变为实际消费者。

（三）成熟期

这一时期，市场呈饱和状态，酒店产品营利能力的增长趋势放慢甚至停滞，市场竞争达到峰值，市场上不断出现同类型的酒店产品和仿制品，酒店消费者对酒店产品的兴趣在逐渐转移，酒店的利润也在不断下降。成熟期往往不是自始至终都呈现同一状态，主要经历以下三个时期：第一，成长成熟期，总销售量仍在缓慢增长，这是由于一些较为保守的消费者刚刚进入市场开始购买酒店产品；第二，稳定成熟期,销售量达到最高阶段,市场趋于饱和,销售量开始下降,这是由于消费者已经开始迅速需求和购买其他产品或者替代性产品;第三,衰退成熟期,销售曲线从最高点开始下降,酒店行业产品开始过剩,由此导致更加激烈的竞争,经营者常采用削价策略或优惠销售,已经有竞争者开始退出市场。

良好的进攻才是最好的防守。在成熟期,酒店面临着生产能力过剩的压力,进而会加剧竞争。竞争者纷纷谋求出路,或降低酒店产品的价格,或扩大广告投入和促销投入,或增加新产品开发预算,以试图进一步改进该酒店产品。而这些举措都意味着利润的减少。这样激烈的竞争必然会带来较为弱势酒店的退出。所以,酒店为了生存,需要组织良好的进攻,可通过以下三种策略调整酒店的经营:

1. 调整市场

这种策略不是要改变酒店产品本身,而是发现酒店产品的其他推广方式,从而让产品的销量得以扩大。例如,面对政府消费急剧下降的现状,酒店经营者会寻求多种方式,寻求其他消费市场来推广自己的酒店产品。

2. 调整产品

这种策略是以产品自身的改变来满足顾客的不同需要,吸引有不同需求的顾客。整体产品概念的任何一个层次的改进都可视为产品的再推出。例如,在酒吧中,盛装酒水的酒杯器型发生了改变,就可能会给消费者带来新鲜感。

3. 调整营销组合

通过对产品、价格、渠道和促销四个酒店市场营销组合因素加以综合改革,促进销售量的回升。例如,在提高客房入住体验、增加房内附加服务的同时,通过特价、会员积分、积分兑换等方式来降价让利;扩大酒店分销渠道,在众多社交媒体中进行广告宣传,变换广告时间和频率,增加人员推销,加强公共关系等,多方法共进,进行市场渗透,扩大影响,争取获得更多的客户群体。

通过这些方面的调整、改进和提升,酒店能够增强产品在市场中的竞争力和适应力,能更好地融入市场,从而让产品可以保持持续、旺盛的生命力。

(四)衰退期

这一时期,大量酒店消费者的兴趣完全转移,产品的市场销售量迅速萎缩,很多竞争者已经退出了市场。这一阶段所能采取的策略是保留、调整或者放弃。

(1)保留。酒店保留现有的策略不变,甚至寄希望于竞争对手的退出,自己则继续维持该产品。

(2)调整。酒店对产品进行改进,对酒店设施进行改造和装修,给客人耳目一新的感觉。但这种方法花费巨大,会削弱酒店在未来市场上的竞争力。

（3）放弃。酒店决定退出该市场，尽早进行新产品的开发，并开始下一轮的产品生命周期，这样既节省了大量的资金投入，也可以在新一轮的产品竞争中获得先机。

课堂讨论

请讨论，什么样的酒店产品可以保留？什么样的酒店产品可以调整？什么样的酒店产品需要放弃？

第三节 酒店新产品开发

——学会创新，永不凋零

导入案例　大堂吧也有红烧牛肉面

上海漕河泾万丽酒店有四个餐厅，分别是中餐厅、韩餐厅、西餐厅和大堂吧。为增加酒店餐饮营收、吸引更多商务客人午餐时段消费，并丰富酒店的餐饮产品组合，餐饮部在除中餐厅、韩餐厅、西餐厅之外的大堂吧增加某种午餐产品，满足附近商务客人时间较为紧迫的午餐需求。

酒店决定在大堂吧开发午餐面档。开发产品有红烧牛肉面、雪菜肉丝面、腊肉面、葱油拌面等，价格在38元到78元不等，并加收15%的服务费。在推出新产品后，受到附近白领的青睐。午餐阶段的实验成功以后，大堂吧每个月的牛肉面销量可以达到300碗，其他各类面条也有一定的销售量。随后酒店决定大堂吧在晚餐时段也增加面档，并增加更丰富的面条产品选择。

现今，上班族午餐的选择比较多样，可以选择时效性较差的外卖、街边"苍蝇店"、社会连锁餐馆就餐等多种，但是五星级饭店的就餐环境、服务标准和卫生情况却是其他社会餐饮店并不具备的。酒店附近的白领有消费能力，并希望在更好的环境下就餐的希望也是本次产品创新的必要条件。

五星级饭店大堂吧里提供牛肉面看似有些不可思议，但是实际的效果却非常的好。现代酒店经营的任务可分为三个方面：一是要发现和创造顾客；二是顾客是被酒店的承诺所吸引；三是顾客是由于满意而忠诚。把握市场和顾客的新需求，是酒店企业永不凋零的秘诀所在,开发新产品也就具有了战略意义,成为酒店生存和发展的重要支柱。

相关知识

一、酒店产品创新思路

酒店新产品是指与市场上已有产品存在一定差别或者完全不同的产品。菲利普·科特勒曾经说过,在现代竞争的情况下,若不发展新产品,则必然无法生存。由于产品的生命周期,任何产品都不可能永久的生存下去,都必将遭到市场的淘汰。

酒店想做好新产品的开发,应当从以下三个方面进行考虑:

(一)酒店客房产品的创新

客房产品是酒店产品的核心,是满足顾客基本需求的关键产品,同时也是酒店获得营收的直接手段。客房不再是一张床和一间房的简单问题,而是一个系统管理和系统创新的观念问题。客房产品的创新应做到:以标准化为基础,以产品个性形成亮点,以提升文化附加值增加效益为根本。

1. 以标准化为基础

客房产品创新首先应以标准化为基础,注重产品功能的实用性和舒适性。实用、方便是最基本的要求,能否舒适学问就很大,牵涉的面很广,温度、色系、灯光、噪音、布草质量、床垫软硬、水质、水压、热冷水温控、气味等,每一项指标都影响到宾客的体验。除此之外,还包括软件的管理、服务质量等。

2. 设计个性、创造差异

客房产品创新优化应注重"设计个性、创造差异"。这是前面标准化基础上的一个超越,个性就是形成企业独特的具有与众不同的产品符号,它融合了企业文化和地域的文化特性,比如,跨进某酒店大门,一种独特的香气扑鼻而来,并延伸至客房公共区域,这种香气是经过专业公司设计,与企业品牌特征相吻合。灯光设计、装修色系等,都可以形成鲜明的企业个性,在硬件基础上延伸至产品细节。当许多硬件已无法改变时,酒店就可以在产品与服务上下工夫。例如,客房物品摆放、欢迎水果的器皿、夜床服务,以及员工的服装等,都可以通过设计形成独特个性。有差异性就能引起宾客关注,当客房产品在宾客体验过程中形成了一个或多个亮点时,宾客的记忆就会增强。

3. 增添文化附加值

目前多数酒店产品过于千篇一律,产品没有个性,也不具文化附加值,没有文化附加值的客房产品很难卖高价。因此,能否形成产品个性,直接影响企业收益。现代时尚的酒店体现简约、明快;奢华、豪华的酒店体现雅致品位;经典的老酒店具有厚重的历史积淀,体现的是文化的厚度和广度。无论什么类型的酒店都离不开企业独特的文化个性。在欧美,历史文化型酒店备受追捧,房价甚高。这是人们对文化的敬畏。国内文化型酒店不少,只是它的价值没有完全被体现,上海的浦江饭店、上海大厦、和平饭店,天津的利顺德,哈尔滨的马迭尔宾馆等,均如文物一般,有大量的历史故事和文化内涵,随着消费者品位的提高,文化型酒店的价值会得到提升。除了建筑之外,文化陈设、产品也可以形成企业鲜明的符号。总之,产品应通过文化内涵提升竞争力和附加值,留给顾客独特体验。

除此之外,为了突破传统的客房标准,许多酒店都开设了另类客房,针对客人的独特需求,凸显客房的独特性,如推出海底客房、汽车客房、电影客房等。

总而言之,通过客房产品的创新,可以改变酒店市场上同质化的客房产品结构,以丰富的新产品来引导市场的划分,避开市场上同质化客房的市场竞争。

课堂讨论

什么类型的酒店适合创新另类客房?

(二)酒店餐饮产品的创新

餐饮创新的根本目的,在于迎合市场,满足顾客需求,最终赢得较好的社会效益和经济效益。人们在创新思维中,要想自己开发的产品达到预期的目的,就需要把握餐饮创新的基本原则。

1. 突出文化主体

当今时代,餐饮的文化性已渗透到经营的方方面面,从餐厅的设计布局、装饰到菜品的色、香、味、形、器,无一不是文化的结合体。在餐饮创新过程中,应始终把提升文化特色作为经营的主要方向,去营造一种良好的、健康的文化主旋律,为餐饮经营开辟新的思路。

2. 拓展经营项目

餐饮产品的创新,需要经营者不断研究餐饮市场的变化,树立新的经营理念,转变经营方针,敢于开拓新的思路。如有的企业充分发挥品牌和企业文化的效应,深挖企业潜力,开拓多元经营的发展方向等。餐厅不要局限于现状,可适当增加菜品风味,开发风味餐厅、特色餐厅、主题餐厅等。总之,要冲出传统的经营观念和思维模式的束缚,从实际出发,遵循市场的发展需求。

3. 适应目标顾客

在餐饮经营中,不同风格的餐厅营造不同的文化特色,一方面要考虑到本地人的消费特点和习惯爱好,另一方面要考虑到某一消费群体的接受程度,在设计和装饰上不能过于庸俗、趣味低级,严重背离现代餐饮的发展方向。在体现时代特色的同时,更要反映文化的时尚性,做到雅俗共赏,耐人寻味。

4. 引领餐饮潮流

餐饮产品的创新,不仅仅是菜点,而是在菜点、菜谱、环境、服务、活动等方面,不断引领餐饮潮流。在产品创新中,菜肴将紧随国际饮食的"五轻"趋势,去开发轻油、轻糖、轻盐、轻脂肪、轻调味品的菜肴,更多地注重饮食环境,更多地借助人员服饰、服务礼仪和配合就餐活动开展的文娱活动来烘托主题。

(三) 酒店服务创新

酒店服务创新是酒店产品创新的必要环节,通过创新服务,提供个性化和高质量的服务,可以提高顾客满意度并形成竞争优势,从而能够提高酒店的市场竞争力,实现其效益最大化。进入经济新常态以来,酒店业处在互联网大潮和行业变革的转折期,酒店行业应从以下六个方面采取创新:

1. 服务工具创新

酒店要创新,首先要从服务工具开始,主要包括酒店管理系统,智能客房系统,智能管家等,如上海别样红信息技术有限公司与微信支付合作推出的智慧化方案就分属此类。

未来酒店进行成功的革新,同质化的服务流程必须得到改变,而这些进程最终或将倚重智能化程度越来越高的酒店科技和移动端设备。当人们入住酒店的时候,一些新潮实用又便捷性十足的工具不仅能让顾客得到全新体验,更会给他们留下深刻印象,从而极大地提升忠诚度。

2. 服务语言创新

语言是服务沟通必不可少的工具,经过20多年规范化管理的熏陶,酒店各部门内部均已形成了一套规范化、标准化的服务语言体系。但这种千篇一律的单调语言正受到挑战,不少客人已明确表示对这种毫无新意的服务语言表示反感或厌烦。餐饮服务更多时候借助于语言进行,因此实施服务语言创新应是服务创新的重要内容。

3. 服务内容创新

服务内容创新的关键在于餐饮经营者应突破纯粹餐饮消费的观念,追求餐饮内涵的延伸,尤其是餐饮文化内涵的拓展和延伸,只有这样,服务创新的天地才会变得无穷宽广。

4. 服务人员创新

餐饮服务中,人员是服务的主体,其素质高低直接影响服务质量的高低,因此,酒店应用新知识、新技术武装员工,用高素质员工创新的头脑全方位服务于客人。如一些星级酒店中的主题餐厅,其服务人员不仅通晓基本的服务之道而且还是这一主题的专家,不仅能很好地为客人提供周到的服务,而且还担当了主题知识传播者的角色,使消费者在普通的饮食中增长见识。

5. 服务过程创新

消费不同的产品,客人会获得不同的效用,以不同的消费过程来消费同一种产品,顾客也可以获得不同的满足程度。既然消费过程的不同会影响顾客的消费价格,那么,餐厅有责任也有必要改善客人的消费过程,并以此作为服务创新的重要内容。

实施服务过程创新,首先要认识顾客的消费过程,即对组成餐饮消费过程的各项消费活动(如订座、引位、点菜、桌边服务、结账等)予以鉴别;其次是要对消费过程进行系统分析,即不仅要对每项消费活动发生的地点、时间、人员构成和活动现状进行分析,而且还要深入理解顾客是否具有改变活动现状的需求和改变活动现状的趋势方向;最后要通过积极调整餐厅内部的价值活动,帮助顾客改善消费活动,使其在时间、地点、价格和方式等方面更适合顾客的需要。服务过程的创新将给酒店服务模式的创新带来丰富的发展空间。

6. 服务组织创新

酒店的组织结构是保持部门正常运行的载体。作为酒店餐饮,其组织模式往往与酒店整体组织模式有关,酒店应探讨如何"通过组织创新保持企业创新动力"这一基本课题。

在一家酒店里,并不一定只选择一种组织结构,工作性质、工作内容互不相同的部门可以选择不同的组织结构,甚至在同一部门的不同工作层次中也可以有组织结构图的差别。以餐饮部为例,完全可根据经营任务的轻重、从业人员的多少、服务范围的大小,根据命令统一原则、分工协作原则、精简高效原则,确定合理的组织结构,对内部岗位人员进行优化配置。

导入案例　豪华酒店造豪华邮轮,重新定义海上豪华[①]

日前,万豪国际集团旗下酒店管理公司丽思卡尔顿宣布进军邮轮行业,这是酒

---

① 石悦.丽思卡尔顿总裁:豪华酒店造豪华邮轮,重新定义海上豪华[N/OL].[2017-08-16].http://mp.weixin.qq.com/s/gRnSvjqqSKlUjvfOOybU-Q.

店业进军邮轮市场的首个案例,此举不仅震动了酒店业,也为邮轮游艇行业注入了一剂强心剂。当前,界于邮轮和游艇之间的中小型邮轮成为了市场新亮点,给邮轮、游艇相关企业和行业带来了新的发展机遇。

美国旅行代理商协会(ASTA)最近一份关于消费习惯的调查报告显示,"千禧一代"比老一代更有可能享受邮轮旅行。20年间,丽思卡尔顿酒店一直在考虑进军邮轮市场。由于发达国家老年人群和高收入人群的迅速增长,让酒店在豪华邮轮市场看到了机遇,并预计其将继续增长。同时,自1981年以来,全球邮轮乘客数量平均每年增长8.5%。但从去年的统计数据看,丽思卡尔顿酒店接待的游客中,有40.5万人参加过邮轮旅行,这意味着我们现有的客户群就是一个很大的市场。同时,基于对市场趋势的预测,2015~2020年,世界邮轮乘客数量每年将增长4%。

此次设计的邮轮大小和载客量是与丽思卡尔顿酒店服务方式相匹配的。每艘邮轮将设置149个套房,每间都设有私人阳台,其中包含2间面积达134平方米的顶层套房,所有房型的层高都高于一般豪华邮轮的室内层高。邮轮的室内设计是丽思卡尔顿酒店和瑞典游艇设计公司Tillberg共同完成的。市场上大部分豪华邮轮都倾向于增加房间数量以期承载更多旅客。或许,丽思卡尔顿的豪华邮轮并不是很大,但可以为游客提供一个私密的、放松的愉快旅程。

谈到此次丽思卡尔顿酒店订造邮轮所针对的目标人群时,Herve Humler介绍道:"我们希望邮轮体验首先能吸引到丽思卡尔顿酒店的客户,吸引到那些熟悉我们品牌和服务的人群。当然,我们还十分重视现有的邮轮潜在客户,还有那些厌倦了主流邮轮航线、想要考虑下高端邮轮体验的客户。目前,我们希望能首先吸引来自美国和欧洲市场的客户群,同时也在关注来自中国、日本等地的潜在旅客。"

对于丽思卡尔顿酒店邮轮团队的未来计划,Herve Humler表示:"目前,我们计划先建造3艘邮轮。丽思卡尔顿酒店的第一艘邮轮预计在2019年第四季度起航,航程为7~10天;第二艘在2021年第一季度推出,第三艘在2022年第一季度推出。我坚信,只要用心设计,提供贴心的服务体验,我们今后可以维持一个更大的船队。邮轮没有传统酒店要面临的区域竞争和选址上的限制,灵活性较高。除此以外,该邮轮交付后也可能用于租赁,因为该邮轮已经设置了一套创新的墙体系统,可以修改房间布局以适应每次航行的目的。"Herve Humler告诉记者:"第一艘邮轮将在地中海、北欧、加拿大、拉丁美洲和加勒比海以及美国等区域巡航。"

丽思卡尔顿酒店用了20年的时间完成了产品的创新,在通过分析数据、预测市场、寻求合作伙伴等许多工作以后,才决定要在2019年起航自己的邮轮。这一过程为什么这么久?到底有多少是需要做的?步骤又会是什么呢?

相关知识

二、酒店产品创新步骤

酒店的产品创新需要大量的人力、物力、财力的投入,事关酒店的生存与发展的重大问题。因此,产品创新有严密的组织和管理作为保障,保证产品创新过程科学有序的进行。从市场营销学上说,酒店产品创新分为以下八个步骤,如图6.4所示。

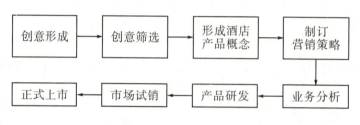

图6.4 酒店产品创新的步骤

1. 创意形成

创意形式是指在酒店新产品的创意、设想成形后,将其付诸书面,对其进行描绘,并对有关该产品的试销活动进行初步的、简单的设想。酒店可以从酒店内部和外部寻求新产品的创意。

2. 创意筛选

酒店的创意来源很多,所以可能会有很多构思产生,但不是所有的构思都可以付诸实施,酒店要根据自身的资金、人员素质、管理体制等对每个创意进行筛选。筛选时应谨慎做出决定,防止因没有重视而轻易放弃好的创意。在进行筛选时,要考虑酒店的内部条件和外部条件。内部条件包括酒店的资金、设施设备、技术能力以及经营管理的能力等;外部条件包括市场需求、竞争状况、营销环境、自然环境等。

3. 形成酒店产品概念

经过创意筛选后的新产品构思,还要进一步完成产品概念,即把新产品的构思具体化,用文字、图表的方式表现出来,形成新产品的形象。在产品概念形成后可以进行概念的测试。测试的目的是测定目标顾客对产品概念的看法和反应。

4. 制订营销策略

为了把新产品引进市场而设计一个初步的营销策略。在此阶段的策略应该仅仅是大致的轮廓,主要包括三个部分:第一是短期目标市场的规模、结构、消费者行为特点、产品的市场定位、短期预计销售情况、市场占有率、利润目标等;第二是预定价格、分销渠道和促销手段以及预算等;第三是预计的长期销售量、投资收益率和销售组合手段等。

5. 业务分析

业务分析是预测一种产品概念在市场中的适应性和发展能力。具体的商业分析包括预测产品的销售量、成本、利润,确定目标市场,预测市场规模,分析消费者行为。这项工作需要精确的数字、计算和调查,所以比创意筛选阶段的工作要复杂很多。因此这一阶段通常需要进行技术开发和市场调研等工作,并对销售额、成本和利润前景进行考察。

6. 产品研发

在产品的业务分析后,确定过该产品的开发价值后,就可以进入产品的实际开发阶段。在此阶段,一般需要增加大量的投资,并按照产品概念进行生产。要开发出一件成功的产品,可能会花费很长时间。万豪酒店集团在测试客房新产品时,用活动墙建立了一个庭院式家庭客房,该客房可以变化成三种不同结构的客房,标准客房、短式客房和窄式客房,经过消费者的试用,发现他们并不喜欢窄式客房,反而更加接受短式客房。据统计,这一实验,为每家万豪酒店都节省了10万美元。

7. 市场试销

这一阶段是新产品投入市场前的最后一次测试,试销就是把该新产品小批量地投放到具有代表性的、经过挑选的小型市场上进行销售。先前的各项步骤都是在酒店内部人员的设计中逐步进行的,而市场试销是剔除营销人员的主观性的测试。市场试销可以为酒店新产品能够全面上市提供系统、科学的决策依据,也为新产品的改进和市场营销策略的完善提供启示,有许多酒店新产品也是通过市场试销加以改进后才获得巨大成功的。

8. 正式上市

在酒店新产品接受过市场试销的测试后,取得了顾客和市场的良好评价和反应,经分析有巨大的潜在市场时,便可以决定正式上市。在正式上市之前还应注意以下三点:

(1)上市时机。新产品的上市要抢占时机,有些产品也许仅仅比竞争对手晚了一步,竞争对手在该产品上率先建立了品牌偏好,因而使本酒店在竞争中处于不利地位。

(2)目标顾客。酒店推出新产品时应针对最佳顾客群体制订相应的营销方案。特别是那些喜爱追求新鲜事物、在社交媒体的有一定舆论地位的顾客。

(3) 营销策略。采取适当的营销策略推进新产品以增加新产品的知名度。

以上八个步骤是一般规律,在实际操作中,并非所有的酒店新产品的推出都完全一样,需要根据产品的特点采取适当的步骤和方式。

课堂讨论

如果酒店创新产品在正式上市之后没有达到预期的效果,酒店营销部门应该怎么做?

第四节　酒店品牌与商标

——美名远扬,品牌护航

导入案例　瑞吉酒店

第一家瑞吉酒店是1904年阿斯托上校在纽约开办的,主要是为自己的母亲与其上流社会的朋友们举行宴会和派对时提供一个场地,阿斯托上校采用了全欧洲化的服务来款待他们。这种服务在业内独树一帜,使瑞吉酒店成为全球酒店业的经典。

1966年2月,瑞吉酒店被喜来登酒店收购。1998年,喜达屋酒店集团收购了喜来登酒店,并将瑞吉酒店作为一个全新的酒店连锁品牌。一个多世纪以来,瑞吉获得了令人瞩目的快速发展,旗下酒店及度假村遍及新加坡、伦敦、旧金山、拉萨、深圳、罗马和巴厘岛等多个迷人地点。

瑞吉酒店融合了恒久精致与现代奢华两个特点,瑞吉品牌坚定不移地信守其对于卓越的承诺。自从阿斯托上校在一个世纪前于纽约创立地标性的瑞吉酒店以来,瑞吉均位于全球最佳选址,以其无与伦比的奢华、妥帖周到的服务和典雅高贵的环境闻名于世。度身定制的服务与休闲设施,风光怡人的选址以及充满当地色彩的豪华装饰,尽显瑞吉享誉全球的独特之处,吸引了全球旅游者的关注。

品牌是瑞吉酒店最持久的资产，比酒店具体的产品或设施设备的生命都会长久很多。因此，品牌是酒店最强有力的资产，它在酒店发展中处于核心战略地位，需要妥善地经营和管理。品牌是现代服务产品的重要组成部分，在企业营销活动中有着独特的魅力。酒店产品在形成特色的基础上，还应向更高的层次提升，打响自己的品牌。

相 关 知 识

一、酒店品牌的概念

菲利普·科特勒认为，品牌是一个在消费者生活中，通过认知、体验、信任、感受建立关系，并占得一席之地的、消费者感受的总和。

而酒店品牌中，酒店的名称是品牌的核心要素，虽然一个普通的名字也可以建立起高效的服务品牌，很显然，有个好名字更容易做到这一点。酒店的品牌名称必须独具特色，朗朗上口，且含义深远，只有这样才能够给顾客留下极为深刻的印象。

导入案例　丽思·卡尔顿酒店

丽思·卡尔顿作为全球首屈一指的奢华酒店品牌，从19世纪创建以来，一直遵从着经典的风格，成为名门、政要下榻的必选酒店。因为极度高贵奢华，它一度被称为"全世界的屋顶"，尤其是它的座右铭"我们以绅士淑女的态度为绅士淑女们忠诚服务"更是在业界被传为经典。

不管在哪个城市，只要有丽思酒店，一定是国家政要和社会名流下榻的首选。巴黎的丽思更是全欧洲最豪华神秘的酒店，威尔士亲王、瑞典、葡萄牙、西班牙的国王都曾经在这里入住或就餐。戴安娜王妃遭遇车祸前的最后一顿美好的晚餐也是在那里享用。可可·香奈尔甚至说："每当我梦见死后在天堂的生活时，梦中的场景总是发生在丽思酒店。"

丽思·卡尔顿酒店的品牌已经成为奢华酒店的象征。就丽思·卡尔顿酒店品牌的实质来说，代表着酒店给顾客酒店产品特征、利益和服务的一贯性承诺。久负盛名的酒店品牌就是良好品质的保证。

相关知识

一、酒店品牌的体现

酒店品牌在营销过程中,所起到的作用是不能过分夸大的,因为品牌自身没有独立的营销功能。只有酒店的品牌与酒店的产品质量和服务质量联系在一起,才能显示出有效的竞争力。换言之,好的酒店品牌可以锦上添花,扩大优势,但品牌绝对挽救不了劣质的产品和服务。顾客对酒店提供的服务越满意,那么该酒店的品牌在顾客心目中的地位就越高,所以品牌对酒店来说,它的作用是强化和促进优质服务。酒店的产品和服务则是酒店品牌的体现。

(一)酒店品牌的产品体现

酒店的产品无时无刻需要贯彻酒店的品牌理念。从酒店的装潢装饰到细致入微的小物件,都需要体现自己品牌的特色。酒店的特色产品会成为顾客区别其他品牌最直接的工具,通常这些品牌特色会直接灌输到广告宣传中,让市场和消费群体一目了然。例如,柏悦酒店针对追求高品位和奢华享受的散客,设计比较典雅,装修很有格调,酒店内的家具和设计都是很有经典艺术风格的;万丽酒店会在每个月推出当月新款主题鸡尾酒去满足时尚住客的不同需求,同时也很好地体现了自己酒店品牌中"发现"的血液;四季酒店则将设计的空间美感和艺术展现得一览无余、直白到底,客人可以在大堂里发现众多笔直垂吊的水晶灯管赫然相聚,也能在房间内看到静躺着的各类私人定制物品;威斯汀酒店则以为客人打造焕然一新的酒店体验为己任,通过威斯汀健身、天梦之床和健康美食菜单等一系列创新产品和贴心设施的推出,为客人提供生活方式上的优质体验。

(二)酒店品牌的服务体现

虽然服务也是酒店产品之一,但是服务在品牌中被赋予更加特殊的意义,服务是连接单纯的实体产品和顾客的最直接的品牌载体。服务在酒店企业的经营中更为关键,是酒店将自己品牌与其他品牌区分开的重要手段,极具特色的服务会让顾客满意度大大提升,并牢牢抓住顾客的心。例如,瑞吉管家服务由其创始人在纽约瑞吉酒店亲自推出,一个多世纪以来一直是酒店的特色项目之一,服务包括行李整理服务、餐饮服务、衣物熨烫服务、管家服务台等特色服务,瑞吉管家的个性化服务会让客人的独特偏好得到理解和关怀;安缦度假村始终坚持走小而精的路线,很多度假村房间不足55间,但1位客人能享受到4位职员的服务,酒店通常没有侍者、前台和接待处;"希尔顿欢迎计划"面向全球的中国游客,该项服务包括中文欢迎信、中文翻译服务、中式茶具、茉莉花茶、拖鞋、中国电视频道、中式早餐以及中式餐具的提供。

导入案例　文华东方酒店集团商标

扇子商标一直是文华东方引以为傲的标记,其寓意为扇子既能给人带来凉爽之意,又能给人雍容华贵的感觉。这把扇子从1985年起,不仅成为了文华东方酒店的商标,也为其后来的Fan(英文单词中兼有扇子和"粉丝"之意)系列广告埋下伏笔,同时也开创了另一项传统,每家文华东方酒店都会邀请史学家、设计师和艺术家一起结合酒店和当地气韵寻找或创作一把镇店之扇。文华东方的这把扇子是商标与镇店之宝以及代言人的完美结合,扇出了传奇。

图6.5　文华东方酒店商标

扇子作为文华东方酒店的商标,传承了其经典的理念和文化。往往有些品牌标志是无法用语言表达出来的,但是可以通过视觉而被公众及消费者加以识别,包括品牌的特点符号、图案、专用色彩及专用字体等。不同档次的酒店的商标给人不同的感受,下面我们就来讨论一下酒店商标所蕴含的内容。

相关知识

三、酒店商标

(一) 奢华酒店的商标

图6.6是部分奢华酒店的商标。其中,丽思卡尔顿酒店的商标是将两个传奇元素"狮王"和"皇冠"完美融合,创造了丽思卡尔顿标识,狮王是顶级的象征,皇冠则

代表皇室贵族;四季酒店的商标上、下、左、右分别代表春、夏、秋、冬的枫树树叶,总部所在地为加拿大,所以选用的商标是枫树;瑞吉酒店的商标设计,是以"ST·RE-GIS"的S、T、R三个字母为基本元素设计创意,将三个字母与欧式花边进行艺术化设计,形成了瑞吉酒店的标志象征符号,商标的整体设计突出酒店的豪华、高档,并体现了酒店室内装潢的欧式风格;半岛酒店的商标则极为低调,仅仅用英文写出了酒店的名称;JW万豪酒店是万豪先生为纪念父亲而创立的顶级酒店,这个奇妙的神兽组合是由上半身的鹫和下半身的狮子组成,商标分别采用这两种动物的上下半身代表的是远见与卓识、力量和胆识,狮鹫商标象征着狮子的力量和鹫的远见与飞翔能力,提供监护和保护,是万豪先生本人的象征符号,也代表着他的远见和创造一家世界级酒店管理公司的梦想、力量和实力。

丽思卡尔顿酒店的商标

四季酒店的商标

瑞吉酒店的商标

半岛酒店的商标

文华东方酒店的商标

JW万豪酒店的商标

图6.6 奢华酒店的商标

奢华酒店商标的特点普遍是运用一两种简单的颜色,且较多为冷色,图案大多较为复杂,在众多酒店商标中显得独树一帜,彰显品牌的文化与低调的优雅。一般情况下,奢华酒店的商标在其建筑物上并非十分明显,甚至有些奢华酒店在建筑外墙并不悬挂酒店的商标。

(二)高档酒店的商标

图6.7是部分高档酒店的商标,与奢华酒店的商标相比,这些高档酒店的商标在复杂程度上进行了简化,减少了图案标志,只有字母相关的图案或者字母等图形。在颜色方面,有些高档品牌开始启用暖色,但仍较为淡雅,同样也会选择一到两种对比度并不特别强烈的颜色组成。高档酒店的商标较奢华酒店相比,更容易辨认,复杂程度在奢华酒店和中档酒店之间,一般情况下,酒店的建筑物外侧会悬挂商标。

万豪酒店商标　　　　洲际酒店商标　　　　希尔顿酒店商标

喜来登酒店商标　　　皇冠假日酒店商标　　香格里拉酒店商标

图6.7　高档酒店的商标

（三）中档酒店的商标

图6.8是部分中档酒店的商标。中档酒店的商标表现出较为明显的差异，由于中档酒店大多强调干净、简单、全方位的标准化服务，为此这类中档酒店品牌的商标也都较为简单，多用明快且冷静的颜色及较简单的字体、符号形象地表达出自己的品牌价值观，即以简约的风格、适中的价格向顾客提供服务。中档酒店的商标较高档酒店相比，在颜色运用上较为活泼，希望色彩的搭配上吸引顾客的眼球。

万怡酒店商标　　　　福朋酒店商标　　　　源宿酒店商标

假日酒店商标　　　　华美达酒店商标　　　诺富特酒店商标

图6.8　中档酒店的商标

（四）经济酒店的商标

图6.9是部分经济酒店的商标。经济酒店的商标与奢华酒店、高档酒店和中档酒店相比有着显著的差异。它们无一例外都选择了极为鲜明、亮丽且具有视觉冲

第六章　酒店产品策略　217

击力的颜色,多为红、黄、蓝、绿等,且颜色对比度相对较大,商标的字体较前几种类型的酒店更为明显。这样设计的目的是为了在繁华的闹市区、街头和公路旁,能被顾客一眼看中。

速8酒店商标

如家酒店商标

7天酒店商标

智选假如酒店商标

戴斯酒店商标

宜必思酒店商标

图6.9 经济酒店的商标

(五)度假村的商标

图6.10是部分度假村的商标。酒店设计的商标给人的感觉不仅要与其等级相匹配,也应注意到酒店本身的类型。与商务型酒店相比较,度假型酒店的商标多呈现出比较清晰、活泼、明快的特点。如六善度假村所选用的颜色就是沙滩的金黄色,悦榕庄度假村的商标选择的则是榕树的绿色,而万豪度假村的商标则添加了一轮即将落下海平面的太阳,安纳塔拉度假村的商标则是象征着金字塔等旅游胜地的剪影。

六普度假村商标

悦格庄度假村商标

万豪度假村商标

安纳塔拉度假村商标

图6.10 度假村商标

课堂讨论

试讨论,同一酒店集团旗下多个酒店品牌的商标为什么有这么大的差异?

要点总结

产品是指能够提供给市场并引起人们注意、获取、使用或消费以满足某种需求或欲望的任何东西。它包括各种有形的物品、服务、地点、组织和想法。酒店产品是服务市场上的特殊商品,既有与其他商品相同的属性,也有其突出的特点。酒店产品具有多个层次。酒店产品需要在宽度、长度、深度和关联性等四个维度上进行组合。酒店产品从投入市场到最终退出市场的全过程称为产品的生命周期,该过程一般经历产品的导入期、成长期、成熟期和衰退期四个阶段。酒店必须时刻准备开发自己的新产品,巩固自身的品牌。

练习与实训

(一)知识点练习

1. 单项选择题

(1)酒店的客房、餐厅的座位、会议室等如果没有出租,就不会产生价值。这是描述酒店产品的什么特点?( )

　　A. 有形产品与无形产品的结合　　B. 不可储存性
　　C. 所有权不发生转移　　　　　　D. 季节性

(2)酒店服务的生产过程、销售过程和消费过程( ),即当场生产、当场销售、当场消费。

　　A. 各不相同　　B. 几乎同时进行　　C. 互补影响　　D. 不同时进行

(3)酒店产品的( )是酒店产品的最基本层次,是向顾客提供产品的基本效用和利益,也就是顾客真正要购买的利益和服务。

　　A. 核心产品　　B. 形式产品　　C. 延伸产品　　D. 潜在产品

(4)影响酒店产品核心利益的是产品所依附的实体。产品实体也就是( ),是产品的基本形式,包括产品的包装、特征、样式、质量和商标等。

　　A. 核心产品　　B. 形式产品　　C. 延伸产品　　D. 潜在产品

(5)因为产品也被大多数的潜在购买者所接受而造成的销售成长减慢的时期,为了对抗竞争,维持产品的地位,营销费用日益增加,利润稳定或下降的时期是( )。

　　A. 导入期　　B. 成长期　　C. 成熟期　　D. 衰退期

(6)高价格和低促销的方式推出新产品。在酒店产品刚刚推出时,产品定价高,但是很少进行促销活动的策略叫作( )。

A. 快速撇脂策略 B. 缓慢撇脂策略
C. 快速渗透策略 D. 缓慢渗透策略

(7)下列不属于客房产品的创新应做到的是( )。
A. 以标准化为基础
B. 以产品个性形成亮点
C. 以提升文化附加值增加效益为根本
D. 以降低价格作为手段

(8)酒店的创意来源很多,所以可能会有很多构思产生,但不是所有的构思都可以付诸实施,酒店要根据自身的资金、人员素质、管理体制等对各个创意进行( )。
A. 创意审查 B. 创意筛选 C. 市场试销 D. 产品开发

(9)( )商标的特点普遍是运用一两种简单的颜色,且较多为冷色,图案大多较为复杂,在众多酒店商标中显得独树一帜,彰显品牌的文化与低调的优雅。
A. 奢华酒店 B. 高档酒店 C. 中档酒店 D. 经济酒店

(10)( )的商标多呈现出比较清晰、活泼、明快的特点。
A. 奢华酒店 B. 高档酒店 C. 中档酒店 D. 度假酒店

2. 多项选择题

(1)产品从投入市场到最终退出市场的全过程称为产品的生命周期,该过程一般经历产品的( )阶段。
A. 导入期 B. 成长期 C. 成熟期 D. 衰退期

(2)酒店产品衰退期的特点是:大量酒店消费者的兴趣完全转移,产品的市场销售量迅速萎缩,很多竞争者已经退出了市场。这一阶段所能采取的策略是( )。
A. 保留 B. 调整 C. 放弃 D. 增加投资

(3)在推出某种新产品时,产品、价格、分销和促销这四个变量中,如果仅仅考虑价格和促销这两个变量,酒店往往可以采取( )。
A. 快速撇脂策略 B. 缓慢撇脂策略
C. 快速渗透策略 D. 缓慢渗透策略

3. 判断题

(1)酒店的服务包括大量的人力资源,而人力资源的统一标准和控制难度则较小。( )

(2)酒店产品衰退期的特点是:大量酒店消费者的兴趣完全转移,产品的市场销售量迅速萎缩,很多竞争者已经退出了市场。( )

(3)酒店产品是物质产品,可以运输,产品交换后,客人得到的是具体的物品,而不是服务体验、感受或经历。( )

(4)导入期又称介绍期,是产品引入市场,销售缓慢增长的时期。在这一阶段,因为产品因市场所支付的巨额费用致使利润几乎不存在。(   )

(5)餐饮创新的根本目的,在于迎合市场,满足顾客需求,最终赢得巨大的经济效益即可。(   )

(6)酒店服务创新是酒店产品创新的必要环节,通过创新服务,提供个性化和高质量的服务,可以提高顾客满意度并形成竞争优势,从而能够提高酒店的市场竞争力,实现其效益最大化。(   )

(7)在酒店新产品接受过市场试销的测试后,取得了顾客和市场的良好评价和反应,经分析有巨大的潜在市场时,需要进行更多的市场试销才可以上市。(   )

(8)酒店品牌在营销过程中,所起到的作用是不能过分夸大的,因为品牌自身没有独立的营销功能。(   )

(9)高档酒店的商标,与奢华酒店的商标相比,这些高档酒店的商标在复杂程度上进行了简化,减少了图案标志,只有字母相关的图案或者字母等图形。(   )

(10)与商务型酒店相比较,度假型酒店的商标应该使用比较冷的色调,并且颜色选取的对比度也不应过高。(   )

(二)课程实训

1. 实训项目

酒店品牌形象展示差异分析。

2. 实训目的

通过同一品牌不同酒店的参观,利用品牌相关知识,分析不同酒店展示的品牌形象的差异是否会对潜在顾客带来影响。

3. 实训步骤

在授课教师的指导下,将授课班级分为若干小组,参观同一品牌的两家酒店,并记录两家酒店在品牌形象上的差异;小组成员汇报自己的理解。

4. 实训要求

(1)明确酒店的品牌形象,做好文字、影像记录等。

(2)结合本章所学知识进行分析,讨论,阐述。

(3)注意总结分析讨论中的收获及存在的问题。

5. 注意事项

(1)保证小组成员参观时的安全。

(2)课程实训建议用4课时。其中,2课时用于参观酒店,学生课下总结收获;2课时用于学生汇报参观感受。

第七章 酒店定价与价格调整

知识目标

了解影响酒店产品定价的影响因素,掌握酒店产品定价的步骤;理解酒店产品定价的目标,掌握酒店企业产品定价的具体方法和价格调整的策略。

技能目标

能够充分认识到研究酒店产品的定价策略及方法对于酒店实际营销工作的重要性,会运用基本的定价方法对酒店产品进行定价。

学习建议

收集周围酒店企业的产品定价信息,尝试着运用所学酒店产品定价知识对现实中某一酒店经营活动进行分析、评价和思考。

关键术语

酒店产品价格、成本导向定价法、利润导向定价法、需求导向定价法、竞争导向定价法、心理定价、差别定价、折扣与折让定价

第一节　影响酒店定价的主要因素分析

——价格，我们知道多少？

导入案例　透析格兰仕集团降价[①]

1996年8月，格兰仕集团旗下的产品在上海率先降价，后波及北京乃至全国。其降价品种是WP800S、WP750型微波炉，品牌市场占有率分别达到34%、85%。

1997年10月，全国范围内，格兰仕集团的10多个品种同时降价，降幅达到40%，市场占有率达到47.1%。

1998年、1999年格兰仕集团进行了两次变相降价，即增加微波炉产品的附加值，将赠品分量加重。当年市场占有率分别为61%、67.1%。

2000年6月3日，该集团产品在全国范围内最大力度降价，降幅达40%，包括直接降价和提高促销赠品价值。

2004年初，格兰仕集团负责人在北京宣布说，他们将进行公司有史以来最大规模的一次降价行动，而降价的目的在于清理目前混乱的微波炉市场。

格兰仕集团的这次降价不仅包括原有光波炉产品，就连当时刚推出的最新金刚光波炉价格也只有468元，与2013年同期的同类产品相比，降价幅度达70%。其他产品的平均降价幅度也在50%以上。

与彩电、空调等行业不同的是，格兰仕集团通过降价赢得了行业的绝对垄断地位，并公开提出了"价格竞争是最高层次的竞争"的理念。那么，格兰仕集团的价格策略的秘诀何在？低价位能否保证其产品的科技含量？

对于格兰仕集团而言，价格战只不过是一种表现形式，他们选择的是总成本领先战略，这也是他们进入微波炉行业以来始终坚持的。多年来，在众多企业竞相借助电视广告争夺"眼球注意力"的时候，格兰仕集团却极少露脸，以确保总成本领先的优势。

格兰仕集团的价格战的确打得比一般企业出色，其显著特点就是消灭散兵游勇的目标十分明确。规模每上一个台阶，价格就大幅下调。当自己的规模达到125万台时，就把出厂价定在规模为80万台的企业的成本价以下；当规模达到300万台时，他们又把出厂价调到规模为200万台的企业的成本价以下。此时，他

[①] 邱小立.血拼价格奥克斯集团要做下一个"格兰仕集团"？[J].成功营销，2004(2):52-54.

们仍有利润,而规模低于这个限度的企业,多生产一台就多亏一台。除非对手能形成显著的品质技术差异,在某一较细小的市场获得微薄利润,才能抵挡这种价格冲击。结果一大批规模小且技术无明显差异的企业陷入了亏本的泥潭,格兰仕集团也因此在家电业创造了市场占有率达到61.7%的壮举。这场价格战堪称把微观经济学、管理会计中的量本利分析与营销学结合的典范,难怪连海尔集团的CEO张瑞敏都直呼"预想不到"。

其降价的特点之二是狠,价格不低则已,要低就要比别人低30%以上。这种幅度足以击垮消费者对其他任何品牌的忠诚度。格兰仕集团的绝对低价不仅令消费者趋之若鹜,对竞争对手也构成了强大的震慑。

其降价特点之三是降价策略多样。其降价策略每次都有所不同,有时是全面降价,有时只是调低一个规格,有时是调低一个系列。手段更是不断翻新、层出不穷。1997年春节之后,在上海、北京两座城市,他们实施了"买一送一"的营销策略,即买一台微波炉同时送一台价值380元的电饭煲。从同年7月份开始,又将"买一送一"升级为"买一送三",赠送包括微波炉专用饭煲、电风扇和电饭锅,同时将这一活动扩展到全国20多个大中城市。

其降价特点之四是降价与其他促销形式相配合。格兰仕集团的价格调整变化多,力度大,同时配合强大的媒体炒作、促销攻势等方式,使降价活动实现最大效果,使其降价事件人尽皆知。自从进入微波炉市场以来,格兰仕集团微波炉的产销量从1993年的1万台达到2000年的1200万台。

格兰仕集团发动的价格战于国于民都十分有利。于国,他们把微波炉行业的利润降到最低点,提高了行业进入的门槛,使许多想进入微波炉行业的资本失去兴趣,不战而屈人之兵,所以微波炉行业未出现过彩电、冰箱那样的巨额重复投资,避免了社会资源的浪费。于民,他们使微波炉平均零售价由近3000元降到600多元,最便宜的仅300多元。国内市场容量从1993年的20多万台上升到1998年的350多万台,微波炉以几何级递增速度进入千家万户,大大提高了生活质量。

很多人担忧若格兰仕集团的积累得不到保证,就会使技术投入偏少,企业缺乏发展后劲。价格降得这么低,尽管别的企业很难盈利,但规模绝对领先的格兰仕集团在1997、1998年的销售利润率分别为11%和9%,在家电行业这一利润率不算低了。1999年,格兰仕集团主动将利润率调低到6%,一方面让利于消费者,另一方面再次提高行业壁垒。2000年,格兰仕集团保证每台微波炉含有20元的技术投入,加起来就有1亿多元的净投入。国内第二位的品牌销量还不到50万台,如果这1亿多元分摊到这个企业,每台就会高达200多元,这从一个侧面反映了格兰仕集团的产品价格低而品质技术仍然优秀的奥秘和合理性。

格兰仕集团的技术是很不错的,共有专有技术与专利技术23项,有全国唯一的微波炉技术开发中心,在美国也有研究中心。经国家质量监督部门多次抽检,他们的产品次次合格;时任中国消费者协会杨竖昆秘书长也表示,格兰仕集团微波炉的投诉率极低。从格兰仕集团的机制和发展目标来看,他们也不会做出杀鸡取卵之举,其竞争优势也是有保障的。

在一些人眼里,价格战、成本领先战略与差异化相比是低层次的。其实战略本身无所谓优劣,关键要看企业在什么时候适合走哪一种战略路线和对这一战略能否持之以恒的坚持。

价格是营销中的一个重要部分,是决定企业营销活动成功与否的关键,从格兰仕集团的价格战可以看出,合理的定价对企业来说意味着离成功又进了一步。酒店企业该如何进行合理的定价呢?

相关知识

一、酒店产品价格及其影响因素

酒店产品的价格是指酒店消费者购买酒店产品所支付的货币量,一般价格由成本、税收、利润三部分构成。酒店产品的价格要由酒店产品的价值来决定,但是,两者并不完全相等。价格由于受到供求关系、竞争状况等因素的影响,市场会出现偏离价值、围绕价值上下波动的情况。

(一)需求的影响

市场需求对酒店产品定价会产生很大的影响。首先,消费者的需求具有波动性,这种波动性影响着酒店产品的定价。由于消费者的需求在一周、一个月或一年内会产生很大的波动,营销人员就要考虑多种价格,增添了定价的难度。面对不同的目标市场,需求的价格弹性不一样。所谓需求的价格弹性就是指消费者对价格的敏感程度。若价格变化幅度很小,但引起的需求变化很大,那么说明需求的价格弹性大。需求弹性大的目标市场,其客人对价格的敏感程度也强。因此,营销人员需要针对不同的目标市场制定不同的价格。

顾客对酒店产品的需求受到多种因素的影响。其中除自身价格外,影响需求上升或下降的因素还有以下几点,如表7.1所示。

表7.1 影响客户需求量的因素分析

需求上升的因素	需求下降的因素
竞争对手房价的上升	竞争对手房价的下降
顾客经济收入上升较大	客源市场的偏好发生转移
酒店产品对顾客偏好的满足	顾客经济收入下降

续表

需求上升的因素	需求下降的因素
酒店内互补产品质量的提高	酒店内互补产品质量降低
客源国经济状况好转	客源国经济萧条
政府鼓励消费,银行利率下调	政府鼓励储蓄,银行利率上升
通货膨胀	经济衰退及萧条
旅游旺季来临	旅游淡季来临
大型节庆活动、国际会议、展览在本地举行	失业

(二)供给量的影响

市场上的供给总量会对酒店价格产生影响,而供给总量同样受到各种因素的影响,如表7.2所示。我们假定除价格外其他因素均无变化,那么供给量与价格之间成正比关系,即价格上升,供给量就会上升;价格下降,供给量也会下降。

表7.2 影响客房供应量的因素分析

供应量上升的因素	供应量下降的因素
国家或地方政策明显对酒店有利	国家或地方政策明显对酒店不利
政局稳定	政局动荡
经济增长	经济萧条
生产成本和经营费用大幅度上升	生产成本和经营费用下降
投资者预测未来的旅游需求会有很大增长	投资者无法预测未来的旅游需求是否会增长

(三)成本的影响

酒店产品的成本是指酒店在一定的时期内为生产酒店的各种产品而发生的各种消耗和支出的表现,也就是酒店生产的成本费用。成本是酒店定价时的主要依据,包括固定成本、变动成本。固定成本是指在既定生产经营规模范围内,不随产品种类和数量的变化而相应变动的成本,如管理人员的工资、办公费、财产保险费、不动产税、按直线法计提固定资产折旧费、职工教育培训费等。变动成本是指随产品种类和数量的变化而相应变动的成本,如直接材料费、产品包装费、按件计酬的工人薪金、推销佣金以及按加工量计算的固定资产折旧费等。

(四)价值与消费者观念

这里价值是指是否物有所值,酒店产品价值包含广泛的内容:硬件、软件、形象、位置、客人的消费感受等,如舒适的客房为客人带来宁静、惬意的夜晚,美味佳肴让客人度过浪漫而美好的时光,员工的服务使客人体验到人间的温情,地理位置的优越为客人带来方便,产品形象维护客人应有的社会地位。还应注意,不同的顾客具有不同的价值等级,如商务市场将地点视为重要因素,度假市场将价格放在重要位置。

课堂讨论

比较分析经济型连锁酒店产品价格影响因素中处于决定性的因素有哪些?

导入案例 奥克斯集团能否成为第二个格兰仕[①]

2003年,奥克斯集团提出:"推动行业洗牌,冲击冠军宝座、誓把价格战进行到底""打到广东去,占领全中国"……

3月11日,奥克斯集团宣布投入3000万元,向全国推出免费年检大行动,并承诺此项行动每年都会进行。

4月14日,奥克斯集团将其旗下的所有热销产品狂降30%,针对个别机型,奥克斯集团甚至提出了"一分钱利润"的口号。

4月23日,奥克斯集团公布空调行业技术白皮书,将空调行业的技术概念炒作行为曝光。

6月21日,奥克斯集团将其2匹变频冷暖柜机售价降至2980元,并声称欲拉动变频空调降价30%。

6月22日,奥克斯集团发布公告,投资10亿在南昌兴建年产能力150万台的"杀菌空调基地",为在2008年实现内外销700万台奠定基础。

11月11日,奥克斯集团宣布:旗下全部主力机型降价,降幅最大的一款2匹柜机降到了1998元,而且还再送600元礼品。

12月12日,奥克斯集团公布健康空调红皮书,抨击其他企业生产的"健康空调"。

12月20日,奥克斯集团与韩国三星公司签订了代工(OEM)项目合作协议。正式确定奥克斯集团成为其在华的独家定牌空调生产基地。

奥克斯集团与格兰仕的比较

庞大的生产计划,一再的价格战,同样的OEM方式,这让人想起在20世纪90年代冲击微波炉市场的格兰仕。

1. 市场环境差异

20世纪90年代初,格兰仕集团刚进入微波炉领域时,整个中国的市场容量仅

[①] 邱小立.血拼价格奥克斯要做下一个"格兰仕"? [J].成功营销,2004(2):53-54.

为20多万台,仅有少数几家,国产龙头品牌蚬华内销规模仅12万台。同时,生活节奏的加快使市民对微波炉已有一定的需求。

蚬华被惠而浦收购后,因惠而浦决策程序的不完善,导致市场反应缓慢,营销方案与市场环境严重不符。

在国际市场上,1997年亚洲金融风暴对韩国企业的巨大冲击,又为格兰仕集团创造了一个绝佳的机会,使它一下子抢下了海外市场,成为全球第一。

可以说,格兰仕集团进入的是一个基数小、潜力巨大、利润丰厚、市场竞争品牌少、缺少占垄断地位优势品牌的市场。

但奥克斯集团没有格兰仕集团当年的"好运气"。

由于空调生产组装技术含量、先期费用投入都较低,从1991年到1999年,中国的空调市场增长了11倍,平均每年以37.5%的速度增长,而彩电、冰箱等家电行业的增长相对乏力,所以很多企业先后进入空调领域。到2000年前后,我国空调行业拥有300多个品牌以及众多手工装配作坊,其中既有三菱、日立等一批国际知名品牌,也有长虹、海尔等国内其他家电行业的领军品牌,在市场上都可谓身经百战。

从供需关系方面看,2002年空调在我国城市居民家庭的拥有率为43.9%,远低于日本等国家。但受消费能力限制,国内空调市场已趋饱和。据中国家电协会统计,2001年全国的空调库存超过600万台,之后每年库存都超过这个数字。从20世纪末开始,中国成为世界第一空调生产大国,2002年我国空调在全球市场中的比重是60%。可以说,国内国外两个市场都已经趋饱和趋势。

从产业竞争环境看,据国务院发展研究中心的市场调研数字显示,2001空调年度中,海尔、格力、美的三个空调业巨头的国内市场占有率总和为41.21%。

行业利润率也在几年的价格战中一再下降。资料显示,2002年中国市场全年的空调销量为1500万台,创造了历史新高,但销售总额却只有350亿元人民币,较2001年下降了20%,总利润约20亿元人民币,比2001年下降了22%。

奥克斯集团面临的是一个品牌众多、市场饱和、领先品牌具有一定优势、行业利润率已经很低的市场环境。

2. 降价策略比较

从表面上看,这几年的奥克斯集团和20世纪90年代的格兰仕集团的竞争手段都是价格战。但从本质上看,这两者是不同的。格兰仕集团微波炉发动价格战的目的是在保证利润的前提下维持市场领先的地位。而且,格兰仕集团降价的幅度相当狠,每次降价后,都能够比对手低30%以上,足以击垮消费者对其他任何品牌的忠诚度。

因此,格兰仕集团的降价是一种主动出击的行为,规模是因,降价是果。

奥克斯集团的第一次降价是2000年,而前一年,它的产量才仅有16万台,市场份额在1%左右,同时格力、美的等领先品牌的市场份额为15%。它降价不是因为有规模优势,而是为了抢夺市场。也正是因为它相比于行业领先者没有更多的成本优势,所以每次降价都因为对手的及时跟进,没办法形成稳定的价格壁垒。这几年,它抢占的是各个散兵游勇的市场份额。在连年的价格战中,行业领先品牌的市场地位不仅没有减弱,反而得到加强。根据GFK公司对全国65个主要消费城市的零售监测数据显示,2003年旺季,前5名空调品牌的市场占有率达到50%,而2002年同期前5名只占到44%的市场份额;2003年全年前10名的市场占有率更是达到70%左右,而2002年同期只有60%左右。

3. 奥克斯集团的对手

如果奥克斯集团想达到格兰仕集团在微波炉领域的地位,今后几年,它还得抢占更多的市场份额,尤其是要"洗掉"行业内的几只领头羊。

但几只领头羊却不是温顺的绵羊,他们与奥克斯集团进行着"以血还血"的对抗。2003年11月10日,行业新军TCL空调宣布降价,最高降幅15%。次日,美的、春兰等品牌迅速跟进,降幅从180元到500元不等。不久,科龙也加入降价军团。而此前,行业老大格力已经将旗下产品"新蜂蝶"系列中的一款机型从1620元的市场价格下降到1099元,降幅超过30%。

根据奥克斯集团自己的介绍,他们之所以敢打、能打这一场战役,是因为它背后有其母公司——宁波三星集团的财力支持。根据国家统计局公布的数据,2002年上半年,宁波三星集团的利润有3亿多元,而且投资于手机、电表、空调、汽车等行业。但格力电器仅2002年第三季度的主营业务利润就有5.11亿元,而海尔集团2002年全年仅新增长的利润就有7亿。

也许已经意识到这样打下去会接近自己的底线,奥克斯集团开始向高端突围,在揭露了同行业"不健康"的"健康"空调概念后,2003年年底,奥克斯集团联手中国科学院推出"第三代"健康空调。他们甚至宣称,将停产普通空调、全面转产第三代"净呼吸"健康空调。

奥克斯集团的案例告诉我们,不同的目标需要不同的价格策略加以辅助,企业在定价之前,需要清楚地明确定价的目标。

相关知识

二、酒店定价目标

(一)维持生存

如果酒店企业所面临的市场竞争激烈、产量过剩、消费者的需求发生变化的话,这个时候维持企业自身的生存能力会比追求利润最大化、销售增长率、销售收入最大化更加现实和重要,则需要把维持生存作为主要目标。

这是一种维持酒店生存,避免倒闭破产的定价目标。当酒店在经营过程中遇到严重困难,或产品严重滞销时,这种定价目标是不得不实施的,此种定价目标,酒店几乎毫无利润空间而言,甚至会出现亏本的现象。

(二)追求利润最大化

1. 最大利润目标

这一目标是指酒店以获取最大限度的利润为目标。为达到这一目标,酒店将采取高价政策。其重点在于短期内的最大利润,仅仅适合于酒店产品在市场上处于绝对有利地位的情况。

2. 满意利润目标

这一目标是指酒店在掌握的市场信息和需求预测的基础上,按照已达到的成本水平所能得到的最大利润,这种最大利润是相对于企业所具有的条件而言的,因此,满意利润也就是酒店的目标利润。

(三)保持或扩大市场占有率

市场占有率是一个企业经营状况和企业产品在市场上的竞争能力的直接反映,关系到企业的兴衰存亡。

1. 市场占有率目标

市场占有率是酒店经营状况和产品竞争力状况的综合反映,较高的市场占有率可以保证酒店的客源,巩固酒店的市场地位,提高酒店的市场占有率;可以排除竞争,又可以提高利润率。

2. 销售增长率目标

销售增长率目标是以酒店产品的销售额增长速度为衡量标准的一种定价目标,当酒店以销售增长率为定价目标时,往往会采用产品薄利多销的定价策略。

(四)树立和改善企业形象

良好的酒店企业形象是酒店的无形资产和宝贵财富,它直接代表了酒店提供服务的质量及在顾客心中的价值定位,一个具有良好企业形象的酒店往往能在竞争中处于优势地位,因而很多酒店把维护酒店形象作为定价目标。酒店不因具体的淡旺季和偶然的波动而轻易改变其定价策略。

以树立和维护企业形象为定价目标,需要注意以下两个方面:首先要考虑价格水平是否能被目标消费者所接受,是否有利于企业整体策略的有效实施;其次,价格要使人感到质价相称,货真价实。从定价整体而言,应具有一定的特色,或以价廉物美著称,或以价格稳定见长。企业定价要依照社会和职业道德规范,不能贪图一时的蝇头小利而损害消费者的利益,自损信誉,自毁形象。

课堂讨论

"价格战"对企业的长期稳定发展来说是"利大于弊"还是"弊大于利"?举例说明。

知识补充:价格战

"价格战"一般是指企业之间通过竞相降低商品的市场价格展开的一种商业竞争行为,其主要内部动力有市场拉动、成本推动和技术推动,目的是打压竞争对手、占领更多市场份额、消化库存等,如沸沸扬扬的京东、当当价格战。同时,"价格战"也泛指通过把价格作为竞争策略的各种市场竞争行为,在某些行业会有高价取胜的案例。

第二节 酒店定价方法

——确定基本价格

导入案例 雅马哈摩托车的定价[①]

当日本第二大摩托车制造商的决策者们决定创造出世界上最快、最令人激动的摩托车时,他们清楚地知道,影响他们决策的是以后的销售和盈利状况。雅马哈公司在1982年到1984年的摩托车市场衰退当中遭受了数10亿美元的损失,另外高额关税也使雅马哈的产品竞争力减弱,如果新的决策是错误的话,将有使公司面临破产的危险。

新产品暂定名V-MAX,市场反馈表明,V-MAX的设计看起来很有气势,能给

---

① 陈阳生.市场与销售[M].乌鲁木齐:新疆科技卫生出版社,2001.

人们留下深刻的印象。使其具有气势是雅马哈的设计者们所一直追求的。V－MAX有135至140马力的发动机,是市场上马力最大的发动机。新摩托马力足,外观好,名字也动人,现在到了定价的时候了。

最初,雅马哈的助理生产经理约翰·包特认为,他们所面对的消费者,希望得到速度最快摩托车,并且也准备为此付高价——他们愿意为此付出4000美元、5000美元,甚至5500美元。如果性能确实卓越,5500美元的价格也是合理的。

通常情况下,消费者有他们自己的意愿价格,而这种意愿价格,通常比实际成本低25%。雅马哈美国生产经理丹尼斯·斯德凡尼说:"一般情况下,我们一方面寻找降低成本的途径,另一方面使产品具有特点,令其更加吸引人,这样就有人愿意为这支付额外的钱。"

雅马哈的营销者考虑了许多影响定价的因素。除了消费者的预期心理外,他们还不得不考虑竞争产品的价格,如科达、卡瓦萨基、铃木和哈雷·达维顿公司的产品。产品的制造成本加上从日本运到美国的运输费用,构成了最低价。在美国的经营费用、经销广告费用也是一个影响定价的因素。此外,树立产品权威形象的目的,也是影响定价的一个因素。

综合上述所有因素,雅马哈的营销者们决定把价格定为5299美元。这在当时虽不是最高,但已接近了市场的最高价。1987年,雅马哈V－MAX的零售价涨到5899美元,1988年则达到6000美元。

精心设计的促销活动,主要是放在强调V－MAX和其他摩托车的不同之处上,正如广告部经理所说:"V－MAX有两个主要的特点,第一是该产品外观是独一无二的,第二是它具有高超的性能。"

促销活动很成功,市场调研表明,消费者喜欢V－MAX,认为它是非凡的外观和高性能的完美结合。大多数购买者认为产品定价是合理的,一家杂志写道:"雅马哈值这个价。"

尽管V－MAX第一年的销售额就超过了预期目标,但是来自哈雷·达维顿的竞争仍然是强烈的。助理生产经理约翰·包特说:"因为开初的销售势头很高,有5000辆的订单,所以我们在第二天就扩大了生产。"到1988年,该公司决定以更高的价格向市场提供总数有限的新款式V－MAX摩托车1500辆。这种把有限供给和高价相结合的办法,意在进一步提高V－MAX的形象。正如包特所说:"V－MAX在市场上赢得了巨大的声誉,骑手们看来承认它确实是一种独特的创新产品。"

从雅马哈摩托车的定价案例可以看出,采用何种定价方法是企业定价的基础工作,是后续定价策略的前提条件。那酒店产品的定价方法有哪些呢?

相关知识

一、酒店定价方法的概念

酒店为了实现酒店定价目标,就要采取合适的定价策略和方法,以便最终实现既定的酒店产品定价目标。酒店会通过制定特定水平的价格以实现其预期目的,以此获得尽可能高的销售利润;通过制定此政策来更加完美、有效地完成酒店定价决策。

定价方法是指酒店企业在特定的定价目标指导下,依据对影响价格形成的各因素的具体研究,运用价格决策理论,对产品价格进行测算的具体方法,是确定每一项独立的酒店产品和服务的基本价格水平的具体方法。

定价方法的选择和确定是否合理,关系到企业定价目标能否实现和定价决策是否最终有效。

导入案例　"十一"旅游景区宾馆价格疯涨个别涨至平时5倍[①]

随着"十一"黄金周旅游旺季的来临,热门旅游地宾馆价格开始大幅度上涨,有的地方甚至出现"一房难求"的情况。

官方曾预测,2016年国庆长假旅游市场预计将接待5.89亿人次,比去年增长12%。游客出行数量较多,订房需求量大。

中国网记者通过调查发现,九寨沟、张家界、凤凰古城、大理等多个热门旅游目的地的宾馆,从9月30日至10月7日房间预定非常紧俏,大部分宾馆房间基本都被预订,并且房间价格也较平时有很大上涨,有的宾馆价格甚至调整为平时的5倍。

黄金周宾馆价格大涨　网友感叹"旅游难"

梁女士在"十一"期间准备和父母一起到张家界旅行,但预订酒店的时候发现,之前梁女士在武陵源区看好的某四星级宾馆家庭套间已从1195元/天涨至2121元/天。

对此,梁女士感到很惊讶,"其实知道十一期间宾馆会涨价,但是没想到能涨1000元,虽然是四星级宾馆,但是价格已经完全可以入住五星级宾馆的套间了,而其他平常200元左右的客栈都已涨到600~700元一间,以后还是尽量避开高峰时期旅行。"梁女士告诉中国网记者。记者通过搜索发现,一些热门景区的宾馆已"一房难求",如大理双廊地区的海景房几乎已经排满。此外,热门景区的住宿价格,无论是星级宾馆,还是普通家庭客栈都有不同程度的上调,有的涨了一倍,甚至更多。

[①] "十一"旅游景区宾馆价格疯涨个别涨至平时5倍[EB/OL].[2016－09－28].http://www.china.com.cn/news/txt/2016－09/28/content_39388149.html.

如凤凰古城里的诸多家庭客栈,涨价相对较高,平时100元左右即可入住标间,10月1号至7号已涨至567元起一间,是平时价格的5倍。这也让多数网友感叹十一出游"真难"。

"十一"黄金周各地的宾馆价格上涨情况,是由于"十一"期间的需求量变大;同时,对于企业来说用人成本会有一些增加,按照我国规定要付给员工三倍工资,所以价格的上涨也是情理之中。黄金周旅游旺季需求量变大,部分涨幅是可以理解的,但是如果是多倍上涨,甚至涨的有些离谱,主管部门应该进行一定的调控,发挥其监管作用。

相关知识

二、酒店定价方法

(一)成本导向定价法

成本导向定价法是一种以客房成本为基础,从而制定价格的方法,这种方式能比较准确地计算各等级客房价格的标准,是最直观、最客观、最稳妥也最容易(但不一定最可行)的定价方法。

1. 成本加成定价法

$$产品单价=单位产品总成本×(1+成本加成率)$$

具体步骤:① 计算产品的成本;② 估计产品成本加成百分比——根据以往经验估计;③ 用100%除以产品的成本百分比,得出成本系数;④ 产品的成本乘上成本系数,得出最后产品价格。

例:某电视机厂生产2000台彩色电视机,总固定成本600万元,每台彩电的变动成本为1000元,确定目标利润率为25%。则采用总成本加成定价法确定价格的过程如下:

单位产品固定成本为6000000/2000=3000元

单位产品变动成本为1000元

单位产品总成本为4000元

单位产品价格为4000×(1+25%)=5000元

此方法的优点是计算方便,可保证酒店获得正常的利润;其缺点是以生产为导向,只考虑了酒店的成本因素,而没有分析需求弹性与消费者心理,不能使酒店获得最长远的利益。

2. 因素定价法

此方法是根据酒店产品所包含的组成因素来确定产品的价格,适合酒店的餐饮部门。酒店餐厅定价很少只根据原料成本这一单一因素定价,要结合多种因素来制定最合适价格,如知名度、声誉、地理位置等。

3. 实际成本定价法

这种方法不是用来计算产品单价的,而是用来为酒店餐厅产品的成本确定一个上限。

4. 收支平衡定价法

收支平衡定价法是运用损益平衡实行的一种保本定价方法,它以盈亏分界点为依据来确定酒店产品的价格。

(二)利润导向定价法

1. 千分之一法

千分之一法是指按酒店总造价的千分之一来划定酒店客房产品的平均价格。此方法只能作为酒店经营定价的一个基点或参考。

$$每日客房价格 = 饭店建造总成本/饭店客房总数/1000$$

需要说明的是:① 千分之一法是在假定酒店平均开房率为70%条件下制定的,在这一条件下,单是酒店的客房收入就可赚取酒店毛利的55%;② 该方法算出来的价格是每日客房平均房价;③ 千分之一法的经济含义是用三年的时间,建造总成本可以通过客房销售收回来。

2. 目标利润定价法

目标利润法是酒店按照获得的利润量来确定酒店产品价格的一种方法。

(三)需求导向定价法

需求导向定价法是以消费者需求变化及消费者对酒店产品价值认知和理解程度作为定价的依据,主要包括以下两种定价法:

1. 按理解价值定价

根据消费者认知的酒店产品价值以及对该价值肯定程度的高低来定价。关键是企业要正确地估计消费者对产品的认知价值。

2. 需求差别定价法

需求差别定价法是指同一商品在同一市场上制定两个或两个以上的价格,强

调根据消费者需求的不同特性进行差别定价。其中,差别定价的适用条件有以下六点:

(1) 市场必须是可以细分的,而且各个细分市场有着不同的需求程度。

(2) 低价购买某种产品的顾客没有可能以高价把这种产品倒卖给别人。

(3) 竞争者没有可能在企业以较高价格销售产品的市场上以低价竞销。

(4) 细分市场和控制市场的成本费用不得超过因实行价格歧视而得到的额外收入。

(5) 价格歧视不会引起顾客反感。

(6) 采取的价格歧视形式不能违法。

(四) 竞争导向定价法

定价时以竞争对手的价格为参考,普遍采用的是追随定价法。

1. 随行就市定价法

随行就市定价法是以市场上竞争者的同类产品价格为主要参考因素,并随市场竞争状况和需求状况的变化调整产品价格的方法。

2. 主动竞争定价法

主动竞争定价法是指饭店根据自身经营状况和市场需求情况而领衔定价的一种定价方法。

课堂讨论

目前我国还有很多产品的定价是政府主导的,想一想有哪些产品的定价是由政府主导的呢?

 知识补充:价格弹性

所谓价格弹性,即是需求量对价格的弹性,指某一产品价格变动时,该种产品需求量相应变动的灵敏度。价格弹性分析,就是应用弹性原理,就产品需求量对价格变动的反应程度进行分析、计算、预测、决策。价格弹性表明供求对价格变动的依存关系,反映价格变动所引起的供求的相应的变动率,即供给量和需求量对价格信息的敏感程度,又称供需价格弹性。商品本身的价格、消费者的收入、替代品价格,以及消费者的爱好等因素都会影响对商品消费的需求。价格弹性是指这些因素在保持不变的情况下,该商品本身价格的变动引起的需求数量的变动。在需求有弹性的情况下,降价会引起购买量的相应增加,从而使消费者对这种商品的货币支出增加;反之,价格上升则会使消费者对这种商品的货币支出减少。在需求弹性等于1的情况下,降价不会引起消费者对这种商品的货币支出的变动。

第三节　酒店定价策略
——确定最优价格

导入案例　雷诺圆珠笔的撇脂定价

　　1945年底,二战刚刚结束,战后第一个圣诞节来临之际,美国的消费者都热切希望买到一种新颖别致的商品作为战后第一个圣诞节的礼物送给亲朋好友。于是雷诺公司看准这个时机,从阿根廷引进了美国人从未见过的圆珠笔并很快形成了规模生产。

　　当时每支圆珠笔的生产成本只有0.5美元,那么,市场的零售价该定多少呢?如果按照通常的成本导向定价法,定价1美元就能赚一倍,1.5美元就是200%的利润。似乎应该满足了。但公司的专家们通过对市场的充分研究后认为:圆珠笔在美国属于首次出现,奇货可居,又值圣诞节,应用高价格引导,刺激消费。于是,公司决定以10美元批给零售商,零售商则以每支20美元卖给消费者。

　　事情果然如预测的那样,圆珠笔尽管以生产成本40倍的高价上市,立刻以其新颖、奇特、高贵的魅力风靡全美国。虽然后来跟风者蜂拥而至,生产成本降到了0.1美元,市场价也跌到了0.7美元,但雷诺公司早已狠狠地赚了一大笔。

　　雷诺公司之所以成功,关键的因素是高价格引起的轰动效应。这种用于新产品上市的定价方法,被形象地称为"撇脂法"(market-skimming pricing),意思是把一杯牛奶的最上边的一层奶脂一下子撇走。此定价法的特点有:一是可以实现短期利润最大化;二是高价格可以提高产品身价,激起消费者购买欲;三是高价可以控制市场的成长速度,使当时的生产能力足以应付需求,减缓供求矛盾;四是为价格的下调留出空间。

相关知识

　　酒店定价策略是否适当,往往决定着产品能否为市场所接受,并进而影响产品在市场上的竞争地位与所占份额,关系到酒店的兴衰成败。酒店定价策略是定价目标的策略性体现,它决定着酒店在进行定价时选择什么样的具体定价方法。定价策略就是指为实现定价目标而采取的一些必要的价格手段和定价技巧。下面是三种常用的价格策略:

一、新产品定价策略

制定新产品最初价格时常采用的策略有:

(一)撇脂定价策略

在酒店产品上市之初将价格定得较高,尽可能在短期内赚取最大利润,同时还可以提高酒店身份,建立市场形象。

运用这种定价策略时必须符合以下条件:① 顾客的人数足以构成当前的高需求;② 小批量生产的单位成本不至于高到无法从交易中获得好处的程度;③ 开始的高价未能吸引更多竞争者进入;④ 高价有助于树立优质产品的形象。

采用这种定价策略的优点有:① 充分利用新产品的独特性和优越性,在消费者认知范围内用高价刺激需求;② 迅速获取利润同时树立产品品牌形象;③ 便于在以后的价格竞争中实行降价竞争。缺点有:① 诱发激烈竞争;② 可能带来高期望值低效用的负面作用。

(二)渗透定价策略

这是一种低价策略,新产品上市之初定价较低,以便市场渗透,获得较大市场占有率。此策略的优点有:产品价格低于市场价,薄利多销,压低成本,减少环节,增加销售。缺点有:投资回收期长,价格回旋余地不大。

二、心理定价策略

心理定价策略是一种针对顾客心理习惯和行为倾向而制定价格的技巧。其应用基于一个基本假定:价格会对消费者起到某种心理暗示作用,如高价格意味着高质量。酒店业的心理定价是利用服务的无形性而赢得顾客的手段之一。心理定价策略主要有下列几种形式:

(一)尾数定价策略

该策略指专门用价格尾数加以心理暗示的一种定价策略。根据心理学的分析和市场调查的统计数据显示:4.9元与5元,9.9元与10元,38元与40元的对比定价,在理性认识时,这些价格近似一致,但在消费者的心目中,他们对这些价格的心理反应还是不一样,他们认为4.9元比5元,9.9元比10元,38元比40元便宜得多。因此,针对消费者不同的心理反应,产品的定价应遵循一定的要求,通常有奇数和偶数两种尾数定价法。

课堂讨论

讨论交流对时下餐饮产品定价的一些常见做法。

(二) 整数定价策略

该策略主要是针对高质量、高档次,显示消费者的高地位、高品位的商品。指企业给商品定价时取一个整数,给人一种一分钱一分货的感觉,提高商品在消费者心目中的形象。

(三) 分档定价策略

该策略将产品按档次分为几级,不同档次制定不同价格,满足不同层次消费者的需求心理。其核心在于通过价格创造消费者对产品的质量差异感。

(四) 声望定价

该策略指酒店凭借其在消费者心中良好的声誉及消费者对高档产品"价高质优"的心理,以高价吸引顾客购买的定价方法。

(五) 招徕定价

该策略指酒店利用部分顾客求廉心理,特意将几种商品的价格定的较低以吸引顾客到店里来,借机带动其他商品的销售,以扩大销售业绩。

课堂讨论

同一品牌家用小电器,如电饭煲,其中一个采用整数定价法,定价为300元,另一个采用尾数定价法,定价为299元;同一品牌礼品,如花瓶,其中一个采用整数定价法,定价为200元,另一个采用尾数定价法,定价为199元,试猜想两种产品的销量如何?为什么?

导入案例　"美佳"西服店的折扣策略[1]

日本东京银座"美佳"西服店为了销售商品采用了一种折扣销售方法,颇获成功。具体方法是这样的:先发一个公告,介绍某商品品质性能等一般情况,再宣布打折销售的天数及具体日期,最后说明打折方法。第一天打九折,第二天打八折,第三、四天打七折,第五、六天打六折,以此类推,到第十五、十六天打一折,这个销售方法的实践结果是,第一、二天顾客不多,来者多半是来探听虚实和看热闹的。第三、四天人渐渐多起来,第五、六天打六折时,顾客像洪水般地拥向柜台争购。以后连日爆满,没到一折售货日期,商品早已售缺。这是一种成功的折扣定价策略,妙在准确地抓住顾客购买心理,有效地运用折扣售货方法销售。人们当然希望买质量好又便宜的货,最好能买到二折、一折价格出售的货,但是有谁能保证到你想买时还有货呢?于是出现了头几天顾客犹豫,中间几天抢购,最后几天买不着的惋惜情景。

从"美佳"西服店的折扣定价策略可以看出,形式灵活多样的折扣策略给消费者带来吸引力的同时,也给企业带来了相当可观的销量的增长。

相关知识

三、折扣定价策略

折扣价格是根据不同交易方式、数量、时间、条件等给基本价格以适当的折扣而形成的价格,其实质是减价策略。其主要策略有以下四种:

(一)数量折扣

企业给那些大量购买某种产品的顾客的一种折扣,以鼓励顾客购买更多的货物。大量购买能使企业降低生产、销售等环节的成本费用。根据消费者购买产品的数量或金额总数不同而给予消费者不同的价格折扣。购买数量越多,折扣越大。例如,住店达到16间只收15间房费,饭店订餐"12桌免1桌"等。

(二)现金折扣

酒店企业对及时付清账款的购买者的一种价格折扣。酒店对及时或提前付款的消费者或团体经常给予现金折扣。现金折扣的表示方式为:2/10,1/20,n/30。例如,A公司向B公司出售商品30000元,付款条件为2/10,N/60,如果B公司在10日内付款,只需付29400元,如果在60天内付款,则需付全额30000元。

---

[1] 用别出心裁:折扣销售法来吸引顾客[EB/OL].[2015-10-14].https://club.1688.com/article/59742884.html.

酒店实行现金折扣有三个因素需要考虑：① 现金折扣率；② 现金折扣的有限期限；③ 付清房款期限。

（三）季节折扣

季节折扣又称季节差价，鼓励顾客"反季节"购买，即酒店在淡季给予顾客的折扣优惠。由于酒店产品不可存储性等特点，酒店有时不得不通过这种方法刺激淡季需求以求分摊全年固定成本，均衡生产。

（四）同业折扣及佣金

同业折扣及佣金主要是指酒店给予旅行社的价格折扣。酒店根据具体情况给予旅行社等优先订房权及一定的折扣和佣金。

课堂讨论

讨论一下酒店企业面对散客应用哪种折扣定价更有可能取得良好的效果。

知识补充：促销津贴

为扩大产品销路，生产企业向中间商提供促销津贴，如零售商为企业产品刊登广告或设立橱窗，生产企业除负担部分广告费外，还在产品价格上给予一定优惠。

第四节　酒店价格调整

——动态调整价格

导入案例　休布雷公司巧订酒价[①]

休布雷公司在美国伏特加酒的市场中属于营销出色的企业，他们生产的史密诺夫酒在伏特加酒的市场占有率高达23%。20世纪60年代，另一家公司推出了

---

① 休布雷公司巧订酒价[EB/OL].[2012-03-12].https://wenku.baidu.com/view/69be396c25c52cc58bd6becc.html.

一种新型伏特加酒,其质量不比史密诺夫酒低,但每瓶酒的价格却比史密诺夫酒低1美元。

按照惯例,休布雷公司面前有三条对策可用:① 降低1美元,以保住市场占有率;② 维持原价,通过增加广告费用和推销支出与竞争对手竞争;③ 维持原价,听任市场占有率降低。

由此看来,不论休布雷采取上述哪种策略都很被动,似乎将要输定了。

但是,该公司的市场营销人员经过深思熟虑后却采取了令人们大吃一惊且意想不到的第四种策略,那就是将史密诺夫酒的价格再提高1美元,同时推出一种与竞争对手的新伏特加价格一样的瑞色加酒和另一种价格更低的波波酒。

这一做法堪称市场营销策略中的"绝技",它的妙处体现在以下三个方面:其一,它使史密诺夫酒从单产品演变成了系列产品,大大提高了产品的声望与地位。实际上,这三种酒的成本制作工艺和味道都差不多,但在消费者心目中留下的印象却不一样。其二,它使另一家公司推出的新型伏特加酒在价格上处于休布雷公司产品的"夹击"之中,消费者无论是想喝好一点的伏特加酒还是便宜一点的伏特加酒,或者喝原先水平的伏特加酒,都有可能选购休布雷公司的产品,况且休布雷公司的品牌已在消费者心目中有一定的印象。其三,休布雷公司这一做法从无差异目标市场策略转向了差异性目标市场策略,这为占领更广大的市场奠定了坚实的基础。

休布雷公司的策略一方面提高了史密诺夫的地位,另一方面使得竞争对手新产品沦为一种普通的品牌,休布雷公司不仅渡过了难关,而且利润大增,休布雷公司的价格调整策略取得了巨大成功,那么,如何进行产品价格的调整呢?

相关知识

酒店在确定了产品的价格后,仍旧需要根据环境和市场形式的变化,对既定价格进行调整。酒店价格调整就是指酒店根据环境和市场形式的变化,对原有的价格进行调整。

一、酒店价格的调整

酒店价格的调整主要方式有降低价格和提高价格两种。

1. 降低价格

对于企业来说降价往往是出于无奈,但若出现以下四种情况则降价是必须的:

(1) 生产能力过剩,产品积压。虽然千方百计改进产品,努力推销但是效果不佳。

(2) 维持或提高市场占有率。

(3) 产品生产成本下降。科技进步,劳动生产率不断提高,生产成本逐步下降,其市场价格也应下降。

(4) 竞争产品降价。面对竞争者的"削价战",企业若不降价将会失去顾客或减少市场份额。

2. 提高价格

提价一般会遭到消费者和经销商的反对,但在以下三种情况下不得不提高价格:

(1) 通货膨胀导致企业的成本上升。物价普遍上涨,企业生产成本必然增加,为保证利润,不得不提价。由于产品的生产、销售的成本上涨,压缩了企业的利润空间,甚至威胁到了企业的再生产,企业通过提价来转移成本上升的负担。

(2) 产品供不应求。一方面买方之间展开激烈竞争,争夺货源,为企业创造有利条件;另一方面也可以抑制需求过快增长,保持供求平衡。

(3) 应对竞争。以产品的高价来显示产品的高品位,满足竞争策略的需要。

导入案例 "中国炒面"的提价促销[①]

2002年初,国内彩电品牌长虹、TCL、创维、康佳等曾出现市场提价的新闻,但最终以国美的一声"降价促销"的方式不了了之,今年汽车行业中的家用轿车也出现类似情况,海尔整体家电产品线也出现过提价销售,但也没有得到市场上的认同而成为"雷声大、雨点小"的新闻。以上企业运用的是与现在市场上流行的"薄利多销、特价促销、最低价格销售、厂价促销"等同性质的价格促销策略,不同的是一个为降价,一个为升价。

价格促销策略是符合消费者心理特点的,具体说降价促销是针对消费者"求廉"的心理特点,提价促销是针对消费者"防变"的心理特点。对企业而言,"提价促销"相对"降价促销"操作难度更大。

美国人鲍洛奇的重庆食品公司生产的"中国炒面",以"给美国人换换口味"为口号并运用充满东方神秘色彩的广告,在美国食品市场上占有一定的市场份额。当时,重庆食品公司在资金实力上属于行业中的中等企业,鲍洛奇深知公司经不起"薄利、降价、为市场份额而战"的竞争。为了进一步扩大市场销量,鲍洛奇仔细地分析了中国炒面的对象——中等收入家庭的特点。这些家庭的收入并不丰厚,但

---

① 将价格大战进行到底:提价促销[EB/OL].[2002-12-05].http://www.emkt.com.cn/article/88/9996.html.

虚荣心却在各类家庭中最强,总在亲友面前保持自己富裕的形象。经过这些分析,他制订出了提价促销的营销策略,将重庆食品公司的"中国炒面"定为同类产品中最高价位产品。

提价前,重庆食品公司在各类媒体上做了大量的广告宣传,营造了"吃中国炒面"是家庭地位的某种象征,是三餐之外最佳营养食品,并对包装作了改进。重庆食品公司还向每个经销商发出了提价说明书,并附代鲍洛奇的亲笔签名信。全新的包装和标识、优良的产品品质,使重庆食品公司的"中国炒面"在市场上出现了一个销售高潮。

时隔4个月,重庆食品公司又传出再次提价的消息,但公司在正式的传播渠道中没有确认和否定,只是口头通知了大型经销商可能提价的消息,并说产品仅在包装上稍有改变。市场上的消费者、商家企业出现了"投机心理",发生了"储存式购买"现象,"中国炒面"开始脱销。时隔30多天,包装稍加改变的"中国炒面"真的以更高的价格,出现在消费者面前。市场调查表明,消费者不仅不认为"中国炒面"价格高而且认为它"货真价实"。鲍洛奇的"提价促销"策略取得了巨大成功,"中国炒面"成为美国面食食品中的最高价格产品,重庆食品公司也进入了美国食品行业中的第一阵营。

鲍洛奇实施的"提价促销"并不是简单的"涨价",而是在对目标消费群体消费心理详细分析的情况下做出的,是有步骤,分阶段的连续提价促销,在每个阶段中产品包装和所运用的传播方式都发生了改变,但有一点始终不变——优质的产品质量。从本案例看出一个企业如果准备运用"提价促销"策略,需要具备以下几个条件:

第一,企业所准备提价的产品品牌,在市场上有较高的知名度和美誉度。对于品牌知名度和美誉度一般的企业,因为现有品牌的消费群体有限,企业的"产品提价"的行为并不能形成新闻效应和足够的社会关注度。

第二,保证提价产品在市场上质量稳定。优良、稳定的产品品质是提价促销扩大产品销量的基础,如果产品质量因为市场需求量大,为增加产量而降低质量,企业的提价促销就会得不偿失,并可能最终导致整体营销工作的失败。

第三,促销中,企业与商业零售企业需配合良好,并讲究一定的策略。企业在提价促销前,一般应事先告知自己的渠道商,如果产品发生了改变包括附属产品、核心产品,在新品上市时就应及时给予更换,更换时间应在新品上市之时,不能早也不能晚,早了不能促进市场现有产品的销售,晚了会使新品上市力度减弱。提价促销中得到渠道商的支持,是促销得以成功的重要条件。

第四,产品欲提价需要进行必要的改进。企业对提价产品应进行必要的改进,但不应做大的改动,如主要功能,以免老客户的不适应。对产品进行形象上的重新包装是个好的办法。

第五,提价中运用多种传播方式。企业在产品提价前一定要通过各类媒体,让消费者知道提价这一事情和提价的缘由,这种原由的说明,企业应多从消费者角度出发,避免提及成本等企业方面的原因。

"中国炒面"提价促销可以看出,消费者对该产品价格的反应是迅速且敏感的。在酒店企业的产品价格调整中,不同的酒店产品价格变动,消费者的反应程度也会有所不同。

相关知识

二、顾客和竞争者的反应

（一）顾客的反应

消费者一般对价值较高、购买频率也较高的商品价格变动反应较敏感,而对价值低、不经常购买的小商品价格变动反应不太敏感。此外,对降价或提价的反应还依赖于具体的商品及市场条件。可以将消费者对价格变动的反应归纳为以下两种：

（1）在一定范围内的价格变动是可以被消费者接受的；提价幅度超过可接受价格的上限,则会引起消费者不满,产生抵触情绪,而不愿购买该企业产品；降价幅度低于下限,会导致消费者的种种疑虑,也对实际购买行为产生抑制作用。

（2）在产品知名度因广告而提高、收入增加、通货膨胀等条件下,消费者可接受价格上限会提高；在消费者收入减少、对产品质量有明确认识、价格连续下跌等条件下,其接受价格下限会降低。

消费者对某种产品削价的可能反应是：产品将马上因式样陈旧、质量低劣而被淘汰；企业遇到财务困难,很快将会停产或转产；价格还会进一步下降；产品成本降低了。而对于某种产品的提价则可能这样理解：很多人购买这种产品,我也应赶快购买,以免价格继续上涨；提价意味着产品质量的改进；企业将高价作为一种策略,以树立名牌形象；企业想尽量取得更多利润；各种商品价格都在上涨,提价很正常。

（二）竞争者的反应

竞争者对价格调整的反应可以通过两种方法进行了解：一是收集有关情报；二是运用统计分析方法,研究过去的价格反应策略。

在异质产品市场上,竞争者一般不会追随企业的调价。在同质产品市场上,竞争者通常追随企业的调价。但不同的竞争者反应的模式不尽相同。反应模式因竞争者的经营目标、经济实力、一贯作风等因素不同而不同。因此,企业应根据对竞争者有关特点的分析,预测竞争者可能做出的反应。

课堂讨论

试讨论,酒店产品的价格调整的成功与否有哪些因素可以来衡量呢?

知识补充:价格歧视

价格歧视(price discrimination)实质上是一种价格差异,通常指商品或服务的提供者在向不同的接受者提供相同等级、相同质量的商品或服务时,在接受者之间实行不同的销售价格或收费标准。经营者没有正当理由,就同一种商品或者服务,对若干买主实行不同的售价,则构成价格欺诈行为。价格歧视是一种重要的垄断定价行为,是垄断企业通过差别价格来获取超额利润的一种定价策略。

要点总结

酒店产品的价格是指酒店消费者购买酒店产品所支付的货币量,一般价格由成本、税收、利润三部分构成。酒店产品的价格要由酒店产品的价值来决定,但是,两者并不完全相等。价格由于受到供求关系、竞争状况等因素的影响,市场会出现偏离价值、围绕价值上下波动的情况。

在激烈的市场竞争中,价格是一个极为敏感的因素。如何定价,就成为取得营销成功的关键。在实际的市场交易中,会受到各种各样因素的影响而出现价格的变化,因此要从多个角度出发考虑定价。

酒店定价目标有维持生存、追求利润最大化、保持或扩大市场占有率、树立和改善企业形象等。

定价方法是指酒店企业在特定的定价目标指导下,依据对影响价格形成的各因素的具体研究,运用价格决策理论,对产品价格进行测算的具体方法,是确定每一项独立的饭店产品和服务的基本价格水平的具体方法。

酒店价格的调整主要方式有降低价格和提高价格两种。

练习与实训

（一）知识点练习

1. 单项选择题

(1) 下列定价策略不属于新产品定价策略的是(　　)。
　A. 撇脂定价策略　　　　　　　B. 渗透定价策略
　C. 招徕定价策略　　　　　　　D. 满意价格策略

(2) 1933年英国作家詹姆斯·希尔顿在《消失的地平线》中描述了一个充满浪漫、神秘气息的世外桃源，有一家酒店集团以此命名，这家酒店集团是(　　)。
　A. 喜达屋　　　B. 希尔顿　　　C. 香格里拉　　　D. 海逸

(3) 为迎合消费者求廉心理，饭店可以通过适当降低某几种产品的价格，来带动其他产品销售的策略，叫作(　　)。
　A. 系列产品定价　　　　　　　B. 现金折扣定价
　C. 尾数定价　　　　　　　　　D. 新产品定价

(4) 中国服装设计师李艳萍设计的女士服装以典雅、高贵享誉中外，在国际市场上，一件"李艳萍"牌中式旗袍售价高达1千美元，这种定价策略属于(　　)。
　A. 声望定价　　B. 尾数定价　　C. 招徕定价　　D. 需求导向定价

(5) 在现金折扣里，表示付款期限为30天，如果客户在0天内付款，给予2%的折扣，超过10天，不给折扣，超过30天付款，加收利息的表述，正确的是(　　)。
　A. 2/30,Net 10　　　　　　　B. 10/2,Net 30
　C. 2/10,Net 30　　　　　　　D. 1/30,Net 2

(6) 一般而言，当市场的供需发生变化时，价格也会出现波动。当供大于求时，价格可能会(　　)。
　A. 上涨　　　B. 下降　　　C. 保持不变　　　D. 都不对

(7) 某商家针对消费者"价高质必优"的心理，对在消费者心目中有信誉的产品制定较高的价格。该商家的定价策略通常可以被认为属于(　　)。
　A. 习惯定价策略　　　　　　　B. 声望定价策略
　C. 招徕定价策略　　　　　　　D. 整数定价策略

(8) 某酒店产品9.90元，仅比10元差0.1元，但看起来更具吸引力，这种价格策略是(　　)。
　A. 尾数定价策略　　　　　　　B. 整数定价策略
　C. 声望定价策略　　　　　　　D. 招徕定价策略

(9) 将旅游景点门票的价格定位100元，这种价格策略是(　　)。
　A. 尾数定价策略　　　　　　　B. 整数定价策略

C. 声望定价策略 D. 招徕定价策略

(10)酒店为招徕顾客,每天都有特价菜,以吸引顾客来就餐,这种价格策略是( )。

A. 尾数定价策略 B. 整数定价策略
C. 声望定价策略 D. 招徕定价策略

2. 多项选择题

(1)影响营销定价的因素有( )。
A. 营销商品成本 B. 市场需求的影响
C. 消费者心理和习惯 D. 国家有关方针政策的影响

(2)属于成本导向定价法的是( )。
A. 成本加成定价法 B. 目标利润法
C. 变动成本定价法 D. 反向定价法

(3)影响酒店产品价格的各种因素包括( )。
A. 酒店产品成本 B. 酒店产品供求关系
C. 酒店市场需求 D. 酒店市场竞争状况
E. 酒店企业营销目标

(4)酒店产品定价所要达到的目标包括( )。
A. 酒店产品定价目标 B. 利益导向定价目标
C. 以生存为目标 D. 以提高市场占有率为目标
E. 竞争导向的定价目标

(5)酒店的心理定价策略包括( )。
A. 尾数定价策略 B. 整数定价策略
C. 声望定价策略 D. 招徕定价策略
E. 折扣定价策略

(6)酒店的折扣定价策略包括( )。
A. 数量折扣策略 B. 季节折扣策略
C. 客户折扣策略 D. 现金折扣策略
E. 交易折扣策略

(7)酒店的差别定价策略包括( )。
A. 顾客差别定价策略 B. 顾客差别定价策略
C. 时间差别定价策略 D. 竞争差别定价策略
E. 酒店产品形式差别定价策略

3. 判断题

(1)许多行业习惯采用现金折扣以加速资金周转,减少收账费用和坏账。( )

(2)折让或津贴也是一种减价的形式,如抵换折让、促销津贴等。( )

(3)尾数定价策略和整数定价策略都属于心理定价策略。( )

(4)期望价格是客人购买某一商品和服务所愿意支付的最高价格。( )

(5)成本导向定价法是指酒店企业以酒店产品成本为基础的定价方法。( )

(6)企业追求利润最大化,就必须制定出产品的最高售价。( )

(7)酒店企业为了鼓励顾客或旅游中间商大量购买酒店产品,对达到一定购买数量的给予一定价格折扣的优惠策略,这种价格策略是数量折扣策略。( )

(8)在旅游淡季,酒店企业客源不足、服务设施闲置,为吸引顾客,酒店企业就制定低于旺季时的酒店产品价格以刺激顾客消费欲望,这种价格策略是现金折扣策略。( )

(9)酒店企业在交易合同中的付款方式上经常有这样的字样"2/10,净价30",这就表示付款期为30天,如买方在10天内付款给予2%的折扣。( )

(10)酒店产品的价格要由酒店产品的价值来决定,但是,它们两者不一定完全相等。( )

(二)课程实训

1. 实训项目

分析酒店企业定价策略。

2. 实训目的

选取研究对象,分析酒店菜单的定价策略,强化对课程内容的理解,并学会对所学理论的应用。

3. 实训步骤

以小组或个人为单位,分别对学校周围的4~5家不同位置、不同类型的酒店进行调查,并分析这些酒店菜单的定价策略,准备PPT进行汇报展示。

4. 实训要求:

(1)认真调查并对所调查资料进行整理分析,准确把握题意。

(2)结合本章所学知识进行分析、讨论、阐述。

(3)注意总结分析讨论中的收获及存在的问题。

第八章 酒店分销渠道

知识目标

掌握分销渠道的本质,了解酒店利用营销中介机构的意义;学会分析分销渠道能给酒店带来什么利益;了解企业选择经营位置时的影响因素。

技能目标

能够为酒店寻找合适的分销渠道;学会利用互联网作为分销渠道;掌握选择、激励和评价渠道成员的渠道管理决策。

学习建议

收集身边同学们对中间商的看法;从身边的餐馆开始观察,看看餐馆有无外卖业务,并观察该业务是否对其经营有影响;浏览酒店集团和大型在线旅行机构的官方网站,收集酒店产品的各种渠道报价,并进行对比。

关键术语

分销渠道、营销中介机构、渠道冲突、渠道组织、垂直销售系统、特许经营

第一节 认识酒店分销渠道
——跨越时空把酒店产品带给你

导入案例　巧借东风起死回生[①]

由于国有体制的原因,苏州南园宾馆一直以政府接待和会议为主。近年来,受国家政策及市场环境制约,南园宾馆不得不大胆进行服务调整与管理创新,逆势而上,6个月扭亏为盈,235间客房,2016年营业额达9000万元,科学减员100余人,平均房价提升至818.2元,平均客房收益从384元上升为552元,携程好评为4.9分,位居苏州第一,"国宾馆"成功逆袭。

酒店管理层在思考酒店出路时,认为开拓分销渠道才是解决酒店亏损的重要途径,并重点思考了这些问题:面对客源结构变化,OTA首创强势崛起,如何借助OTA了解顾客消费习惯,提升服务品质及在线点评量?(携程网评4.9分,网评总量17157条)如何通过OTA做房价收益管理,调整价格体系和营销策略,降低签约客人对酒店企业的制约作用,借助网络营销实现收益最大化?在行业下行的激烈市场竞争中,如何完成创新运营模式,业绩逆势增长?(2014年完成经营总营收8500万元,偿还企业贷款3700多万元,2015年营收8860万元,2016年营收9000万元)

苏州南园宾馆扭亏为盈,网络销售渠道功不可没。如今,许多酒店都充分利用所拥有的分销渠道。竞争、全球市场、电子分销技术及产品的不可储存性使得分销渠道变得越来越重要。抢夺新市场和现存市场需要有创新的方法。

---

① 李原.一家濒临破产的国营老酒店,竟是这样起死回生的[N/OL].中国旅游报,[2016-11-27].http://mp.weixin.qq.com/s/zVOP2Lj2wYnLV_n9X3Dq-g.

相关知识

一、酒店分销渠道的概念与模式

（一）酒店分销渠道的概念

酒店分销渠道是促使把酒店服务产品销售给顾客的一整套的相互依存、相互协调的有机性系统组织。在酒店市场营销中，为了获得竞争优势，应当寻找酒店产品分销商，扩大和方便顾客对酒店服务产品的购买。这个过程包括从起点到终点之间参与流通活动的个人和机构。

酒店销售渠道，按照其到顾客手中是否经过中间商可分为直接服务渠道和经过中间商的服务渠道。

（二）酒店分销渠道模式

在产品和服务从酒店转移到顾客使用的过程中，任何一个对产品和服务拥有所有权（使用权）或起到推销作用的机构和个人都称为一个渠道层次。渠道层次的构成即分销渠道模式。酒店销售渠道模式，如图8.1所示。

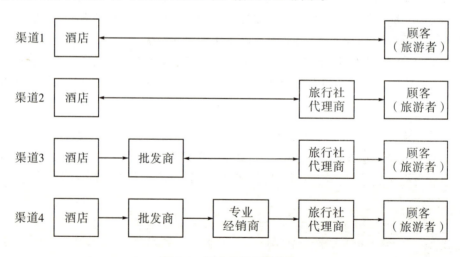

图8.1　酒店分销渠道模式

（1）渠道1被称为直接分销渠道，没有任何中间机构，是指酒店直接将产品出售给顾客。

（2）渠道2包括一个销售中间机构。在酒店业中，这个中间机构通常是旅行社代理商。

(3) 渠道3包括两个中间机构,通常是一个批发商和一个旅行社代理商。一般较小的酒店会采用这种分销渠道。

(4) 渠道4包括三个中间机构,专业经销商从批发商处采购,再批量卖给旅行社代理商。

在生产者,即酒店方看来,分销级数越多,意味着控制越困难,销售情况越复杂。酒店也经常通过中介机构来销售酒店服务产品,这些中介机构就是中间商。酒店市场中的中间商跨越时空的限制,将酒店与酒店的顾客连接起来,他们通常介入酒店的销售工作,在很大程度上影响着酒店的产品销售。

课堂讨论

请讨论,酒店产品销售过程中,是否分销渠道越多,实际销售量就越大?为什么?

知识补充:选择分销渠道应考虑的因素

(1) 市场因素。

市场范围宽广,适用长、宽渠道;反之,适用短、窄渠道。顾客集中,适用短、窄渠道;顾客分散,适用长、宽渠道。购买量小,购买频率高,适用长、宽渠道;相反,购买量大,购买频率低,适用短、窄渠道。没有季节性的产品一般都均衡生产,则多采用长渠道;反之,多采用短渠道。

(2) 产品因素。

易腐、易损、危险品选用短渠道或专用渠道;一些体积大的商品,如大型设备、建材等适用直接渠道。价格昂贵的工业品、耐用消费品、奢侈品应减少流通环节,用直接渠道和短渠道;价格较低的日用品、一般用品则选用较长较宽的分销渠道。式样花色多变、时尚程度较高、技术复杂程度高的产品,适用短渠道和直接渠道;款式不易变化的产品分销渠道可以长一些。

(3) 企业自身因素。

财力雄厚的企业有能力选择短渠道,财力薄弱的企业只能依赖中间商。渠道管理能力和经验丰富的企业,适宜短渠道,管理能力较低的企业适宜长渠道。销售愿望强烈,往往选择短而窄的渠道;销售愿望不强烈,则选择长而宽的渠道。

(4) 中间商因素。

如果中间商不愿意合作,只能选择短而窄的渠道。利用中间商分销的费用很高,只能采用短而窄渠道。中间商提供的服务优质,企业采用长而宽渠道;反之,只有选择短而窄渠道。

(5) 环境因素。

经济景气,发展快,企业选择分销渠道的余地就大;经济萧条,市场需求下降,企业就要减少中间环节。国家法律、政策、专卖制度、反垄断法也会影响分销渠道的选择。

导入案例　酒店与旅行社的战略合作[①]

"港泰·首旅建国国际酒店"落户在四川港泰投资控股集团开发的"港泰·通航大厦"项目,是北京首旅建国酒店集团登陆四川的首个五星级酒店。4月18日,港泰·首旅建国酒店与四川康辉国际旅行社在成都四季康成酒店举行战略合作协议签约仪式。双方在酒店预订、客源共享、品牌宣传等多方面达成一致,致力于为客户提供更加优质的服务。

中国康辉旅行社集团是中国大型国际旅行社、国家特许经营中国公民出境旅游组团社,拥有300多家子公司、分公司,8000多家门店遍布全国。康辉集团与港泰·首旅建国酒店此次战略合作主要在双方会员共享、积分兑换、线下协议酒店预订、品牌宣传、共享客源开发、活动促销等方面展开。因为港泰·首旅建国酒店无可替代的地段优势和优质的五星级服务,四川康辉旅行社把该酒店定点为重要客户和境外客户的首要接待点。

酒店与旅行社达成战略合作,双方在资源共享的同时,都会给双方带来可观的客源。酒店与旅行社建立合作关系,是希望打开自己在团队预定方面的分销渠道,而旅行社依托酒店获利,也是双赢的局面。酒店分销渠道一般可以分为团队渠道和零散客人渠道,下面我们就来介绍这两个渠道的知识。

相关知识

二、酒店分销渠道的类型

(一) 团队渠道

团队旅游一般由海外批发商组成旅游团后交给国内的外联旅行社接待,外联旅行社又分给各地的旅行社。旅客所需的酒店、餐食、服务都是由旅行社预订的,

---

[①] 王璐.港泰·首旅建国拟年底营业[N/OL].首都建设报,[2017-04-26].http://sdjsb.bjd.com.cn/html/2017-04/26/content_128552.html.

所需费用是由旅行社逐级下拨的。典型的团队渠道是一种三环节间接渠道。除了旅行社之外,一些政府、文化、体育、科学等部门也组成一些团队。会议客人也可作为团队。

现阶段,酒店的团队渠道形式主要是以旅行社为主体,以政府部门等为辅的营销体系。应当注意的是目前非旅游部门引进的客源比例正在迅速上升,故在团队营销渠道方面需要充分重视非旅游部门的作用。

(二) 零散客人渠道

零散客人旅游已成为国际旅游的重要方面,即便在观光旅游者中也已有很大一部分属于散客。零散客人的消费水平一般比团队高,特别是零散客人中的商务旅游者。酒店招徕商务零散客人的最佳渠道是与一些国外大公司建立业务关系,如一些跨国公司,每年的差旅费用预算多达1亿美元。现在越来越多的公司直接与酒店签订长期报价合同,公司商务客人可享受酒店较大折扣的协议价,除非是高层管理人员,一般的商务旅行者自行选择酒店的已越来越少。

零散客人渠道同团队渠道有很大的区别。零散客人一般不通过旅行社,而是直接同酒店发生业务往来,或者其中只经过一个环节,如网络预订系统等。零散客人具有分散、多样、数量大的特点。酒店利用零散客人渠道,较好的办法是让客人直接加入自己集团的会员,直接在官网上完成预订,如万豪国际酒店集团、希尔顿酒店集团和洲际酒店集团等世界酒店集团都拥有强大的预订系统和会员系统。同样,零散客人也可以委托旅行社代为预订酒店,同外商机构、外航机构建立合作关系,同其他酒店建立互相介绍客源的业务关系,建立外国游客接待处,在车站、机场设立零散客人接待点等。目前,我国国内民航航班的准点率较低,航班延误的零散客人也成为酒店间的生意争夺对象。

一般来说,口碑作用比其他的销售手段效果更佳、成本更低。

目前互联网和智能设备发展迅速,酒店商务散客很多都是通过直接渠道,即通过酒店自身的预订系统,直接预订同一集团旗下的酒店,因此,酒店往往会重视其会员,并开发会员积分制度。

知识补充:中央预订系统

中央预订系统(central reservation system,CRS),主要是指酒店集团所采用的,由集团成员共用的预订网路。它使酒店集团利用中央资料库管理旗下酒店的房源、房价、促销等信息,并通过同其他各旅游分销系统,如全球分销系统、互联网分销商与酒店官方网站预定引擎连接,使成员酒店能在全球范围实现即时预订。CRS是集团总部控制其成员酒店的有效工具之一。

课堂讨论

酒店集团应如何完善自己的会员积分制度？

第二节 酒店营销中介机构
——他山之石，巧借东风

导入案例 康奈尔的旅游代理商分销渠道[①]

近年来，旅游代理商在为旅游业带来更多收入方面发挥着越来越大的作用。统计数据表明，酒店28%的客房是通过旅游代理商预订的，度假村通过旅游代理商预订的客房在总客房预订中所占比率比上述数字还要高。各旅游企业新招迭出，纷纷采取措施，赢得旅游中间商的信任与合作。

康奈尔酒店正从事一项新的旅游代理商项目。该项目为参加的旅欧代理商提供事先安排好的、快速免费的全国性预订服务的电话号码。旅游代理商只要拨一下该联号酒店的免费预定号码，报出"超级代理人"身份证号码，计算机系统就会在屏幕上显示出有关情况。这一系统大大简化了预订手续，旅游代理商不必像以前那样，向该联号酒店的分支机构邮寄预订信了。预订中心会自动将上述有关信息传递给每个联号酒店。现在已有400多家康奈尔酒店成员加入了"超级代理人"促销项目。

旅游代理商是众多可供选择的专业化分销渠道中的一员。旅游业分销体系中的组成部分包括旅游代理商、旅游批发商、专营机构、酒店销售代表、政府旅游协会、预订系统、全球分销系统、互联网、引导人员等。管理人员必须选择构成分销系统的中介机构，并确定分销系统的级数。下面我们将详细讨论酒店销售过程中的中介机构，即中间商。

---

① 刘叶飙.酒店营销学[M].北京:高等教育出版社,2010.

相关知识

一、旅行社

在我国,将为旅客安排旅游服务以及出售旅游线路的机构统称为旅行社。旅行社也可称为酒店零售商,可为酒店提供客源。旅行社一般提供包价服务,包价包括交通、观光、餐厅、酒店住宿等。

(一)旅行社的分类

国外将旅行社分为三类:旅游代理商、旅游经销商和旅游批发商。

1. 旅游代理商

旅游代理商又称旅游零售商,它通过自己的销售网点,将整合的旅游产品直接销售给旅游者,一般旅游代理商不拥有酒店产品的所有权。旅游代理商可以是独立经营,也可以是某个旅游批发商或经销商的下属机构。他们代为出售酒店的旅游线路和旅游项目,构成酒店销售网的一环。旅游代理商受酒店委托销售,按照合同规定的价格出售给旅游者,按销售额一定的比例提取佣金,佣金通常为销售额的10%~20%。

2. 旅游经销商

旅游经销商一方面将单项旅游产品组合成旅游线路(整合旅游产品)销售给旅游代理商;另一方面也有自己的产品销售给公众。旅游经销商兼有旅游批发商和旅游代理商的双重身份。

3. 旅游批发商

旅游批发商只组合旅游产品销售给旅游经销商和旅游代理商,不直接面对公众销售。旅游批发商一般是实力强大的大型旅游中间商,通过与交通部门(航空公司、铁路及旅游车船公司等)、酒店、旅游景点,以及其他餐饮娱乐部门直接谈判,将这些单项旅游产品组合成旅游线路,确定一个包价。在每个旅行团的活动及日程安排好后,旅游批发商向这些单位发出日程安排表并做出预定,然后交由旅游经销商或旅游代理商将包价旅游项目出售给团队或者零散旅游者。其营业收入主要包括从各种交通公司的代理佣金和酒店订房差价的收益。如果包价中含餐饮,旅游批发商还可以从酒店得到包价10%左右的佣金。

我国现行旅行社与酒店的取酬关系与国际通行做法不同,在我国,旅行社能获得远低于门市价的批发价,很少采取佣金制。其实这就是酒店与渠道之间、各渠道之间产生矛盾的一个重要原因。首先,这种方式使得酒店与旅行社利益对立。旅行社拼命压价,因为差价越大,其利润就越高,但酒店又极不情愿自己的利益受损。其次,酒店给各渠道成员的"旅行社价格"高低不一,这样也不利于渠道成员间的关系融洽,旅行社的很多精力都用在与酒店价格谈判上。因此,在国内实行佣金制,与国际旅游运作标准接轨,已成为一种需要和趋势,这样才能促使旅行社积极开拓市场,因为在佣金制下,销售额越大,利润越高,也能使酒店与渠道成员精诚合作,共同推出具有竞争力的价格,达到共赢。

(二)旅行社订房的特点

旅行社在业务经营中存在风险大、批量大、季节性强等特点,酒店的预定也会受上述因素的影响。旅行社订房主要有以下特点:

1. 订房数量大

除大型会议外,一般商务、政府组织机构等订房数量受其自身业务规模所限,不会太大,但旅行社订房则不然。通常旅行社的年接待量都在万人以上,大型旅行社其组团(或接团)人数甚至达到几十万人,早在1993年,中国国际旅行总社外联游客数量超过100万人次。因此,旅行社的订房对旅游酒店尤其是旅游城市和风景区的酒店而言是最主要的生意来源。

2. 订房价格低

旅行社为了尽可能提高经营利润以及降低直观报价,增强旅行社竞争力,通常会向酒店争取较低的团队价格。加上付给旅行社的佣金,旅行社的实际订房价格往往比门市价低四成,甚至更低。

3. 订房时间集中

旅行社订房季节性强,通常都集中在旅游旺季,而淡季则订房极少。这样便使酒店在旅游旺季客源激增,形成营业高峰,淡季时则营业处于低谷。在运营高峰,酒店设施超负荷运转,而运营淡季,酒店设施和接待能力闲置。因此,酒店应采取淡旺季价格,与旅行社合作开展淡季包价或在淡季推出特殊旅游项目,尽可能做到淡旺季订房的均匀分布。

4. 订房取消率高

酒店大量接受旅行社订房,具有极大的风险。旅游业是一项很敏感和脆弱的行业,尤其是团队旅游,极易受到政治、经济和突发事件的影响而出现大幅度波动,团队取消订房在有的地方十分普遍。鉴于团队旅游容易出现的高取消率,酒店在确定自己的目标市场时,应合理地安排各细分市场比例,以期实现市场细分配制的最优化,尽可能降低风险,"不把所有鸡蛋放在同一个篮子里"。

5. 订房连续性强

酒店通常与旅行社保持密切的业务联系,因而旅行社的订房也能够连续持久。旅行社一般都将自己的团队安排在有主要业务往来的酒店,而不会随意向其他酒店订房,因为双方互相了解,合作容易,且能够与酒店达成有利的价格协定。如果酒店能够保持与旅行社的密切合作,对于酒店客源的稳定以及进行客源预测都十分有利。

(三)酒店与旅行社的运作规范

目前,我国的酒店与旅行社之间尚无运作标准,但为保证双方为共同的利益而联合进行监管,酒店与旅行社的运作规范化已成趋势。美国旅行社协会为建立一套理想的酒店营业关系与运作标准,提出了一些原则,也为我国制定类似的制度提供了有益参考。

1. 收费标准与预订

酒店应随时制订并发布收费标准一览表,列出各种房间及其他服务的最高和最低收费额。该览表的收费标准应适用于不管是直接订房还是通过旅行社代订的所有顾客。

旅行社或代理人仅可以根据酒店规定的收费标准提出报价与推销,但如果有实际的需要或顾客要求时,他们可不受这种标准限制而接受订房。

代理人接受订房要求时,应直接与酒店代表或其授权代表联系处理。有关订房所需的通信费用,如邮资、电报电话费等均由代理人负担。酒店对于订房的要求应当尽量满足,最好在24小时内予以答复。

2. 佣金

代理人收取的佣金,是依酒店规定的收费标准而获得的销售额的10%。

对于代理人是否应当提取某项销售额的佣金存在疑问时,代理人应当拿出确实证据,证明其在该销售过程中所具有的影响力。有关此次销售所做的通信和电话记录均可作为具体证据。

代理人代表酒店所收的一切款项,均应该在扣除其应得的佣金后立即汇交酒店。如果酒店已经同意代理人代收账款,可暂时实行收费收据联单记账,实际汇款则可依协议的时间稍后汇出。

若代理人提供服务后,一切账款经酒店自行收取,则酒店应在收账后30天内将代理佣金结算付给代理人。

3. 广告

酒店与代理人双方所做的广告均应切合实际。广告中如果涉及最低收费标准,应肯定而明确地指出最低标准,不可含混其词;代理人为其酒店服务时,不应在言词上明示或暗示各家酒店相互比较的情况;代理人与顾客之间的往来关系,酒店应当予以尊重,即使酒店日后可以直接招徕此顾客,仍应当通过代理人处理;代理人有义务展示或分发酒店提供的宣传册或其他广告宣传品。

（四）酒店如何与旅行社建立良好关系

酒店与旅行社之间要建立良好和谐的关系,做到精诚合作、利益共享、风险共担,需要付出很多努力。酒店应从以下六个方面着手:

1. 做好接待工作

酒店提供优质的产品服务是保证与旅行社良好关系的最实质性内容。如果酒店没有意识到这点,在具体工作中势必会舍本逐末。

2. 加强沟通

酒店应让旅行社充分了解自己的产品与服务,可以通过组织旅行社人员参观酒店、体验服务,并提供各种宣传资料,如小册子、广告招贴画、促销录像带、幻灯片等,还可经常通过函件、面谈、访问等形式及时向旅行社通报酒店各种新产品与服务、新项目、新计划等以协助旅行社的销售,并争取在旅行社旅游线路促销宣传中取得理想的位置。对于旅游批发商而言,一般是提前一年或更长的时间印刷宣传手册和报价单,酒店应提早与之协商房价。如经营需要必须提价,酒店应尽早通知旅行社,并求得谅解,否则由于两者沟通不足,临时提价(尤其是在旺季)会使旅行社陷入尴尬,从而造成旅客大批退房的结果,酒店与旅行社在经济利益及公众形象上都会受到极大损失。

3. 积极激励

酒店可采用多种激励措施提高旅行社代理销售的积极性,如提高佣金比率,对淡季销售付给奖励佣金并即时支付;对通过旅行社预订酒店的公司和机构给予更大的折扣;免费为旅行社人员提供膳宿服务、开展销售竞赛,对销售业绩好的旅行社给予奖励。

4. 加强预订受理工作

酒店应根据旅行社订房的特点,设计专门的预订受理程序,方便旅行社订房。酒店应主动提供房价、订金政策及其他服务项目(如行李托运费)的付费说明,并以书面形式(一般是客房销售合同)向旅行社明确房价(是否含早餐)、订金、预订截止时间、付款方式等内容。同时,酒店还应积极采用先进的电子网络系统以顺应网络预订的新趋势。

5. 加强售后工作

旅行团离开酒店并不等于销售工作的结束,应与旅行社保持密切联系,征询其建议与意见,以便改进、提高。

6. 重视账款清算

只有收回账款,酒店才能真正取得经济效益。有些酒店因担心与旅行社的关系受到影响,从而不能及时收回账款,降低了酒店资金周转率,有时还会影响酒店正常运转,有时甚至根本无法收回账款,造成了酒店的损失。

二、酒店代表

酒店代表在特定的地区推销酒店的客房和服务,对酒店来说,雇佣销售代表往往比使用自己的营销人员更有效,当目标市场距离酒店很远或者文化差异使得外力很难渗入该市场时更是如此。例如,北京的一家酒店可能在日本雇佣一个销售代表比派驻一个销售经理效果更好。某一家酒店的销售代表不可以为该酒店的竞争对手服务。他们可以领取佣金或工资,或两者兼得。销售代表熟悉酒店的产品并将其介绍给目标市场是需要花费时间的,因此,酒店选择销售代表一定要慎重,频繁更换销售代表会造成损失

三、客房销售代理商

客房销售代理商是指进行酒店宣传并接受客人预订的组织和个人。酒店客房销售代理商一般要在每次推销中收取一定的手续费,约占每次销售额的15%。例如,某家酒店的客源主要来自欧洲和美洲,酒店就可以在这些地区建立酒店代理机构进行销售。

四、专门的酒店预订组织

专门的酒店预订组织是一种单纯的酒店预订组织,除代理客房销售外,有些酒店订房及销售组织还通过传播媒体(如年鉴、成员酒店宣传册等)为成员酒店做促销。

五、奖励旅游经销商

企业为奖励客户和完成销售指标的营销人员、中间商、渠道成员等,常常会安排他们去旅游,因为,奖励旅游发展很快,职业的奖励旅游经营商很快就应运而生了。目前奖励旅游组织者主要有奖励旅游经销商、旅行社、奖励旅游计划组织人员

等。职业的奖励旅游经销商除了向参加奖励旅游的人员介绍旅游目的地的详细情况和活动内容外,还协助企业制订奖励旅游方案,并协助搞好营业推广工作。由于他们专门从事奖励旅游的组织、咨询工作,因此,他们比旅行社更了解目前奖励旅游的价格、旅游目的地、酒店、地面交通等方面的情况。

奖励旅游经销商的工作主要包括以下五个方面:
(1) 收集有关旅游目的地和酒店的信息。
(2) 向旅客介绍酒店前参观酒店。
(3) 向旅客介绍酒店后、在确定旅游计划前再次参观酒店。
(4) 向旅客介绍旅游目的地。
(5) 再次向旅客介绍酒店。

旅游经销商对最终确定包价旅游的方式有极大的影响。但在规划奖励旅游时,各旅游经销商有其独特的标准和计划方法。一般在收集信息、向顾客介绍旅行目的地和酒店、进行决策等工作中,缺乏经验的旅游经销商比较注重从酒店获取有关信息,更重视与酒店和顾客交换意见;而经验比较丰富的旅游经销商则更加注重自己的经验和判断。

大多数奖励旅游公司希望酒店和旅游目的地提供有关奖励包价旅游的信息,特别是有关包价旅游所包含的内容、目的地地区情况、酒店周围的环境、酒店设备、休闲娱乐、特殊活动内容、附带的旅行活动等方面的信息。他们希望具体了解关于宴会、难忘的经历、特别服务和价格等方面的情况。另外,他们要求酒店营销人员能对他们的需求做出迅速的反应,并能为他们组织的团体做出灵活的安排。

六、航空公司的全球预订系统

全球分销系统(global distribution system,GDS),也可译为"国际代理人分销系统",是应用于整个旅游业的大型计算机信息服务系统。这种代理人分销系统,专门用于国际航空、旅游产品的预订和销售。通过GDS,遍及全球的旅游销售机构可以及时地从航空公司、旅馆、租车公司、旅游公司获取大量的与旅游相关的信息,从而为顾客提供快捷、便利、可靠的服务。例如,旅行社等代理人接入GDS终端,获得GDS产品的分销权;旅游消费者则通过旅行社等代理人直接预订、购买GDS中的旅游产品。

国际GDS是在国际航空预定系统的基础上发展起来的,其前身可以追溯到20世纪60年代国际大航空公司为自己建立的数据库。现在的GDS,不但将诸多大航空公司的数据库联结起来,销售多家航空公司的中性票,而且已经将业务从航空预订拓展到旅游预订。和单一的旅游预订系统相比,GDS的优势非常明显:首先是功能完善,所提供的产品囊括所有的旅游产品类型,游客还能通过GDS预定到自己需求的特别服务产品;其次是网络众多,涵盖全球,信息丰富,服务快捷。从

GDS的发展过程看,GDS是由于旅游业的迅猛发展而从航空公司订座系统中分流出来的面向旅行服务的系统。如今,GDS已经发展成为服务于整个旅游业的一个产业,除了原有的航空运输业,旅馆、租车、旅游公司、铁路公司等也纷纷加入到GDS中来。经过技术与商务的不断发展,GDS已经能够为旅行者提供及时、准确、全面的信息服务,并且可以满足消费者旅行中包括交通、住宿、娱乐、支付及其他后继服务的全方位需求。因为源于航空预订,现在的GDS系统仍然由西方主要的大航空公司控股,但系统本身却以企业化的形式进行市场运作,为获取利益而在不断拓展网络。GDS在激烈竞争中,逐渐形成Sabre、Galileo、Amadeus、Worldspan等巨头。其中,最为突出的Sabre已经拥有代理公司28451家,连接终端118270个,1998年实现航空订座量3.26亿、非航空订座量1956万元,现在能够销售的酒店达220多家(连锁35000处),可销售470家航空公司的机票。

中国的旅游、航空市场都潜力巨大,这对彼此竞争激烈的国际GDS极具诱惑力,其在中国市场外围逡巡已久,虎视眈眈。未雨绸缪,积极应对,已经是摆在我们面前的迫切任务。

发达国家是非常注意对相关市场进行保护的,如欧洲在美国GDS进入之前斥巨资联合组建了Amadeus和Galileo,日本建立了Axess、Infini,东南亚建立了Amadeus,等等。

七、会议策划部门

一些大型组织机构,如大公司和行会,都设有自己专门负责会议和旅行策划的部门或个人,这些人负责与酒店和其他旅游企业进行接触、洽谈,因此,会议策划部门构成了酒店的中介机构之一。

八、在线直销模式

众多酒店开始在直销和分销中寻找平衡点。格林豪泰、7天连锁、城市便捷等酒店都先后走上直销之路。

近年来,旅游在线直销平台的市场在业内逐步被重视,相继出现众多直销平台。直销平台成本低,商家直接面向顾客提供个性化服务,营销效果显而易见,旅游在线直销平台的出现为众多酒店带来了发展机会。

据行业资深人士介绍,从销售模式上来说,旅游在线直销成本低,服务精准,具有个性化,即使在价格上与分销渠道无异,但从长远来看则利于酒店树立品牌个性,有利于酒店长远发展,因此在线直销模式已是酒店分销渠道的大势所趋。

九、导引人员和酒店内部推销资料

各种导引人员也是为酒店带来客源的良好渠道。对于一家有独特的菜单、迷人的环境和精美的食物的餐厅来说,各种导引人员可能会带来更多的客源。希望与各种导引人员建立业务关系的餐厅经常会免费宴请他们,请他们亲自感受餐厅的氛围。除了导引人员之外,酒店内部推销资料的设计和摆放对引导人员分销也起到了重要的作用。

课堂讨论

酒店利用营销中介机构的原因是什么?

第三节 酒店分销渠道选择与管理
——良禽择木而栖

导入案例 四季酒店的分销策略选择[①]

四季酒店在社交媒体平台上投入了大量的资源,并取得了良好的营销效果。在 Facebook 上与用户实时互动,拉近酒店与用户的距离;在 Twitter 上举行了虚拟品酒会;在 YouTube 上发布内容,成为搜索关键词;和 Foursquare、Gowalla 合作进行基于 LBS 技术的 App 开发等。四季酒店在社交媒体上这一系列的全新尝试充分表明了四季酒店在布局社交媒体营销的发展战略。

早在2009年,四季酒店就已经开始了酒店在社交媒体平台上的战略布局,而且这一年也是消费者对企业提供实时服务需求呈现爆发式增长的一年。

四季酒店很早就选择了社交媒体网站渠道作为自己的传统分销渠道的补充。那么四季酒店为什么要选择社交媒体网站渠道呢?这些社交媒体网站渠道如何通过合作来起到积极的作用呢?

分销渠道不仅仅是由各种流程联结起来的公司集合,他们是复杂行为系统,在

[①] 王亚东.销售就是做好渠道[M].北京:北京联合出版社,2017.

这套系统中,人与公司相互作用完成任务。一些渠道由松散组织起来的企业之间的正式联系组成,其他一些渠道则由具有很完善的组织结构的正式联系组成。渠道系统并不是静态的,许多新类型渠道系统不断涌现,又不断演化出新的渠道系统。

相关知识

一、渠道行为与组织

分销系统由不同性质的公司组成,这些公司为了其共同的利益结合在一起。每一个渠道成员引来其他成员,都在渠道中扮演一个角色并执行一种或多种专业职能。

因为单个渠道成员的成功依赖于整体渠道的成功,所以,渠道中所有的公司应共同协作。它们应当清楚并接受它们的角色,协调目标和行动,并通力合作达到整体渠道目标。通过协作,它们能更有效地理解并服务于目标市场。

(一)渠道冲突

某些渠道成员通常更关心自己的短期目标,并只关心与渠道中离他们最近的公司的交易。通过协作达到整体目标,有时也意味着放弃单个公司目标。尽管渠道成员彼此相互依赖,但它们经常只追求各自的最大短期利益。他们经常因为各自担当的角色不同而产生矛盾,这一矛盾称为渠道冲突。渠道冲突通常分为以下三种类型:

1. 水平冲突

水平冲突是指存在于渠道同一层次的成员之间的冲突。例如,同一品牌下的不同酒店可能会指责其他酒店在经营上的问题,并且服务态度恶劣,因此破坏整个酒店品牌的形象。

2. 垂直冲突

垂直冲突是指同一渠道中不同层次间的冲突,这一冲突比较常见。分销体系中存在着微妙的平衡:对销售渠道中的一个成员有益,却未必有益于另一个成员,处理不好,就会导致冲突和权益争斗。管理人员必须认真考虑分销渠道的选择,因为这会产生长期的影响。当分销渠道内的冲突确实发生时,管理人员也应努力去化解。

3. 多渠道的冲突

多渠道的冲突是指一个成员公司建立两条以上的渠道向同一市场分销产品而产生的冲突。有些渠道冲突采取的是良性竞争的形式,缺少它,分销渠道会变得缺乏活力和创造精神,但有些冲突会破坏整个渠道。为了使整体渠道能够正常运作,必须限定每个成员的角色,并且对渠道冲突进行管理。合作、角色的分配和冲突管理必须通过强有力的渠道领导才能实现。如果渠道中存在一个颇具实力的公司、代理商或一种机制能够分配任务或管理冲突,渠道就能够平稳地运行。

(二)渠道组织

长期以来,分销渠道一直是独立于企业的松散集合,每个个体都很少为整体渠道的绩效考虑。这些传统的渠道系统缺乏强有力的领导,经常会受到破坏性的冲突和低效率的困扰。近年来,一些新的渠道组织形式正作为传统营销渠道的挑战而出现,如垂直营销系统、特许经营、联盟、水平营销系统和多渠道营销系统。

1. 垂直营销系统

垂直营销系统是近年来渠道发展中最重大的发展之一,它是作为对传统营销渠道的挑战而出现的,它是由生产者、批发商和零售商所组成的一种统一的联合体。某个渠道成员拥有其他成员的产权,或者是一种特约代理关系,或者这个渠道成员拥有相当实力,其他成员愿意合作。垂直营销系统可以由生产商支配,也可以由批发商,或者零售商支配。

2. 特许经营

特许经营是指特许经营权拥有者以合同约定的形式,允许被特许经营者有偿使用其名称、商标、专有技术、产品及运作管理经验等从事经营活动的商业经营模式。被特许人获准使用由特许权人所有的或者控制的共同的商标、商号、企业形象、工作程序等。

根据中国商务部定义,特许经营是指通过签订合同,特许人将有权授予他人使用的商标、商号、经营模式等经营资源,授予被特许人使用,被特许人按照合同约定在统一经营体系下从事经营活动,并向特许人支付特许经营费。

特许经营作为一种商业经营模式在其经营过程和方法中有以下四个特点:

(1)个人对商标、服务标志、独特概念、专利、商业秘密、经营诀窍等拥有所有权。

(2)权利所有者授权其他人使用上述权利。

(3)在授权合同中包含一些调整和控制条款,以指导受许人的经营活动。

(4)受许人需要支付权利使用费和其他费用。

特许经营的主要优点是：① 投资少，成本低，扩张迅速；② 随着特许经营饭店的增加，酒店集团品牌影响力迅速提升；③ 开发新业务快，以最小的成本保护了未来的市场，保证了市场占有率；④ 通过特许经营权的转让，企业能够获取长期的经济收益，提高经济收入的安全系数。例如，1955年假日集团实施特许经营取得成功后，其他国际酒店集团也纷纷采用特许经营，并且发展异常迅速，特许经营在酒店集团发展过程发挥着越来越重要的作用。

其缺点是由于对成员酒店缺乏直接经营管理，服务质量可能失去控制，引起顾客的不满，而且还会存在潜在的投资风险和负债风险。

知识补充：受托管理和特许经营的区别

从法律上讲，特许经营与受托管理的主要区别在于酒店的管理权掌握在谁手里。特许经营模式下，酒店由业主（一般为酒店物业的所有权人或承租人）管理，而在受托管理模式下，酒店由管理公司（一般为相关酒店品牌相关的酒店管理公司）管理。受托管理模式下，酒店管理公司会向酒店派出管理层人员，由管理层人员实际负责酒店运营。管理层人员会代表酒店招聘其他酒店员工。管理层的劳动关系在酒店管理公司，其他酒店员工的劳动关系在酒店。

3. 联盟

合同协议的另一种形式是联盟。所有缔结的联盟都是为了使合作双方能从对方优势中获益。由两个或更多的非竞争性的企业结成的联盟是扩大市场占有率的一种流行和有效的方式。

4. 水平营销系统

渠道拓展的另一种方式是水平营销系统。在该系统中，两家或多家处于同一水平的企业为抓住新的市场机遇可将各自的资本、生产能力或营销资源联合起来，从而实现单一企业无法实现的目标。

5. 多渠道营销系统

随着顾客细分市场和营销渠道方式的增加，越来越多的公司采用多渠道营销系统。多渠道营销系统是指一个公司建立两条或更多的营销渠道以接触一个或更多的细分市场。例如，麦当劳主要是通过一系列独立的特许经营商进行经营，而其只拥有其零售店总数的1/4。因此，在麦当劳自有的快餐店与特许经营商所建的麦当劳快餐店之间也存在着一定程度的竞争。

采取多渠道营销方式的企业可以通过新增的渠道扩大销售量，但同时也会影响已有的分销渠道成员的利益。已有成员可能认为这是不公平的竞争,可能会以放弃合作进行威胁,除非该企业事先提出能限制竞争或能以某种方式补偿它们。

导入案例　Booking陷酒店"不可预订"风波[①]

　　国外线上酒店预订平台Booking再次暴露与酒店沟通不通畅的问题。2017年8月,王女士在Booking平台上预订了一家四川的酒店,但之后却被突然告知必须取消,原因是酒店目前并没有和Booking合作。实际上,在Booking上预订酒店后游客无法顺利入住的事件并非第一次发生,此前Booking就曾发生过多起因后台与酒店无法顺利对接,导致游客被迫取消的情况。当前Booking在中国的市场份额较低,酒店在与Booking合作后产生不了宣传效果和订单量,很容易频繁解约。这种事件一旦发生,最终损害的是消费者的权益,形成恶性循环。

　　8月17日,王女士在Booking上预订了一家四川泸定的酒店,由于预订的时间为国庆期间,房源紧俏,王女士提前预订并在随后收到了Booking发来的邮件确认函和确认短信。但令人想不到的是,酒店方面随后致电王女士要求必须取消订单。酒店方对王女士表示,目前酒店并没有和Booking进行合作,已经不再通过Booking接收客人订单,而且Booking上的价格还没有上调至假期价格,并称"就算不取消,到时也没有房间可住"。随后,王女士只能被迫取消订单另订酒店,但此时其他当地热门酒店已经被预订一空。

　　对于为何酒店方称并没有和Booking合作,而消费者却能够在Booking预订成功的问题,王女士随后多次致电Booking进行询问。Booking客服称的确是Booking和酒店方面的沟通问题给消费者造成了困扰,有些酒店在前期与Booking的确有合作,但因为可能负责Booking方面工作的酒店员工离职等原因造成后续没有再继续更新,而酒店也单方面认为与Booking不再有合作关系。据了解,Booking并没有及时获得信息,导致消费者预订后酒店方面不认可而被迫取消。对此Booking客服表示,这样的事情的确之前也发生过,但是目前没有有效的办法来规避,也无法一一排查,只能通过消费者试错发现来解决。

　　Booking订单被取消事件多次发生。据媒体报道,2015年10月,消费者王先生通过Booking预订了酒店,并收到Booking的订单确认函,但之后在王先生两度向酒店确认后才被告知由于酒店超售需王先生取消订单。2017年2月,赵女士在Booking预订酒店并支付了全部费用,但两个月后被告知Booking的酒店合作方破产,订单被取消,赵女士所支付的1.8万元房费需自己讨回。

　　在一系列事件背后,除Booking和酒店方存在沟通不畅、解决机制不完善这些原因外,Booking给一些国内酒店带来的订单少,这些酒店也就在筛选合作

[①] 关子辰,王胜男.再遭投诉Booking陷酒店"不可预订"风波[N/OL].北京商报,[2017-08-24].http://info.meadin.com/Ota/145443_1.shtml.

OTA的过程中将Booking淘汰。

在王女士的事件中,酒店老板称目前并未与Booking合作,但该酒店的确有Booking酒店管理系统中的ID,能够进行登录和修改内容。之所以不再使用,是由于之前很少接到Booking的订单,也就不再维护和更改。此次王女士预订后,酒店方才将在Booking上的所有预订关闭。

国内某酒店预订平台相关负责人表示,"Booking之所以频繁发生这种事情与Booking在中国的策略有关。目前来说,Booking在中国市场份额上没有本土在线旅行社携程、艺龙等平台大,导致酒店在与Booking合作后产生不了宣传效果,同时预订量也不足,加上不排除个别佣金较高的情况,所以很容易导致酒店与Booking频繁解约。"

据悉,国内的在线旅行社市场中,Booking占据的市场份额的确还较低。据比达咨询2017年3月发布的《2016年中国在线旅游行业研究报告》显示,携程的市场份额占比为43.6%,形成绝对优势;紧随其后的途牛、飞猪、同程份额分别为22.7%、13.4%和11.1%。具体到酒店预订方面,艾瑞咨询发布的《2017年度中国在线旅游行业年度监测报告》显示,2016年中国在线住宿企业中市场高度集中。其中,携程2016年市场份额占比达59.6%,美团、艺龙等平台也发展迅速。业内人士表示,一些酒店放弃订单量少的平台以节省人力,但同时平台和酒店双方却并未达成共识。

与此同时,有专家指出,也有可能是Booking在与酒店的合作沟通中出现了问题。在在线旅行社和酒店之间,订单确认需要一个过程,消费者预订酒店后,在线旅行社需要后台发订单给供应商确认订房,如此才能告知消费者确认订到了房。此前Booking方面已经发送确认函给消费者,但是酒店方却没有确认,主要是双方的沟通出现了问题。但无论怎么样,出现问题后都不应该由消费者"买单",Booking屡屡发生这样的事情,对于正处于扩张期的Booking显然会带来不好的影响。

业内人士指出,Booking不仅需要加强与酒店的沟通渠道,排查酒店合作情况,增加人工客服、多次向酒店确认订单情况等,同时,也需加强平台的售后能力,建立完善且快速的解决机制。

相关知识

酒店在选择自己分销渠道时,应该考虑什么因素呢?如何才能使自己的产品信息有效传递给有需求的顾客呢?酒店应该怎样根据自己的产品,根据产品的特点,选择相适应的分销渠道呢?下面我们就来讨论一下分销渠道的选择。

二、酒店分销渠道的选择策略

选择高效的旅游酒店销售渠道之前,先要确定渠道计划工作的目标。目标包括预期要达到的顾客服务水平、进入市场的重点、中介机构应发挥的作用。值得注意的是在制定渠道目标时,酒店经营者必须考虑到:① 酒店产品的种类、数量、质量及竞争能力;② 酒店市场需求结构;③ 酒店中间商的营销能力;④ 竞争对手的情况;⑤ 酒店市场的变化趋势;⑥ 酒店产品的市场重点;⑦ 政治、经济环境的影响程度等。

在渠道目标确定之后,酒店就要开始制订选择销售渠道的策略,主要有以下三种:

1. 直接销售渠道和间接销售渠道

当酒店产品的消费者购买频率低,但是购买量大时,酒店往往采用直接销售策略,因为消费者为了谋求供应关系相对稳定,加上具体交易时,产需双方往往需要较长时间协商谈判才能达成协议,因此直接销售途径比较适宜。

2. 长渠道和短渠道

渠道的长短是指酒店经销产品时通过中间商的个数,选择中间商环节多的营销渠道称为长渠道,环节少的渠道称为短渠道。长、短渠道的选择,主要看中间商的销售能力,包括他的推销速度、经济效益、市场信息等。中间商的销售能力大,需配置的中间商的环节就可减少。反之,为保证市场的产品覆盖面,就要加长营销渠道。

3. 宽渠道和窄渠道

渠道的宽窄,取决于每个渠道层次使用中间商的个数。在客源不太丰富而且十分分散的地方,宽渠道能保证一定客源;在客源丰富且相对集中的地区,自然要选择窄渠道。在决定渠道的宽窄时,有以下三种方案可供选择:

(1) 独家销售渠道。这种销售渠道即在优先的几家中间商中,挑选一家作为销售代理,对于酒店产品具有某种特殊性的,他们往往采用这种模式,并希望经销商能因此更积极地推销,提高产品声誉和利润率。

(2) 密集型销售渠道。这种销售渠道为方便酒店产品购买者,选择尽可能多的中间商推销自己的产品。

(3) 择优型销售渠道。这种销售渠道选择少量优秀的中间商来推销酒店产品,它能稳固市场的竞争地位,并促进与挑选出来的中间商建立良好的关系,获得足够的市场覆盖面。

酒店市场销售渠道策略有很多种,具体选择哪一种要根据不同酒店的市场重点而定,而且渠道策略一经选定并不是一成不变的。由于酒店市场会随政治、经济、科技等因素不断地发生变化,所以为适应市场,酒店管理者必须头脑灵活,在不同时刻选择不同的最佳销售渠道。

知识补充:酒店预订的发展历史

酒店营销往往和酒店预订联系在一起,在网络普遍应用的今天,营销模式也往往包含预订模式。信息技术改变了酒店营销沟通和分销渠道的预订模式。在客房预订的整个发展过程中,技术的演进是酒店客房预订模式发展的潜在动力。

一开始,由于网络没有出现,电话预订、电脑管理成为第一代预订模式的核心;随着局域网的出现和信息通讯技术的发展,以 GDS 为主要形式的第二代预订模式诞生,使酒店的分销范围进一步扩大;Internet 出现之后,网络的覆盖范围更广,使用成本更低,使得原有的局域网系统获得了进一步的发展,催生了大量的酒店预订网站,并为顾客提供直接订房服务,酒店的客房预订真正进入网络时代,这是酒店分销的第三代预订模式。在信息技术高速发展的情况下,酒店业从新的信息技术应用中获得了显著的利益。例如,酒店使用信息技术对产品和服务进行网络营销,接受预订,并对顾客的投诉和建议做出反应。信息技术不但改变了酒店的营销模式,也改变了与顾客的沟通方式,使饭店与顾客的一对一营销和互动式营销成为可能。

随着信息技术应用的深入,酒店市场营销模式的网络化趋势日趋明显,借助于信息技术的营销的广度和深度在不断深入,基于电子分销的营销模式发展迅速。目前,在我国有两种电子分销系统,一种是中介的电子分销系统,一种是酒店(集团)自己的电子分销系统,它们都依赖于信息技术的应用。但我国目前还没有国际化的、具有一定影响力的电子分销系统,如国际上闻名的 Galileo Apollo、Amadus System One、Sabre、Worldspan 等电子分销系统。

课堂讨论

请问,是否所有类型的酒店都适合选择宽渠道的三种方案?

要点总结

分销渠道是将产品或服务提供给消费者和商业客户过程中的各种独立组织的集合。分销渠道具有多种功能,营销中介机构在酒店分销中扮演重要的角色。尽管渠道成员共同协作,但他们也常常为了各自的短期利益而单独行动,因此产生渠道冲突。酒店在选择渠道成员时,管理层要对被选成员的业绩增长和利润记录、获利能力、合作性和声誉进行评估,不断地激励渠道成员。

练习与实训

(一) 知识点练习

1. 单项选择题

(1) 酒店销售渠道,按照其到顾客手中是否经过中间商可分为( )和经过中间商的服务渠道。

A. 间接服务渠道   B. 直接服务渠道
C. 三级服务渠道   D. 多级服务渠道

(2) 在生产者即酒店方看来,分销级数越多,意味着控制越( ),销售情况越( )。

A. 困难,简单   B. 困难,复杂   C. 简单,简单   D. 简单,复杂

(3) 现阶段,酒店的团队渠道形式主要是以( )为主体,以政府部门等为辅的营销体系。

A. 航空公司顾客   B. 旅行社   C. 散客   D. 公司客人

(4) 旅游( )只组合旅游产品销售给旅游经销商和旅游代理商,不直接面对公众销售。

A. 代理商   B. 零售商   C. 批发商   D. 投资公司

(5) 旅行社订房( )强,通常都集中在旅游旺季,而淡季则订房极少。

A. 时差性   B. 随意性   C. 季节性   D. 规律性

(6) 国外将旅行社分为三类,下列不属于的是( )

A. 旅游代理商   B. 旅游投资商   C. 旅游经销商   D. 旅游批发商

(7) ( )是指存在于渠道同一层次的成员之间的冲突。

A. 垂直冲突   B. 竖直冲突   C. 水平冲突   D. 相同冲突

(8) 在优先的几家中间商中,挑选一家作为销售代理,对于酒店产品具有某种特殊性,他们往往采用这种模式,并希望经销商能因此更积极地推销,提高产品

声誉和利润率的渠道是(　　)。
A. 独家销售渠道　　　　　　　B. 密集型销售渠道
C. 择优型销售渠道　　　　　　D. 长渠道

(9)(　　)选择少量优秀的中间商来推销酒店产品,它能稳固市场的竞争地位,并促进与挑选出来的中间商建立良好的关系,获得足够的市场覆盖面。
A. 独家销售渠道　　　　　　　B. 密集型销售渠道
C. 择优型销售渠道　　　　　　D. 长渠道

(10)(　　)为方便酒店产品购买者,选择尽可能多的中间商推销自己的产品。
A. 独家销售渠道　　　　　　　B. 密集型销售渠道
C. 择优型销售渠道　　　　　　D. 长渠道

2. 多项选择题

(1) 选择分销渠道应考虑的因素是(　　)。
A. 市场因素　　　　　　　　　B. 产品因素
C. 企业自身因素　　　　　　　D. 中间商因素
E. 环境因素

(2) 旅行社订房的特点是(　　)。
A. 订房数量大　　　　　　　　B. 订房价格低
C. 订房时间集中　　　　　　　D. 订房取消率高
E. 订房连续性强

(3) 渠道冲突通常分为(　　)。
A. 水平冲突　　　　　　　　　B. 垂直冲突
C. 多渠道的冲突　　　　　　　D. 单渠道冲突

3. 判断题

(1) 酒店分销渠道是促使把酒店服务产品销售给顾客的一整套的相互依存、相互协调的有机性系统组织。(　　)

(2) 在产品和服务从顾客转移到酒店使用的过程中,任何一个对产品和服务拥有所有权(使用权),或起到推销作用的机构和个人就称为一个渠道层次。(　　)

(3) 零散客人的消费水平一般比团队高,特别是零散客人中的商务旅游者。(　　)

(4) 目前奖励旅游组织者主要有奖励旅游经销商、旅行社、奖励旅游计划组织人员等。(　　)

(5) 酒店大量接受旅行社订房,具有很小的风险。(　　)

(6) 水平冲突是指存在于渠道不同层次的成员之间的冲突。(　　)

(7) 特许经营是近年来渠道发展中最重大的发展之一,它是作为对传统营销渠道的挑战而出现的。(　　)

（8）当酒店产品的消费者购买频率低但购买量大时,酒店往往采用间接销售策略。( )

（9）密集型销售渠道选择少量优秀的中间商来推销酒店产品,它能稳固市场的竞争地位,并促进与挑选出来的中间商建立良好的关系,获得足够的市场覆盖面。( )

（10）中间商的销售能力大,需配置的中间商的环节就可增加。( )

（二）课程实训

1. 实训项目

酒店分销渠道问题及建议探究。

2. 实训目的

通过对所在城市某一高星级酒店分销渠道的调研,利用分销渠道的相关知识,发现其存在的问题并提出渠道调整建议。

3. 实训步骤

在授课教师的指导下,带领所在班级,以所在城市的某高星级酒店为调研对象,从线上、线下调研其所运用的分销渠道,以小组为单位,探究其存在的问题,并汇总成PPT,提出调整建议。

4. 实训要求:

（1）小组成员在调研时,请记录调研的过程、方法等信息。

（2）结合本章所学知识进行分析,深入探讨各种分销渠道的利弊。

5. 注意事项

（1）可以运用电话、网络、实地调研等方法在课下进行调研。

（2）课程实训建议用2课时,学生课下调研并制作PPT,利用2课时进行汇报。

第九章 酒店促销

知识目标

了解促销与促销组合、酒店人员促销、酒店广告促销、酒店公共关系促销以及酒店的营业推广的概念及知识;深刻理解促销活动对现代酒店的作用以及树立正确的营销观念对酒店生存和发展的重要意义。

技能目标

能够根据市场需求开展人员销售和营业推广活动;能够根据客户需求策划酒店广告。

学习建议

收集你所在城市各类型酒店的促销活动;学会从酒店服务提供者和受众的角度来认识和体验酒店促销;尝试运用所学酒店促销知识对现实中企业和酒店经营活动进行分析、评价和思考。

关键术语

酒店广告促销、酒店人员促销、酒店公共关系促销、酒店营业推广、促销组合

第一节 促销与促销组合
——面向市场的有效沟通

导入案例 长春制造回"娘家"[①]

全国劳动模范、甘肃兰州汽车运输公司张军榜驾驶一台解放牌底盘改装汽车,行驶110万公里无大修,这台车的生产厂家——长春第一汽车制造厂得知后,邀请张军榜驾驶这台车回一趟"娘家"。张军榜驾驶这台车,途经六省一市,行程3000公里,赶到长春,受到长春第一汽车厂的热烈欢迎。长春汽车厂向其颁发了模范用户证书,并将一台CA141五吨新型解放牌汽车送给他使用。此事成了一大新闻,《羊城晚报》和吉林省几家报纸上都刊登出来了。人们都夸赞解放牌汽车质量好,也夸长春第一汽车制造厂对用户好。

在上述案例中可以看出,长春第一汽车制造厂运用了公关、广告、营业推广、宣传等几种促销手段,这是对促销组合的巧妙运用。张某开车途经六省一市,属于广告行为;汽车厂赠送给他的新型汽车属于营业推广方式,这个行为也密切了汽车厂与用户的关系,是建立良好公共关系的手段之一;纸媒的报道,也为汽车厂做了宣传。

相关知识

一、促销与促销组合

(一) 促销的含义

所谓促销,就是营销者向消费者传递有关本企业及产品的各种信息,说服或吸引消费者购买其产品,以达到扩大销售量的目的。在酒店业中,促销实质上是一种信息沟通的过程,即酒店营销人员(信息提供者或发送者)发出作为刺激消费的各

---

① 长春制造回"娘家"[EB/OL].[2012-12-19].http://www.shangxueba.com/ask/1161442.html.

种信息,把信息传递到一个或更多的目标对象(信息接受者),强化本酒店在行业中的竞争优势,在公众心目中树立良好的形象,通过促销可以刺激消费者需求,影响其态度和行为。

酒店营销人员常用的促销手段有人员促销、广告促销、公共关系促销和营业推广等。

(二) 促销组合的含义

所谓促销组合,是一种组织促销活动的策略思路。对于酒店行业来说,单一的促销方式是不够的,酒店营销人员在实际促销活动中通常采用两种或两种以上的促销方式,这就需要选择。如果选择两种或两种以上的方式,就要涉及以哪种方式为主、以哪种方式为辅的问题。经过促销组合所形成的酒店可实施的对策叫作促销策略,也叫促销组合策略。

酒店营销人员通常将广告促销、人员促销、公共关系促销、营业推广四种基本促销方式组合成一个策略系统,使酒店的全部促销活动互相配合、协调一致,最大限度地发挥整体效果,从而顺利实现酒店目标。

课 堂 讨 论

促销组合体现了现代市场营销理论的核心思想——整合营销。试讨论整合营销与传统营销的区别。

知识补充:整合营销

传统营销指的是以4P(产品、价格、通路、促销)为核心的营销框架。整合营销是一种对各种营销工具和手段的系统化结合,根据环境进行即时性的动态修正,以使交换双方在交互中实现价值增值的营销理念与方法。整合就是把各个独立的营销方式综合成一个整体,以产生协同效应。

导入案例　六个创意营销让餐厅人气爆满[①]

每到岁末年关,餐饮人将迎来最忙的几个月,也是抓紧时间挣钱的几个月。无论是连锁餐厅、个体小店都纷纷在年关到来之际做各种营销活动,下面为大家分享几个新奇特的营销方式。

---

① 六个创意营销让餐厅人气爆满[EB.OL].[2014 - 12 - 22].http://www.canyin88.com/baodian/canyinguanli/yyzl/20141222266719.html.

戴眼镜的顾客有优惠

戴眼镜有什么好处?有一个答案您可能没想到,那就是在餐馆吃饭可以享受优惠,甚至免费吃大餐。在上海闸北区的未餐厅,2014年的最后一个月,带上"眼镜妹",就可以到该餐厅享受免费烤猪蹄。看看谁还敢说"四眼妹"没优势?

长得胖优惠太多

常言道:"一白遮百丑,一胖毁所有。"对于体重超标的人来说,肥胖一直是困扰自己的问题,但是在吃货的世界里,胖是富态、胖是心胸宽,胖是对美食最好的信仰,这不,以下这些餐饮企业在对"胖子"的营销活动上,做足文章。

12月初,蓝色港湾一家名叫薛蟠烤串的餐馆在微信上发帖,称每桌只要有一位胖子——男士体重150斤以上、女士体重120斤以上,即可享受相应优惠。体重越重,优惠幅度越大。

红遍东北的李家小馆也出狠招,其营销活动叫作"出卖你的朋友",别误会,职业餐饮网的小编可是地道人,绝对不让你做不地道的事情,这个出卖非彼"出卖",意思是带上你最重的朋友来用餐吧,在这一桌最胖的人的体重多少就会送同等的优惠券,也就是说,如果您有220斤,李家小馆就送您220元的优惠券啊,太任性了。

带上高个子1折吃牛排

最先在朋友圈创下超高阅读量的是一则"带上高个子,1折吃牛排"的帖子。谁都看得出来,这是一个新开业餐馆的广告,却很少有人对"1折"吃正宗澳洲牛排不动心。游戏规则很简单,只要一桌有一个身高超过1.9米的男生或是1.79米以上的女生,600元以内的产品可享受1折优惠,活动持续到年底。似乎每个人的脑海里都能找到一个高个子同学、朋友、同事或亲戚。在这样的热血宣传下,餐馆一夜爆红是理所当然的了。工作日中午,记者来到"食遇牛排馆"进行实地探访,发现餐馆已接近满席,几乎每桌都有大高个子,甚至还有老外顾客。点餐后,食客需脱掉鞋子在门口量身高,只要净身高超过1.9米,服务员就会在点菜单上用荧光笔写上大大的"1折"。虽说牛排的原价不菲,但"一折"相当给力,有的折后只消费了57.2元。

餐厅负责人吴佩清怀着复杂的心情说:"我们原本以为微信上宣传或许只有1到3万的阅读量,没想到突破了150万次。我们原本以为1.9米以上的人不会那么多,没想到全上海的大高个都爱吃牛排。"据悉,"高个子1折"活动第一天就遇到了人满为患的困扰:餐厅席位全满,服务员忙得团团转,食客们在店外排起了长龙,吹着瑟瑟寒风煎熬等待。后来餐厅负责人紧急开会,推出电话预约模式,这才避免了客人远道而来却没法入座的尴尬局面。

菜品名字奇葩也可以成为营销法宝

朋友圈号称是"去了绍兴不去他家,就等于白去绍兴"的一家店,很多顾客去过之后,自发地在网上为朋友圈代言:带上好朋友一起共享美食,归其原因是因为菜品名称太奇葩、太犀利。做餐饮要融入娱乐性、趣味性,这点在朋友圈的菜单上就能看出来——薯小弟、薯小妹、水货聊天、宅男龙虾、爱吃醋的凤爪、吃不胖猪手、男朋友、女朋友、黑椒兄弟……这些让人或捧腹大笑或云里雾里的菜名成了餐厅体现潮流的一个重要标志。

有顾客就在网上留言说:"冲着这些奇葩菜名,我也要去体验体验!"用菜名激发顾客的好奇心,促使他们走进店内消费,很多时候,菜品都上齐老半天了,服务员走近时,还能听到顾客在议论菜名。

顾客提出意见奖励3元

在山东有一家饭店,开业的第一天,就在门口竖起一块招牌,敬告消费者:"凡是来酒店用餐者,对本店的服务态度、卫生、饭菜质量一切都感到满意而提不出意见者,加收3元,若能提出意见,则奖励3元。"这一手段很奇特,吸引了很多顾客,每天食客满坐。第1个月,这家饭店共花掉了5000多元的意见费。顾客提了意见,奖励给他们3元钱的同时,饭店也立即改正。这样到了第2个月,形势逆转,人们反而主动交了累计560元的"罚款",再也提不出意见,挑不出毛病了。他们交"罚款"时高兴地说,只要饭菜可口,服务到位,干净卫生,多花3元钱也值得。

到底什么样的营销活动顾客会买账?哪样的创意营销能够吸引眼球?酒店企业通过促销活动来实现企业的经济效益的时候应该注意哪些方面呢?以上几个新奇的促销方式有没有什么共同的特点或者有规律可循呢?

相关知识

二、酒店促销的原则

酒店企业在进行促销时,要注意酒店行业的"生产和消费的无形性、多样性、不可储存性"等特点,制订促销的指导原则。

(一)创新原则

创新原则,即利用客户求新、求奇的心理制订促销措施。促销策划重在创意内容的新奇上,使其能够引起消费者的心理共鸣。促销选用的工具也要起到烘托主题的作用,使促销方案顺利进行。

(二) 突出优势原则

突出优势原则,即利用促销活动突出酒店的特色和优势,使消费者对酒店留下深刻印象,产生认购冲动。

(三) 注重宣传推广的持续性

酒店产品营销的推广要有连续性,对酒店的营销主题、定位、优势、特点的宣传要始终如一,使其在客户的心目中留下深刻的印象。

(四) 注重内部营销

酒店营销实际上就是给客户提供产品和服务,这些产品和服务有许多是要通过酒店的员工来完成的。酒店的员工要明白向客户提供哪些产品和服务、如何提供这些产品和服务,并且要努力提高产品和服务质量。酒店要让员工清楚酒店对客户的各种承诺,鼓励员工向客户提供高质量的产品和服务来实现这些承诺。

课堂讨论

回忆有哪些酒店采取的促销方法让自己留下了深刻印象,并讨论这些促销方法基于什么指导原则之上?

导入案例　策略之红烧鲤鱼风波[①]

两位衣着讲究的山东客人来到北京某四星级酒店的粤菜餐厅用餐。餐厅内装潢华丽精致,还有演员在为食客们演奏曲目。环境十分典雅。

服务员为客人端上茶水和手巾后,便递上菜单等候他们点菜。其中一位先生看了看菜单后问道:"服务员你们这里有没有红烧鲤鱼?"

"对不起,先生。今天正好没有这道菜,红烧类的高级菜肴,有红烧大群翅和红烧鲍鱼。这是我们这儿的风味菜也是今天餐厅指定的推销菜,欢迎两位品尝。"服务小姐面带微笑地推荐着。

"我就喜欢吃红烧鲤鱼,什么指定推销不指定推销的,与我们没有关系。难道不点鱼翅和鲍鱼就不能在这里吃饭吗?"

"先生,我不是这个意思。我是想让你们品尝一下地道的粤菜风味。我推荐的菜,口味比红烧鲤鱼要好得多,况且红烧鲤鱼在哪里都可以吃到。但鱼翅和鲍鱼则

---

① 餐厅菜品推销是一门艺术[EB/OL].[2011-01-23].https://wenku.baidu.com/view/891624f6ba0d4a7302763aff.html.

只能在高级餐厅和饭店的餐馆才能吃得到。您二位来到我们宾馆用餐,难道不想尝尝由正宗粤菜师傅加工的菜吗?"服务员继续不厌其烦地对客人进行推销。

"我们要想吃正宗的鱼翅和鲍鱼就不到这里吃了。广东、香港的鱼翅都是正宗的,况且你这样推销实际上是看不起我们。既然没有红烧鲤鱼就算了吧。"客人说着站起身就走了。

服务员不知所措地望着他们的背影,她实在想不通,为什么客人会不满意而离去。

案例中的服务员,虽然能够不失时机地按照餐厅当日推荐的特色菜向宾客介绍促销内容,但服务方法显得机械呆板,因而"得罪"了宾客。案例中展示的推式策略,在此次促销行为由于推销人员的错误使用而并未能成功。除此之外我们还有什么好的办法能够在这样的场合中获取顾客的青睐呢?

相关知识

三、酒店促销策略的类型

酒店经营者有目的、有计划地将人员促销、公共关系、广告和营业推广等促销方法结合起来,综合运用,即形成一个整体的产品促销策略。酒店将根据自身的实际情况和需要来对多种促销方法进行适当的选择与确定,以求达到最好的促销效果。按照产品促销信息的流向,一般有以下三种促销策略可供选择:

(一)推式策略

推式策略,也称为从上而下策略,即以直接方式,运用人员推销手段,把产品推向销售渠道。其过程是:企业的推销员把产品或劳务推荐给批发商,再由批发商推荐给零售商,最后由零售商推荐给最终消费者。酒店产品促销中,这一策略的运用需要利用大量的推销人员来推销产品,此促销策略风险小、促销周期短、资金回收快。酒店产品的推式策略常用的方法是通过服务人员向顾客推销产品,并提供各种售前、售中、售后服务促销等。例如,"七夕"时,服务人员向顾客推销情侣套餐,中秋节推销月饼等。

(二)拉式策略

拉式策略,也称为从下而上式策略,是指采取间接方式,通过广告和公共宣传等措施吸引最终消费者,使消费者对企业的产品或劳务产生兴趣,从而引起需求,主动去购买商品。这种策略适用于:① 市场广大,产品多属便利品;② 商品信息必须以最快速度告知广大消费者;③ 对产品的初始需求已呈现出有利的趋势,市场需求日渐上升;④ 产品具有独特性能,与其他产品的区别显而易见;⑤ 能引起消费者某种特殊情感的产品;⑥ 有充分的资金用于广告。

在酒店产品营销过程中,由于中间商与生产者对某些新产品的市场前景有不同的看法,因此,很多新的酒店产品上市时中间商往往因过高估计市场风险而不愿经销。在这种情况下,产品生产者只能先向消费者直接推销然后拉引中间商经销。

拉式策略常用的方式有广告、价格促销、折扣促销、红利等。

(三)推拉组合策略

在通常情况下,酒店在进行促销时也可以把上述两种策略配合起来运用。在向消费者进行大力促销的同时,通过广告及服务品质刺激市场需求。在推式促销的同时进行拉式促销,用双向的促销努力把商品推向市场,这比单独的利用推式策略或是拉式策略更为有效。因此,酒店在选择最佳促销组合时应考虑以下营销组合策略。

1. 产品与服务的组合策略

在产品与服务组合策略这一领域内,强调的重点是产品和服务所能给予消费者得到满足及利益,而不是产品与服务的本身。美国一位酒店营销学家指出:"我们这个行业的产品,并不是客房、菜肴和饮料,也不是空间,说的确切一点,事实上,我们并不推销什么物品,人们并不是为了购买什么物品或者特性,他们购买的是利益。"

2. 主题促销组合策略

主题促销组合策略是根据酒店产品目标市场的消费需求和市场竞争需要,选择一个特定主题,然后围绕这一主题来创造出一种特定环境或营销气氛,从而引起社会公众和目标市场消费群体集中关注此酒店产品的一种营销手段。

3. 网络促销组合策略

这种策略是指酒店管理者运用网络技术开展的各种酒店产品市场营销活动。它是通过网络和计算机的大众化、普及化实现的。酒店可以申请加入国际、国内的预定网络,也可以直接建立自己的网站,在网上发布企业广告产品和价格信息预订方法等。所以网络促销,实际上是将各种手段和信息在网上形成产品促销组合接受客人预订,从而达到推销酒店产品、招徕顾客的目的。微信、微博等新媒体营销成为主流模式。

课堂讨论

目前新媒体营销势头正盛,讨论分析新媒体营销与传统营销的优、劣势。

知识补充:新媒体营销

新媒体营销是指利用新媒体平台进行营销的模式。在web2.0带来巨大革新的年代,营销思维也带来巨大改变,体验性(experience)、沟通性(communicate)、差异性(variation)、创造性(creativity)、关联性(relation)是新媒体营销的基本特点,互联网已经进入新媒体传播2.0时代,并且出现了网络杂志、博客、微博、微信、TAG、SNS、RSS、WIKI等这些新兴的媒体。

第二节　酒店人员促销

——面对面的直接沟通

导入案例　麦克的一天[①]

麦克·贝柯具有丰富的产品知识,对客户的需要很了解。在拜访客户以前,麦克总是会先掌握客户的一些基本资料。

麦克:"比尔,你早。我是温彻斯特公司的麦克·贝柯。真高兴见到你。"

麦克很诚恳地先介绍自己以及自己的公司,然后趋前和顾客握手,表现得很稳重。

比尔:"麦克,我也很高兴认识你。"

麦克:"你的办公室真气派。比尔,我们坐下来,好好谈一谈,我有好些东西想给你看看,并和你讨论讨论。"

(麦克说完,径自走向比尔办公室里的客人接待区,准备坐下……)

麦克向比尔做了一个简洁但很诚恳的寒暄以后,立刻把话题带入正轨。为了保持主动的地位,麦克建议"坐下来,好好谈一谈",接着,不顾比尔是否愿意,麦克直接走入接待区坐下来,并随手将公文包搁在椅子旁边。随后,比尔跟着进来,在

---

① 推销高手行动案例[EB/OL].[2005-01-05].http://bbs.tianya.cn/post-152-537968-1.shtml.

麦克的对面坐了下来。

麦克："比尔,在你看过我寄给你的公司简介以后,相信你已经了解温彻斯特公司是一家专门定做服饰的公司。敝公司服务的对象是企业界的高级主管,他们都很忙,不随便浪费一分一秒。敝公司有24年的历史,一直有着很好的口碑,敝公司成功的主要原因是独特的市场定位,在国内专门为企业界高级主管定做服饰的公司,只有敝公司一家。敝公司在美国和加拿大有41个分支机构,去年的营业额是1.1亿美元,今年可望有1.55亿元销售额。"

麦克在一开头就假定比尔已经看过温彻斯特公司的简介,所以没有问比尔"是否看过简介?"麦克希望彼此的谈话能够很快进入主题,他先介绍公司的业务特性及其成功的原因,然后让比尔知道温彻斯特公司是唯一为企业高级主管服饰服务的公司。麦克还向比尔说明,近年来公司的营业成绩,其主要目的是希望比尔对温彻斯特公司有信心。

麦克说话时,目光注视着对方,说话的语调和缓,吐字清楚。

比尔："你给我的简介,我大概看了一下。很感谢你的拜访,但是我现在实在没有时间招呼你。"

比尔突然从椅子上站了起来,他示意麦克离开。

麦克："比尔,我来的是否不是时候?如果真是这样,我们可以另外约定时间。在你不忙的时候,我再来拜访你?"

对于比尔没有兴致的态度,麦克假装浑然不知,他只当作比尔现在太忙,没有时间会客,所以他建议另外约定时间再来。麦克说话时仍坐着。如果他不坐着而跟比尔一起站起来,那将很容易促使比尔走到门口,然后向麦克摆出告别的态势,此时麦克想留下来不走也不行了。

比尔："麦克,我不是很忙,只是对你的推销不感兴趣。我对于我现在的服饰感到相当满意。"

麦克："比尔,我只耽搁你几分钟的时间。我有一些构想想向你说明,相信对你一定有所帮助。"

麦克意识到可能失去进一步推销的机会,为了有所挽回,麦克特意说不会占用太多的时间,接着表明有一些构想要说,希望这些"构想"能引起比尔的兴趣。但是,事与愿违,比尔还是不感兴趣。

比尔："麦克,我说过我没兴趣。"

麦克："我了解,我了解。不过在离开之前我能问一个问题吗?"麦克诚恳地问道。

随后,麦克站了起来,拎起了公文包,准备问完问题以后,立即离开。这个动作,比尔看在眼里,使比尔觉得麦克开始听话并准备离开了。另一方面,比尔对麦克的戒心也逐渐降低。

比尔："什么问题?"

麦克:"向你请教一个问题。你认为美国专利局对社会的贡献大不大?"

比尔:"当然大。'大'又如何了?"

麦克:"在亚当斯总统执政时,国会曾建议撤销专利局。因为当时的国会议员认为,以后不可能再有新产品出现,专利局所授予的专利保护在未来没有多大的意义,所以最好把它裁掉,节省纳税人的钱。偏偏就从那个时候起,许多新产品不断地出现,如收音机、汽车、电视机等。比尔,我请问你,你的专利局已经被裁减了吗?你对新事物已不感兴趣了吗?"

比尔:"我对新事物一直很有兴趣。"

麦克:"那很好。让我们先坐下来。我有几样东西给你看,你一定很有兴趣。"

不等比尔回答,他的推销机会又来了。

比尔:"需要的时间长吗?"

比尔踌躇地坐下来。

麦克:"先给你做个观念上的说明。如果你认同这些观念,我们再继续谈下去,要不然,我马上离开。"

麦克以低姿态的话语向比尔暗示"请听我的说话。如果你不买,我也不会在意。"这种低姿态,降低了比尔的抗拒心理。

比尔:"好吧!让我听听你说些什么。不过,我先声明,今天我不买你的东西。"

麦克并不在意比尔所说的"今天我不买你的东西",此时此刻,麦克最需要的是有一位听众听他说话,而听众是否"在今天买东西"并不重要。现在,麦克的信心十足,因为比尔答应听他说话了,此时他可以尽情地说。

根据过去经验,麦克知道,一开始就拒绝"推销"的客户,当他态度转变,准备接纳推销员的推销说明时,很少会在"说明"当中发生"再拒绝"的情形。因为这种客户往往是不好意思说"不"的人,为了怕被推销员说服,所以他常常在推销员展开推销说明以前立即表现出"拒绝"的态度。也正因为如此,当这种客户一旦接纳了推销员的推销说明后,往往有很高的购买意愿。比尔就是这一种客户。想到这里,麦克更是信心十足。

麦克:"比尔,首先要向你说明的是,敝公司的主要客户是企业的高级主管,你就是敝公司的客户之一。企业的高级主管有一个共同的特点,就是他们都很重视时间。在敝公司的顾客中,或许有一些是你认识的。像国家保险公司的总裁鲍伯·威尔森,第一银行董事长赫伯特·伯奈特……都是敝公司的顾客。"

麦克首先强调,他所服务的顾客是企业的高级主管,这些主管很重视时间,而他正能满足客户这方面的需要。麦克接着又列举出一些有生意往来的顾客,这些顾客都是商场上的名流,其中有些可能是比尔熟识的朋友。借着这层熟识的关系,比尔对麦克的直销服务或许更感兴趣。

比尔:"我跟赫伯特·伯奈特很熟,其他几位也都认识。你说的这些人都是企业界的名人。"

麦克:"是啊,敝公司跟一些企业界的重要人物都有生意往来。根据经验,我的许多顾客都讨厌上街采购东西,你可能也有这样的体会。其中的原因,第一是他们没有时间,第二是纵然有时间,也宁愿去做'上街采购'以外的事情。比尔,你同意我的看法吗?"

麦克以疑问句做结尾,让比尔好接口回答。

比尔:"是啊,我不喜欢上街买衣服。不过,话说回来,上街买衣服是一件不可避免的事。"

很显然,比尔讨厌上街购物。这样麦克可以针对此强调直销服务的好处。

人员推销是一种古老的推销方法,我们在生活中也经常使用,有人可以在面对面推销时很快速地将产品卖出去,有人则无法卖出产品。上述案例很直观地体现了人员推销的过程,在面对面的交谈中,发现、挖掘客户的需求进行话术调整,不断激发客户需求,引起顾客消费欲望是一个优秀的销售人员需要掌握的。

相关知识

一、酒店人员促销的含义与策略

(一)酒店人员促销的含义

酒店人员促销是指酒店的推销人员直接与客户或潜在客户接触、洽谈、介绍商品已达到促进商品销售的全过程。这个过程既是一个向市场提供酒店商品的供应过程,又是一个激发顾客需求、引起顾客购买欲望的需求引导过程,还是一个了解顾客需求为顾客提供服务,以满足其需求的过程。

在酒店产品的销售活动中,销售人员访问和亲自销售是十分重要而有效的手段。国外许多酒店用于这方面的开支要远远超过其他促销形式上的费用。相较其他促销形式,人员促销的好处是销售人员直接与客人接触,向客人提供面对面的服务,能够加深销售人员与客人之间感性的交流,能够及时收集客人的意见和竞争对手的情况,有利于酒店调整销售策略、改进服务程序、提高服务质量,并增强酒店的竞争力。其缺点在于人力资源成本偏大,费用过高,有时会效率低下。营销效果与营销人员的素质高低有关,会出现"成也萧何,败也萧何"的情况。这些取决于对营销人员的选择任用及发挥上。人员销售的主要特点是人与人之间面对面的直接接触,它具有其他任何销售方式无法比拟的优势,对于处于竞争中的酒店业而言,训练有素的推销人员开展的说服沟通活动往往是销售成功的决定因素之一。

（二）酒店人员促销的策略

促销是属于实践性的活动，其策略比较多而且因人而异，下面主要介绍三种常见的促销策略：

1. 试探性策略

试探性策略，又称刺激－反应策略，就是在不了解客户需要的情况下，事先准备好要说的话，对客户进行试探，同时密切注意对方的反应，然后根据反应进行说明或宣传。

2. 针对性策略

针对性策略，又称配合－成交策略。这种策略的特点是事先基本了解客户的某些方面的需要，然后有针对性地进行"说服"，当讲到"点子"上引起客户共鸣时，就有可能促成交易。

3. 诱导性策略

诱导性策略，又称诱发－满足策略。这是一种创造性推销，即首先设法引起客户需要，再说明我推销的这种服务产品能较好地满足这种需要。这种策略要求推销人员有较高的推销技术，在"不知不觉"中成交。

课堂讨论

请问，人员推销的形式有哪些？

导入案例　水果摊上的促销经[①]

一个老太太去市场买菜，买完菜路过卖水果的摊位边上，看到有两个摊位上都有苹果在卖，就走到一个商贩面前问道："苹果怎么样啊"？商贩回答说："你看我的苹果个不但大而且还保证很甜，特别好吃。"

老太太摇了摇头，向第二个摊位走去，又向这个商贩问道："你的苹果怎么样？"

第二个商贩答："我这里有两种苹果，请问您要什么样的苹果啊？"

"我要买酸一点儿的。"老太太说。

"我这边的这些苹果又大又酸，咬一口就能酸地流口水，请问您要多少斤？"

"来一斤吧。"老太太买完苹果又继续在市场中逛，好像还要再买一些东西。

---

① 面对面营销技巧 挖掘顾客的需求[EB/OL].[2011－10－31].http://blog.sina.com.cn/s/blog_7aac2de40100u6ta.html.

这时她又看到一个商贩的摊位上有苹果,又大又圆,非常抢眼,便问水果摊后的商贩:"你的苹果怎么样?"

这个商贩说:"我的苹果当然好了,请问您想要什么样的苹果啊?"

老太太说:"我想要酸一点儿的。"

商贩说:"一般人买苹果都想要又大又甜的,您为什么会想要酸的呢?"

老太太说:"我儿媳妇怀孕了,想要吃酸苹果。"

商贩说:"老太太您对儿媳妇可是真体贴啊,您儿媳妇将来一定能给你生个大胖孙子。前几个月,这附近也有两家要生孩子,总来我这买苹果吃,你猜怎么着?结果都生个儿子。您要多少?"

"我再来二斤吧。"老太太被商贩说得高兴得合不拢嘴了,便又买了二斤苹果。

商贩一边称苹果,一边向老太太介绍其他水果:"橘子不但酸而且还有多种维生素,特别有营养,尤其适合孕妇。您要给您媳妇买点橘子,她一准儿很高兴。"

"是吗?好,那我就再来二斤橘子吧。"

"您人真好,您儿媳妇摊上了您这样的婆婆,真是有福气。"商贩开始给老太太称橘子,嘴里也不闲着."我每天都在这摆摊,水果都是当天从水果批发市场批发回来的保证新鲜,您媳妇儿要是吃好了,您再来。"

"行。"老太太被商贩夸得高兴,提了水果,一边付账一边应承着。

三个商贩都在贩卖水果,但结果却不同。这是一个典型的"面对面营销"的案例,通过这个案例我们可以看到面对面营销的实质。

第一个商贩:只顾介绍自己产品的特色和优点,虽然把自己的商品夸得很好,但是却忽视了老太太的真正的消费需求。可见在没有探询到消费者的真正需求的情况下,急于推销自己的产品是不明智的做法。

第二个商贩:有一定的销售经验和方法,懂得首先探询老太太的需求,然后根据老太太的需求,推荐适合的商品,成功地推销了自己的苹果,但是遗憾的是,这个商贩仅仅满足了老太太的当前需求,并没有通过调查挖掘出老太太需求背后潜在的消费需求。因此他没能销售出其他商品。

第三个商贩:精明的商人。他以具有亲和力的调查方式,成功地了解到了老太太的真实需求,并且通过不经意的聊天,进一步挖掘出了老太太当前需求背后的潜在需求,这样,他不仅销售了苹果,而且还成功地推销了自己的橘子。我们可以看到,这个商贩善于用"夸奖法",使得老太太非常开心。同时,趁机告诉老太太,自己的水果都是当天从水果市场批发来的,并且,每天都在这个地方摆摊,暗示老太太可以经常过来买他的水果。他不仅成功地完成了推销,而且为下一次的销售打好了基础。

上述案例中,第三个商贩的销售过程就是一个"面对面营销"的基本流程。

相关知识

二、酒店人员推销的任务及其销售过程

（一）人员推销的任务

1. 探寻市场

作为酒店推销人员应该积极寻求机会，挖掘和培养新顾客，创造需求，开拓新的市场。推销人员首要的任务是不间断地寻找企业的新顾客，包括寻找潜在顾客和吸引竞争者的顾客，集聚更多的顾客资源，这是酒店市场开拓的基础。

2. 传递信息

酒店推销人员要及时向顾客传递有关酒店产品和服务的信息，为顾客提供购买决策的参考资料。

3. 销售商品

推销人员应该积极地与顾客接洽，展示酒店产品与服务，解惑答疑，竭力促成交易。

4. 收集情报

酒店推销人员在推销过程中还要收集情报，反馈信息。推销人员应该熟练地传递酒店各种信息，说服、劝导顾客购买酒店产品。在信息传递的过程中，关注顾客对企业产品的信息反馈，主动听取顾客对产品、对企业的意见和建议。

5. 服务

酒店推销人员应该为顾客提供信息咨询、技术指导、售后回访、售后等一系列服务，以服务来赢得客户的信任。

（二）人员推销的过程

1. 寻找顾客

推销人员寻找顾客的方法和渠道有很多，如地毯式访问法、连锁介绍法、个人观察法、广告开拓法、市场咨询法、资料查阅法等；也可利用各种渠道进行推销，例如依靠现有的顾客或中间商、饭店协会等的介绍、推荐，借助贸易展览会，参加各种社交活动等。寻找顾客的目标是找到潜在顾客。

2. 准备访问

（1）筛选顾客。

酒店推销人员在拜访客户或洽谈业务之前不可能拜访所有的潜在客人，只能通过筛选排列出顺序，根据具体情况做好准备，明确对方的需求，知己知彼，提高访问的成功率。推销人员可以从平常收集的公司资料、新闻报道等途径中选择适当的潜在顾客，根据近期酒店的销售目的列出重点顾客、普通顾客名单；在对访问的公司或其他顾客一无所知的情况下，不要盲目上门拜访。比如当商务客人或散客减少时则要加强与旅行社或中间商的联系，争取旅行团队的客源；淡季散客少时可以多接待一些团体或会议客人。

（2）做好计划。

重点客户或大的客户访问要拟定销售访问计划，要明确访问的目的。访问前要锁定好访问的对象，明确要达到的目标，拟好要点，按顺序排列，依次执行。

（3）准备资料。

包括：① 酒店简介，酒店设施的图片，酒店最近组织的活动介绍、价目表、酒店产品介绍；② 准备赠送给顾客的广告和推销材料；③ 酒店预订表及预订申请表；④ 准备赠送给顾客的印有酒店名称或标志的纪念品。

（4）确定见面的时间、地点。

3. 拜访顾客

（1）事先做好预约。确定拜访客户的时间、方法，拟好谈话提纲，确定销售的方式。

（2）初次见面自我介绍。诚恳地以双手送上名片，直截了当地说明拜访目的，并表示不会占用对方太多时间。

（3）取出酒店宣传册，递上准备给对方的宣传资料，同时介绍酒店产品，以得体的言辞，将自身产品的优势与对方产品的不足做类比。

（4）如果是老顾客，首先感谢上次的预订和支持，顺便递上酒店新产品或服务的介绍资料，征求改进意见。

（5）尊重对方的谈话兴趣，尽量让对方多开口介绍自己的公司或个人，甚至可以谈个人的兴趣爱好等，但注意适当控制谈话方式。

（6）如有投诉，立即表示歉意，做好记录，保证下次一定改进。

（7）尽量争取顾客明确的预订或承诺，并确定下一次见面的时间、地点，但不要强行推销。

（8）应简单明了地把谈话时间限制在半个小时之内，除非对方还有兴趣再谈。

4. 处理异议

在推销人员介绍时，顾客往往会对酒店提出异议，在解决这些异议时，推销人员要保持自信,设法让顾客明确陈述反对的理由,再向顾客提出问题,让他们在回答问题中自己否定这些理由。同时向顾客做详细的解释以解除顾客的疑虑和异议。

5. 达成交易

推销人员需要了解如何辨别来自购买者的交易信号,包括身体行为、声明、评论以及问题等。销售人员有许多达成交易的技巧可以利用,如要求对方预订、重复合同的要点、建议帮助对方填写预订单、给对方折扣或优惠等。

6. 售后服务和维持

如果推销人员想要确保顾客再次预订,售后服务和维持是必需的。交易达成后,推销人员必须保证交易合同完全履行,并确保顾客满意。

(三)酒店人员推销技巧

酒店销售人员在推销时要明确一个观点:我们不是向客人推销房间或餐厅,而是向客人提供舒适豪华的享受,是在向客人提供一段愉快的经历。对于不同价格的客房,应强调其不同的设施和服务,报价格时可以采用先报基本房价,再加服务费,再加税额,不要只报总价格,给人以显得不合理或价格太高的感觉;也可采用三明治报价法,即一项一项服务报价,而不是先报总价。

对于不同的客房要说明其优点和缺点,不要掩盖缺点,更不要欺骗客人。但缺点要一带而过,详细的说明其优点和特点,如套房要强调豪华舒适,便于社交或商务活动,有气派;靠近走道和电梯的客房强调进出方便;无窗的客房强调其清静和安全等。

要注意推销附加服务。客人白天入住时,可以介绍康乐中心的服务项目、美容厅或桑拿浴室及餐饮服务。客人夜间入住时可以介绍房间用膳服务、娱乐服务项目、餐饮特色项目等。

要争取每一个客人。要尽量向客人提供信息,便于客人选择。详细介绍酒店的产品和服务,陪同客人参观房间及营业场所和各种服务设施,让客人身临其境,有了深刻的感受才便于选择。对性格内向、不善言辞的客人,要耐心介绍,实事求是地提供信息帮助对方决策;对于有主见的客人,介绍完毕后让其自己考虑并做出决定。

向客人销售时,要察言观色,根据客人的需求来介绍。生动描述酒店产品的优点以及能够给予客人的方便和利益,还有附加的心理方面的满足感,会取得较好的效果。

第三节　酒店广告促销
——广泛沟通

导入案例　2017年京东"618"广告快递小哥化身乐高英雄[①]

京东"618"年中大促的营销一年比一年花哨,今年更是有曾经凭借"红的故事"刷过屏的京东小哥倾情加入。这一次,他成为了乐高大电影的主角,塑造出一个普普通通的京东快递小哥形象,为了保护货物爆发了一场大战。

京东"618"年中购物节正在造势和筹备中,营销战役陆续火热出炉,花样百出。此次,京东小哥加入"超级英雄蝙蝠侠"的行列,成为了乐高大电影《红的任务》的英雄主角。

电影中没有蝙蝠侠,没有Superman,整部影片的剧情也跳脱了"童真"的模式,通过塑造一个普通京东人的英雄主义,融入好莱坞大片的视觉冲击效果,将乐高版快递小哥从送货到货物被劫持,再到打败坏人,最后一个帅气的回旋踢,一切演绎得如此淋漓尽致。在短短90秒的时间里,这部片子让我们看到了制作者的用心,同样也惊叹乐高居然可以创造出这样的趣味!当然片中的主人公,为了保护自己运送的货物而散发出的那种英雄气质,也和现实中京东小哥的形象高度融合。

京东的广告是其面向大众的广泛沟通的工具之一,通过具有创意的乐高英雄这一广告表现形式,使得京东快递小哥的形象和乐高抽象化的玩偶气质形象高度吻合,让顾客对产品甚至企业产生深刻印象,从而实现扩大销售、增加盈利的目的。

[①] 2017年京东618广告案例:快递小哥化身乐高英雄[EB/OL].[2017-06-05].http://www.admaimai.com/news/ad201706052-ad133920.html.

相关知识

一、酒店广告的含义与作用

（一）酒店广告的含义

所谓酒店广告，是指酒店支付费用，通过各种传播媒介，向公众或指定市场中的潜在顾客传递产品和服务信息，诱发顾客需求，劝说购买，提醒顾客注意酒店产品和服务的变化，从而实现扩大销售、增加盈利目的的一种营销工具。

酒店广告通过各种媒介对顾客进行引导、劝说、提醒，目的在于推销酒店产品和服务，树立酒店形象。所以，广告是酒店付费使用媒介物的宣传报道活动。它是以直接、明显的手法向现实、潜在的市场传递信息的一种手段。构成广告的先决条件是酒店付费和使用媒介物。

酒店广告是酒店促销过程中最受重视和运用最广的促销策略，是酒店和顾客之间的一座桥梁。它对沟通双方的需求，建立、加强、巩固酒店在公众中的形象等都具有重要作用。

（二）酒店广告的作用

1. 宣传酒店形象，提高酒店及其产品的知名度

酒店的市场形象体现为酒店的经营思想、价值观念、信誉品质与店容、店貌、产品特征等内外因素的统一，其作为酒店的标志，必须通过广泛的广告宣传，赢得顾客及各类公众的认知、认同和赞誉，才能把握并开拓市场，创造更有效的机会。

酒店形象的塑造和宣传是相辅相成的，良好的品质和真诚的努力本身就是最好的宣传，而有效的宣传又是形象得以塑造和光大的必备手段。各种广告媒介和宣传策略的巧妙应用，都是有助于提高酒店的知名度和美誉度的。

2. 开拓市场，指导和引导消费活动

酒店对市场需求和顾客的消费活动不是消极的、被动的适应行为，其积极、主动的功能突出表现在通过广告宣传诱导顾客的消费动机，引发顾客新的消费意识，并指导顾客走上健康消费的道路。

3. 把握市场动态，及时调整经营决策

酒店广告作为一种推销、宣传的手段，实际上也是酒店产品质量、价格、经营特色及行业竞争状况等方面信息的交流、沟通的活动，这无疑对酒店采集信息，进行市场调研和预测，及时调整竞争策略具有积极的作用。

广告促销是通过购买传播媒介的版面或时间,来向广大消费者或特定目标市场推销本酒店的产品和服务的促销方式。广告的最大优点是传播范围广,它既可以把广大公众作为对象,也可以只触及某一市场的特定对象,如在普通杂志媒体做广告,对象就是一般大众,影响广泛;在专业性很强的杂志上做广告,其对象就只能是特定的一部分人。广告促销也有缺点,一般费用比较高,如果大量运用广告,就要支付大笔费用。但为了扩大销售,花钱做广告也是必要的,大型酒店的广告费用一般要占到其总收入的1%～2%,新开张的酒店甚至占到10%左右。

酒店广告可分为两大类:传播广告和形象广告。传播广告是直接向公众出售客房,以价格为主,宣传价格、设施、位置、服务等项目。形象广告则是向公众宣传酒店的经历和给客人的感觉,如风格、情调、豪华、典雅、与众不同等。

从国外酒店广告来看,一则成功的广告,一般都要注意以下几点:首先,在对客源市场进行调查研究的基础上,选择那些能够触及酒店主要客源市场的媒介来做广告;其次,要有特色,要有引人注目的设计、标题或照片以及吸引力强的广告词;最后,对本酒店产品和服务的特色要介绍全面、清楚,提供一些可能引起注意的信息,并要清楚地告诉公众酒店的地址和电话号码。

课堂讨论

相传,乾隆在微服出访中看到一家"天然居"的饭馆,一时诗兴大发,提笔写下了一幅上联,"客上天然居,居然天上客",但下联,却苦想不出。正在大伤脑筋之时,随行的纪晓岚对出下联,"人过大佛寺,寺佛大过人"。乾隆大喜,将此对联赐给该店,店主高挂门前。此事很快成为京城脍炙人口的佳话,前来天然居观赏对联和享受天上客的吃客如过江之鲫。一副对联就使这家地处偏僻小巷的酒店主人成为京城富翁。请问,乾隆赐联为什么可以有如此大的作用?

导入案例　香格里拉酒店的品牌广告[①]

2010年6月1日,中国香港香格里拉酒店集团在全球隆重推出其全新制作的品牌形象电视广告。广告主题为"至善盛情,源自天性",创意大胆,风格前卫,传达了香格里拉在过去40年里所恪守的独特服务理念,证明了香格里拉成为亚太地区最佳豪华酒店集团实至名归。

香格里拉酒店集团集思广益,与数千名员工、合作伙伴和宾客进行全方位沟通,从而为广告创意提供宝贵的灵感。在内涵方面,广告则重点表现香格里拉的

---

① 香格里拉酒店集团推出全新品牌形象广告[EB/OL].[2010－06－01].http://www.adquan.com/post－1－5143.html.

文化精髓——待客如亲，真心关爱。

广告外景选在积雪覆顶的雪山上，故事由一个迷路的旅行者在寒冷的暴风雪中苦苦寻找一个落脚点展开。该故事也将在印刷系列广告的其中一版出现，同时推出的还有另外两个印刷版本的广告，分别展现人在蓝色海洋中与海豚嬉戏和一只美丽的天鹅沉浸在神秘奢华世界里的场景，将观众带入一种自然和谐的意境。这些广告展现的画面虽各不相同，但全都传达着香格里拉的品牌价值和承诺：至善盛情，源自天性。

"香格里拉亚洲式热情待客的独特之处，就是我们同事彼此之间和对待客人的那份真诚和相互尊重。对我们来说，这比宫殿式的豪华建筑或风景优美的地理位置显得更加重要。这也是为什么我们会选择独特的、颇具震撼力的表现手法来展示这个广告。这种触动我们内心深处的真诚与善良，很容易在当今社会唤起人们的共鸣。"香格里拉酒店集团总裁兼首席执行官凯杜根说道。

广告由奥美广告设计创意，国际知名商业导演布鲁诺·阿维兰（B.Aveillan）执导，该广告将观众的视线带入极端的自然环境地区，只为传达一个简单而普遍的真理——至善真诚，莫过于对陌生人送上无微不至的关怀。

香格里拉酒店的广告所阐述的品牌价值，体现在香格里拉3万多名员工每天的工作中。而且，这种品牌价值将会在香格里拉酒店集团未来在中国和世界各地开业的酒店中一直传承下去。香格里拉酒店注重的不仅仅是硬件上的豪华舒适，更注重热情的服务，"殷勤好客香格里拉情"是其不变的服务宗旨。通过广告将其展示给世人并触发共鸣非常具有价值。

二、酒店广告促销方法的运用

广告促销是酒店产品开展促销活动的重要手段和方法之一。它的特点是广告媒体多样、宣传促销范围广泛、时间效用相对较短，对酒店形象、声誉及其相关的产品的影响较大。为此，酒店要做好媒体宣传广告促销工作。其工作内容和方法步骤如下：

（一）掌握媒体宣传广告的基本原则

在市场经济和市场竞争条件下采用广告促销，已经成为各行各业产品促销的主要手段之一。媒体宣传广告一方面影响广泛，如果违反国家有关法律法规搞虚假宣传，必然造成广泛的社会性危害和不良影响；另一方面费用较高，如果创意不好，文字冗长，必然增加成本。因此，酒店产品营销人员必须掌握和遵守以下媒体宣传广告的原则：

1. **真实守法原则**

每次宣传广告的内容必须真实,无虚假内容。严格遵守国家相关法律法规,防止造成不良社会影响和社会危害。

2. **简洁准确原则**

媒体广告的表现形式不同,都是要支付必要费用的,大多是按字数或时间收费,因此,每次制作媒体广告都应该经过精心创意、精心设计,保证广告内容简洁准确、打动人心,能够让受众留下深刻印象,否则,必然增加成本,且收不到预想的效果。

3. **通俗易懂原则**

酒店产品宣传广告大多数是希望受众在很短的时间内了解产品及其相关服务的特色和个性的,所以宣传广告的形式要新鲜醒目,内容要通俗易懂。

(二)制定媒体宣传广告的促销计划

酒店要搞好酒店产品的广告促销,必须事先制订好工作计划。其计划内容及其制订方法如下:

1. **次数和时间计划**

要根据酒店产品营销年度经营计划配合业务需要确定年度内准备刊登媒体宣传广告的次数和时间。

2. **形式与媒体计划**

在产品营销年度计划中要确定每次宣传广告的表现形式,如电视广告、报纸广告、新媒体广告等,确定选择的媒体单位。预算费用计划媒体宣传广告都需要一定的资金投入。为此,在酒店产品营销年度广告计划中要根据一年中准备刊登的广告次数和每次广告的形式、内容、时间等,编制广告费用预算和计划使用安排。

(三)选择媒体宣传广告的表现形式

现代酒店产品宣传广告的表现形式与媒体选择宣传广告内容、宣传促销目的密切相关。它是做好宣传广告的创意策划、内容设计的前提和基础。因此,酒店必须根据酒店产品的特点及其积极宣传目的,合理选择媒体宣传广告的表现形式。可供选择的形式主要有以下几种:

(1)新闻发布会。这种形式主要适用于酒店开张营业、举办重大活动、发生重大事情或者接待特别重要的顾客而举办的新闻发布会。

(2)电视广告,这种形式宣传效果好、广告费用高、覆盖面广。

(3)网络新媒体广告。主要指的是利用微博、微信、公众号以及各大网络平台进行广告的发布。优点是传播速度快,覆盖面广,有流量红利。

(4) 报刊、电台和邮寄广告。由于网络广告的传播优势,传统的媒体广告占比正在加速缩减,但不可否认,在历史中,传统媒体的广告宣传发挥了很重大的作用。

(四) 做好媒体宣传广告的创意策划与制作

1. 广告主题要鲜明

媒体广告因篇幅短、费用高,不可能做到面面俱到,因此每个产品广告都应做到主题鲜明、单一,最好只有一个主题,能够吸引人们的注意,激发顾客的购买欲望和行为。

2. 广告创意要新奇

广告创意是酒店管理者为达到产品宣传促销目的所寻求的一种说服客户和客人购买自己产品与服务的一种独特思维理念和构想。它用简洁的语言和图片表现出来,给受众留下深刻的印象。因此酒店产品的广告创意要新奇,能让受众产生兴趣、联想。创意的情节要动人,语言要生动、亲切、感人,激发顾客的消费欲望。

3. 要坚持"攻心为上"

"攻心为上"是指广告语言要精确、简练、打动人心,画面、图片要优美动人,广告的目的要明确具体。广告内容要针对顾客的消费心理才能对其产生吸引力,保证酒店产品媒体广告的宣传促销效果。

4. 预估广告效果

酒店产品媒体广告的效果主要受到其所选择的广告媒体的覆盖面的大小、广告时间和时段的选择、广告创意的好坏、目标受众的适应程度等多种因素的影响。因此酒店每次准备制作刊登酒店产品的媒体广告前都应该做好上述因素分析,预估广告效果,事后也要做好必要调查,以保证媒体广告发挥应有的作用,防止得不偿失。

(五) 跟踪媒体宣传广告实施与效果评估

在广告计划创意策划与广告制作的基础上,酒店产品媒体宣传广告的实施主要是由酒店与媒体签订广告合同,然后按照合同规定的次数、时段,按时刊登产品的宣传广告。在媒体广告跟踪实施与效果评估中重点要解决好以下两个方面的问题:

1. 跟踪广告内容落实

每次媒体刊登或播放广告后,酒店企业都要认真检查广告的内容、文字,图片的制作、发布,保证广告的内容、刊登时间、时段和次数与合同相符,从而达到宣传酒店产品以及相关服务,促进产品销售的目的。

2. 做好广告效果评估

广告效果评估主要是调查每次广告刊登或播放后所引起的目标受众的注意程

度、理解程度、记忆程度、酒店企业知名度和美誉度的提高程度以及酒店产品的关注程度等。因此,酒店在其酒店产品的重要广告刊登后要进行必要的反馈调查,分析广告前后的广告费用收益率、广告促成的产品销售率以及销售额的增长率等比原先提高了多少,以此做好酒店广告效果评估。

课堂讨论

根据你看到过的酒店产品宣传,谈一谈酒店是利用哪些媒体进行广告宣传的?

知识补充:品牌资产

品牌资产(brand equity)是与品牌、品牌名称和标志相联系,能够增加或减少企业所销售产品或服务的价值的一系列资产与负债。它主要包括五个方面,即品牌忠诚度、品牌认知度、品牌知名度、品牌联想、其他专有资产(如商标、专利、渠道关系等),这些资产通过多种方式向消费者和企业提供价值。

品牌资产除了包括上述几个方面内容以外,还应包括品牌溢价能力、品牌盈利能力。在品牌资产金字塔中,最终能够为品牌主带来丰厚的利润,获取更多市场份额的便是品牌忠诚度和品牌溢价能力这两大资产。品牌忠诚度和品牌的溢价能力属于结果性的品牌资产,是伴随品牌知名度、认可度、品牌联想这三大品牌资产创建后的产物。

第四节 酒店公共关系促销

——做得好,说得更好

导入案例 长城饭店走向世界[①]

"北京长城饭店借媒体之力腾飞"在酒店业界是一个典型的案例。1984年

---

① 酒店公关艺术之我见[EB/OL].[2011-09-02].https://wenku.baidu.com/view/6dc5d803b52acfc789ebc903.html.

初，美国总统里根访华的消息传到了刚刚开业的北京长城饭店。长城饭店的经理和公关人员立即意识到，这是一个难得的机会。如能邀请里根总统光顾，将给"长城"带来良好的声誉，对饭店前途产生极大影响。于是他们经过多方努力，终于争取到了里根总统在"长城"举行答谢宴会的机会，美国总统访华的答谢宴会从人民大会堂的宴会厅搬到了刚开业的北京长城饭店。1984年4月28日，来自世界各地的500多名记者，聚集在长城饭店，向世界各地发出了里根举行告别宴会的消息。这些消息，无一不提到长城饭店。于是，长城饭店在全世界名声大振。后来，许多外国来宾一下飞机，就想到"长城"住宿。之后的两年，长城饭店70%以上的客人都来自美国。1989年，美国总统布什来华访问，长城饭店凭着自己一流的设施和服务质量，又把布什"抢"到了长城饭店，举行了一次盛大的宴会。2月26日晚，500位宾客在长城饭店与布什总统一道品尝德克萨斯烤肉。这使长城饭店又一次成为了世界各地新闻报道的中心。因此，北京长城饭店便深入了世界人们的心中。

长城饭店的公共活动在中国公共关系史上留下了生动、成功的一页。"长城"的知名度，与他们的公共关系战略密不可分。什么是公共关系？酒店企业如何利用这一促销方式实现自身的推广呢？

相关知识

一、酒店公共关系的概述

（一）酒店公共关系的含义

公共关系（public relations），指的是"与公众的关系"。酒店公共关系，属于公共关系的一个行业分支，指酒店企业为了在公众心中树立良好的形象而组织实施的各项双向信息沟通活动。

狭义的公关专指各类专门性的公共关系活动，即经由专职的公关人员组织、策划的各项专题性公关活动。这些公关活动一般公关目的明确，公关思路清晰，且规模较大，投入也较多。

广义的公关泛指酒店企业各种关系状态以及酒店企业组织策划的各项活动。这些活动包括酒店企业为了适应形势变化而自发组织、策划和实施的活动。这些活动的目的都是为了实现美誉的公关目的。

(二)酒店公共关系要素分析

1. 酒店公关的主体

公共关系的主体,是指在公关活动中居于主动地位的个体或组织的总称,是公关活动的实施者和倡导者。作为公关的主体,应具备强烈的公关意识,并能根据变化的内外环境,适时、适地地开展公关活动。酒店公共关系的主体是酒店企业。

(1) 酒店公关机构的设置。

一般规模较小的酒店,可将公关机构设在总经理办公室之下,由该部门负责日常性的公关事宜。中等规模的酒店则可将公关部与营销部或前厅部合并为一部。规模较大的酒店则可设立单独的公关部,根据任务的多寡设立新闻宣传组。

(2) 酒店公关主体个人化。

个人型公关主体,即一些特殊人物因其重要的职位、特殊的才艺而成为酒店形象的代表。

2. 公关客体

公关客体,是指在公关活动中处于被动地位的组织或个体的总称,是公关主体的作用对象或活动对象,在公关术语中被称为公众。

3. 公关手段

公关手段是联系公关主体和公关客体的纽带,借助于公关手段,公关主体和客体之间能建立并保持良好的关系。公关活动主要有以下五种类型:① 以信息宣传为主的公关活动;② 以采集信息为主的公关活动;③ 以联络感情为主的公关活动;④ 以优化服务为主的公关活动;⑤ 以服务社会为主的公关活动。

(三)酒店公共关系活动的主要形式

1. 酒店外部公共关系活动的方式

(1) 宣传型公关。

宣传型公关是指酒店运用报纸、杂志、广播、电视等各种媒介,采用撰写新闻稿、演讲稿、报告等形式,向社会各界传播有关酒店企业信息的公关广告,借以提高酒店知名度,树立酒店企业整体形象。酒店可以选择大众媒介来传播酒店的重要信息,以此密切酒店与客人的关系。

大众媒介传播就是通过大众传播媒介,为公众报道大量的国内外新闻,为各行各业的人们传递和汇集各种信息。大众媒介分为传统媒体和新媒体两种。传统媒体包括以视觉为主的印刷媒介,如报纸、杂志、期刊等;以听觉为主的媒介,如广播等;视听兼有的音像媒介,如电视、电影。新媒体以视听为主,是可以互通互动沟通的媒介,如现代通信产品、互联网以及新概念数字广播等。他们均以传播新闻信息为主要特征,也被称为新闻传播媒介或新闻媒介。因为新闻媒介处于酒店与顾客之间的第三者立场上,能公正地对酒店产品和形象做出实际的评价,所以新闻界发表一条对酒店有利的消息,对酒店营销活动所起的作用远远超过酒店自己花钱做广告。

(2) 公益性公关。

这是一种社会性公关,它是以酒店的名义发起或参与社会性活动,如参加公益、慈善、文化、体育、教育等社会活动时,充当主角或热心参与者,在支持社会事业的同时扩大酒店的社会影响力,提高酒店信誉,赢得社会公众的了解和当地政府的支持,为酒店塑造良好的社会形象。

(3) 观念型公关。

观念型公关是通过向消费者灌输或提倡某种观点和意见,试图引导或改变社会公众的看法,影响公众的态度和行为的一种公共关系。其内容可以是宣传酒店的宗旨、信念、文化或某项制度,也可以是传播社会潮流的某个倾向或热点。这类公共关系不仅不直接宣传产品,甚至不直接宣传酒店企业本身,有时仅仅用来对某个问题表明看法和陈述意见,因此也被称为意见型公共关系。这种公共关系用暗示的方法去触发消费者的联想,在潜移默化中影响其观点和态度。北京长城饭店、南京金陵饭店在开业之初,分别在里根总统和密特朗总统身上大做文章,就是向社会传递一种酒店规格的信息,目的在于营销公众对酒店的态度。

(4) 响应型公关。

响应型公关是用来表示酒店与社会各界具有关联性和共同性的一种公共关系。其内容既可以是联络感情性质的,如表达对其他企业、团体、组织等的祝贺、支持或赞许,也可以是社会性的,如响应和支持公众生活中的某一重大主题。这种公共关系一方面显示酒店企业关心、参与公众生活,向公众或其他酒店企业表达善意和好感,另一方面借助于社会主题的影响或借助于对方的传播机会来扩大本酒店企业的影响。

(5) 服务型公关。

服务型公关是指酒店通过各种针对消费者和社会公众的实惠服务,以行动去获得公众的了解、信任和好评,从而实现以树立酒店良好社会形象为目的的公共关系。酒店以向顾客提供免费的消费指导、消费培训等多种形式来为社会公众提供服务。

公共关系促销大多不是以直接促进盈利为目的,一般都是通过为公众提供有益的服务,或是施以某种观念的影响,来取得公众对酒店的好感、信任和赞许,从而为酒店树立良好的社会形象。

2. 酒店内部公共关系活动的方式

酒店的各项工作最终都是由员工来完成的,酒店员工间融洽的工作关系直接影响酒店的凝聚力和竞争力。为了协调酒店员工间的关系,调动员工工作积极性,建立员工主人翁意识和工作自豪感,酒店也常常开展内部公共关系活动。活动的方式多种多样,如酒店年末都会举行嘉年华会等员工集体活动,给予员工特殊奖励,给员工身心关怀,把酒店政策、制度、困难及时公告给员工,经常与员工进行沟通交流等。

课堂讨论

谈谈酒店公共关系与企业形象识别系统之间有何联系?

知识补充:企业形象识别系统

企业形象识别系统(corporate identity system,CIS),又称企业身份战略。具体而言,它是指一个企业运用独特、新颖、鲜明、引人入胜的标志,将酒店企业的内在气质和外显特征,通过传播,向企业的公众进行宣传,借以树立企业良好的社会形象,达到促销的最终目的。

CIS主要有三个构成要素:① 理念识别系统(mind identity system,MIS);② 行为识别系统(behavior identity system,BIS);③ 视觉识别系统(visual identity system,VIS)。

导入案例 海底捞的危机公关[①]

2017年8月25日,媒体曝出海底捞北京劲松店、太阳宫店出现老鼠爬进食品柜、店员在清洗打扫卫生时用的簸箕与餐具同池混洗、用顾客使用的火锅漏勺掏下水道等现象。此消息一出,舆论一片哗然。

此前,海底捞还以消费者眼中的宠儿的形象出现在公众视线中。依照清博舆情发布的数据,在8月25日上午10时被曝出之前,海底捞的网络口碑以正面为主,占据了74.75%的高比例,相对应的负面口碑仅有9.22%,另有16.03%的中性评价。然而,食品安全事件不仅让海底捞在网络的关注度暴涨,口碑也急转直下,网络媒介评价中,其负面评价占据了49.15%,而正面的仅有11.07%。清博舆情在分析中就指出,这种舆论情感的骤变源于网民的心理落差,这一近乎被"神话"的餐饮企业因出现食品安全隐患,导致形象坍塌。

然而,对海底捞一边倒的负面评价所持续的时间出乎意料的短暂。在8月25

---

① 海底捞就"后厨出现老鼠"致歉:媒体披露问题属实[EB/OL].[2017-08-25].http://news.163.com/17/0825/14/CSMMV6B50001899O.html.

日海底捞连发两次声明后,舆论的导向开始迅速发生变化。8月26日,针对海底捞的负面评价占比降至25.93%,正面评价占比则大幅提升至33.92%。而8月27日新公告发出后,比例的变化更为惊人,原本占据大部分的中间评价都出现了下降,占比为33.55%,正面评价以46.95%的占比重新占据主位,而负面评价仅剩下19.05%。

究其原因,来自海底捞的公开道歉信,内容如下:

关于海底捞火锅北京劲松店、北京太阳宫店事件的致歉信

尊敬的顾客朋友:

您们好!

今天有媒体报道我公司北京劲松店、北京太阳宫店后厨出现老鼠、餐具清洗、使用及下水道疏通等存在卫生安全隐患等问题,经公司调查,认为媒体报道中披露的问题属实。卫生问题,是我们最关注的事情,每个月我公司也都会处理类似的食品卫生安全事件,该类事件的处理结果也会公告于众。无论如何,对于此类事件的发生,我们十分愧疚,再次向各位顾客朋友表示诚挚的歉意。

各位顾客及媒体朋友可以通过海底捞官方网站(www.haidilao.com)上的"关于我们-食品安全-公告信息"或海底捞微信公众号(ID:haidilaohotpot)"更多-关于我们-食品安全-管理公告"查询我们已往对于该类事件的处理结果。

这次海底捞出现老鼠,以及暴露出来的其他方面在卫生清洁方面的问题,都让我们感到非常难过和痛心,今天,媒体的朋友也为我们提供了照片,这让我们十分惭愧和自责,我们感谢媒体和顾客帮助我们发现了这些问题。

我们感谢媒体和公众对于海底捞火锅的监督并指出了我们工作上的漏洞,这暴露出了我们的管理出现了问题。我们愿意承担相应的经济责任和法律责任,但我们也有信心尽快杜绝这些问题的发生。我们也已经布置在海底捞所有门店进行整改,并会后续公开发出整改方案,也希望所有的媒体和支持海底捞的顾客监督我们的工作。

再次感谢社会各界对海底捞的关心和监督。

四川海底捞餐饮管理有限公司
2017年8月25日

海底捞遭遇食品卫生安全重大事故,面临品牌形象损毁,消费者不再信任的危机,但其凭借完美的危机公关,从近乎沦陷到扭转局势,舆论一片赞赏。海底捞做了什么?对于从业者除了看热闹外,还能够学到哪些门道?优秀的危机公关应该怎么做?

相关知识

二、建立酒店危机公关意识

引起酒店危机的因素有很多,多数为突发事件,如自然灾害、文化差异引起的矛盾冲突、安全事故因素等,所有这些都会给酒店的信誉带来极为不良的影响。因此,正确处理各种突发事件,对维护酒店的形象和信誉具有十分重要的意义。公共关系在处理酒店突发事件中起着举足轻重的作用。一方面,通过公共关系的活动,建立一套完整的检查制度,经过科学的调研与预测,防患于未然,避免各种事件的发生;另一方面,当事件发生以后,必须充分听取公众的意见,设法查清事实真相,与公众进行必要的沟通,相互之间达成谅解,从而妥善解决矛盾,维护酒店的信誉和形象。

危机发生时会严重影响酒店的运作,因此必须立即妥善处理,在酒店各部门内部提高危机意识,充分评估酒店所处的社会环境的复杂系数,建立危机管理预案,才能从容地驾驭并处理随时出现的复杂局面与各种风险,使酒店经营处于不败之地。

课堂讨论

请问,有效的危机公关的步骤有哪些?

知识补充:事件营销

事件营销是企业通过策划、组织和利用具有新闻价值、社会影响以及名人效应的人物或事件,吸引媒体、社会团体和消费者的兴趣与关注,以求提高企业或产品的知名度、美誉度,树立良好品牌形象,并最终促成产品或服务销售目的的手段和方式。

简单地说,事件营销就是通过把握新闻的规律,制造具有新闻价值的事件,并通过具体的操作,让这一新闻事件得以传播,从而达到广而告之的效果。事件营销是近年来国内外十分流行的一种公关传播与市场推广手段,集新闻效应、广告效应、公共关系、形象传播、客户关系于一体,并为新产品推介、品牌展示创造机会,建立品牌识别和品牌定位,形成一种快速提升品牌知名度与美誉度的营销手段。

第五节　酒店营业推广

——立竿见影

导入案例　麦当劳的免费咖啡[①]

据美国《商业周刊》2014年4月1日报道,麦当劳以免费咖啡作为促销手段引发热议。有分析指出,麦当劳此举旨在将McCafé打造成人们"走出家门,远离工作地点"的避风港湾,与星巴克的宗旨如出一辙。

据报道,麦当劳在美首席品牌策略官凯文·纽厄尔(K.Newell)称,麦当劳的目的之一就提升自身的咖啡文化。近年来,咖啡行业的大获成功,表明人们在享用咖啡时更倾向于远离家庭和办公场所。

据称,麦当劳免费赠送咖啡这一举措,亦是为与塔可钟(Taco Bell)等快餐品牌争夺早餐市场。同时,这也是麦当劳推广其袋装咖啡的一大策略。麦当劳正努力将其咖啡打造成一种社交产品,并推出"与McCafé交朋友"的广告口号。麦当劳希望顾客对其品牌有更强烈的依赖感,而非简单的用餐场所。为紧跟星巴克的步伐,麦当劳以高价购入浓缩咖啡机,为各连锁店安装WiFi,且推出各种时令热饮。

纽厄尔称,自2009年至2012年,McCafé各类咖啡的营业额上涨了70%,但尽管如此,麦当劳咖啡销量仅占咖啡市场总份额的12.8%。由此可见,麦当劳仍存有巨大的发展空间。

麦当劳咖啡实行免费赠送,欲分得咖啡市场一杯羹。麦当劳希望通过咖啡的消费带动人流量,希望消费者就此养成一种习惯并一直钟情于McCafé的理念与服务。免费的咖啡产品虽说需要一定的成本,但带来的营业额的提升却是显而易见的。营业推广对于企业有着重要的作用。

[①] 麦当劳咖啡实行免费赠送 欲分咖啡市场一杯羹[EB/OL].http://finance.ifeng.com/a/20140403/12048524_0.shtml.

相关知识

一、酒店营业推广的概念和作用

（一）酒店营业推广的概念

营业推广，又称销售促进，是酒店为了解决酒店需求不足等问题，为鼓励顾客购买销售商品和劳务而采取的除广告公关和人员推销之外的所有酒店营销活动的总称，如酒店包价折价券、首次购买奖励等。

营业推广的目的在于解决酒店短期需求不足，因此它更具有针对性、非常规性和时效性。虽然从长远来看，营业推广不能使销售状况有大的改变，但在短期内，却比广告更具有促进销售的效果。

（二）酒店营业推广的作用

酒店营业推广的作用主要表现在以下四个方面：

（1）促进消费者试用酒店新产品。酒店推出新产品时，顾客对其不太了解，产生不了强烈的购买欲望，此时就可以进行营业推广，将新产品推向市场。

（2）促进顾客增加消费量。淡季时，酒店经常发放一些赠券、折价券，也许消费者并没有很强的消费欲望，但是赠券、折扣券会令消费者感到划算，刺激消费欲望。

（3）激发消费者再次购买。与零售业一样，某些酒店会推出积分政策，促进顾客再次消费。

（4）促进酒店其他产品的销售。一般情况下，酒店对于某项产品的销售在一定程度上也能带动相关产品的销售。

营业推广是酒店为了促使目标顾客加快购买决策、增加购买数量而采取的一系列鼓励性的销售措施。酒店往往通过某种活动来变换产品销售的方式，以达到促销和宣传的目的。这种变换的销售形式适用于在特定时期和特定任务下的短期特别推销，目的是在短期内强烈刺激市场需求，迅速取得销售效果。酒店营业推广的形式包括各种庆典活动、节假日促销、主题销售、文化表演、美食节、康娱项目、名人讲座、展览等。通过这一类活动形式，酒店展示了形象，扩大了影响。

（三）营业推广的实施过程

酒店在运用营业推广时，必须确定目标，制订推广方案，实施和控制推广方案及评价推广结果。

1. 确定营业推广目标

酒店营销推广目标包括鼓励消费者更多地使用商品和促进大批量购买;争取未使用者试用,吸引竞争者品牌的使用者。

2. 制定营业推广方案

营业推广方案应该包括以下五个因素:① 费用:酒店营销人员必须决定准备拿出多少费用进行推广;② 参加者的条件:推广可以面所有人,或选择出来的一部分人;③ 营业推广措施的分配途径:营销人员必须确定怎样去销促和分发销促方案;④ 营业推广时间:调查表示,最佳的频率是每季有三周的销促活动,最佳持续时间是产品平均购买周期的长度;⑤ 营业推广的总预算。

3. 方案试验

面向消费者市场的营业推广能轻易地进行预试,既可邀请消费者对几种不同的、可能的优惠办法做出评价或进行评分等,也可以在有限的地区进行试用性测试。

4. 实施和控制营业推广方案

实施的期限包括前置时间和销售延续时间。前置时间是从开始实施这种方案前所必需的准备时间。它包括最初的计划工作、设计工作等。

5. 评价营业推广结果

很多酒店企业对营业推广方案的评价很少关注,以盈利率加以评价的更是不多见。最普通的一种方法是把推广前、推广中和推广后的销售额进行比较。

课堂讨论

免费的营业推广有什么好处和局限性?

知识补充:软营销

软营销是相对于强势营销——硬广告而言的,企业以友好的方式宣传自己,淡化营销过程中的商业活动,尊重消费者的感受与体验,在提供有价值的内容给公众的同时,建设软实力,打造社会型企业。软营销包括软文营销,软文营销是软营销的一个大类,但不能代表软营销。软文是带有某种商业动机的文体;而软文营销就是通过软文实现营销交易或交换为目的的营销活动。

导入案例　德阳HJ酒店的推广之道[①]

由于受地震灾害影响,目前德阳餐饮市场整体呈疲软势态,而受冲击最为严重的是居于市场高端的餐饮企业。根据市场的状况,HJ大酒楼确定"淡季取势,旺季取利"的促销策略,即在淡季里重视市场占有率,努力提高上客率,重在经营人气的培养和基础客源的培养,而相对轻视对收益率和利润的追求。如果淡季里这一策略得以有力的实施,那等到市场复苏、旺季来临的时候,酒店必定能获得丰厚的经营回报。

对于重要的单位或团体客户,制订出对关键人物(比如总经办主任、总经理等)的特殊回馈政策,比如按该单位实际消费金额的10%返还,返还的部分直接打入关键人物的储值卡里,或者按照相等的价值,赠送饭店的其他消费项目,等等,以此提高客户的忠诚度。根据董事长关于餐饮在试营业期间执行"优质优价"策略的指示,为使HJ大酒楼迅速扩大基础客源、占领市场,特制订以下促销办法:

(1) 分批宴请重要的潜在客户。在试营业之后的一个月之内,由集团、酒店管理层以及酒店营销部拟定宴请名单,排出宴请计划。

(2) 在大厅推出580元/桌起价的特惠价家宴菜单(包括普通家宴、寿宴、百日宴、谢师宴等)。毛利率水平控制在30%左右,执行价格分别为:580元/桌、680元/桌、780元/桌、980元/桌、1280元/桌。

(3) 在包房推出特惠价商务宴席菜单,毛利率水平控制在40%左右,执行价格分别为:880元/桌、1280元/桌、1880元/桌、2880元/桌、3880元/桌、5880元/桌。这之外价格的宴席根据客户具体要求另行安排配制。

推出特惠价商务宴席菜单期间,所有餐饮包房免收包房费,但设最低消费限制,最低消费额为880元(仅为菜品消费)。

(4) 对于零点客人或不按照标准菜单消费的客人,执行如下优惠办法:① 菜品消费一律8.8折优惠;② 8位以上顾客同桌赠特制小吃一份(可三选一)。

(5) 有奖消费积分活动。具体办法为:所有零点顾客可参加此活动,在HJ大酒楼每消费100元(以实际支付的消费金额为准)就积1分,20分起可兑换酒店奖品,积分越高,兑换奖品的价值就越高。

(6) 零餐谢绝自带酒水,若客人坚持自带酒水,按HJ大酒店同档次酒水价格的15%收取开瓶服务费。四桌以上的宴会可允许自带酒水,免收开瓶服务费。

(7) 在试营业期间预订饭店正式营业后的婚宴、生日宴、百日宴的客人,按满十桌返一桌(返代金券,以正餐平均单桌的菜品消费金额为准)给予额外的优惠。

[①] 某准五星酒店餐饮部试营业营销方案[EB/OL].[2008-11-12].http://blog.163.com/xiao_0902/blog/static/9694365200951210 2038536/.

（8）与德阳中、高档汽车4S店合作开展联合促销活动。同样的办法，也可联络高档专卖店、高级美容形象店、高档健身俱乐部等，开展类似的联合促销活动。

（9）打造名为"健康之夏"的夏令养生美食节，推出夏令养生菜品和夏令饮品，做阶段性重点推广。

因市场整体状态不好，酒店客源不饱和是肯定的。但为了吸引更多的人愿意到HJ大酒店体验和消费，就必须采取更加务实、灵活的促销政策，真正起到有效的销售促进作用。德阳HJ酒店的推广策略可谓定位精准，灵活多变，运用了多样的推广方式。

相关知识

二、酒店营业推广的常见方式

（一）酒店餐饮营业推广常见的方式

（1）各类主题之夜。例如，酒店餐饮部门可利用全球性节日，包括传统节日与非传统节日进行活动，吸引顾客来酒店餐饮部门参与节日庆祝活动，如中国传统的春节、元宵节、端午节、中秋节等，非中国传统的母亲节、父亲节、情人节、圣诞节等。

（2）文化活动链接。例如，酒店餐饮部门与体育馆合作，将就餐和观看或参与体育活动连接起来，或者餐厅一角设置体育活动设备，供顾客活动，如飞镖健身器等。

（3）折扣优惠办法。例如，将账单交给客人的时候，可以递上放满小纸条的帽子说，请您抽一张看看能抽到什么？也许顾客抽到的是今天的饮料是免费的，那他今天所有的饮料全免。其他纸条可能是下次带一个客人来只收一份钱，你今天的甜点免费等优惠。

（4）趣味活动奖励。比如当顾客在餐厅就餐完毕，正准备结账离去的时候，餐厅服务员会拿出一个封好的信封给客户。信的内容可以不一样，也许是今天的那份菜价免费，也许是下次再来光顾，凭此信可享受优惠等。活动奖励的目的是给顾客一个美好的感觉。

（5）赠送纪念礼品。顾客用餐后，餐厅送给顾客带回家的点心包装很精美，这对餐厅也是很好的宣传。

(二）酒店客房常见营业推广方式

酒店行业销售的产品跟其他行业不同，它是在销售一种服务，是将有形的外在物质与无形的内在服务融合在一起给顾客呈现一种产品。我们要利用这种融合的硬件条件与软件条件，有针对性地来选择酒店促销手段。

（1）最后一分钟后的销售特惠。例如，当日晚上10点以后，商务客房以特价出售或赠100元左右的礼品。因个人思想不同，有很多顾客为这礼品前来。为防止顾客出现期待效应，建议在不影响客房正常销售的情况下，酒店应只针对某些入住率偏低的房型进行促销。截止日期和入住的标准，由酒店根据实际情况决定。

（2）礼品房。例如，礼品房应该是酒店根据之前一段时间的客房销售情况，对某些总体入住率比较低的房型，进行一种赠送礼品的销售方式。此种方式不限时段，起始、终止时间由酒店自己确定。

（3）超级团购价。例如，举行"买十送一"活动，凡单日一次性同时入住11间客房可减免1间价格最低的客房房费或一次性同时入住10间以上（含10间）送结款人200元左右的礼品。许多结款人会因礼品成为酒店的长期客户，其多为单位团体。此类促销多用于集团客户和团队客户。

（4）延时促销。例如，如果连续住四夜，最后一夜的住宿免费，或连续入住四夜送150元的礼品一份，这样很多顾客既能报销房费又能得到礼品。但此类促销多用于同种房型的续住。而续住不同房型多则不退，少则补。

（5）提前预购价。例如，提前两个月预定某房型并即时确认可享受五折优惠。此种促销手段要求提前预订的时间相隔较长，多出现在淡季促销中且限定某些房型，对付款方式和确认方式也有要求。

（6）常客礼品体验。例如，在三个月内住宿超过六次，第七次入住时送100左右的礼品一份。此种促销旨在提高顾客的忠诚度，所以建议按入住的次数，而不是房间晚数为标准。礼品的强度，也可由酒店根据当日的酒店客房的入住情况灵活处理。

（7）热点事件促销。例如，高考期间所有考生，凭准考证入住酒店可享受八折优惠或送礼品，以增加对酒店的认知度。此类促销多以社会事件为契机，如高考、妇女节、奥运会等。由于受制于热点的时效性，只能短期使用。

（8）特殊人群促销。例如，新住客超值体验价，所有第一次入住酒店的顾客可享受八折优惠或送礼品，以增加对酒店的认知度。此类促销多为酒店根据自身特点细分市场而定，并且可以长期使用，但需限定房型。

（9）商家联合促销。例如，凡持有某某卡的顾客入住酒店结账时可再享受九折优惠，此类促销多用于商家强强联合，互相共享其用户资源，而且可不限房型并长期使用。

（10）限量超值抢购价。例如，百元超值体验价，标准房每日限时限量且只能预定一晚,先确认先得。此类促销短期内具有很强的广告效应,但为保证酒店效益房间不宜过多。

(11) 最低承诺价。例如,在规定时间内,某顾客可以多次以一定价格入住某房型。此类促销多用于淡季促销活动,建议预收房费并限制入住次数。

(12) 全国全城联通价。例如,在规定时间内预付4000元可享受本品牌内所有酒店。限房型数量但不限夜数的优惠。此类促销多用于连锁酒店,也多用于异地旅游或出差较频繁的顾客。

(13) 优惠顾客拓展奖励计划。例如,每月只要介绍新顾客累计达三名且每位新顾客在当月酒店消费达200元,可送推荐人100元左右的赠品。此类促销需要酒店做好顾客的推荐人相关资料的记录工作。

课堂讨论

发挥互联网思维,试试能否找出其他的营业推广方式。

要点总结

酒店促销的实质在于沟通,其沟通的重要现实意义,是由经营环境自身特点以及市场共同决定的。酒店的促销手段,主要包括广告人员推销。公共关系和营业推广等这些手段必须相互配合,才能实现最佳的促销效果。

练习与实训

(一) 知识点练习

1. 单项选择题

(1) 促销的本质是( )的沟通过程。
A. 关系　　　　B. 语言　　　　C. 行为　　　　D. 信息

(2) ( )策略被称为从上而下策略。
A. 推式　　　　B. 拉式　　　　C. 广告　　　　D. 公共关系

(3) 人员促销又被称为( )。
A. 谈判促销　　B. 面对面促销　C. 服务促销　　D. 竞争促销

(4) 事先基本了解客户的某些方面的需要,然后进行"说服",当讲到"点子"上引起客户共鸣时,就有可能促成交易。这属于( )。

A. 刺激—反应策略　　　　　　B. 配合—成交策略
C. 诱发—满足策略　　　　　　D. 刺激—满足策略

(5) 酒店广告可分为两大类:传播广告和(　　)。
A. 促销广告　　B. 产品广告　　C. 形象广告　　D. 特色广告

(6) 大型酒店的广告费用一般要占到他们总收入的1%～2%,新开张的酒店有的占到(　　)。
A. 5%　　　　B. 8%　　　　C. 10%　　　　D. 20%

(7) 酒店公共关系要素包括主体、客体和(　　)。
A. 信息　　　　B. 服务　　　　C. 机构　　　　C. 手段

(8) CIS识别系统构成要素有MI、BI和(　　)。
A. VI　　　　B. HI　　　　C. GI　　　　C. DI

(9) 酒店经常发放一些赠券、折价券,令消费者感到划算,刺激消费欲望的促销方式是(　　)。
A. 人员促销　　B. 公共关系　　C. 广告宣传　　D. 营业推广

(10) 所有第一次入住酒店的顾客可享受八折优惠或送礼品,以增加顾客对酒店的认知度。此类促销多为酒店根据自身特点细分市场而定,并且可以长期使用,但需限定房型的促销方式为(　　)。
A. 礼品房　　B. 特殊人群促销　　C. 团购价　　D. 限量抢购

2. 多项选择题

(1) 四种基本的促销组合包括(　　)。
A. 关系促销　　B. 人员推广　　C. 公共关系　　D. 营业推广
E. 广告

(2) 人员促销的实践性策略有(　　)。
A. 试探性策略　　B. 针对性策略　　C. 刺激性策略　　D. 诱导性策略
E. 忠诚性策略

(3) 酒店产品营销人员必须掌握和遵守以下媒体宣传广告的原则有(　　)。
A. 真实守法原则　　B. 简洁准确原则　　C. 通俗易懂原则　　D. 价值服务原则
E. 品牌忠诚原则

(4) 酒店外部公共关系活动的方式有(　　)。
A. 宣传型公关　　B 公益型公关　　C. 观念型公关　　D. 响应型公关
E. 服务型公关

(5) 营业推广的实施过程为(　　)。
A. 确定目标　　B. 制订方案　　C. 实施方案　　D. 控制方案
E. 评价结果

(二)课程实训

1. 实训项目

为某酒店制订七夕情人节促销计划。

2. 实训目的

通过学习,强化对课程内容的理解,并学会对所学理论的应用。

3. 实训步骤

在授课教师的指导下,运用所学知识制订项目促销计划,并开展课堂讨论。

4. 实训要求

(1) 选择当地知名酒店,根据实际情况形成书面方案。

(2) 注意总结收获及存在的问题。

5. 注意事项

(1) 将学生进行分组,每个小组以4~6人为宜。

(2) 以小组为单位,收集资料、研究和讨论,并在此基础上形成小组的课题报告,制作并汇报PPT。

(3) 授课教师须精心准备,主持课程实训,引导和控制主题,调动学生的积极性,做好总结点评。

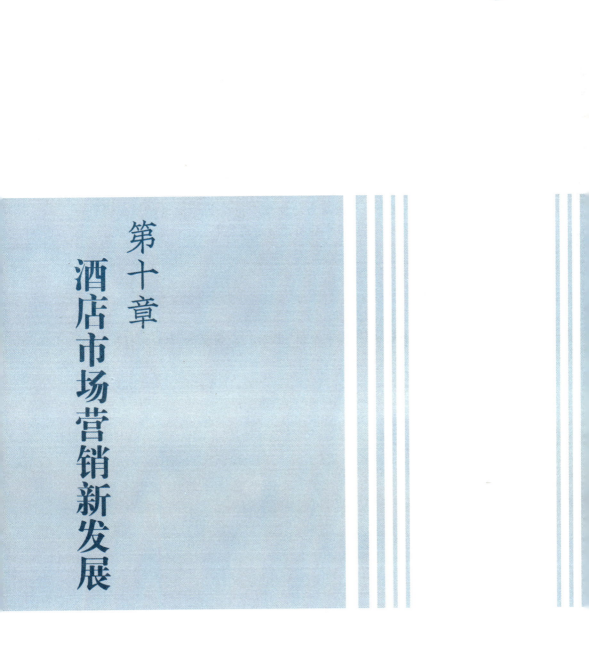

第十章 酒店市场营销新发展

知识目标

了解酒店市场营销理论的新发展,特别是酒店市场营销一些新理念的内涵;正确认识酒店营销中传播方式的新方式,了解不同手段的传播内容载体的异同;了解酒店市场营销渠道发展的新方向。

技能目标

能够描述营销新理念的内涵,并运用传播的新渠道为酒店做营销推广。

学习建议

查询资料收集互联网等新技术对酒店营销带来的影响;学会从酒店服务提供者的角度来开展酒店市场的推广和宣传;尝试着运用营销的新理念、传播的新媒体、销售推广的新渠道对现实中企业和酒店经营活动进行分析和思考。

关键术语

关系营销、整合营销、绿色营销、体验营销、新媒体、在线旅行社、搜索引擎营销

第一节　营销理念新发展

——变化永远是营销的主题

导入案例　泰国东方饭店[①]

在世界著名饭店泰国东方饭店,你也许从未注意过哪位服务员,但他们却知道你是否是个有价值的老客户。他们在把你提升为头等客户之前,会先给你提供服务;楼层服务员在为你服务的时候可以叫出你的名字,餐厅服务员会问你是否会坐一年前你来的时候坐过的老位子,并且会问你是否需要一年前你点过的那份菜单。到了你的生日,你还可能收到一封他们寄给你的贺卡,并且告诉你,饭店全体员工都十分想念你。

泰国的东方饭店几乎天天客满,不提前一个月预定很难有机会入住,用他们的话说,只要每年有1/10回头客光顾,饭店就会永远客满。饭店非常重视培养忠实的客户,并建立了一套完善的客户关系管理体系,这就是泰国东方饭店成功的秘诀。

泰国东方饭店赖以成名的已不是其单纯的酒店商品而是客户关系。从酒店业的经营现状来看,企业在日益严峻的经营环境中,顾客满意度显得愈加重要。加强与顾客的关系,了解不同客户需要,分别提供满足的方案,做到让顾客满意,让顾客对你产生依赖感,创造双赢的局面,也是企业得以生存和发展的关键。

相关知识

一、关系营销

(一) 关系营销的含义

德克萨斯州A&M大学的伦纳德·L·贝瑞教授于1983年在美国市场营销学会

---

① 小故事:让客人感动的泰国东方饭店[EB/OL].[2013-06-05].http://info.hotel.hc360.com/2013/06/051042496148.shtml.

的一份报告中最早对关系营销做出了如下的定义:"关系营销是吸引、维持和增强客户关系。"1996年他又给出更为全面的定义:"关系营销是为了满足企业和相关利益者的目标而进行的识别、建立、维持、促进同消费者的关系并在必要时终止关系的过程,这只有通过交换和承诺才能实现。"工业市场营销专家巴巴拉·B·杰克逊从工业营销的角度将关系营销描述为"关系营销关注于吸引、发展和保留客户关系"。摩根和亨特从经济交换与社会交换的差异来认识关系营销,认为关系营销"旨在建立、发展和维持关系交换的营销活动"。顾曼森则从企业竞争网络化的角度来定义关系营销,认为"关系营销就是市场被看做关系、互动与网络"。

(二)关系营销分类

关系营销分为广义的关系营销和狭义的关系营销两种。

广义的关系营销是指企业通过识别、获得、建立、维护和增进与客户及其利益相关人员的关系,通过诚实的交换和服务,与包括客户、供应商、分销商、竞争对手、银行、政府及内部员工的各种部门和组织建立一种长期稳定的、相互信任的、互惠互利的关系,以使各方的目标在关系营销过程中得以实现。

狭义的关系营销是指企业与客户之间的关系营销,其本质特征是企业与顾客、企业与企业间的双向的信息交流,是企业与顾客、企业与企业间的合作协同为基础的战略过程,是关系双方以互惠互利为目标的营销活动,是利用控制反馈的手段不断完善产品和服务的管理系统。

(三)关系营销核心

关系营销的核心是留住顾客,提供产品和服务,在与顾客保持长期关系的基础上,开展营销活动,实现企业的营销目标。实施关系营销并不以损害企业利益为代价,关系营销提倡的是企业与顾客策略。

(四)关系营销原则

关系营销的实质是在市场营销中与各关系方建立长期稳定的相互依存的营销关系,以求彼此协调发展,因而必须遵循以下三个原则:

1. 主动沟通原则

在关系营销中,各关系方都应主动与其他关系方接触和联系,相互沟通信息,了解情况,形成制度或以合同形式定期或不定期见面,相互交流各关系方需求变化情况,主动为关系方服务或为关系方解决困难和问题,增强伙伴合作关系。

2. 承诺信任原则

在关系营销中各关系方相互之间都应做出一系列书面或口头承诺,并以自己的行为履行诺言,才能赢得关系方的信任。承诺的实质是一种自信的表现,履行承诺就是将誓言变成行动,是维护和尊重关系方利益的体现,也是获得关系方信任的关键,是公司(企业)与关系方保持融洽伙伴关系的基础。

3. 互惠原则

在与关系方交往过程中必须做到相互满足关系方的经济利益,并在公平、公正、公开的条件下进行成熟、高质量的产品或价值交换,使关系方都能得到实惠。

导入案例 "左邻右里"覆盖36城500商业点 场景整合营销成主流①

"左邻右里"正以蓬勃发展的态势,走在社区社交App软件的前沿。"左邻右里"是一款基于SaaS服务模式,给小区居民提供在线商家、物业服务与邻里社交的App。随着软件自主开发的不断运用和升级,"左邻右里"已经实现了产品与服务的转型。

"左邻右里"不仅为社区业主服务,更提供了全方位的商圈消费传播解决方案。从当前的传播环境来看,消费者接受信息的碎片化趋势明显,而场景化的生活方式则更为明显。生活场景、交通场景、办公场景、商圈场景成为聚拢消费者的场景。在传播上,场景整合营销成为主流。

在大众消费水平提高的今天,拥有高人气的场景,就拥有了消费用户。"左邻右里"的场景整合营销可以深层次地挖掘消费用户,提高合作商家的直观收益。

"左邻右里"拥有全国36座经济发达城市的覆盖范围,超过500个核心商业网点。这些资源,让消费产出转化成为现实,聚拢众多的商家营业点,成为多个巨大的商业圈体系,通过场景影响的整合营销,为合作商家提供更高的消费群体,带去最直接的收益。

近万块优质灯箱——一亿人车主人群实现无缝传播网

"左邻右里"拥有着近万块的优质灯箱,均位于城市繁华商业圈醒目位置,每日聚集人流量达上千万人次,为商家提供的商业宣传可以达到覆盖面广、播放率高、转换率大等显著效果。

另外,"左邻右里"覆盖全国近1亿的车主人群,形成了全国车主人群无缝传播网,口口相传,对于汽车销售以及汽车售后等商家来说,可以提供更高更

---

① 左邻右里覆盖36域500商业点 场景整合营销或主流[EB/OL].[2016-10-13].http://news.mas.ahhouse.com/html/2471311.html.

快捷的消费人群,而对于其他商业品牌来说也可以提供相关的消费人群和消费理念。

"左邻右里"拥有海纳百川的营销资源,为每一个合作商家用户精准传达品牌信息,提高信息传达的有效转化率,促进消费用户群体的大规模集中,实现商业收益可持续增长。

"左邻右里"从社区经济出发,从销售产品向服务转型,以满足消费者一站式购物需求,同时不断强化和主张"体验式"消费理念,实现营收多元化,多业态经营打造整体购买体验。通过线下用户互动、商家活动、场景整合营销,让合作商家在发展势头强劲的中国电商蓝海中成功立足。

相关知识

二、整合营销

(一)整合营销含义

整合营销理论产生和流行于20世纪90年代,是由美国西北大学市场营销学教授舒尔茨(D. Schultz)提出的。整合营销就是"根据企业的目标设计战略,并支配企业各种资源以达到战略目标"。整合营销是以消费者为核心,重组企业行为和市场行为,综合协调地使用各种形式的传播方式,以统一的目标和统一的传播形象,传递一致的产品信息,实现与消费者的双向沟通,迅速树立产品品牌在消费者心目中的地位,建立产品品牌与消费者长期密切的关系,更有效地达到广告传播和产品行销的目的。

整合营销就是把各个独立的营销综合成一个整体,共同产生协同效应,为企业创造最大利润。整合就是把独立的营销个体综合成一个整体,以产生协同效应。这些独立的营销工作包括广告、直接营销、销售促进、人员推销、包装、事件、赞助和客户服务等。

(二)整合营销特点

(1)在整合营销传播中,消费者处于核心地位。

(2)对消费者深刻全面地了解,是以建立资料库为基础的。

(3)整合营销传播的核心工作是培养真正的"消费者价值"观,与那些最有价值的消费者保持长期的紧密联系。

(4)以本质上一致的信息为支撑点进行传播。企业不管利用什么媒体,其产品或服务的信息一定得清楚一致。

(5) 以各种传播媒介的整合运用作手段进行传播。

(6) 紧跟移动互联网发展的趋势,尤其是互联网向移动互联网延伸、手机终端智能化以后,新技术对原有PC互联带来了前所未有的颠覆和冲击,在这个过程当中应当紧盯市场需求,整合现有的资源,包括横向和纵向的资源,成为一个移动营销价值的整合者和传播者。

(三)整合营销操作思路

1. 以整合为中心

着重以消费者为中心并把企业所有资源综合利用,实现企业的高度一体化营销。整合既包括企业营销过程、营销方式以及营销管理等方面的整合,也包括对企业内外的商流、物流及信息流的整合。

2. 讲求系统化管理

整体配置企业所有资源,企业中各层次、各部门和各岗位,以及总公司、子公司,产品供应商与经销商及相关合作伙伴协调行动,形成竞争优势。

3. 强调协调与统一

企业营销活动的协调性,不仅仅是企业内部各环节、各部门的协调一致,而且也强调企业与外部环境协调一致,共同努力以实现整合营销。

4. 注重规模化与现代化

整合营销十分注重企业的规模化与现代化经营。规模化不仅能使企业获得规模经济效益,还为企业有效地实施整合营销提供了客观基础。整合营销同样依赖于现代科学技术和现代化的管理手段,现代化可为企业实施整合营销提供有效保障。

导入案例　七夕营销　赶集网"心机"满满[①]

七夕作为中国传统情人节一直备受人们关注,而对于各大品牌来说,七夕也是一个借势营销的重要节点。每每于此,很多企业摩拳擦掌,各出奇招,希望能博得众多消费者的眼球。那么,在"乱花渐欲迷人眼"的战役中,如何直击用户内心?如何凭借创意进行营销突围和品牌吸睛呢?近期,赶集网"七夕酒店体验师招募活动"的"反套路"营销给出了答案。与大多数企业不同,赶集网没有从恩爱的情侣身

---

① 七夕夜招募单身酒店体验师? 赶集网这次营销"心机"满满[EB/OL].[2017-08-30].http://info.hotel.hc360.com/2017/08/301402698198.shtml.

上入手，而是针对其单身的年轻蓝领用户群体，推出"'职'为单身的你"七夕豪华酒店体验师招募活动，幸运者将会在七夕当晚享受一次豪华酒店体验。整体看来，此次营销活动线上线下资源联动，全方位刺激用户痒点，而且通过用户视角的视频引发情感共鸣，潜移默化地传递出有温度、有态度的品牌形象。要是深究赶集网此次事件营销的每一个动作，我们不得不给一个大写的"服"。

如今，面对在互联网中生长的新生代消费人群，企业通过传统的营销思路，很难在受众脑海里形成根深蒂固的印象，传播套路已经疲软。这个七夕，当所有品牌都在思考如何突破惯性思维，刷新用户认知时，赶集网另辟蹊径，用反向的思维寻找切入点，深度挖掘用户潜在痛点，为他们"量身定制"了一场招募活动。我们知道，在七夕这个传统情人节里，除了在朋友圈不断刷屏、花式秀恩爱的情侣外，还有很多单身的北漂族，他们有可能仍在加班，也有可能在不到几平方米的房子里孤独期盼。但是，他们也同样期望被关注，期望能"好好地"过个七夕，给自己有条不紊的生活节奏带来一点小小的惊喜。而赶集网正是抓住了单身用户这一痛点，考虑用户感受，为他们开展了一次"豪华酒店体验师"的招募活动，在特殊的节日传递走心的内容，瞬间拉近与用户的距离。正如本次活动的标语所说，"七夕单身狗，赶集陪你走"。

在七夕前一周，赶集网在微博发起话题"七夕单身豪华夜"，向用户发出线上招募，参与者只要能用一句话证明是工作原因导致的单身狗，并且人在北京，就有机会在七夕当晚，出任五星酒店专属体验师。与此同时，赶集网还联合"搜狗搜索""海南航空""考拉FM""WIFI伴侣""对面""沪江开心词场""达达官方微博"助推话题热度。

据观察，话题一经推出便立刻吸引大批网友参与互动，"七夕单身豪华夜"微博话题窜到情感分榜前列。用户围绕主题各显freestyle，开放性的话题挑战着网友的脑洞阈值，并在年轻群体卷起了一场转评狂潮。诸如"如果单身算工伤，我已经癌症晚期了""基层销售一条狗，就看过年有没有！""单身狗加班过了凌晨，就是全新的一天啦"等让人啼笑皆非的评论比比皆是。

总之，赶集网七夕节这场品牌营销战役打得足够漂亮。世界顶级社交媒体专家克莱·舍基曾说，这是一个信息过载的时代，消费者接触到的信息远多于他们能够或愿意加工的信息，信息不再有价值，真正有价值的是注意力。

赶集网通过反套路思维瞄准目标人群，线上开放式参与，线下单点式体验，再通过"高保真"的故事传播，将受众注意力顺势卷入。口碑与热度齐飞，用户与指数猛增。可以预见，这次创新营销对其本身业务层面也将是重要的一环。

相关知识

三、体验营销

（一）体验营销定义

21世纪被称为体验经济时代。消费者需求日益呈现差异化、个性化和多样化，消费者不仅关注产品或服务本身所带来的功能价值，同时还非常重视产品或服务消费过程是否能给他们带来美好的"体验感受"。

体验营销是指企业以服务为舞台，以商品为道具，围绕着消费者创造出值得回忆的活动，让消费者成为舞台的主角。也就是说体验营销指企业以消费者为中心，通过对事件、情景等的安排以及特定体验过程的设计，让消费者在体验中产生美好而深刻的印象，获得最大程度上的精神满足的过程。

（二）体验营销的特点

1. 注重个性化

当今社会人们追逐个性化，一种体验情景根本无法满足消费者的多样化、娱乐性追求。追求个性、讲究品位的消费者，不再光顾批发市场、小型商店，而是光临名品名店，身在其中可以体验高贵、典雅的装饰，满足个性化需求欲望。

2. 引导感性消费

长久以来传统营销把消费者看成理智购买决策者。事实上很多人的购买行为是感性的，他们的消费行为很大程度上受感性思维支配。他们并非非常理性地分析、评价、最后决定购买，他们也会存在幻想，有对感官、欢乐等心理方面的追求，特定的环境下也会有冲动。正如伯恩德·H·施密特所指出的那样"体验式营销人员应该明白顾客同时受感性和理性的支配。也就是说，顾客因理智和因为一时冲动而做出购买的概率是一样的"。这也是体验式营销的基本的出发点。因此，企业要考虑消费有情感需要，应当"晓之以理，动之以情"。体验营销以拉近企业和消费者之间的距离为重要经营手段，成为企业获得竞争优势的新武器。但体验营销并不适用于所有行业和所有产品，产品只有具备不可察知性，其品质必须通过使用才能断定的特性，才可以使用这种方式。

三、体验营销的措施

(一) 保持信息的一致性和简洁性

作为传播和推广的向导,体验营销要重视所有信息和承诺,要避免制造分散或无关的品牌信息,因为品牌的定位与品牌信息越整合,公司形象与商誉就越一致;表现越突出,传播越简洁,影响力也越大。如果出现前后不一、信息杂乱的现象,那么不但会收效甚微,而且可能造成负面印象。保持一致性原则要求体验营销必须能很好体现出企业的核心能力以及核心能力的表现力。

(二) 体验营销需要内外并重

在开展体验营销的工作中,企业往往比较注重外部公众的感受,他们通过一系列整合信息的传递或互动,以达到与目标公众建立一定关系的目的。但是一家公司若想与顾客和其他利益相关者建立起良好的关系,首先必须建立起良好的内部关系。公司员工以及密切利益相关者(供应商、经销商、售后服务商等)都是公司形象和产品品牌的制造者、传递者和体现者,因此体验营销需要由内而外做起。

(三) 注重体验的双向性

体验营销应该是双向的,而非单纯意义上的只关注营销或者商品交易。首先,要让受众体验你的产品和品牌,通过企业或品牌的行动和表现来体会和感受;其次,也要注意去体验消费者,了解消费者,洞察消费者,通过对体验营销参与者的信息收集、分析,以及对沟通关系的维系,将"潜在的"群体转化为"现实的"群体,将"现实的"群体转变为"忠诚的"群体。因此,体验营销不仅是传递企业产品和品牌影响力的机会,而且也是企业了解消费者需求的机会。

导入案例 酒店取消免费"六小件",真的很难吗?

对外地来杭州的游客,2015年后入住杭州的星级宾馆都得自带牙具、沐浴产品、拖鞋、梳子等洗漱用品了。2015年8月,浙江省人大常委会第二十一次会议对《杭州市生活垃圾管理条例》(下简称《条例》)进行了审议,决定予以批准。条例中的"住宿、旅游、餐饮经营者不得在经营活动中免费提供一次性用品",引发了杭州酒店业的关注。

记者采访时发现,取消酒店"六小件"在业内呼声较高,杭州绝大多数酒店都认同此举能有效遏制酒店一次性日用品过度耗费的现象。不过,鉴于目前消费者的消费习惯和市场环境,也有酒店从业者担忧,取消"六小件"并非易事,消费者不认可将是一大难点,还需要"循序渐进"。

现状:10余年时间,与酒店"六小件"难说再见

2015年8月,浙江省人大常委会第二十一次会议对杭州市人大常委会第二十九次会议审议通过的《条例》进行了审议,决定予以批准。《条例》中特别指出,"住宿、旅游、餐饮经营者不得在经营活动中免费提供一次性用品。"这项规定被外界解读为,未来在杭州入住酒店,客人将不再享受免费的一次性用品,也就是酒店业所说的"六小件"。业内人士表示,由于"六小件"多为塑料制品,填埋后很难降解,对环境造成污染,因此,杭州的相关条例的出台也有望为环境减压。

酒店业"六小件"一直非议颇多,却屡撤不下。记者从杭州市饭店行业协会了解到,条例实施细则以及具体何时开始实行,尚无进一步的消息。

据报道,国内酒店取消免费提供"六小件"早有例在先:早在2002年,上海首提倡议;2007年,北京号召酒店的洗漱用品用大包装容器代替小瓶装;2009年,长沙酒店主动停止提供一次性用品。

2011年,国家旅游局新版《饭店星级的划分与评定》对取消"六小件"客用品配套作为硬性要求。2013年,广州规定酒店无偿提供一次性用品最高将罚1万元;2014年长沙禁止酒店免费提供"六小件"。

不过,在长达10余年的时间里,国内许多酒店都曾尝试撤除或减少提供"六小件",但到最后,不少酒店却不了了之。部分酒店在"服务缩水"的投诉声中,以尴尬"收场",继续向客人供应"六小件"。

业内:担忧"取消令"执行效果引起客源流失

一块30克左右的香皂,只用过一两次;一支小牙膏,挤了一半都不到;一小瓶沐浴露,只用了十分之一……这样的浪费,每天在大小酒店里上演。

然而,在市场占有量最大的普通酒店,一次性日用品质量良莠不齐,造成的浪费和污染也最大。萧山一家快捷连锁酒店的相关负责人孙小姐表示,一次性洗漱用品单套成本在3元左右,一年下来金额也很可观。记者了解到,对一间拥有300间客房的经济型酒店来说,一年光在一次性洗漱用品上的成本投入至少达数十万元。

"除了杜绝浪费,还有助于酒店业自降成本,更重要的是培养消费者的环保意识。"杭州华美达酒店总经理蔡娅群表示,在杭州的高星级酒店,一次性洗漱用品,单价从一套30元起步,年投入达到上百万元。

对于杭州即将实施"住宿、旅游、餐饮经营者不得在经营活动中免费提供一次性用品"的规定,在采访中,八成以上的受访对象对记者表示,无论是从环保或是降低成本的角度考虑,非常赞同酒店取消"六小件"。但目前,如果马上就"一刀切"取消酒店一次性用品,最怕的就是客源流失。

常年天南海北跑业务的韩先生,坦言经常选择使用酒店的免费"六小件"。他认为,一旦酒店停止提供一次性用品,会影响客人入住酒店的舒适度,"自带洗漱用品还能接受,但自备拖鞋实在是太麻烦了"。

记者了解到,杭州一家四星级酒店之前曾经试水过"按需提供"的方式,客人如有急需可向前台免费索取一次性用品。试行期内,前台工作人员简直"忙飞了",一直在向各个房间送各种洗漱用品,酒店不得不多增加一名工作人员才算勉强做到"保证服务"。

"如果所有酒店不能按照条例要求统一执行,会直接影响到'取消令'实施效果。"滨江区一家商务酒店的负责人坦言,不少客人眼中,免费"六小件"属于酒店星级服务的一部分。在竞争激烈的市场环境中,只要有酒店未严格执行规定,继续免费供应"六小件",那些坚持"取消令"的酒店,将给入住客人带去"服务缩水"的不良印象。

应对:多家酒店引导"绿色消费"已先行一步

在采访中,不论是酒店业内人士还是消费者,普遍认为,取消酒店"六小件"的初衷很好,但感觉实际操作起来恐怕并不容易。消费者王女士表示,"新规"要让所有人都接受,同时又能保证酒店的服务品质,还要看如何有效执行。还有消费者表示,酒店"六小件"不再免费提供的规定,应该在短期内加强宣传推广,让外来游客知晓杭州的"取消令"。

据悉,为了引导消费者的环保消费意识、减少浪费,目前杭州酒店业在一次性用品供应服务上还是想了许多对策的。

华住集团相关人士魏小姐表示,旗下的海友快捷酒店已经尝试不在客房内提供"六小件",有需要可以找服务总台免费领取。"试行下来,顾客反应还算不错。"她透露,汉庭快捷酒店也计划在网上订房平台上线"定制客房"服务,即客人可在选择入住时,按照不同的价位,直接选取喜欢的收费洗漱用品,提倡循环使用。"包括浙江杭州在内的全国200多家汉庭,都将试行该项服务。"

记者了解到,有酒店将"六小件"中"一客一换"的一次性无纺布拖鞋,换成了价格贵出三分之二的毛巾拖鞋,通过消毒处理过可再重复使用。对自带洗漱包的住店客人,不少酒店表示,将给予直接折价、抵金券、赠送免费洗衣、附送水果等奖励方式。

早在1999年"创建绿色饭店,倡导绿色消费"时,业内就曾多次讨论酒店"六小件"问题,并且于2001年出台了国内首个绿色酒店的行业标准。在《浙江省〈绿色饭店〉地方标准》中,早已明确提出,通过一次性用品减量供应、简化包装、物尽其用等举措,以达到降低酒店成本、减少垃圾的目的。

对此,浙江省饭店业协会秘书长杜觉祥表示,倡导绿色消费决心可嘉,也呼吁更多的外来游客加入到环保队伍中来。他同时表示,在"六小件"撤与不撤的问题上,实施操作起来还需要考虑实际情况,不能简单地"一刀切"。"当前最重要的是引导消费者真正形成'绿色消费'意识,酒店则需要在循序渐进的过程中,积极寻求环保和服务两者间的平衡。"

现代社会中"便捷"一词占据了人们的生活空间。若要消费者自发性携带洗漱用品入住酒店而拒绝使用一次性用品,有些强人所难。但我们在享受"便捷"的同时不能忘记,也不应该忘记,这样的"便捷"是暂时的,我们需要的、我们的子孙后代需要的是长久的便捷。绿色营销的概念在不久的将来一定深入人心。

相关知识

四、绿色营销

(一) 绿色营销含义

企业作为社会系统的一个组成部分,其生存和发展与所处的自然环境息息相关。保护生态环境,促进经济与生态的协调发展,既是企业自身生存和发展的需要,又是企业不可推卸的社会责任。

绿色营销是指企业在整个营销过程中充分体现环保意识和社会意识,向消费者提供科学的、无污染的、有利于节约资源和符合良好社会道德准则的商品和服务,并采用无污染或少污染的生产和销售方式,引导消费者保护环境的意识和满足其保持身心健康的需求。创建绿色酒店、走可持续发展道路成为当今酒店行业的共识和必然选择,在国内外环境的变化之下,酒店企业也应该应树立绿色意识,比如绿色客房中床单换成全棉制品,在房间里面放上绿色告知卡,摆放增加有利于空气净化和美化环境的盆栽植物等,利用节能灯代替一般照明,在满足客人要求和保持卫生的前提下,减少床单等洗涤次数。

(二) 绿色营销与传统营销的差异

1. 营销的目标从最大限度地刺激消费转为追求可持续消费

传统营销的目标是最大限度地刺激消费。企业的全部营销活动以及企业在营销中所采取的营销技术组合均是围绕着吸引消费者、刺激消费者的消费欲望而进行的。然而当前世界已经进入了生态环保时代,这就要求人类社会的发展、经济的增长必须控制在自然资源和环境能够支撑和实现的范围内,即人类必须实行可持续消费。据此,绿色营销要求在可持续消费的前提下实施营销活动,即营销的目标应在追求充分满足消费者需求的同时,提高消费的质量,减少物质消费的数量,降低自然资源的耗费程度,使消费达到可持续增长的要求。

2. 营销服务的对象从消费者扩展到"消费者和社会"

由于在绿色营销中引入了社会责任的要求,因此企业在满足消费者的需要的同时,其行为还必须符合环境保护的要求,符合社会合理、有序发展的要求。当消费者的需要与社会的需要相冲突时,企业的营销不能损害社会的利益,不能破坏人类环境的良好状态或使之恶化,而应妥善处理这一矛盾,协调好两者之间的关系。在20世纪70年代产生的社会营销虽然也提出了企业在满足消费者需要的同时也应满足社会的需要,但绿色营销在引入环保观念以后,社会这一概念的内涵扩大了,它强调要从生态环境的角度来认识社会,并远远超越了社会营销所指的社会这一概念的空间和时间。

3. 对顾客满足进行重新定义

传统营销所指的满足集中于产品和服务在被消费时令顾客满足,而绿色营销要求达到的满足,不仅在产品被消费时令顾客满足,而且还包括提供产品时和产品被消费后让顾客满足。例如,在快餐店就餐后必须根据环保的要求对快餐餐具进行有效处理,使之不致污染环境。产品"从摇篮到坟墓"的全过程均使顾客得到满足的要求,涉及整个企业的行动,贯穿于创造顾客满足的整个产品的历史过程,因而使"顾客满足"变得更为复杂。

4. 在具体的营销组合制定和运用上的差异

就整体而言,二者的营销过程并无差异,都包括市场营销调研、目标市场选择、制订企业战略计划及营销计划、制订市场营销组合策略等。但如果抛开营销一般性对二者进行深入分析,就会发现二者不仅在内涵、研究焦点、输入的营销信息等方面均显现出不同的特征,而且在具体的营销组合的制订和运用上有着比较明显的差异。所谓绿色产品,是指对社会或环境的改善有所贡献的产品,或指较少损害社会和环境的产品,或指对环境及社会生活品质的改善优于传统产品的产品。二者在定价、渠道建设和促销等方面有着很大的不同。

课堂讨论

讨论绿色营销与社会市场营销观念有什么不同。

所谓数据库营销,就是企业通过收集和积累会员(用户或消费者)信息,

经过分析筛选后有针对性地使用电子邮件、短信、电话等方式进行客户深度挖掘与关系维护的营销方式。数据库营销就是以与顾客建立一对一的互动沟通关系为目标,并依赖庞大的顾客信息库进行长期促销活动的一种全新的销售手段,是一套内容涵盖现有顾客和潜在顾客,可以随时更新的动态数据库管理系统,数据库营销的核心是数据挖掘。

第二节　营销传播手段新发展

——对传统媒体的超越

导入案例　"互联网+"助力酒店业思维变革①

2015年3月,去哪儿网发布高星级酒店大数据报告。该报告指出,用户在无线端的一些预订消费习惯也显示出了用户与互联网的相互依赖性。全年高星酒店预订量最高的峰值节点TOP5,无线端和PC端均有3个国庆酒店预订节点入选,但无线端的这三个时间点为10月1日、2日、3日,PC端则为9月25日、28日、29日。方便快捷的App和高星级酒店用户偏好即时、随性的预订习惯不谋而合。去哪儿网用户以25~35岁年龄段居多,占比为56.5%,其次为25岁以下和35岁以上的用户,分别占比为22.3%、21.2%,高星级酒店用户年龄分布与之基本保持一致,"80后"用户是去哪儿网的中坚力量,同时也是高星级酒店消费绝对主力。

此外,高星级酒店越来越注重口碑传播,根据报告数据显示,高星级酒店点评覆盖率是酒店整体点评覆盖率的2.4倍,四星、五星酒店点评覆盖率均在90%以上。另外,高星级酒店点评人群同样呈现年轻化趋势,女性点评用户更多。

"互联网+"是对创新2.0时代新一代信息技术与创新2.0相互作用共同演化推进经济社会发展新形态的高度概括。在"互联网+"的时代背景下,酒店管理思维将发生颠覆性的变革。网络经济时代已经到来,在高度发达的互联网经济时代,传统酒店管理思维正在面临极大的考验,作为酒店管理者需要更深刻地认识互联网对酒店管理的巨大影响力。

(1) 传统的营销模式待改变。曾经有个销售经理上门拜访她的客户。客户说当天会订房,该销售经理非常开心并告之客户,如果订房的话可以和她联系。可是,当该销售经理刚从客户公司回到酒店,客户就告之她已经在本酒店订了房。

---

① "互联网+"助力酒店思维变革[EB/OL].[2015–03–20].http://www.iyiou.com/p/16536.

销售经理显得很沮丧,因为该客户通过网络进行预订了房间。该客户说,网络预订很方便,下飞机、坐车甚至上厕所都能用手机端进行预订,结算更方便,这样可以省去送单子的时间,大大提高了效率。这样的故事,可能正在各个酒店发生着。它也给我们的酒店管理思维带来一些新的启示:①传统的营销方式需要与时俱进;②要高度重视互联网。

(2) 传统的宣传方式要改变。传统的高炮广告、车站广告、LED等固定广告作用正在逐步弱化。手机终端的飞速发展将改变我们的生活,互联网广告已然成为时代急先锋。除了团购网站、微信、官网、OTA等,我们的网络时代宣传需要全方位的网络包装。酒店管理过程中,宣传费用预算支出要向互联网倾斜,并使之成为"主战场"。

(3) 用大数据工具来提升顾客体验感。"互联网+"思维落实到酒店管理过程中就是用数据说话,用互联网大数据来更深入了解我们的顾客,如增加与顾客的接触点,有针对性地进行顾客体验的整改工作。酒店管理过程是一个动态发展的过程,没有酒店会没有问题,但最为可悲的是,很多酒店管理者找不到影响顾客选择的共性问题所在,找不准顾客的关注点。关注和在乎的并不是酒店管理者所能给的。顾客要求快速整改的,不是酒店管理所优先安排的。

(4) 互联网市场是酒店经营管理的重中之重。过去一年来,细数OTA各类罪过的文章很多,与OTA脱离的想法也很多,然而,现实的情况是,更多的酒店更大的份额有意无意之间都被OTA所占领。客房销售、携程、艺龙、去哪儿网等各类网站都掀起了前所未有的促销力度,它们的优惠促销是酒店公司协议价无法相比的。餐饮、康体销售、美团、糯米等各类团购网站成为宾客选择的重点。五年前,没有多少人能够想象团购会如今天这般迅猛的发展。客源群的改变成就了这样的改变,"80后""90后"已经成为消费的主力军,他们是随着互联网成长起来的一代人,他们的脑海中深深地扎入了互联网的"DNA"。

(5) 针对互联网时代的消费特点,定制酒店产品。这就要求我们首先关注大数据分析,收集OTA客人的消费喜好,关注他们的消费心理,根据这个对象心理来制订我们的管理策略。如果需要超高性价比,我们可以在淡日、淡月、淡季推出性价比促销产品。老的酒店管理是让客人选择酒店推出各类产品。在"互联网+"的背景下,我们需要结合他们的特点来订制酒店产品,这是观念上的一大转变。

(6) 想法决定思维,思维改变行为,行为产生效益。中国酒店千千万,区域不同,客源不同,差异太大,不可能有哪个具体的方法能够解决许许多多的不同之处。在今天这个时代背景下,有一点是大家要认同的——强化酒店的互联网思维。对于管理而言,所有工作的启动源于想法,有了想法才能触动思维,最后才能改变行为。重视与轻视一念之间,带来的结果却是完全不同。

在这个快速发展的互联网时代,酒店管理如逆水行舟,不进则退。学习是酒店管理的第一生命力,关注宾客体验并反馈整改是第一生产力。互联网等新媒体下的新消费形势已经形成,信与不信,它就在那里!愿意与不愿意,它还在那里!

相关知识

一、新媒体营销

新媒体是相对于传统媒体来说的,是指在载体上更便捷接触到用户、在形式上更精准吸引客户、在内容上更多元地满足客户的一种新的传播信息的媒介。新媒体营销就是利用新媒体的手段,以内容为核心,去获取有利于企业盈利的潜在销售线索,从而实现企业营销的目标。酒店企业可以充分利用这一趋势,实现企业的营销目标。

传统的媒体只能在报纸、电视、广播、门户网站等地方刊登公司的广告,等待着用户能够以万分之一的希望看到这则广告,然后在用户看到的众多广告中货比三家,最后形成千万分之一的转化率和成交率。传统的媒体传播是把媒介放在用户产生明确的需求之后,而新媒体该做的就是在用户发生需求之前,去触发他的需求。

以搬家公司为例,新媒体通过新的形式,以大数据和物联网等新技术为依托,对搬家公司的目标用户的进行相关性和关联性分析,可以得出:有可能存在搬家需求的人会在淘宝上购买纸箱;会频繁地登录房产中介网站;会在二手家居网站上售卖物品,等等。通过抓取到这些数据,我们就可以分析出存在搬家需求的人群都会有哪些指向性的客群标签,然后集中找到符合这类标签的人群。找到目标人群,分析清楚这类人群的浏览偏好和日常习惯之后,就通过新媒体的多元化形式,以微博、微信、门户网站、App等方式,在消费者还没有进入真正的搬家阶段就不定期给这些目标人群传达精准的广告消息。经过时间的积累,在用户的潜意识里植入品牌信息,当用户真正发生搬家需求的时候,他们会在第一时间想要你的品牌而不是在网上搜寻其他品牌。如果一直以来你都在给用户做一个必答题,还给了用户答案,这就无须用户在拿到问题时再花费时间成本去寻找答案,也可以增强你的品牌广告转化率和成交率。

在合适的时间,把合适的服务,以合适的方式推给合适的人,这就是新媒体在经过技术革新之后应该发挥出来的品牌传播形式,一系列以新媒体为主要手段,围绕着获取现在销售线索为主要目的的市场活动就是新媒体营销。

导入案例 "微信+酒店"连接更多未来[①]

酒店在运营微信公众号的实践中,对许多功能的应用已驾轻就熟。比如,碧桂园凤凰国际酒店管理有限公司开发的微信公众号就已包括预订、优惠套票订购、视频展示、酒店位置导航、人工服务等功能。

近日,该酒店还在自己的公众号上卖起了"会说话的月饼"。"之所以称它为'会说话的月饼',是因为我们的月饼电子礼券附带语音祝福功能,用户在微信上购买该礼券后,可以像'发红包'那样发给微信好友,还可以通过语音留言送上祝福。"碧桂园凤凰国际酒店管理有限公司负责人说。

"酒店关于微信的应用可以分成对外、对内两个方面。"广州茂腾信息科技有限公司董事长韩义说:"对外主要是顾客服务及品牌推广的延伸,可以覆盖顾客从预订到退房的全过程,这将大大提升顾客的入住体验。而对内,微信的功能将给酒店内部运营与管理带来了不小的变化。"事实上,微信公众号是酒店服务会员的一个新平台,可以引导会员将消费习惯转移到手机移动端。在这个开放、平等的平台上,酒店如何努力把潜在消费者转化成粉丝,把粉丝转换成会员,这里大有文章可做。另外,酒店对于微信会员的管理可以更加灵活,会员的个人资料、消费习惯等都将记录在微信大数据中,作为酒店管理决策、精准营销的依据。

韩义表示,微信已让酒店在微信群里开会、培训、路演成为可能。国内已有不少酒店集团利用微信直播进行品牌发布,成本低,而效果却很明显。

"微信还是一种天然的社交工具,酒店销售实质上也是一种社交,微信有可能推动酒店行业构建共享经济的生态圈。"酒店可以让每位员工成为其"微商",通过员工的人脉圈将酒店的各种推广、销售信息和优惠活动传播出去。这样,员工与酒店关系就不仅仅是雇佣关系,而是合伙关系。去中心化是电商的未来,共享经济有可能成为最主流的经济形态,从这个角度看,微信将帮助酒店构建一个高效的直销平台。

说到直销,韩义认为,目前,"微信+酒店"的市场空间还未完全释放。比如,广州流花宾馆从微信预订端获得的订单达到20%左右,也就是说,如果该酒店每天售出200间客房,大概有40~50间是通过微信售出的。而碧桂园酒店的微信订单仅占其旗下全国49家酒店客房预订总量的1%左右,还有很大的提升空间。

对酒店而言,相较于OTA的佣金,微信直销的运营成本可以忽略不计。而相比网站、App,微信无论在数据开放性、用户黏度、开发维护成本、传播效果上,都具有明显的优势。

很多人会担心,微信是否会跟微博一样,成为互联网时代的"弃儿"。韩义表

[①] "微信+酒店"的市场空间还未完全释放[EB/OL].[2015-09-09].http://www.ce.cn/culture/gd/201509/09/t20150909_6436201.shtml.

示,微信是一种天然的社交工具,强关系、弱媒体的微信与强媒体、弱关系的微博,有本质不同。毕竟基于人与人之间的社交比基于媒介上的传播更具活力与生命力,"微信+酒店"将会连接更多未来。

微信拥有庞大的用户群,借助移动终端、天然的社交和位置定位等优势,每个信息都是可以推送的,能够让每个个体都有机会接收到这个信息,继而帮助商家实现点对点精准化营销。微信的点对点产品形态注定了其能够通过互动的形式将普通关系发展成强关系,从而产生更大的价值。通过互动的形式与用户建立联系,互动就是聊天,可以解答疑惑、可以讲故事,甚至可以"卖萌",用一切形式让企业与消费者形成朋友的关系,你不会相信陌生人,但是会信任你的"朋友"。

相关知识

二、新媒体形式和内容呈现

（一）新媒体形式

（1）微信公众号。微信包括订阅号和服务号,针对已关注的粉丝形成一对多的推送,推送的形式多样,包括文字、语言、图片、视频等,并且基于微信本身庞大的用户基础,传播效果遥遥领先于其他渠道。

（2）微博。微博较微信更为开放,互动更加直接,推送不受数量多少和时间的限制,形式多样,并且因其开放性,容易造成爆炸式的传播效果。

（3）社交网站。包括天涯、豆瓣、猫扑、人人等网络社区,这些网站有其对应的用户群体,网站内部也有多种玩法,例如,豆瓣日志、豆列、小组等,具有良好的传播效果。

（4）问答平台。以这几年发展红火的知乎、分答等平台为主,这些平台重视内容本身,在站外搜索引擎上的权重较高,常形成用户分享信息的发源地。

（5）视频网站。以哔哩哔哩、腾讯视频、乐视网等视频网站为代表,品牌可以直达用户,更好地与传播内容相融合,并且可以通过弹幕等方式及时获取用户反馈。

（6）短视频平台。以美拍、秒拍、快手等应用为代表,短视频符合受众的大脑接受和移动端使用习惯,在视频移动化、资讯视频化和视频社交化的趋势带动下,短视频营销正在成为新的品牌风口。

（7）资讯平台。以今日头条为代表的,基于个性化推荐引擎技术,根据每个用户的兴趣、位置等多个维度进行个性化推荐,推荐内容不仅包括狭义上的新闻,还包括音乐、电影、游戏、购物等资讯。

（二）新媒体内容呈现

新媒体营销，其实是内容与渠道的结合。新媒体营销的方式，是指新媒体内容在各渠道呈现的形式。内容呈现的形式主要有文字、图片、视频等。

（1）文字。文字是最为常见的内容呈现形式，例如，加多宝凉茶在输掉与广药集团的官司后，发布了一组微博图片，配文为"对不起"，将败诉转变成为成功的营销事件。

（2）图片。用会被转载的图片做广告，这种直观的视觉方式让读者在瞬间记住图片所要宣传的产品或思想。例如，化妆品品牌百雀羚在其微信公众号上发布的"一九三一"长图广告，贴合了手机端用户的使用习惯，形成了刷屏的效果。

（3）音频。用音频进行营销不需要占用双眼，即可以实现"伴随式"的营销，2016年天猫"双十一"与上海彩虹合唱团合作，推出了"我就是这么诚实"这首推广曲，歌词切中痛点，开启了"双十一"的声音营销。

（4）视频。用视频进行营销，包括电视广告、网络视频、宣传片、微电影等各种方式。例如，美国Blendtec公司为宣传自家的搅拌机，以一个老头将各种稀奇古怪的东西扔进搅拌机为主题，拍了一系列视频，最终大获全胜。

（5）H5动态页面。这是近年来兴起的一种营销方式，利用各种创意的设计进行营销，因为形式多样，往往能起到良好的传播效果，例如，支付宝推出的"支付宝十年账单"H5页面，甚至脱离了支付宝软件本身，在微博、微信朋友圈进行刷屏。

课堂讨论

利用搜索引擎，收集酒店企业以新媒体传播的方式的案例。

知识补充：病毒营销

病毒营销(viral marketing)，又称病毒式营销、病毒性营销、基因营销或核爆式营销，是利用公众的积极性和人际网络，让营销信息像病毒一样传播和扩散，营销信息被快速复制并传向数以万计、数以百万计的观众，它能够像病毒一样深入人脑，快速复制，迅速传播，将信息短时间内传向更多的受众。病毒营销是一种常见的网络营销方法，常用于进行网站推广、品牌推广等。也就是说，病毒营销是通过提供有价值的产品或服务，"让大家告诉大家"，通过别人为你宣传，实现"营销杠杆"的作用。病毒式营销已经成为网络营销最为独特的手段，被越来越多的商家和网站成功运用。

病毒营销也可以称为是口碑营销的一种,它是利用群体之间的传播,从而让人们建立起对服务和产品的了解,达到宣传的目的。由于这种传播是用户之间自发进行的,因此是几乎不需要费用的网络营销手段。

第三节 分销渠道新发展

——分销渠道模式发展

导入案例 艺龙和腾讯达成深度战略合作 加速推进"互联网+"在旅游酒店行业布局[①]

2016年是艺龙集中爆发的一年,6月份的时候艺龙签约Expedia、Booking、Agoda三家国际在线预订平台,整合优质住宿库存;又先后入驻微信钱包和QQ钱包加强平台合作。在12月23号艺龙与腾讯双方宣布进一步达成深度战略合作,在北京签署了《战略合作框架协议》。双方整合资源优势,以"互联网+旅游"为结合点,从大数据云平台、为衬开放平台、旅行场景、营销模式、用户酒店需求等多方面加强联动作用。

此前,艺龙已是微信钱包"酒店"入口唯一合作者,当时在行业和用户间已引起轰动,外界更是期待如此强强联合下会为移动互联网用户带来怎样的新的旅行生活体验。事实证明,艺龙与腾讯的合作是成功的。微信作为腾讯最重要的社交平台之一,无论是从平台属性、用户基础、用户年龄层、活跃度以及消费潜力来看,都无疑是腾讯实现"互联网+"旅游产业整合的重要支撑平台。艺龙是中国领先的移动和在线住宿服务提供商之一,在全球200多个国家拥有超过75万家合作酒店,在在线旅行社(online travel agent,OTA)行业深耕多年,积累了丰富的资源和经验,用户圈层与微信重合度较高,对消费者预订住宿习惯和酒店行业都有着长足的了解。在接入微信钱包入口后,两者互通有无合作加深,共同为消费者提供更为便捷、智能的住宿预订服务。

根据腾讯第三季度财报显示,微信和WeChat的合并月活跃账户数达到8.46亿。这样一个超级社交平台,微信拥有支付、企业微信、服务号、企业号、微信客服等深受用户喜爱和市场认可的产品,是很多酒店企业都想使用的新型营销工具,但

[①] 艺龙腾讯达成深度战略合作 加速推进"互联网+"在旅游行业布局[EB/OL].[2016-12-27].http://info.hotel.hc360.com/2016/12/271448672932.shtml.

微信产品审核严格,酒店行业虽经多年互联网化发展,酒店企业的互联网信息技术和对微信后台的熟悉程度都远不能满足当前微信平台的营销需求。艺龙在此次与腾讯的战略会上,就很好地解决了这一长期困扰酒店业的难题。

在此次战略会上,腾讯产业政策部总经理刘勇表示:"一直以来,腾讯和艺龙有着良好的合作基础,腾讯将艺龙视为重要的战略合作伙伴。旅游是腾讯落实国家'互联网+'行动计划的重要领域,今后腾讯将利用开放平台优势以及大数据、云平台、LBS信息安全和人工智能等技术,联合艺龙在住宿、旅游行业丰富的渠道资源和管理能力,联手加速推进'互联网+',在旅游行业的布局和旅游产业现代化。"

艺龙CEO江浩表示:"相信这次深度战略合作,会在微信场景内给酒店伙伴带来变革性的营销模式,在未来,艺龙、腾讯旅游将联手打造大数据社交平台下的智慧酒店预订,为消费者提供基于社交平台下的智能旅行生活圈。"

值得一提的是,艺龙在解决酒店营销痛点上做了很多新的尝试和方向。在今年的世界睡眠日,艺龙率先上线VR预订酒店,将VR技术在OTA行业落地,以沉浸式方式提升用户体验,进而提高酒店预订转化率;艺龙借助腾讯拥有丰富全面的数据以及多方位的平台,在日后的合作中进行广告业务的合作。此外,随着2016年5月份"营改增"的推广,电子发票因其快速、便利的特性迅速在各个行业盛行。艺龙率先支持电子发票,从而使用户以及酒店的体验得到更快的提升;在不久后电子发票也将与腾讯进行更深入的合作。今年8月艺龙又先后携手铂涛、华住,创国内首个分销合作联盟,以让消费者在任何在线旅行零售平台上,都能享受到优质且统一价格的酒店产品,同时进一步提升集团酒店的分销能力。在这次的战略会上,艺龙又联手腾讯,基于移动互联的大数据、云计算和信息安全,以酒店合作伙伴的需求为核心,在微信的场景内为酒店提供一系列的无线互联网解决方案和技术运营支持,后期将为酒店提供定制化官网H5页面等系列服务,打造社交平台上信息化的智慧酒店服务,提升酒店的运营效率和用户服务体验。

业内人士分析认为,这次腾讯和艺龙的战略合作升级后,腾讯、艺龙、酒店、景区企业商旅用户等将形成互利共赢的生态模式,共同推进酒店、住宿及旅游产品的标准化落地和服务品质提升,"互联网+"将赋能旅游行业,促进旅游产业在未来更快更好的发展。

现在社会,不变的就是变,酒店行业应该积极应对变化,随着信息技术和互联网技术的发展,以及旅游电子商务市场的日趋成熟,针对不同细分市场和酒店供应商的分销渠道也在不断涌现。正确认识线上和线下、直销和非直销的差异,传统酒店利用OTA在线模式完全可以共赢。

相关知识

一、在线旅行社

在线旅行社(online travel agent,OTA),是旅游电子商务行业的专业词语,指旅游消费者通过网络向旅游服务提供商预定旅游产品或服务,并通过网上支付或者线下付费的一种酒店预订方式,即各旅游主体可以通过网络进行产品营销或产品销售。

在线旅游是指依托互联网,以满足旅游消费者信息查询、产品预订及服务评价为核心目的,囊括了包括航空公司、酒店、景区、租车公司、海内外旅游局等旅游服务供应商及搜索引擎、OTA、电信运营商、旅游资讯及社区网站等在线旅游平台的产业。因其主要借助互联网,与传统旅游产业以门店销售的方式形成了巨大差异。

对于中国在线旅游市场来说,1999年携程、艺龙成立,但"在线旅游"作为一个新的服务业态成型于2003年,是以携程上市为标志,派卡及电话逐步取代门店销售成为旅游产品销售的新渠道。作为当时旅游市场的主要商业模式,携程成为中国在线旅游产业的旗帜,以呼叫中心为主的OTA成为中国在线旅游产业的研究方向。随着去哪儿、驴妈妈、途牛等网络平台的出现,正式标志着中国在线旅游产业新模式的出现。2016年,中国在线旅游OTA市场营收规模为298亿元,同比增长48%。

(一) 技术应用

随着用户群体从PC端向智能手持设备方面的大量转移,以及旅游用户预订习惯的转变,移动互联时代下的在线旅游市场极大改善了用户的消费体验,在OTA模式中占据了重要位置。

第一,移动定位服务。基于位置的服务LBS(location based service)被称为移动定位服务,通过一组定位技术获得移动终端的位置信息,以移动通信网络和卫星定位的系统结合来实现,实现各种与位置相关的业务。在旅游中基于位置的移动定位服务包括导航服务、位置跟踪服务、安全救援服务、移动广告服务,以及相关位置的查询服务等。比如根据当前定位位置,通过在线旅游服务商的App等相关应用,可以查询附近酒店、旅游景点、娱乐设施等相关信息,可以进行选择预订的同时,还可以通过地图应用的导入,实现空间到达。

第二,移动支付。移动支付通常称为手机支付,就是用户使用移动终端(一般是手机)对所消费的商品或服务进行账务支付的一种服务方式。移动支付对实物货币有着可替代性作用,不受时空限制,具有先天的优势,在当前的消费行为中起着重要作用,移动支付服务的水平,将成为改善用户体验的重要组成部分。

第三,移动信息服务。移动信息服务是指用户在移动过程中自动接收到的来自广告商或其他以目标客户为群体的组织相关针对性信息。例如,很多人进入到某地会自动收到当地的欢迎信息。移动互联网最关键的应用是高度个性化、高度相关性的信息传递,这些信息是由客户定制的,包括客户个人信息及其想达到的目的。因而,对目标客户或者是进入到一定旅游区域的用户进行相关信息的推送,可以引导其进行消费行为的产生。

第四,信息互动服务移动。这是一种基于移动互联网的为目标用户,发布大容量及强交互性内容的信息发布服务。相关数据显示,目前旅游市场传统业务的交易量的增长率逐年下降,而自助游呈现爆炸式增长。当前的网络问答社区以及搜索服务为自助游提供信息支持的同时,更是这个时代用户对于个性化的追求。通过移动互联网服务,旅游者不必在旅游出发前费事地进行旅游行程的详尽安排,就可以直接出发开始自由旅行。

(二) 特点

在线旅游以互联网为媒介,网上消费者直接参与,与传统旅行旅游产业有很大差异,因此也有一些自己独特的特点。

1. 整合性

旅游产品是由一个许多部分内容构成的复杂体验服务。旅游电子商务把旅游环节中的各级别的供应商、景点、交通运输企业、饭店、保险公司及与旅游相关的众多行业整合在一起,通过组合后的产品吸引更多的在线顾客。

2. 交互性

旅游者在购买旅游产品之前,由于信息的有限性导致无法亲自了解全部与旅行相关的内容,只能通过学习别人的经历或在文字介绍中寻求了解。随着信息技术的发展,在线旅游提供了大量的旅游信息和旅游产品介绍,网络多媒体给旅游产品提供了视觉、听觉甚至3D效果的全新旅游体验,使用户在开始旅游前已经对目的地有了很多的了解,并且培养了大批潜在的游客群。

3. 快捷性

旅游业属于服务性行业,旅游电子商务更是通过在线服务随时为游客提供服务。在线旅游企业正是依托于自身的技术优势,实现了传统旅游企业无法完成的24小时随时服务,利用网络进行推广,电子媒介传递信息,实时订单确认与支付等,快捷便利。因此旅游电子商务与软件、网上书店一起,被人们称为IT业最赚钱的三大行业。旅游业在所有的产业中也被认为是对互联网敏感度最强的产业之一。

（三）渠道新发展

相关移动技术的日益成熟，以及为了更好满足用户需求，在线旅游服务商们为用户提供了相当多的新式应用。这些应用主要以多元化、多点式的App客户端为主，应用中包含了航班、酒店、旅游产品、攻略、图片分享等各个环节和产品，在产品的使用上进行了大量优化，提升用户体验。

第一，语音搜索。在移动的过程中，语音功能是非常有潜力的一块，如何便捷地获取信息，是用户体验的焦点。

第二，位置服务。基于位置的服务（LBS）与地理位置密切结合，也是无线渠道和其他渠道的差异化所在，也是移动应用的重要特色。

第三，个性化推送。随着大数据在商业分析领域的大量应用，个性化推送在当前电子商务领域并不鲜见。根据用户的搜索、浏览、购买历史，分析用户相关兴趣爱好，将与用户相关的旅游信息（特别是折扣优惠）直接推送到用户面前，增加用户黏度的同时，进一步提升用户体验。

课堂讨论

讨论目前市场上主流的OTA平台差异。

导入案例　酒店如何借力移动互联网打造直销平台[①]

随着移动终端设备的普及应用，越来越多的酒店开始关注移动互联网技术迅速发展所带来的机遇，希望借此打造酒店的直销平台。据了解，目前，山东大多数酒店尝试开通移动互联网平台，并陆续开通预订、支付等功能。很多业者反映，酒店的移动直销平台，如微信，如何吸引受众的关注，增强用户的黏性，是目前困扰他们的一个难题。

不少酒店管理者表示，随着智能手机的普及，越来越多的用户开始习惯使用移动设备预订客房及支付房费，酒店需要紧跟时代的趋势，抓住这一部分客源。

山东银座旅游集团有限公司高星级酒店运营部市场经理李源霞表示："新技术发展很快，营销平台在不断升级，高星级酒店不能落伍。"目前，山东银座旅游集团正在筛选旗下的酒店尝试开通微信预订与支付功能。

"比较纠结。"泉城大酒店驻店经理兼营销总监吴晓琴这样形容酒店最初对待移动互联网的心态，"毕竟这是一个趋势，不做的话，会失去一部分市场。但是开通

---

① 酒店如何借力移动互联网打造直销平台[EB/OL].[2014-03-28].http://blog.zhulong.com/u8708443/blog detail4659876.html.

移动营销平台,又要投入较大的人力与物力,后期的维护费用、人员等都是成本。"

最终让吴晓琴下定决心试水移动互联网直销的是近年来酒店与OTA的关系。"现在是OTA说了算,酒店处于被动地位。如果是酒店自己的销售平台,酒店就拥有话语权。"但同时,她也担心,"OTA不允许酒店价格倒挂,更不会允许酒店自己的平台做更大幅度的优惠,这相当于跟他们争抢客源。"

济南珍珠泉宾馆总经理徐红军在采访中对笔者强调了移动直销平台给酒店带来的主动权:"之前,酒店跟预订平台的合作都是加盟的形式,借别人的平台和窗口宣传自己,酒店没有主动权。利用移动互联网,酒店可以建立自主的自媒体,有针对性地发布信息、促销产品、开发客源。当前有的酒店已经开始布局,有的还尚无反应,这取决于酒店各自的理解和策略。"

蓝海集团副总经理袁崇铨对移动互联网这一事物则比较慎重,"这跟客源市场有关系,国内大多数客人目前对于使用移动设备预订或者支付尚处于初级阶段。蓝海集团App已在小范围内试验,主要是餐饮方面,客房目前还尚未涉及。未来会开通预订与支付功能,但集团还要进一步观察平台的完善程度。"

有条件的酒店可以选择"零阶渠道"进行网络分销,也就是自建网站直接面对顾客,酒店可以投入较低的运营成本开发自身的网站和移动App,设定好关键词,通过搜索引擎向市场推广;也可以找一些专业的旅游网站建立符合国际标准的酒店网站,这样很多搜索引擎会自动找到你的网站,实现高效营销。

相关知识

二、酒店企业自建移动客户端直销平台

互联网时代的到来让旅客订房不再忧愁、沿途不再寂寞,移动设备的使用率扶摇直上。2015年,预计60%的游客及35%的商客都将使用移动客户端进行酒店选择,随后进行支付。酒店需要通过移动设备去寻找更多的方式来吸引顾客,这不仅是一个走在思潮前端的机会,更重要的是它能带来更多的额外收益。

移动互联网发展越来越快,酒店企业是自己开发移动客户端,还是入驻像携程、艺龙等平台,是很多酒店企业遇到的问题。

以单店经营和连锁经营模式为判别参考,餐饮O2O的选择对于商务、旅游或临时入住需求的用户,有不同的意义,因此,并不能简单地"一刀切"。在移动互联网迅速发展的今天,商家与客户之间互联互通的方式更加灵活和多变,移动客户端则是酒店与客户交互极为重要的快捷终端入口之一。无论何种连接方式,关键是要考虑用户心理和消费行为,以及长久以来所形成的用户习惯,并非一朝一夕被所

谓的"高科技"产品而瞬间改变的。

对于酒店来讲,移动平台是流量的聚合体,一旦入住,将轻松获得流量导入,新增客户,自建移动客户端则是一个客户通路,方便客商交互的同时,更是一个客户流聚合、汇总数据的重要工具,二者并不冲突。

无论是新客户的获取,还是老客户的沉淀,根据客户消费习性、频次等特征,酒店要想改善经营状况,必不可少的一个工作就是将数据作为日常经营重中之重,应该受到各酒店经营者的足够重视。借助移动客户端可以不受地域限制,酒店理应不断地拓展各类潜在客户群,但传播广度、深度和延续性与客户需求的对接,在一定程度上无法可控,这更需要数据营销,以期不断地提高销售转化。

连锁型酒店,在自己的电商营销团队的情况下,不妨自建移动客户端,通过社交化平台、电商平台或者线下渠道,收集和规整客户数据,通过持续性地统计分析,提炼客群情况,从而制订出有针对性的客户营销方略。

(一)自建移动客户端的优势与劣势

1. 自建优势

根据酒店情况,自建移动客户端会更多地体现出自身的特色,让客户足不出户,不到店即可了解本店客房、餐饮或娱乐设施情况,从而建立品牌和客户之间直接关联。

2. 不足之处

移动客户端建成之际,所有客流需要酒店从线上和线下两个维度自行发展客户,若没有专业团队运营和强大的资金支持,难以做到迅速扩增客户,只能缓慢积累数据,但资料真实,分析依据相对确切。

对于酒店来讲,对新客户的追逐是亘古不变的思维惯性所致,但并不代表一味地追逐平台价值,而是适当地发挥自身优势,最终,构建属于自己的客户资源。

根据客户入住的缘由和频次,酒店可以科学严谨地分析数据,总结经营对策,提升预订便捷性、改善用户体验和心理留存印象,借此,提高客户反复预订入住的复购率。

(二)自建移动客户端和在线旅行社的差异

1. 新客户获取

(1)自行开拓。社交化平台的广泛性有利于吸引新客户的关注,从线上引入线下,凡是到店客户,借助线下店员的有力推介,吸引客户注册,考虑建立新客户数据库为先,以便提升营销决策的精准和存续性。

(2)平台引流。英雄不问出处!借平台之流,并没有好与不好之分,只是阶段性的策略选择而已,但凡把到店客户变为本店的客户数据皆为根本。

2. 老客户沉淀

外界无法解决本店客户的沉淀,只有酒店自身做好"内功",才能留住客户,才能让老客户自愿为该酒店宣传,并带来新客户。

在移动互联网时代,不能说一个自建移动客户端能够解决酒店销路问题,归根结底,酒店做好软硬件的体验,才是持久生存之道。哪怕是再好的外围工具或理念充其量只不过是经营的参考和借助而已,并不能取代酒店经营的本原,反之,只是在加速用户的好坏识别和消费决策。

无论何时,对于某个具体酒店来讲,不要把自身的命运寄希望于他人,而应该时刻地把握自我的命运,入驻平台和自建移动客户端并行,前者是导流渠道,后者则是酒店的根据地,二者有机结合,才可能保持良性循环和发展。

课堂讨论

任选一酒店企业自建App下载,讨论在用户使用中有哪些优点和不足之处。

导入案例　微信酒店预订系统专家——"直客通"[①]

在移动互联网风靡全球和社交软件广泛运用的刺激下,微信改变了各行各业的营销和内容产出方式,改变了用户的消费方式和支付方式。毫无疑问,微信已成为人们生活中的重中之重,无论上班还是休息,人们都离不开微信。据微信官方数据显示:"截至2016年第一季度末,微信每月活跃用户已达到5.49亿,用户覆盖200多个国家、超过20种语言。此外,各品牌的微信公众账号总数已经超过800万个,移动应用对接数量超过85000个,微信支付用户则达到了4亿左右。"除此以外,如滴滴打车、美团、百度糯米等大型互联网公司不断加大投入,加速培养消费者在移动端的消费习惯,面对PC端用户行为如此巨大的转变,酒店在线预订行业,面临了前所未有的机会——微信直销。众多酒店均想借助微信营销的东风成为酒店消费者的新宠。汉庭、布丁、7天等连锁酒店和星级酒店都构建了微信订房平台以建设自身品牌和增强会员黏聚力,成为行业的先行者。

另一方面,回顾酒店在线预订行业一些重大变化,OTA行业龙头携程、去哪儿、艺龙的"三国"合并,使得国内OTA酒店分销打开了全新的格局。酒店与OTA围绕着巨额佣金、长账期、客源忠诚度甚至最低定价权等问题,分歧不断。使酒店迫切希望加强线上直销渠道的建设。以往在PC时代,单体酒店想要通过线上官网,做

[①] "直客通"——酒店微信营销专家[EB/OL].[2016-06-23].http://blog.sina.com.cn/s/blog_163994fcf0102wiac.html.

好直销难度非常大。酒店利用网站营销,不仅需要投入巨额资金建设企业网站,还需要结合自身实力与市场需求构建网络预订系统,关键是不菲的投资并不能赢得同等的效益,且推广周期长,推广成本高,收益见效慢,大多数中小型酒店并没有足够的实力去运营、维护。但在移动时代,"微信+微信公众号+微信支付"的商业生态已形成了完整的闭环,酒店只需要通过微信公众号,便可高效地触达营销管理直销用户,将各路分销渠道的客户转化并沉淀为酒店自己的直销会员。因此,对于一心想摆脱OTA强权束缚的单体酒店来说,微信时代到来,可以说是一个天赐良机,酒店微信直销有戏!

直客通"酒店直达"直销系统抓住了酒店业主的痛点,为酒店提供全方位的微信直销系统,抓住微信端巨大的用户入口,推动着酒店向移动互联网的方向快速发展。直客通"酒店直达"系统功能布局十分清晰,消费者点击微信公众号,即可进入相应的功能模块,实现微信预订、微信支付。酒店则可根据自己的需求随时更换微酒店展示的图片和文字,房态房价,并支持多套会员体系,为优质老客户提供差异化体验与服务,从而提升老客户的忠诚度。

"直客通"的创始人团队均都来自于艺龙的核心高管,因此,能更专业地为酒店量身打造适合于微信体系的直销系统和解决方案。独家采用了基于"系统+运营"的服务体系,确保酒店通过直销系统,能在实质上提升直销生意。此外,按效果付费的商业模式更开创了酒店直销系统行业的先河。直客通联合创始人兼COO童俊表示:"在移动互联网时代,一个预订场景就是,客户在酒店前台掏出手机,上携程或美团下单,不但房费能便宜20%~50%,酒店还需支付渠道10%~20%的佣金。由于价格体系的倒挂和直销客户体验的缺失,短短一两年时间,很多酒店发现自己原来最宝贵的回头客和协议公司客户,正在快速地转化为OTA的客户。我们正是看到了酒店老板的这个痛点,才投身创业开发了'酒店直达',不单为酒店搭建好预订体验媲美OTA的酒店微信官网,还深入酒店的日常经营,在定价体系、前台培训、奖金体系和老客户营销等核心节点上给予酒店老板指导,帮助酒店做大、做强自己的直销生意,进而在和同行的竞争中占得先机。"

"直客通"是一家专注于酒店直销解决方案的互联网公司,天使轮由艺龙旅行网投资,目前已经获得由戈壁创投(曾投资途牛网)估值1.5亿元的数千万A轮融资。合作酒店已超过3000家,在北京、广州、深圳、成都、昆明、南京、南宁、海口8个城市开拓了办事处。

通过近两年的摸索与实践,"直客通"已形成了完整的直销系统与运营体系,合作酒店直销会员的平均回头率高达40%,得到了业界广泛的认可。与此同时,"酒店直达"微信公众号用户量已突破100万。为了进一步提升酒店会员的忠诚度,帮助酒店实现会员利益最大化,"直客通"也已初步完成的酒店联盟的系统与试运营。目前,每天约有200家合作酒店,稳定地通过酒店联盟获取新客户,并享受着会员在联盟移动预订的收益。展望未来,"直客通"将进一步加快覆盖全国市场的步伐,加大市场营销力度,力求在2016年覆盖全国范围酒店。通过高效的直销服务和酒店联盟为合作伙伴带来更大的价值。

微信直销订房,在移动互联网和移动旅游时代,将成为酒店业快速、低门槛地实现酒店直销不可或缺的营销利器。但是,拥有技术能力,能够快速跟上移动互联网速度的酒店业者毕竟是少数,更多的时候,为数众多的酒店业者因缺乏全流程的供应链技术能力,受限于技术投入等因素,难于跟进开发和适应微信的迭代速度,不能快速触及移动端用户,从而失去了移动直销的机会。

相关知识

三、搜索引擎营销

搜索引擎营销(search engine marketing,SEM),就是根据用户使用搜索引擎的方式,利用用户检索信息的机会,尽可能将营销信息传递给目标用户。简单来说,搜索引擎营销就是基于搜索引擎平台的网络营销,利用人们对搜索引擎的依赖和使用习惯,在人们检索信息的时候将信息传递给目标用户。酒店企业对这一渠道也应该有新的认识,搜索引擎营销的基本思想是让用户发现信息,并通过点击进入网页,进一步了解所需要的信息。企业通过搜索引擎付费推广,让用户可以直接与公司客服进行交流、了解,实现交易。

1. 酒店搜索引擎营销渠道特点

酒店搜索引擎营销渠道的特点主要包括:① 使用广泛;② 用户主动查询;③ 获取新客户;④ 竞争性强;⑤ 动态更新,随时调整;⑥ 投资回报率高;⑦ 搜索引擎营销的基础是企业网络营销的信息源;⑧ 搜索引擎传递的信息只发挥向导作用;⑨ 搜索引擎营销是用户主导的网络营销方式;⑩ 搜索引擎营销可实现较高程度的定位;⑪ 搜索引擎营销需要适应网络服务环境的发展变化。

2. 酒店搜索引擎营销渠道作用

酒店搜索引擎营销渠道作用主要包括:① 带来更多的点击与关注;② 带来更多的商业机会;③ 树立行业品牌;④ 增加网站广度;⑤ 提升品牌知名度;⑥ 增加网站曝光度;⑦ 根据关键词,通过创意和描述提供相关介绍。

酒店企业可以利用这一平台,提高自身在如谷歌、百度等搜索引擎中的排名,让用户方便进入是所有网站的基本需求与工作。研究显示,依赖搜索引擎计划个人旅行以及计划商务旅行的人数比例分别是64%和56%。在搜索酒店信息方面,依靠搜索引擎搜索过夜的商旅住宿以及个人住宿的比例分别是81%和67%。而另一项调查同时表明,大部分网民查找资料时,只查看前三页的内容,排名靠后的很难有机会被网民查看。在这个领域中,除了付费的项目,登录付费分类目录、关键词广告、关键词竞价排名、网页内容定位广告等,网站自身的搜索引擎优化,就是需专业团队予以解决的问题。

知识补充:互动推广

互动推广就是通过抽奖等互动活动让消费者参与其中的推广活动。互动推广主要运用于企业与消费者之间。传统的互动推广方式就是电视推广。但随着互联网的发展以及3G技术的发展,网络互动、手机移动互动已经成为互动潮流。通过互动而达到企业或产品的推广,让消费者更好地了解企业、了解产品。

旅游主题的线上互动活动,是来自旅游社区的运营推广经验,它能在一定时期内"利诱"用户关注和参与,并贡献内容或流量。作为酒店网站的推广同样可以借鉴,以此发展潜在用户。线上活动要注意参与广泛度、操作简便度及活动的公开公平性。就用户习惯来说,让网民上传图片比上传文字容易;写一段话比作一篇文章更便于参与。而针对一些在线趣味性活动只有浏览量却没有销售量的普遍问题,目前一些酒店及商旅网站推出了"住X送X"、返券等优惠活动,亦是更直接的"销售+互动推广"。

要点总结

关系营销是指企业通过识别、获得、建立、维护和增进与客户及其利益相关人员的关系,通过诚实的交换和服务,与包括客户、供应商、分销商、竞争对手、银行、政府及内部员工的各种部门和组织建立一种长期稳定的、相互信任的、互惠互利的关系,以使各方的目标在关系营销过程中得以实现。

整合营销是以消费者为核心,重组企业行为和市场行为,综合协调地使用各种形式的传播方式,以统一的目标和统一的传播形象,传递一致的产品信息,实现与消费者的双向沟通,迅速树立产品品牌在消费者心目中的地位,建立产品品牌与消费者长期密切的关系,更有效地达到广告传播和产品行销的目的。

体验营销是指企业以服务为舞台、以商品为道具,围绕着消费者创造出值得回忆的活动,让消费者成为舞台的主角。也就是说体验营销指企业以消费者为中心,通过对事件、情景等的安排以及特定体验过程的设计,让消费者在体验中产生美好而深刻的印象,获得最大程度上的精神满足的过程。

绿色营销是指企业在整个营销过程中充分体现环保意识和社会意识,向消费者提供科学的、无污染的、有利于节约资源和符合良好社会道德准则的商品和服务,并采用无污染或少污染的生产和销售方式,引导消费者保护环境的意识和满足其保持身心健康的需求。

新媒体是相对于传统媒体来说的,是指在载体上更便捷接触到用户、在形式上更精准吸引客户、在内容上更多元满足客户的一种新的传播信息的媒介。新媒体营销就是利用新媒体的手段,以内容为核心,去获取有利于企业盈利的潜在销售线索,从而实现企业营销的目标。酒店企业可以充分利用这一趋势,实现企业的营销目标。

在线旅行社(online travel agent,OTA),是旅游电子商务行业的专业词语,指旅游消费者通过网络向旅游服务提供商预定旅游产品或服务,并通过网上支付或者线下付费的一种酒店预定方式,即各旅游主体可以通过网络进行产品营销或产品销售。

搜索引擎营销(search engine marketing,SEM),就是根据用户使用搜索引擎的方式,利用用户检索信息的机会尽可能将营销信息传递给目标用户。

练习与实训

(一) 知识点练习

1. 单项选择题

(1) 高达百货公司通过使用CRM系统,充分了解顾客的多种需求,不仅向某顾客销售了笔记本电脑、高档手表,而且还卖给对方整套的高档家用家具,这种营销方式指的是(　　)。
 A. 绿色营销　　　B. 交叉销售　　　C. 整合营销　　　D. 关系营销

(2) Internet对企业营销影响最大的是对(　　)的影响。
 A. 企业采购渠道　　　　　　B. 企业营销渠道
 C. 企业管理　　　　　　　　D. 企业运输渠道

(3) 关系营销是指(　　)。
 A. 企业开展公共关系的营销方式
 B. 企业搞好与政府有关部门关系的营销
 C. 以系统论为基本思想,建立并发展与消费者、竞争者、供应者、分销商、政府机构和社会组织的良好关系的营销
 D. 根据顾客之间的关系来开展营销

2. 多项选择题

(1) 下列属于绿色营销的特征的有( )。
A. 绿色营销以绿色消费为前提
B. 绿色营销以顾客第一观念力指导
C. 绿色营销以绿色道德为保障
D. 绿色营销以绿色科技为物质前提

(2) 绿色营销发展的新特点有( )。
A. 包括信息营销、绿色营销、政治营销、关系营销、网络营销、整合营销
B. 绿色营销日益为政府和社会各界所拥护及支持
C. 绿色营销将受到越来越放宽管制
D. 绿色营销逐渐被提到企业长远发展的战略高度

3. 判断题

(1) 网络直销使生产者与消费者之间的直接交互沟通成为可能,因而在电子商务环境下中间商将面临消亡。( )

(2) 只有企业自己建立网站平台进行商务活动,才能拥有在自己的网络商店。( )

(3) 互联网时代酒店企业应该顺应时代潮流,接受新媒体、新理念、新渠道和新发展。( )

(4) 酒店企业利用互联网进行营销时,中间商是多余的。( )

(5) 关系营销简单说就是跟客户搞好关系就可以了,满足客户的所有要求。( )

(二) 课程实训

1. 实训项目

酒店市场营销新媒体传播和新渠道应用。

2. 实训目的

对收集的资料进行分析,强化对课程内容的理解,并学会对所学知识的应用。

3. 实训步骤

以某一个酒店作为研究对象,根据其目标客户和对市场的分析,利用新媒体、新渠道等理论,为该酒店编制新媒体传播和新渠道应用的推广方案并在班级进行汇报讨论。

4. 实训要求:

(1) 研究的酒店具有一定的代表性。
(2) 进行推广的新媒体和新渠道能够做到合理、可行。
(3) 注意总结分析讨论中的收获及存在的问题。

5. 注意事项

（1）提前布置任务,让学生(小组)先做准备,保证课堂汇报效果。

（2）课程实训可随教学内容灵活穿插安排。

（3）各组之间对所采用的方案进行对比分析,确保方案的可行性,能够根据不同类型酒店企业有针对性的推广方案,做到小组自评、不同组之间互评和授课教师的点评。

参 考 文 献

[1] 居长志.市场营销[M].北京:高等教育出版社,2014.
[2] 菲利普·科特勒.营销管理[M].北京:清华大学出版社,2016.
[3] 黄彪虎.市场营销原理与操作[M].北京:北京交通大学出版社,2009.
[4] 吴泗宗.市场营销学[M].北京:清华大学出版社,2013.
[5] 孟省.市场营销[M].沈阳:东北大学出版社,2014.
[6] 王水清.市场营销基础与实务[M].北京:北京邮电大学出版社,2015.
[7] 熊高强.市场营销学[M].沈阳:东北大学出版社,2015.
[8] 王永贵.服务营销[M].北京:北京师范大学出版社,2007.
[9] 一分钟情景营销技巧研究中心.服务营销[M].北京:中华工商联合出版社,2009.
[10] 石增业.酒店市场营销管理[M].北京:旅游教育出版社,2015.
[11] 蒋晖.市场营销实务[M].北京:中国人民大学出版社,2015.
[12] 李德俊.市场营销学[M].合肥:安徽大学出版社,2011.
[13] 菲利普·科特勒.市场营销原理[M].14版.郭国庆,译.北京:清华大学出版社,2017.
[14] 张丽萍.酒店市场营销[M].桂林:广西师范大学出版社,2016.
[15] 广通.经典营销故事全集[M].北京:地震出版社,2005.
[16] 张丽萍.酒店市场营销[M].桂林:广西师范大学出版社,2017.
[17] 刘悦.酒店产品营销[M].北京:高等教育出版社,2006.
[18] 郑凤萍.旅游市场营销[M].大连:大连理工大学出版社,2012.
[19] 林南枝.旅游市场学[M].天津:南开大学出版社,2006.
[20] 韩平.广告策划与创意[M].北京:高等教育出版社,2016.
[21] 郑向敏.酒店管理[M].北京:清华大学出版社,2010.
[22] 戴斌.饭店品牌建设[M].北京:旅游教育出版社,2005.
[23] 赵丽伟,魏新民.酒店市场营销[M].2版.北京:北京大学出版社,2014.
[24] 郑红.现代酒店市场营销[M].广州:广东旅游出版社,2007.
[25] 李伟清,贺学良,李菊霞.酒店市场营销管理与实务[M].上海:上海交通大学出版社,2010.